동남아시아계 이주민의 생활세계 생애담 연구

사회통합 총서 4
동남아시아계 이주민의 생활세계 생애담 연구

2019년 12월 25일 초판 인쇄
2019년 12월 30일 초판 발행

지은이 | 김영순 · 최승은 · 김정희 · 황해영 · 박봉수
펴낸이 | 이찬규
펴낸곳 | 북코리아
등록번호 | 제03-01240호
주소 | 13209 경기도 성남시 중원구 사기막골로 45번길 14
우림2차 A동 1007호
전화 | 02-704-7840
팩스 | 02-704-7848
이메일 | sunhaksa@korea.com
홈페이지 | www.북코리아.kr
ISBN | 978-89-6324-682-6(94300)
978-89-6324-636-9(세트)

값 25,000원

* 이 저서는 2017년 정부(교육부)의 재원으로 한국연구재단의 지원을 받아 수행된 연구임(NRF-2017S1A5B4055802).

사회통합 총서 4

동남아시아계 이주민의 생활세계 생애담 연구

김영순 · 최승은 · 김정희 · 황해영 · 박봉수

북코리아

서문:
동남아시아계 이주민과의 만남

이 책은 2017년 한국연구재단의 「인문사회토대연구지원사업」에서 선정된 연구과제인 '글로벌 시대 에스노그래피를 활용한 다문화 가정 구성원의 디지털 아카이브 구축 및 지속 가능한 다문화 사회를 위한 사회통합에 관한 연구'의 일환으로 집필된 것이다.

글로컬(glocal) 다문화 시대를 살아가고 있는 한국 사회의 사회통합을 위해 이 연구과제는 문화적으로 다양한 구성원의 생활세계에 나타나는 문화 적응과 이에 따른 정체성 협상 현상들을 수집하여 분석하고, 이를 바탕으로 다문화 생활세계 디지털 아카이브를 구축하고자 했다. 또한 아카이브를 구축하는 과정에서 수집된 자료들을 바탕으로 이주민의 문화 적응 및 이주의 삶을 연구하기 위한 총서 발간으로 기획됐다.

총서 4권 『동남아시아계 이주민의 생활세계 생애담 연구』는 이주민의 개별적 내러티브를 이해하여 문화 다양성에 대한 우리의 인식을 제고하기 위한 목적을 가지고 있다. 다문화 구성원을 하나의 집단으로 바라보는 다문화 사회에 대한 기존의 관점을 넘어 이주민의 개별적 · 집단적 생활세계에 대해 이해의 지평을 넓혀가야 할 필요가 있다. 이러한 다문화 사회에 대한 관점의 전환이 우리 사회를 진정한 사회통합의 길로 들어서도록 해줄 것으로 기대한다. 이는 다문화 구성원이 만들어나가고 있는 생활세계가 이주에 의해 만들어지는 문화 다양성으로부터 파생되기 때문이다. 그러므로 사회통합정책은 상호문화적 의사소통의 공간의 형성이 바탕이 되어야 한다.

이 연구는 주류 사회로부터 각종 사회제도에서 소외되고 타자화되어있는 이주민의 삶과 고통을 이해하고, 다양한 사회구성원들이 평화롭게 공존하는 지속 가능한 사회를 위한 새로운 패러다임으로서 사회통합을 이루고자 했다. 이주민의 내러티브는 자신의 삶의 경험을 연구자와 이야기하고, 이야기한 것을 토대로 실천적인 삶을 살며, 실천 경험을 또 이야기하고 다시 살아가는 '말과 삶'의 연속적인 과정을 통해 형성된다. 따라서 이 연구는 한국 사회에서 생활세계를 형성한 그들의 내러티브를 통해 이주민의 실천적 경험과 이에 대한 이주민 자신의 이야기 사이의 순환적 관계를 주목했다.

동남아시아계 이주민에 대한 내러티브를 탐색하기 위해 연구자들은 이 연구에 적합한 이야기 혹은 삶의 경험을 들려줄 수 있는 연구참여자를 선정했다. 자료수집은 연구참여자의 생활세계 형성 경험에 대한 심층인터뷰로 이루어졌다. 이 심층인터뷰는 1시간 30분~2시간 동안 진행했으며, 모든 인터뷰 내용은 녹음한 후 전사 작업을 거쳐 문서화했다. 또한 심층인터뷰 중에는 자료의 체계적인 정리를 위해 현장 노트를 작성했으며, 이야기의 맥락에 관한 정보를 수집했다.

연구자들은 자료 분석 단계에서 이주민이 다문화 생활세계를 형성해가면서 경험한 이야기 구조를 파악하기 위해 전사 자료와 연구자가 제공한 문서 자료를 반복해서 읽으며 그들이 경험한 것의 의미와 내면의 변화 과정 등에 주목했다. 특히 이주민의 이야기에 등장한 주요 인물과의 관계에서 발생한 사건 등을 엮어가는 과정에서 생애에 나타나는 핵심적인 주제를 발견하여 이주민의 내러티브에서 전체적이며 총체적인 줄거리를 구성하는 것에 집중했다. 이와 같이 도출된 연구 텍스트들은 연구참여자의 내러티브를 통해 연구자의 목소리로 다시 이야기됐다. 그리고 연구의 적절성과 신뢰성을 확보하기 위해 심층인터뷰 내용의 전사 자료와 현장 노트를 반복하여 비교했으며, 자료에 대한 분석과 해석, 그리고 그 결과를 담은 이 글의 초고 및 수정 원고를 연구참여자와 공유하여 확인하는 과정을 거쳤다.

총서 4권 『동남아시아계 이주민의 생활세계 생애담 연구』는 이러한 오랜 과정 끝에 집필을 마치고 출간하게 됐다. 이 책은 총 4장의 생애담으로 구성되어있다. 1장은 결혼이주여성, 2장은 이주노동자, 3장은 외국인 유학생, 그리고 4장은 난민의 생애담을 담고 있다. 이러한 이주민들의 생애담 연구가 이주민들에 대한 이해를 돕기 위한 안내자로서의 역할을 해주었으면 한다. 또한 이주민 연구를 생활세계 측면에서 탐구하고자 하는 연구자들에게 또 다른 도전이 됐으면 한다. 수치로 이루어진 통계로 된 연구보다 이야기로 이루어진 이 연구가 우리 사회의 타자를 이해하고, 상호문화적 인식의 전환에 토대가 되기를 희망한다.

이 사회통합 총서 4권을 집필하는 데 많은 연구자가 함께했다. 본 연구과제를 수행한 최승은 박사, 공동연구원인 김정희 박사, 전문위원인 황해영 박사, 박봉수 박사가 수고를 해주었다. 그 밖에 안팎으로 이 책을 위해 힘써준 연구원들에게 감사함을 전한다. 이 책은 본 연구과제를 수주한 인하대학교 다문화융합연구소의 협동적인 팀워크로 수행된 만큼 참여한 모든 연구진의 책임감 또한 크다고 생각한다. 그리고 이 책임감이 동남아시아계 이주민 연구를 넘어 우리 사회의 모든 이주민을 연구할 수 있는 계기가 됐으면 한다.

2019년 여름 인하대 교정에서

연구책임자 김영순

별 현황을 나타낸다.

국적별로 살펴보면, 한국계 포함 중국이 가장 많은 비중을 차지하고 뒤를 이어 베트남, 우즈베키스탄, 필리핀 등이 나타나고 있다. 〈표 2〉는 결혼이민자의 국적별 · 성별 현황을 나타낸다. 국민의 배우자(결혼이민자)는 162,582명으로 전월 161,838명보다 744명 증가했다.

2019년 1~6월 한국 국적취득자는 5,190명이며 국적취득의 유형은 귀화가 4,474명, 국적회복이 716명이고, 귀화자의 82.4%가 중국(1,930명)과 베트남(1,757명) 출신이다.

〈표 1〉 등록외국인 국적별 현황

(단위: 명)

국적별	계	중국	베트남	우즈베키스탄	필리핀	캄보디아	네팔	기타
인원	1,257,366	552,376	178,738	53,628	44,414	44,163	39,308	344,739
비율	100%	43.9%	14.2%	4.3%	3.5%	3.5%	3.1%	27.4%

출처: 출입국 · 외국인정책본부(2019) 통계월보 6월호를 재구성함.

〈표 2〉 결혼이민자 국적별 · 성별 현황

(단위: 명)

<table>
<tr><th>구분</th><th>계</th><th>중국</th><th>한국계</th><th>베트남</th><th>일본</th><th>필리핀</th><th>캄보디아</th><th>태국</th><th>몽골</th><th>기타</th></tr>
<tr><td rowspan="2">전체</td><td>162,582</td><td>59,457</td><td>22,252</td><td>43,392</td><td>13,949</td><td>11,969</td><td>4,520</td><td>4,411</td><td>2,494</td><td>22,049</td></tr>
<tr><td>(100%)</td><td colspan="2">(36.6%)</td><td>(26.7%)</td><td>(8.6%)</td><td>(7.4%)</td><td>(2.8%)</td><td>(2.8%)</td><td>(1.5%)</td><td>(13.3%)</td></tr>
<tr><td rowspan="2">남자</td><td>27,819</td><td rowspan="2">13,102</td><td rowspan="2">7,759</td><td rowspan="2">2,447</td><td rowspan="2">1,224</td><td rowspan="2">438</td><td rowspan="2">266</td><td rowspan="2">95</td><td rowspan="2">156</td><td rowspan="2">10,091</td></tr>
<tr><td>(17.1%)</td></tr>
<tr><td rowspan="2">여자</td><td>134,763</td><td rowspan="2">46,355</td><td rowspan="2">14,493</td><td rowspan="2">40,945</td><td rowspan="2">12,725</td><td rowspan="2">11,531</td><td rowspan="2">4,254</td><td rowspan="2">4,657</td><td rowspan="2">2,338</td><td rowspan="2">11,958</td></tr>
<tr><td>(82.9%)</td></tr>
</table>

출처: 출입국 · 외국인정책본부(2019) 통계월보 6월호를 재구성함.

체류외국인 중에서 등록외국인은 1,257,366명으로, 자격별 현황 중에서 결혼이민자격(F-6)은 125,754명에 이른다. 〈표 3〉은 등록외국인의 자격별 현황을 나타낸다.

난민의 경우, 1994년 이후 2019년 6월 말까지 난민 신청자는 55,543명이며, 심사결정 종료자는 25,347명이다. 이 중 961명이 난민 인정을 받았고, 2,103명이 인도적 체류허가를 받아 총 3,064명이 난민 인정(보호)을 받고 있다. 난민 신청 사유는 종교(13,738명), 정치적 사유(10,428명), 특정 사회집단 구성원(5,849명), 인종(3,513명), 국적(219명), 기타(21,796명)이다(출입국 · 외국인정책본부, 2019).

앞서 제시한 통계자료에서도 알 수 있듯이, 결혼이주여성, 이주노동자, 외국인 유학생은 다문화 생활세계 구성에 많은 부분을 차지한다. 아울러 난민에 관한 논의는 더 이상 미루어질 수 없는 부분이다. 따라서 이

〈표 3〉 등록외국인 자격별 현황

(단위: 명)

계	문화예술(D-1)	유학(D-2)	일반연수(D-4)	취재(D-5)	종교(D-6)	상사주재(D-7)	기업투자(D-8)	무역경영(D-9)
1,246,626	71	107,945	59,148	93	1,548	1,372	5,962	2,253
	교수(E-1)	회화지도(E-2)	연구(E-3)	기술지도(E-4)	전문직업(E-5)	예술흥행(E-6)	특정활동(E-7)	비전문취업(E-9)
	2,231	13,774	3,072	227	599	3,298	21,377	269,032
	선원취업(E-10)	방문동거(F-1)	거주(F-2)	동반(F-3)	영주(F-5)	결혼이민(F-6)	방문취업(H-2)	기타
	16,372	117,888	41,434	21,751	146,802	125,754	242,456	52,907

자료: 출입국 · 외국인정책본부(2019) 통계월보 6월호를 재구성함.

총서는 결혼이주여성, 이주노동자, 외국인 유학생, 난민이라는 네 가지 이주민의 유형을 중심으로 연구한 것이다. 현재 한국 사회에서 이주민에 의해 형성되고 있는 다문화 생활세계 공간은 이러한 혼종의 문화가 공존하면서 변형되거나 새롭게 생성되는 혼합적 정체성의 공간이다. 이주민은 출신국, 정주국, 그리고 경계선의 시간과 공간 속에서 새로운 다문화 생활세계를 창출한다. 바바(Bhabha, 2004)는 이러한 사이 영역에서 살아가고 있는 사이 존재인 이주민이 만들어나가는 공간은 닫힌 공간이 아니라 새로운 정체성과 영역이 재구성되는 공간이라 했다.

과거의 이주와 달리 현대사회의 초국적 이주 현상은 이주민으로 하여금 인정투쟁과 정체성 협상의 문제를 만들어내고 있다. 이제 한국 사회도 이러한 초국적 이주로 인한 공존의 문제를 타자에 대한 올바른 인식과 상호문화성의 문제로 귀결시켜 다문화 생활세계가 주변화되거나 분리되지 않도록 하는 바람직한 사회통합이 필요하다. 그러므로 이 연구는 초국적 이주로 인해 다문화 생활세계가 형성되고 있는 한국 사회에서 다문화 구성원의 현실적 문제를 다층적으로 진단하고, 생활세계에서의 구체적인 문제를 이해하며, 나아가 새로운 사회통합 정책의 방향성을 제시할 수 있는 토대가 될 것이다.

2) 이론적 논의

(1) 다문화 사회의 생활세계

유럽의 근대 세계를 자연과학적 전통에 의해 규정된 세계라고 바라본 후설(Husserl)은 자연과학적 전통이 가지는 오류를 제거하기 위해 '생활세계'라는 개념을 도입했다(김태원, 2014). 후설(1970)에 의하면 생활세계는 직관적 경험의 세계이고, 행위하는 주체의 주관이 개입되어 형성된 것이다. 즉, 생활세계는 보편적이고 객관적인 세계가 아닌 주체의 주관적 타당성에 의해 형성된 것이며, 역사적 삶 속에서 이루어진 정신적 의미를 갖고 있다.

그럼에도 생활세계는 보편적인 구조를 가지는데, 개인적 행위가 보편적인 행위의 규범 양식을 가지고 있어서 이에 따라 개인들 간의 소통을 가능하게 하기 때문이다. 따라서 생활세계는 주체의식의 지향성(Intentionalität)에 의해 구성된 세계이다. 그러므로 주체인 '나'와 객체인 '타자'가 함께 공존하는 상호 주관적인 세계이며, 나와 타자 사이에 대립이 존재하기보다는 새로운 의미를 생산하는 관계가 형성된다. 이러한 생활세계는 두 문화 사이에서 상호 조정되고 생성되는 것으로 문화적 다양성 속에서 새롭게 발견되는 생산의 원동력으로 작용한다.

후설의 생활세계 개념을 비판적으로 수용하여 자신의 사회이론의 이론적 토대로 삼은 하버마스(Habermas, 1987)는 의사소통적 합리성과 생활세계를 연결하여 의사소통적 행위에서 생활세계 개념을 부각시켰다. 하버마스는 사회의 구성을 '체계'와 '생활세계'의 개념*으로 설명하며, 사회진화론에서 생산력의 발달에 따라 생활세계에서 체계의 분리를 말한다.

하버마스의 의사소통적 합리성은 근대의 주체중심주의를 와해시키며 자문화중심주의를 넘어서기 위한 상호문화성을 강조한다. 생활세계는 문화적 다양성으로 발생할 수 있는 분리를 차단하고 동화주의적 동질성을 지양한다. 다양한 구성원이 형성해나가는 생활세계는 정주민과 이주민이 상호문화적 의사소통을 통해 협력해나가는 관계를 지향한다. 역동적인 상호관계 안의 생활세계에서 사회의 구성원들은 세계시민으로서 공존의 사회통합을 추구한다.

개인적인 생활세계인 사적인 삶은 국가기관으로부터 벗어난 개인적 영역이다. 사적 개인성은 나눔의 커뮤니케이션을 통해 생활세계를 형성한다. 즉, 언어에 기반을 둔 주체적 인간 사이의 인격적 커뮤니케이션이 살아있는 세계이다(문병훈, 1996). 국어사전에 의하면, '생활'은 다음과 같은 의미를 가진다. 첫째, 생명이 있는 동안 살아서 경험하고 활동한다. 둘째, 생계를 꾸려 살아나간다. 셋째, 조직체의 구성원으로 활동한다. 그러므로 개인의 가치는 생활세계에 투영되고, 사회는 개인들의 인간적 가치를 통합한다. 개인의 경험은 커뮤니케이션의 일반적 환경을 형성시키는 것이다(조맹기, 2007). 그러므로 생활세계는 개인적 관계와 커뮤니케이션 행위의 영역이라고 할 수 있다(Calhoun, 1992). 개인은 타자와의 관계 속에서 생활세계를 형성해나가는 것이다. 특히 하버마스(1987)는 커뮤니케이션을 "최소한 두 유기체가 서로에 대해 반응하고 태도를 취하는 상호작용"이라고

---

* 하버마스(1987)는 사회를 정치 · 경제 · 사회 · 문화의 네 하위체계로 나누었을 때, 체계에는 정치와 경제가, 생활세계에는 사회와 문화가 구성된다고 했다. 체계는 강제적이고 억압적이며 효율성을 기반한 목적합리성에 따른 사회적 행위의 공간인 반면, 생활세계는 사회구성원의 의지와 의사소통적 행위에 따라 합의를 도출하고 사회 규범을 구성해나가는 사회적 행위의 공간이다.

했다.

이러한 이론적 논의를 바탕으로 본 연구에서는 다문화 구성원이 형성해나가고 있는 생활세계를 주류문화에 편입되는 생활세계가 아닌 정주민과 이주민이 함께 만들어나가는 공동의 생활세계라고 정의한다. 이러한 생활세계 속에서 만들어지는 관계는 주체로서의 나와 주체로서의 타자 사이에서 대립적으로 존재하는 것이 아니라, 새로운 의미를 생산하는 관계에서 정주민과 이주민이 동등한 입장으로 상호문화적 의사소통을 하는 협력적인 관계여야 한다. 이러한 생활세계는 세계시민으로서의 공동체적 동질성과 다양성을 바탕으로 역동적 상호관계 속에서 다름 이상의 공존의 사회통합을 추구해야 한다(김영순 외, 2019).

오늘날 한국 사회의 일상은 다문화적인 생활세계로 변모하고 있다. 이질적이고 다양한 문화를 가진 개인들이 서로 소통하고 관계를 맺으면서 공동체를 만들어가고 있는 것이다. 즉, 이주민과 정주민은 다문화 사회의 구성원으로서 사회문화적 관계와 소통을 통해 새로운 생활세계를 형성하고 있는 것이다. 이런 맥락에서 이들 사이에 일어나는 소통과 관계의 양상을 이주민의 측면에서 바라보는 것은 분명히 타자지향적 관점을 향상시켜줄 것이다.

(2) 타자에 대한 윤리

다양한 사회구성원의 생활세계에서는 '나'와 '타자'와의 관계에 주목한다. 타자에 대한 윤리에 대한 문제가 이 관계의 유지에 중요한 위치를 차지한다. 다문화 사회에서의 진정한 사회통합은 소수문화 혹은 비주류

문화로 간주되는 타자들에 대한 배려와 존중, 타자에 대한 책임의식과 그들에 대한 환대, 그리고 그들에 대한 윤리성에서 출발해야 한다.

타자에 대한 인간존중, 즉 윤리적 차원의 논의는 현대철학의 쟁점 중 하나이다. 레비나스(Levinas)는 타자철학을 통해 데카르트(Descartes) 이후 서양철학을 지배한 주체성의 이념이 타자의 존재를 자아 안으로 동화시킴으로써 타자의 존재의미를 훼손했음을 비판하고(김연숙, 2000), 타자와 더불어 세계 안에 살아가는 인간존재의 의미를 새롭게 규정하고자 했다. 타자를 내 집으로 받아들이는 것, 즉 그를 환대하는 가운데 구체적인 윤리성이 시작되며, 이로써 전체성의 틀은 깨어지고, 참된 무한의 이념이 자리할 공간이 열릴 수 있음을 강조했다(Levinas, 1979).

레비나스는 나의 존재를 내세우면서 타자를 거부하고 말살하는 것을 악으로 규정하고, 타자가 누구이든 조건 없이 받아들이고 환대하고 존중하는 것이 초월적 존재로 나아가는 길이라 했다. 또한 진정한 의미에서의 타자와의 내적 연대는 타자와의 윤리적 관계를 통해서만 이루어질 수 있으며, 이는 우리 모두 쾌락의 자아에서 벗어나 윤리적 자아로 나아갈 수 있도록 하는 길이자 신을 만날 수 있는 유일한 길임을 보여주고자 했다(강영안, 2005). 즉, 타자는 인식과 실천적 측면에서 나로 통합될 수 없는 나와는 전적으로 다른 존재이자, 내 안의 존재이기 때문에 타자가 볼 때 주체인 '나'도 타자인 것이다. 다문화 사회에서 소수문화에 속한 사람들은 분명 타자이며, 이러한 타자를 바라보는 주체들도 타자가 될 수 있다.

레비나스는 호환적이고 대칭적인 관계적 측면에서 상호주관성과는 다른 타자관계로부터 윤리문제를 제기했다. 주체와 타자의 관계는 주체가 타자에 헌신하고, 타자를 소중한 것으로 만들도록 요구하는 윤리적 관계인 것이다. 이러한 관계는 불균형적이고 비대칭적인 레비나스의 윤리적 유형이다(신인섭, 2003). 또한 다문화 사회에서 타자와의 연대는 단순히 여러 문화의 공존을 통한 외적인 연대가 아니라 윤리성과 타자에 대한 절대적 책임의식을 바탕으로 한 내적 소통으로서의 연대여야 함을 의미한다(이화도, 2011). 다양한 문화에 존재하는 개별 존재들이 서로의 차이를 인정하는 것을 넘어 함께 연대해나갈 때 역동적인 공존이 가능하기 때문이다.

레비나스에게 있어 타자는 한마디로 나의 존재 이유를 설명하고 있는 존재의 현실이다. 하늘 아래 그리고 땅 위에 내가 홀로 태어난 것이 아니며, 더욱이 무로부터 나 자신의 기원을 설명할 수 없으며, 나는 타자들 사이에서 이런 현실을 갖고 이 세상에 태어난다. 특히 얼굴에 관한 레비나스의 지대한 관심은 주체의 사회적 실존과 그 책임성을 일깨운다. 타인의 얼굴은 낯선 얼굴이며, 이미 가족의 얼굴을 넘어 이웃의 얼굴이다. 타인의 얼굴에 의해 나와 타인 사이를 끈끈히 묶는 유대는 타자성에서 비롯된 것 외에는 아무것도 아니며, 나 자신성은 타자에 대한 가까움 또는 타자성을 통해 타자와 함께 이미 묶여있다는 것이다. 이것은 타자에 대한 책임감을 갖게 하는 원천적인 이유가 될 수 있다. 타자성은 존재의 근거이며, 이것을 통해 생명의 지속이 존재할 수 있다(윤대선, 2018).

이렇듯 레비나스(1947)는 타자의 세계를 총체적으로 반성해볼 수 있는 근본적인 가치관을 암시하며, 현대철학에서 새로운 주제를 제시했다. 현상학적 관점에서 후설과 사르트르(Sartre)가 '의식'에, 하이데거(Heidegger)가 '존재'에 몰두하여 현상학을 발전시켰다면, 레비나스는 '타자'라는 개념을 현상학의 중심으로 끌어들인 것이다. 이러한 타자 개념에 대한 사유로부터 전체주의적 문화에 대한 반성이 이루어졌다. 그의 '타자에 대한 환대'라는 사상은 이후, 데리다(Derrida)의 '환대의 정치학'으로 이어지게 됐다. 성서에서 말하는 '과부와 고아와 나그네의 모습을 한 고통받는 타자'와의 만남에 대하여 레비나스는 진지한 철학적 사유를 우리에게 던져 주었다.

결국, 인간의 문제는 '사이'의 문제이다. 인간은 홀로 존재하는 것이 아니라, 언제나 더불어 존재한다. 특히 부버(Buber, 1964)는 인간 사이의 관계를 중요시하며, 인간은 서로 연결되어있음을 강조했다. 대화적 관계를 통해서 '나'와 '너'가 만날 때 진정성을 획득할 수 있으며, 타자를 인정하고 포용할 수 있다. 이러한 구체적이고 상호적인 포용 경험이 진정한 대화적 관계를 만드는 것이다. 즉, 대화적 관계는 "중립성이 아니라 연대성이고, 서로를 위해서 존재하는 것이며, 살아있는 상호성이자 생생한 상호작용"(Buber, 1964:46)을 하게 한다. 이는 관계에서 어느 한쪽의 인식과 책임을 뜻하는 것이 아니라, 공동의 인식과 책임, 그리고 공동의 과제를 말한다(최승은, 2015).

인간의 자기 상실과 원자화를 인간과 인간 사이의 관계가 깨진 것에서 기인한 것으로 본 부버(1979)는 인간은 객체화될 수 없는 주체이며, 인격으로서 공존하는 '나'와 '너'가 되어야 한다고 했다. 타자와의 온전한 만남을 통해 모든 이들이 살아있는 상호관계에서 공존할 수 있다. 다문화 사회에서 모든 구성원들은 인격적으로 만나야 한다. 오늘날의 위기 상황은 인간성의 상실, 즉 인격의 상실에서 온다.

(3) 문화 적응

문화 적응은 개인이 다른 문화와 접촉하면서, 자신의 정체성, 태도, 가치, 행동규범을 변화시키는 일련의 과정이다(Castro, 2003). 문화 적응은 이주민에게 매우 큰 스트레스 중 하나이지만, 초국적 이주가 활발한 현대사회에서는 이주민뿐만 아니라 정주민을 포함한 사회의 문제로 인식되고 있다. 문화 적응에 대한 이론적 논의를 통해 결혼이주여성, 이주노동자, 외국인 유학생, 난민 등 소수집단을 더욱 심도 있게 탐구할 수 있다.

문화적으로 서로 다른 배경을 가진 사람들이 만나게 되면 문화접촉이 발생하게 되는데, 문화접촉(cultural contact), 또는 문화 간 접촉(intercultural contact)은 크게 두 가지 범주로 나눌 수 있다. 문화적으로 다양한 하위집단을 가진 다문화 사회의 구성원들 간에 이루어지는 '사회 내 접촉'(within-society contact)과 어떠한 사회의 사람이 다른 나라에 특정한 목적을 가지고 갔을 때 발생하는 '사회 간 접촉'(between-society contact)이다(Bochner, 1986).

문화접촉에 의해 발생한 적응 문제에 대한 관심은 문화 적응(acculturation)이라는 개념을 탄생시켰다. 서로 다른 문화적 배경을 가진 사람들의 접촉으로 인한 문화적 경계의 틈을 좁혀나가는 과정(Alba & Nee, 2009)인 문화 적응은 사회의 문화적 관행, 제도, 구조 등의 범위에서 다양한 변화를 일으킨다(Redfield, Liton & Herskovits, 1936). 초기에 문화 적응은 인지적 · 정서적 · 행동적 측면을 포함한 집단수준(Graves, 1967) 혹은 개인수준(Berry, 1977)의 변화로 개념화됐다. 그러나 문화 적응에 대한 연구가 폭넓게 이루어지면서, 최근에는 집단수준과 개인수준을 구분하지 않고 일반적으로 사용하고 있다. 그러나 용어는 나누어 사용하지 않더라도 문화 적응 연구에서 개인수준과 집단수준을 혼동하지 않는 것이 필요하다. 집단이 문화 적응을 해나가는 과정에서 모든 개인의 경험이 동일하게 나타나지 않기 때문이다(Berry, 1977).

1970년대부터 문화 적응 연구자들은 다양한 적응의 양태와 유형에 관심을 갖기 시작했다. 문화적으로 다양한 집단의 사람들이 서로 만나면 상호 간에 사회적 구조와 제도, 정치, 가치체계에 영향을 끼치게 된다. 이러한 변화의 속성과 정도는 그 접촉이 발생한 조건에 따라 다르다. 문화 접촉의 결과를 집단수준의 결과와 개인적 수준의 결과로 나누어, 각각의 다양한 형태를 분석한 연구(Ward, Bochner, & Furnham, 2005)에 따르면 다음의 네 가지 형태로 나타나는 것을 알 수 있다.

첫째, 집단수준에서 학살은 접촉하게 된 다른 집단의 구성원들을 모두 죽이는 경우이고, 둘째, 동화는 주로 식민지에 침략의 문화나 가치 등을 강요하는 경우라 할 수 있다. 많은 국가에서는 이민자들이나 소수민족에게 주류 문화에 동화되도록 하는 동화정책을 의도적으로 적용해왔다. 셋째, 의도적으로 집단을 나누는 분리가 있다. 이러한 격리는 현실적으로 사회가 점점 상호의존적이 되면서 서로 접촉할 수밖에 없는 상황이 생기기 때문에 유지되기 어렵다. 마지막 결과는 통합이다. 통합은 동화와 반드시 구분되어야 하는데, 통합은 자기 문화의 핵심적 속성을 그대로 유지하면서 동시에 새로운 문화의 중요한 면도 수용하여 적응하는 것을 의미한다.

이주민들의 동화는 새로운 문화로의 빠른 적응을 돕겠지만, 건강한 문화 적응은 아닐 것이라고 베리(Berry, 2005)의 문화 적응 이론은 말하고 있다. 다차원적인 관점을 제시한 베리는 출신문화와 주류문화를 상호배타적으로 바라보았던 단선적인 문화 적응의 개념을 비판하고, 서로 다른 문화를 수용하고 긍정적으로 수용할 수 있는 가능성을 제시했다. 문화 적응 태도를 파악하기 위해서는 '새로운 문화의 수용'과 '출신문화의 정체성 유지'라는 두 가지 요인을 모두 고려해야 한다. 이 두 요인을 기준으로 문화 적응 태도를 크게 네 가지 유형인 통합, 동화, 분리, 주변화로 구분할 수 있다.

통합(integration)은 출신문화에 대한 정체성을 유지하면서 새롭게 접한 거주지 문화와도 긍정적인 관계를 맺는 유형이다. 동화(assimilation)는 출신문화에 대한 정체성은 포기하는 대신 거주지 문화를 적극적으로 수용하는 초기 선형적인 문화 적응의 관점에서 추구하는 유형이다. 분리(segregation)는 동화 유형과는 반대로 거주지 문화와의 관계를 거부하고 출신문화에 대한 정체성을 굳건히 유지하는 유형이다. 마지막으로 주변화(marginalization)는 통합 유형과는 반대로 출신문화에 대한 정체성과 거주지 문화와의 관계를 모두 거부하는 유형이다. 이는 사회구성원으로서 제대로 역량을 발휘하지 못하는 경우이며, 가장 바람직하지 않은 유형이다. 따라서 주변화가 되지 않도록 기존의 출신문화를 소중히 하면서도 새로운 거주지의 문화를 취하는, 즉 두 문화가 공존하는 형태(biculturalism)인 '통합'의 유형이 이상적인 문화 적응 형태라 할 수 있다(Berry, 2005).

그뿐만 아니라 문화접촉의 결과 나타나는 집단은 크게 이동성(mobility), 자발성(voluntariness), 그리고 영속성(permanence)이라는 세 가지 요소에 따라 분류될 수 있다(Berry & Sam, 1997). 이동성은 자신이 새로운 문화로 이동했는지, 새로운 문화의 사람들을 받아들였는지의 문제이다. 예컨대, 이민자나 난민들은 새로운 문화로 옮겨간 사람들이고 정주민과 민족문화집단은 새로운 집단을 받아들인 사람들이다. 자발성은 문화적 이동이 자발적이었는지의 여부로, 이민자나 유학생 등의 체류자들은 자발적이라 할 수 있다. 영속성은 얼마나 오래 새로운 문화에서 거주하게 될 것인지와 관련된다. 이민을 간 경우는 비교적 오랜 기간 새로운 환경에 거주하게 될 것이고, 여행자나 유학생 등의 체류자들은 일시적으로 머무를 것이다.

뱅크스(Banks, 2008)는 동화적인 문화 적응 태도에 대해 자신의 민족적 · 인종적 정체성을 부정하는 일종의 자기소외를 동반하므로 건강하지

이렇듯 결혼이주여성을 둘러싼 권력관계의 역설적인 양태와 그 속에서 발휘되는 주체성의 문제를 구체적으로 살펴보기 위해서는 이주의 주체를 둘러싸고 있는 젠더관계, 국내외 정치경제적 환경과 특정 국가와 지역의 사회문화적 상황과 맥락의 역동성을 다각적으로 검토할 필요가 있다.

특히 베트남 여성은 여러 가지 동기와 기대를 안고 한국 남성과의 결혼을 선택하는데, 일시적인 체류가 아닌 영구적인 거주 보장과 취업의 기회가 폭넓게 주어진다는 점에서 특별한 기술을 가지고 있지 않는 여성에게 있어서 국제결혼은 노동이주보다 훨씬 접근이 가능한 이주방식 중 하나라고 할 수 있다(김민경, 2012). 결혼이주여성은 결혼과 이주라는 다층적인 어려움을 겪고 있으며, 가족뿐만 아니라 사회에서도 소수자로 살아가고 있다. 다문화 사회에서 소수자인 이들에 대한 공감대를 형성하여 타자들이 더불어 공존하는 사회를 만드는 것이 상호문화적인 윤리적인 실천일 것이다(최승은, 2019). 따라서 이들 개인의 경험과 역사성이 담긴 이야기를 듣고, 그들의 목소리를 담아내는 연구가 지속적으로 이루어져야 한다.

(3) 이주노동자에 관한 연구

국내에 체류하는 이주노동자를 살펴보기에 앞서, 한국은 이주노동자를 송출한 역사를 가지고 있음을 상기할 필요가 있다. 1902년 하와이로 떠난 이주노동자*를 시작으로, 멕시코, 쿠바,** 독일 등 한국인의 이주 역사는 매우 오래됐다.

1960년대 한국의 실업률 해소와 외화 획득의 필요성, 독일의 부족한 노동인력 공급과 경제 원조라는 서로의 이해관계가 맞물리면서 독일 이주가 본격화되면서 파독광부와 간호사가 대두됐다. 247명의 1차 파독광부를 시작으로 1970년대 말까지 8,000여 명의 광부들과 10,000여 명의 여성 간호사들이 독일로 떠났다(한국이민사박물관, 2003). 당시 독일은 '라인강

* 조선시대에는 외국 선반의 출입이 금지됐다가, 왜란과 호란을 겪으면서 인천 해안지역은 국방상 요충지로 부상했다. 중국과 일본에 이어 조선도 세계에 문호를 개방하면서 인천은 국제 개항장으로 등장하게 됐다. 황해를 통한 외국과의 해상교통이 폐쇄된 지 500년 만에 다시 인천 지역사회는 국제적 도시로 탈바꿈했지만, 서구 열강의 이권 개입 경쟁으로 인해 사회적 혼란과 계속되는 가뭄으로 혹독한 굶주림이 지속됐다. 이런 열악한 환경에서 벗어나고자 했던 이들은 하와이 이민 모집을 보고, 이민을 결행하게 됐다. 당시 하와이는 설탕의 수요가 증가하면서 많은 노동력이 필요했고, 이러한 상황 속에서 조선인 노동자를 선택했다. 최초의 이민선 갤릭호(S.S. Gaelic)의 조선인 승선자는 102명이었다. 1902년 12월 인천 제물포항에서 출발해 일본 나가사키를 거쳐, 1903년 1월 하와이 호놀룰루에 도착한 이들 중에 질병자 16명을 제외하고, 86명만이 상륙 허가를 받았다. 승선자 대부분은 인천 출신이었다. 이는 인천에 있던 내리교회의 존스 목사가 교인들에게 이민을 적극 권유했기 때문이다. 그래서 이민자 중 교회 출신 신자가 대부분이었다. 1903년 1월부터 1905년 8월까지 총 64회에 걸친 항해에 이민자는 총 7,414명이었다. 하와이에서는 약 65개의 농장에 5,000여 명의 한인 노동자들이 혼합 농장에서 다른 민족들과 더불어 생활했다. 이들이 사탕수수 농장에서 가장 힘들었던 점은 농장에서의 규칙적인 생활과 제도의 압박감이었다고 한다. 한 달 일을 마치면 목걸이처럼 걸고 다녔던 번호에 따라 월급을 받았다. 1905년까지 어른 남자의 월급은 한 달에 17달러 정도였고, 여자나 소년들은 하루에 50센트를 받았다. 1920년까지 하와이에 온 한인 7,400여 명 중 2,000여 명은 미국 본토로 이주했고, 1,000여 명만이 조국으로 돌아갔다. 남아있는 대다수는 한국의 정세 불안과 일본의 조국 강점 등으로 정착을 택하게 된 것이다. 미국 본토로 간 한인들은 캘리포니아를 중심으로 각 지역 특성에 맞게 시카고와 뉴욕에서는 채소상과 식당업을 하면서 정착해나가기 시작했다. 이들은 독립운동에도 많은 기여를 했다. 임시정부를 비롯해 여러 독립운동가들에게 재정적인 도움을 주었다(한국이민사박물관, 2003).

** 미국뿐 아니라 멕시코, 쿠바로의 이민도 오랜 역사를 가지고 있다. 1905년 1,033명의 한인들은 제물포를 출발해 멕시코로 향했는데, 이는 이민 중개인에 의한 대규모 불법 노동이민이었다. 이를 모르고 건너간 이들은 에네켄 농장으로 흩어져 4년간 강제 노동을 했다. 4년 후 계약이 끝나 해방됐지만, 멕시코 내란과 혁명의 와중에 멕시코 한인 중 288명은 다시 쿠바로 재이민을 가게 됐다. 쿠바로 떠난 이민자들은 처음에는 집단촌에 쿠바지방화까지 설립했지만, 쿠바 내정의 변화로 단체로 와해되고 정체성의 상실도 가속화됐다(한국이민사박물관, 2003).

의 기적'이라 불리는 급속한 경제발전을 이룩하며 국민의 사회복지 수요도 높아졌지만 간호사 수는 태부족이었다. 독일 젊은이들 사이에서는 높은 인내심이 필요한 간호사직을 기피했기 때문이다. 결국 독일은 한국을 비롯한 세계 80여 개 국가의 간호인력을 '손님노동자'(Gastarbeiter), 일종의 계약직 이주노동자로 받아들였다. 한국에서는 여전히 '파독간호사'라는 말을 많이 쓰지만, 그들은 스스로를 '재독한인간호사'라 부른다. '파독간호사'라는 단어는 국가의 필요로 독일에 가게 됐다는 수동적 의미를 담고 있지만, 당시 여성들의 독일행은 자신의 인생을 바꾸기 위한 능동적 선택인 경우가 많았다.

1970년대와 1980년대에 걸프 지역 국가로 노동력을 수출한 사례가 있었다. 이후 이주의 형태가 변천했다. 1995년 1인당 국내총생산(GDP) 1만 달러를 돌파하면서 외국으로의 노동력 송출은 급격히 감소했다. 정부는 1994년 저숙련 노동자를 유입하기 위한 위장 정책으로 '산업연구제도'를 도입했다. '연수생'은 노동자로서 법적 지위를 향유하지 못했으며 최저임금에도 미치지 못하는 임금을 받아야 했다.

이러한 문제에 대해 정부는 2004년 고용허가제도를 도입해 이주노동자에게 일자리 변경 권한을 포함해 노동시장에서 한국인과 같은 권리와 처우를 제공하는 조치를 취했다. 그러나 체류기간을 3년으로 제한했으며, 상대 국가도 한국과 양자협정을 체결한 국가(중국, 동남아시아 및 중앙아시아의 일부 국가)로 제한했다. 기존의 서류 미비 노동자에게 체류자적 합법화 조치를 통해 합법적 지위를 부여했다(IOM, 2005). 잠재적인 사회갈등 요인으로 작용할 가능성이 있는 외국인 차별 문제에 대처하기 위해 2006년 정부는 외국인정책위원회를 설치했다. 또한 한국계 중국인의 입국과 취업 허용 등과 관련된 법적 조치를 하고 있다(OECD, 2007).

법무부 자료에 따르면 2018년 기준 한국에 체류하고 있는 외국인은 237만 명으로 2015년 190만 명에 비해 24.7% 증가했다. 이들 중 상당 부분이 이주노동자인데 방문취업(H-2), 비전문취업(E-9), 재외동포(F-4)와 불법체류 외국인을 포함한다면 100만 명을 훨씬 넘어서고 있다. 이들의 지속적인 증가 현상은 3D 업종을 중심으로 한 중소 영세업체 및 건설현장의 노동력 부족 현상을 고려한다면 어쩌면 당연한 현상일 것이다. 더욱이 저출산 · 고령화 현상이 빠르게 진행되고 있는 국내 상황에서 일정한 노동력을 확보하는 것은 기업경영의 중요한 부분이기에 이주노동자 의존 현상은 앞으로도 지속될 것으로 보인다. 늘어나는 이주노동자 추세에 맞춰 사회보험 적용이나, 합법적 취업기간 연장 등 적지 않은 개선이 있었다.

동남아시아계 이주노동자에 대한 연구를 살펴보면, 한국 사회 적응(임수원 · 박현권, 2011), 노동자 공동체의 형성(김선임, 2012), 지원 프로그램(윤은경, 2015)에 대한 연구가 이루어졌으며, 직무 만족(조창권 · 이금희, 2016), 여성 이주노동자(한정우, 2014; 이민경, 2016), 이주노동자의 역량 습득(김나경 · 임채완, 2015)에 관한 연구가 진행됐다.

그러나 한국 사회에서 사회통합 정책 논의가 시작된 지 10년이 지났으나, 이주노동자 집단은 여전히 차별 · 배제적 정책 속에 살고 있음을 알 수 있다. 특히 한국 사회의 이주노동자 재현은 다양한 목적에서 '타자'를 필요로 한 한국 사회의 욕구에 따라 이루어졌다. 일상생활에서 이주노동자와 대면할 기회가 없는 한국인들이 방송과 언론에 소개되는 이주노동자의 인권침해 사례와 그들의 고통을 보면서 한국 사회의 반성과 성찰을 촉구하게 되고, 이주노동자들이 한국 사회의 도덕적 가치를 측정하는 '타자'로 등장한 것이다(한건수, 2003).

또한 미디어에서 재현되는 이주노동자의 모습을 보면, 그들은 가족들을 위해 살아가는 희생과 순응의 존재들이다. 자신을 위한 소비는 거의 없으며, 아프고 힘든 노동현장에서 대부분의 시간을 '인내'로 버틴다. 그러면서도 한국 사회에 대해 차별 문제나 나쁜 점은 없는 것처럼 입을 다문다. 이것은 '이상화된 이주노동자상'이다. 한국 사회는 이주노동자들과 분리되어있다. 거주공간이 공장 기숙사인 경우가 대부분이고, 매체에서의 재현율이 극히 낮기 때문에 물리적으로도 분리되어있고, 재현 방식이 이상화된 탓에 심리적 교류도 분리되어있다. 실제의 인간을 마주한다면, 주류사회는 아마도 당황하게 될 것이다. 더구나 차별 · 배제주의를 긍정하는 한, 진정한 '통합'의 관점에서 이주노동자를 조명하는 재현은 불가능하다. 본국으로 돌아갈 것을 전제로 하고 있는 이주노동자들을 한국사회가 그어놓은 테두리 안에서의 재현 대상으로 한정하고 있기 때문이다(김경림, 2018).

물론 우리 사회 정서가 이주 노동자에 대해 편향과 폄하 등으로 점철되어있지는 않았다. 상당부분 우리 사회의 약자라는 인식 제고에 노력하고 있다. 그러나 '코리안드림'이나 우직한 일꾼으로, 일할 수 있음에 감사하는 모습으로 재현되며 가족주의 이데올로기의 매개자로 상투적 재현이 되풀이되고 있었다. 그뿐만 아니라 이주노동자들에 대한 혐오 정서는 여전히 남아있는 것으로 분석됐다(이근옥 · 강국진, 2019). 이제는 이주노동자를 존엄한 한 명의 인간으로서 대하며, 그들의 목소리를 통해 개인의 삶을 이해함으로써 그들이 주변화되거나 분리되지 않는 공존의 사회통합을 실천해나가야 할 때이다.

(4) 외국인 유학생에 관한 연구

한국 사회의 저출산 문제는 장차 가까운 미래에 대학 입학 정원의 감소로 이어지면서 대학의 인재 및 재정 운영에 악영향을 미치게 될 것이다. 따라서 일부 대학에서는 학령인구 감소로 발생하는 정원 유지와 재정 운용의 어려움을 외국인 유학생* 유치로 해결하려 하고 있다. 현재 한국 정부는 유학수지 적자, 학령인구 급감, 생산가능인구 감소 추세에 대비하여 대학의 국제 경쟁력을 제고하고, 우수 유학생을 유치하고자 노력을 기울이고 있다.

교육부는 2012년 '스터디 코리아 2020 프로젝트'(Study Korea 2020 Project)를 통해 2011년 88,468명 수준이던 유학생을 2020년에는 20만 명으로 늘리겠다는 계획을 추진해왔다. 2015년 '스터디 코리아 2020 프로젝트'를 보완하여 원래 계획보다 3년 연장된 2023년까지 유학생 20만 명을 유치한다는 방안을 밝혔다. 2012년부터 대학을 대상으로 시행한 '외국인 유학생 유치 · 관리역량 인증제(IEQAS: International Education Quality Assurance System)'로 유학생 관리를 질적으로 증진시킨다는 취지를 가지고 있다.

그리고 한국 고등교육 브랜드 가치의 질적 제고를 도모하고자 2012년 10월에 총리 주재 교육개혁협의회를 개최하고 2020년까지 외국인 유학생 20만 명을 국내에 유치한 후 이들을 활용하여 친한(親韓), 지한(知韓) 네트워크를 만드는 계획을 추진하는 외국인 '유학생 유치확대(Study Korea) 2020 추진계획'을 집중 논의했다. 이 프로젝트를 통해 우수

* OECD에서 정의한 유학생은 특정 프로그램에 최소한 한 학기 이상의 전일제 학생으로 등록한 외국인 학생이다. 자국의 모교에 등록된 학생이 단기간의 연수를 위해 다른 나라 교육기관에 등록한 경우나 자국의 교육기관에 계속해서 수업료를 지불하고 있는 학생의 경우는 유학 국가에서 외국인 학생에 포함시키지 않는다.

유학생 유치 지원 규모의 확대와 귀국 및 정착까지 연계된 전 주기적(全週期的) 유학 지원, 유학생 지원 조직체계 등을 정책적으로 보완하여 GKS 사업 규모 확대 '한국유학 시스템을 통한 홍보 활성화', 유학생 정주(定住) 여건 개선 및 취업 연계 등 세부 추진 과제를 지원해나갈 예정이다.

외국인 유학생 중 아시아 출신 학생은 석사 83.8%, 박사 87.7%로 비중이 높으며, 특히 박사의 경우는 동남아시아 국가연합(ASEAN: Association of Southeast Asian Nations)의 비중이 높아지고 있는 실정이다. 출입국 · 외국인 정책(2019) 본부의 통계에 따르면 2018년 말 기준 국내 유학생은 160,671명으로 전년 대비 18.9% 증가했다. 유학생의 국적별 현황을 살펴보면 중국인 유학생이 68,994명으로 1위를 차지하고 베트남 유학생은 45,143명으로 2위를 차지하고 있다(출입국 · 외국인정책, 2019).

이처럼 정부 시책에 힘입어 유학생의 숫자는 늘어났지만 정부나 대학들은 외국인 유학생의 유치에만 관심을 갖고 있으며, 유학생들에 대한 사후 관리에 대해서는 주의를 기울이지 않는다는 문제점들이 제기되고 있다. 유학생의 사후 관리 및 진로에 대한 전망은 고등교육의 국제화에 있어 그 중요도가 점점 강조되고 있으며, 한국 고등교육의 영향력과 성과를 대변하는 결과로 국제 교육시장에의 경쟁력 확보에 필수적이다(한국교육개발원, 2012).

또한 외국인 유학생 중 중국인 유학생이 차지하는 비중이 가장 많기 때문에 연구가 중국인 유학생에 집중되어있는 경우가 많다. 한국으로 유입되는 유학생들의 경우 일반 목적의 한국어교육까지는 그 수요가 꾸준히 증가하고 있지만, 학위를 목적으로 대학에 입학하는 학위과정 유학생은 지속적으로 그 수요가 줄어드는 현상을 보이고 있다(출입국 · 외국인정책, 2019).

유학생은 자발적으로 새로운 문화에 들어간 집단으로 비교적 단기간 머무른 후 본국으로 돌아갈 사람들이다. 유학생은 다른 체류자와는 달리 학습의 연장, 학위의 취득 등 뚜렷한 목적을 가지고 자발적으로 타 문화에 뛰어들었기 때문에 대부분 공부를 하고자 하는 특별한 목표가 있고 목표를 달성할 만한 기본적인 자질을 가지고 있으므로 심리적인 측면에서 볼 때는 외국에서의 적응이 비교적 용이하다고 볼 수 있다.

한국 대학에서 공부하는 외국인 유학생이 증가하면서 외국인 유학생 현황과 유치방안을 다룬 연구(주현준, 2007; 양만기, 2013; 홍준현, 2014; 이순열, 2015 등), 외국인 유학생을 위한 교육과정과 학습 전략을 다룬 연구(권양이, 2008; 김문준 외, 2010; 권은영, 2013; 배상훈 외, 2013; 홍효정 외, 2013; 강현민 외, 2014; 유해준, 2015 등), 유학생들의 문화 적응에 관한 연구(김현진 · 김영주, 2015; 권양이, 2008; 나임순, 2006; 백지숙, 2011; 백지숙, 2013; 주동범 · 김향화, 2013; 오세경 외, 2015; 양진숙, 2016 등), 유학생과 한국 학생과의 교우관계를 분석한 연구(전재은 · 장나영, 2012; 윤영주 · 장소영, 2016 등), 그리고 외국인 유학생에 대한 국내 학생의 인식을 조사한 연구(임희진 외, 2015) 등 다양한 주제를 다룬 연구가 활발하게 이루어지고 있다.

기존의 연구에 의하면 유학생들은 크게 생활과 학업, 이 두 가지 측면에서 어려움을 겪는다. 생활 영역에서는 가장 일반적으로 새로운 문화에 적응하는 과정에서 정신적 · 육체적 스트레스를 경험하며(이승종, 1995) 그 외에 언어 문제, 학비 및 기타 재정 문제, 사회적응 문제, 고국에 대한 향수, 일상에서의 일과를 수행하는 데 겪는 어려움 등(Mallinckrodt & Leong, 1992)이 있다. 학업적인 면에서는 강의 내용의 이해 부족, 연구 수행과 발표 능력의 부족으로 인한 학업성취도 저하(공영태, 2005), 사회적 관계 형성의 어려움(황해연, 2007; Wang et al., 2004) 등이 있는 것으로 나타났다. 국내 학생들의 외국인 유학생에 대한 인식을 조사한 임희진(2015)은 대학생들과 대학원생들이 수업 상황에서 외국인 유학생들과의 접촉 후에도 심리적 불편함과 상대적 박탈감이라는 부정적인 태도를 갖는 것으로 나타났다. 이처럼 국내 대학생들의 불편함은 외국인 유학생들에게도 전달되어 그들의 적응을 더욱 어렵게 한다.

따라서 외국인 유학생들의 문화에 대한 국내 대학생들의 이해의 폭을 넓히고, 그들의 한국에서의 적응을 높이고, 유학생활에서 긍정적인 경험을 얻도록 하기 위해서는 그들의 생활문화에 대한 이해가 필요하다. 유학생들이 직접 들려주는 생애담을 통해 그들의 본국에서의 삶의 이야기, 한국 이주 후 좌충우돌 적응의 이야기들은 국내 대학생 그리고 내국인들이 그들에 대한 다문화 감수성을 높이고, 이해의 지평을 확장하는 데 도움이 되고, 나아가서 사회통합에도 기여할 것이다.

(5) 난민에 관한 연구

한국 사회에서 난민에 대한 이슈는 날로 증가하고 있다. 특히 최근 제주도에 들어온 예멘 난민을 둘러싼 논의는 격렬했으며, 난민법 폐지와 난민협약 탈퇴 요구가 국민청원*까지 오르는 현상까지 있었다. 한국은 1992년 〈난민의 지위에 관한 협약〉 및 〈난민의 지위에 관한 의정서〉에 가입하고 2012년 2월 아시아에서 최초로 난민을 위한 개별법인 난민법을 제정하여 2013년 7월부터 시행하고 있다. 난민협약이나 난민법상 요건을 갖추고, 재정착난민제도를 도입해 난민을 받아들이는 등, 대외적으

* 2019년 7월 기준, 난민법 폐지 및 난민협약 탈퇴를 요구하는 국민청원 서명자는 71만여 명에 달했다.

로 인권국가로서의 위상이 높아지고 있다. 그러나 여전히 난민 인정에 엄격한 기준을 제시하고 있어 낮은 난민 인정률을 보이며, 난민을 위한 처우와 정책의 형식적인 성과에도 불구하고 현실적으로 인권적 측면에서 난민의 기본권이 많은 부분 침해당하고 있다.

난민법 제정 이후 난민들은 출입국항에서의 난민 신청이 가능해졌으나 난민 인정 심사에 회부되는 경우는 극히 드물고, 제도적으로 보장된 전문적인 통역이나 법률의 도움을 받기도 쉽지 않았다. 또한 난민 신청 이후 인정을 받기까지 기간이 장기화됨에도 취업이나 사회보장이 이루어지지 않아 생존을 위한 기본권도 보호받기 어려운 실정이다. 특히 난민 아동의 경우 무국적자가 되면 출생등록이나 교육권, 건강권 등의 기본권이 보장되지 않는다.

법무부에 따르면 2019년 6월 기준, 한국은 총 42,009명이 난민 신청을 했고, 이 중에서 4%인 849명만이 난민 인정을 받았다. 그러나 유엔난민기구(UNHCR)는 한국의 난민 인정률(2000~2017)을 그보다 낮은 3.5%로 추산하고 있다. 이것은 경제협력개발기구(OECD) 평균(24.8%)을 크게 밑도는 수치이다. 난민법과 인권법은 상호작용하며, 목적론적 해석에 의해 적용범위를 변용시켜 외국에서의 인권침해를 피해 온 사람에 대한 실효적 보호를 확보하기 위해 발전해왔다. 따라서 한국은 국제사회의 일원으로서 국제적 위상에 걸맞는 법 정책과 조약의 집행이 이루어져야 한다(손영화 · 박미숙, 2019).

난민들의 한국 생활 적응을 분석한 연구(손주희, 2018)를 살펴보면, 난민을 지원함에 있어 인도적 관점에서의 건강권 보장과 난민의 특수성을 배려한 정신적 · 심리적 건강에 주목한 교육과 지원이 필요하며, 난민에 대한 사회적 인식 개선 등 사회통합을 이룰 수 있는 체계가 구축되어야 한다.

한편, 재정착희망난민제도는 대한민국 밖에 있는 난민 중 대한민국에서 정착을 희망하는 외국인이나 보호받지 못하는 난민을 위해 인권보호와 국제사회의 협조적 책임의 취지를 두고 있으며, 한국정부가 재정착 희망 난민에 대한 정착허가를 부여하게 되면 현행 난민법에 따른 난민으로 인정받게 된다. 국내의 경우에는 2015~2017년까지 시범사업으로 운영하면서 태국의 난민캠프에 거주하던 미얀마인 86명을 재정착 희망 난민으로 수용했으며, 지난 2018년에 이어 올해 2019년에도 동 사업을 실시할 예정이다. 따라서 한국은 난민협약 및 난민의정서에 가입한 국가이기 때문에 난민문제를 해결하기 위한 국제사회에 협력하는 입장과 난민 인정 자격요건을 고려하더라도 현행 난민법상 인도적 체류허가와 재정착희망난민제도의 폐지는 바람직하지 않은 것으로 보인다(김종세, 2019).

앞으로 한국 사회는 난민에 대한 사회적 문제와 규범적 가치를 조화롭게 해결할 수 있는 방안을 모색하며 난민정책을 추진해야 할 것이다. 특히 난민 문제 및 이에 대한 해결의 모색은 우리나라가 세계시민 국가로서의 국격을 보여줄 것이다. 그뿐만 아니라 상호문화주의적 입장에서 타자성을 실천하는 세계시민으로 성장할 수 있는 계기를 마련하고, 사회적 소수자를 배려하고 함께 살아가는 공존의 연습장을 제공할 것이다.

4) 연구 방법

(1) 생애담 연구

개인의 목소리를 통해 재현되는 개인 혹은 집단의 역사, 즉 구술사(oral history)는 "과거에 대한 개인적인 환기" 혹은 "구술에 기반을 둔 역사 서술(Johnson & Dawson, 1982)"이다. 구술사의 한 영역으로 간주되는 생애사(life history)와 생애담(life story)은 개인의 구술과 서사를 기반으로 한다는 공통점이 있지만, 그 범위와 특성에 따라 구분된다. 생애사는 연대기적 질서를 지향하는 반면, 생애담은 구술자가 구술을 주도적으로 구성할 수 있다. 따라서 생애사 연구가 한 인물의 전 생애를 살펴본다면, 생애담 연구는 생애 중에서 특별한 사건과 그에 따른 경험을 중심으로 이야기를 분석한다고 할 수 있다. 특히 이 총서는 연구참여자들이 겪은 이주라는 경험을 중심으로 이주의 직접적인 배경이 된 결혼, 노동, 유학 등 구체적인 생의 전환점에 초점을 두고 연구한다.

생애담은 한 개인의 구술적 자전이라는 성격을 지닌 개인 삶의 과정에서 경험에 의해 축적된 기억을 기반으로 한 서사물이다. 여기서 말하는 기억은 과거의 사실 그 자체에 대한 재현이 아니라 주체의 의지와 욕망에 따라 과거를 재구성해나가는 일종의 서술행위이다. 인과론적 관계를 통해 자신의 삶을 의미화시키기 위한 이야기이며, 생애담은 생애사에서 나타난 화제에 대한 선택적 확장, 메타 진술의 삽입을 통해 서사적 진리를 추구하는 과정(김남희, 2008)을 담고 있다. 따라서 생애담은 개인의 자전적인 내용을 담고 그에 대한 자기 경험과 느낌을 표현함으로써 구술자의 주체성이 현재의 시점에서 재구성되는 창작물(김성례, 2002)의 성격을 갖는다. 이것은 이름 없이 살아온 화자들의 자기표현이자 인식에 관한 이야기이다.

그래서 생애담은 그들이 어떤 삶을 살았는가에서 그치지 않고, 자신의 삶에 대해서 어떻게 생각하는지, 그들이 누구인지 하는 문제를 다루기에 적합하며, 개인들의 생애 경험을 직접적으로 담고 있다는 점에서 질적 자료가 될 수 있다(천혜숙, 2001). 생애사가 아니라 생애담에 주목하는 것은 그것의 이야기에서 드러나는 개인이 가진 경험을 중요하게 여기기 때문이다. 즉, 한 개인이 자신의 생애에 대해서 무엇을 어떻게 이야기하는지를 분석하여 그들이 속한 생활세계를 탐구하고자 한다.

이러한 과정에서 주제의 선택은 생애담 화자의 몫이다. 역사는 찾는 것이지만, 이야기는 만드는 것이다(Titon, 1980). 이 화자들이 만들어가는 이야기는 의사소통의 장으로서 중요한 기능을 할 수 있다. 자신의 삶에서의 경험을 드러내고 공감을 나누는 과정을 통해서 개인의 문제가 집단의 문제로 공유되며, 사회적 담론을 형성해나갈 수 있기 때문이다. 이러한 의미에서 생애담을 통해 이루어지는 구술행위는 개인의 회고 또는 자기표현에 머무는 것이 아니라 나눔과 소통을 통해서 사회적 의미화를 구축한다.

이 책에서 담고 있는 이주민들의 생애담들이 하나의 목소리를 내는 것은 아니다. 정치적 · 사회적 · 경제적 · 문화적 차원에서 유사한 상황의 개인일지라도 개별적인 개인의 삶은 모두 다양할 것이다. 따라서 생애담이 담고 있는 생활세계의 항목을 일반화로 규명하는 것이 아닌, 생애담의 주체가 자기 생활세계의 현실을 드러내고 어떻게 인식하는지를 이해하고자 하는 것이다. '동남아시아 출신 이주민'이라는 집단 속에 들어있는 서로 다른 목소리를 발견하고, 그들의 이야기에 담겨 있는 다양한 인식의 층위들을 들어볼 수 있는 것은 개인의 생애담이기에 가능할 것이다.

(2) 자료 수집방법

이 생애담 연구를 위해 심층인터뷰를 통해 자료를 수집했다. 연구참여자와의 인터뷰는 2018년 9월부터 2019년 2월 사이에 연구참여자의 편의를 고려하여 일정을 조정하여 진행했다. 인터뷰는 연구참여자가 익숙하거나 접근이 용이하고 편안한 장소에서 이루어졌다. 인터뷰는 면대면 직접 면담 방식으로 소요시간은 1회에 90~120분 정도였다. 연구참여자에 따라 개별적으로 2회에 걸쳐 진행되기도 했다.

인터뷰 내용은 심층면담이 끝나고, 녹취한 내용을 전사하여 내용을 분석했다. 이때 내용이 부족하거나 모호한 경우에 추가 면담을 통해 자료를 보완했다. 인터뷰는 생활세계와 관련된 내용을 중심으로 반구조화된 방법으로 진행했으며, 연구참여자의 응답과 반응에 따라 개방형 질문을 병행했다.

연구윤리를 위해 인터뷰를 시작하기에 전에 연구참여자에게 연구의 목적과 과정을 자세하게 설명하고, 연구참여자가 불편하다고 여기는 질문에 대해서는 답변을 거부할 수 있으며, 언제든지 인터뷰를 중단할 수 있음을 안내했다. 또한 개인정보를 포함한 개인의 사생활이 드러나지 않도록 조치했고, 연구에 대한 사항을 명시한 연구참여동의서에 서명하여 소장했다. 연구에 대한 동의 절차가 끝난 후, 인터뷰를 시작하면서 면담 내용을 녹음했고, 이를 전사하여 음성자료를 문서화하고 수집했다.

(3) 연구참여자

본 총서에 수록된 연구참여자의 기본정보를 이주 유형별로 구분하여 제시하면 〈표 4〉, 〈표 5〉, 〈표 6〉, 〈표 7〉과 같다. 우선 결혼이주여성 생애담 연구참여자 정보는 다음 〈표 4〉에서 확인할 수 있다.

결혼이주여성 생애담의 연구참여자는 〈표 4〉와 같이 8명으로, 태국,

〈표 4〉 결혼이주여성 생애담 연구참여자 정보

구분	나이	국적	이주 연도
01	46	태국	2011
02	35	베트남	2003
03	41	필리핀	2006
04	41	인도네시아	2004
05	45	태국	2010
06	30	베트남	2008
07	33	베트남	2009
08	28	베트남	2012

〈표 5〉 이주노동자 생애담 연구참여자 정보

구분	나이	성별	국적	이주 연도
01	37	남자	스리랑카	2008
02	33	남자	스리랑카	2013
03	30	남자	베트남	2012
04	29	남자	인도네시아	2009
05	31	여자	인도네시아	2012

베트남, 인도네시아, 필리핀에서 온 여성들이다. 이들은 20대 후반에서 40대 중반까지의 여성들로 한국에 거주한 지 5~15년 이상 됐다.

이주노동자 생애담 연구의 연구참여자는 〈표 5〉와 같이 5명으로, 베트남, 스리랑카, 인도네시아에서 온 남성과 여성이다. 이들의 나이는 20대 후반에서 30대 중후반이며, 한국에 온 지 5~10년 이상 된 노동자들이다.

외국인 유학생 생애담 연구의 연구참여자는 〈표 6〉과 같이 5명으로, 베트남, 필리핀, 스리랑카, 캄보디아에서 온 20대 초반에서 30대 초반의 여학생, 남학생이다. 한국에 유학 온 지 1~6년 이상 된 학생들로 체류기

〈표 6〉 외국인 유학생 생애담 연구참여자 정보

구분	나이	성별	국적	이주 연도
01	30	여자	베트남	2012
02	23	남자	필리핀	2016
03	24	남자	베트남	2017
04	34	여자	스리랑카	2015
05	22	여자	캄보디아	2016

〈표 7〉 난민 생애담 연구참여자 정보

구분	나이	성별	국적	이주 연도
01	46	남자	미얀마	2015
02	35	남자	미얀마	2015
03	32	여자	미얀마	2016
04	30	여자	미얀마	2017
05	32	남자	미얀마	2015

간이 저마다 다르다.

난민 생애담 연구의 연구참여자는 〈표 7〉과 같이 5명으로, 미얀마에서 온 난민들이다. 이들은 30대 초반에서 40대 중반의 남성과 여성이며, 한국에 들어온 지 1～3년 정도 됐다.

종합적으로 살펴보면, 연구참여자는 베트남, 필리핀, 캄보디아, 미얀마, 태국, 인도네시아, 스리랑카 출신, 총 23명으로 여성 14명, 남성 9명이다. 유형별로는 결혼이주여성 8명, 이주노동자 5명, 외국인 유학생 5명, 난민 5명이 연구에 참여했다.

5) 연구 내용

(1) 각 장에 대한 연구 내용

결혼이주여성, 이주노동자, 외국인 유학생, 난민의 생애담을 문화 적응의 과정과 전략의 측면에서 정리하면 다음 〈표 8〉, 〈표 9〉, 〈표 10〉, 〈표 11〉과 같다.

결혼이주여성들의 이주 전 · 후 혹은 결혼 전 · 후의 삶은 다양하게 나타났고, 그에 따른 문화 적응 전략도 상이하게 이루어졌다. 다문화 생활세계를 경험하면서 한국 사회에 바라는 점은 다음과 같다. '다문화'에 대한 정서적 · 제도적 구별 철폐, 일반 가정과 다문화 가정 자녀에 대한 동등한 인식의 확장, 다문화 가정 자녀 교육 지원 및 다문화 동아리 활동

〈표 8〉 결혼이주여성의 생활세계 문화 적응 과정 및 전략 개요

서술 순서	생활세계 문화 적응 과정 및 전략
1	가. 이주 전의 삶 1: 전문가가 되고 싶었던 태국의 한 평범한 소녀 나. 이주 전의 삶 2: 사랑은 나의 선택, 온전히 내가 책임지는 것 다. 이주 전의 삶 3: 자신이 이룬 모든 것을 두고 한 남자의 아내로서 살아가기 라. 문화 적응 전략 1: 다시 '나'로 살아가기 위한 홀로서기 마. 문화 적응 전략 2: 적응한 사람으로서 한국어 학습은 건강한 삶의 기반이라고 알려주기 바. 문화 적응 전략 3: 친정 부모와 정서적 유대관계는 유지하되, 경제적 연결고리는 끊어내기 사. 한국에 바라는 점: '다문화'에 대한 정서적 · 제도적 구별 철폐
2	가. 이주 전의 삶: 가난한 부모, 부모의 짐을 나누어 져야 하는 맏딸로 살아가기 나. 문화 적응 전략 1: 나에게 새로운 이름을 준 남편, 언제나 최고인 인생의 반려자 다. 문화 적응 전략 2: 부모의 삶의 무게까지 짊어진 슈퍼맨 라. 문화 적응 전략 3: 버려진 물건에서 쓸모를 찾아내기, 매 순간 기록하기 마. 문화 적응 전략 4: 방임은 하되 방치는 하지 않는 부모 되기 바. 한국에 바라는 점: 일반 가정과 다문화 가정 자녀에 대한 동등한 인식의 확장
3	가. 결혼 전의 삶 1: 엄마의 삶에 대한 연민, 새로운 삶을 꿈꾸는 동력 나. 문화 적응 전략 1: 내 자식을 지키기 위한 힘, 한국어 공부를 위한 노력 다. 문화 적응 전략 2: 생활인 되기, 주체적인 경제활동, 봉사활동으로 거듭나기 라. 문화 적응 전략 3: 시댁과 친정의 대립, 그 사이의 균형 찾기 마. 문화 적응 전략 4: 가족은 나의 힘, 남편, 자녀와 존중을 기반한 협력관계 구축 바. 한국에 바라는 점: 다문화 가정 자녀 교육 지원 및 다문화 동아리 활동 지원
4	가. 결혼 전의 삶 1: 내가 원하는 곳에서, 원하는 일을 하며, 원하는 사람과 만날 자유를 추구해온 삶 나. 문화 적응 전략 1: 가족의 붕괴를 견딘 힘, 어머니로서의 나, 나를 위한 나로 살아가기 다. 문화 적응 전략 2: 생계를 위한 절박함, 잘해왔던 일에서 찾아낸 희망 라. 문화 적응 전략 3: 자녀교육은 자녀의 때를 기다려야 하는 것 마. 한국에 바라는 점: 동등한 사업 파트너로의 인정
5	가. 결혼 전의 삶 1: 엄마에게 착한 딸이 되기 위한 삶에 대한 자각, 다시 나로 살아가기 위한 결단 나. 결혼 전의 삶 2: 사회적 성취와 가족에 대한 애정의 충돌 다. 문화 적응 전략 1: 남편과 자녀의 곁에서도 깊어지는 외로움, 다시 나로 돌아가 이겨내기 라. 문화 적응 전략 2: 집 안에서는 이중언어 사용, 집 밖에서는 자녀의 원활한 사회 활동을 위한 한국어교육 마. 문화 적응 전략 3: 평가 절하되는 업무 능력, 꿋꿋하게 버텨내기 바. 한국에 바라는 점: 다문화 가정의 한국어교육 지원과 고급인력을 위한 일자리 연계 프로그램 운영

6	가. 결혼 전의 삶 1: 베트남의 좋은 여자, 한국의 좋은 남자, 걱정 가득했던 천생연분과의 만남 나. 문화 적응 전략 1: 한국의 언어와 문화에 대한 단계적 학습 다. 문화 적응 전략 2: 남편과의 문화 갈등, 배우자에 대한 애정과 신뢰로 이겨내기 라. 문화 적응 전략 3: 내 가족과 그 밖의 가족, 거리 두기로 극복하는 갈등 마. 한국에 바라는 점: '다문화'에 대한 정서적 · 제도적 구별 철폐
7	가. 결혼 전의 삶 1: 현실과 낭만의 사이, 이주에 대한 기대로 견뎌낸 베트남에서의 삶 나. 문화 적응 전략 1: 일단 부딪혀보는 용기로 풀어내는 오해 다. 문화 적응 전략 2: 남편과 자녀, 풀리지 않는 난제, 소중함을 기억하며 이겨내기 라. 문화 적응 전략 3: 시어머니와의 관계, 이해보다 순응으로 풀어내기 마. 문화 적응 전략 4: 모국의 커뮤니티를 중심으로 정서적 안정감 확보하기 바. 한국에 바라는 점: 결혼이주여성의 한국 사회 정착을 위한 경제 활동 지원, 다문화 가정 자녀에 대한 교육지원
8	가. 결혼 전의 삶 1: 아버지와의 불화로 인한 결혼에 대한 불신, 그러나 다시 꿈을 꾸다 나. 문화 적응 전략 1: 한국의 생활환경에 대한 만족 다. 문화 적응 전략 2: 생계에 바빠 아버지의 역할이 버거운 남편과 발달이 더딘 자녀들 사이의 균형 찾기 라. 문화 적응 전략 3: 우울을 이겨내는 방법, 소득보다 일하는 주체로 거듭난 것에 대한 만족 마. 한국에 바라는 점: 발달 지연 자녀에 대한 복지 및 교육지원, 다자녀 가구에 대한 혜택 확대

〈표 9〉 이주노동자의 생활세계 문화 적응 과정 및 전략 개요

서술 순서	생활세계 문화 적응 과정 및 전략
1	가. 이주 전의 삶: 발전을 위해서는 교육보다 경제 나. 문화 적응 전략 1: 경제적 발전을 이룬 나라, 한국 배우기 다. 문화 적응 전략 2: 최선을 다하는, 최고의 일꾼으로 한국 경제 발전에 없어서는 안 될 존재 되기 라. 문화 적응 전략 3: 한국인 관리자에게 각별한 대우를 받는 노동자 마. 문화 적응 전략 4: 아들로, 남편으로, 가족의 삶의 무게 감당하기 바. 한국에 바라는 점: 한국에서의 삶에 실질적인 도움이 되는 제도와 시스템에 대한 학습 지원, 부부복지정책 확립
2	가. 이주 전의 삶: 행복한 가정을 이루기 위한 고민과 노력 나. 문화 적응 전략 1: 경쟁자는 다른 나라 출신 노동자 다. 문화 적응 전략 2: 최선의 방법을 찾아내는 노동자 되기 라. 문화 적응 전략 3: 스리랑카 노동자와 서로 도우며 살아가기 마. 한국에 바라는 점: 아내의 출산을 위한 인도적 차원의 허가 및 지원

3	가. 이주 전의 삶: 실용적 기술 습득을 위한 노력으로 지켜내는 맏아들로서의 책임감 나. 문화 적응 전략 1: 종교적 힘을 빌려 분노 극복하기 다. 문화 적응 전략 2: 더 나은 삶을 꿈꾸며 준비하는 자기계발 라. 문화 적응 전략 3: 한국은 살기 좋은 나라, 한국 사람에 대한 한결같은 호감 마. 문화 적응 전략 4: 같은 처지의 노동자를 위한 봉사, 외로움과 절망 함께 이겨내기 바. 한국에 바라는 점: 정서적 안정을 위한 종교 활동의 보장과 자기계발을 위한 교육에 대한 지원
4	가. 이주 전의 삶: 이주 노동의 대물림, 아버지로부터 계승된 선택 나. 문화 적응 전략 1: 폭력은 도움을 청해 피해야 할 것, 행복은 사소한 만족에서 찾을 것 다. 문화 적응 전략 2: 나다운 내가 되기 위해 어디에서 왔는가를 기억하기 라. 한국에 바라는 점: 직계가족의 관혼상제 관련 휴가 보장 및 비자기간 연장, 배우자와 자녀에 대한 거주 보장
5	가. 이주 전의 삶: 부모로부터 물려받은 유복한 삶 나. 문화 적응 전략 1: 유복한 삶을 유지하기 위한 한국 생활, 온전한 나로서 인정받기 위해 노력 다. 문화 적응 전략 2: 자부심에 기반한 대등한 위치 인식 라. 한국에 바라는 점: 인도네시아와 한국의 문화ㆍ경제적 교류를 위한 민간사업 허가와 확대

〈표 10〉 외국인 유학생의 생활세계 문화 적응 과정 및 전략 개요

서술 순서	생활세계 문화 적응 과정 및 전략
1	가. 이주 전의 삶: 커피농장 소녀와 한국과의 연결고리들 나. 문화 적응 전략 1: 노력은 결코 헛되지 않았다 다. 문화 적응 전략 2: 다양한 관계 속에서 성장하다 라. 문화 적응 전략 3: 유연한 적응력
2	가. 이주 전의 삶: 한국과 사랑에 빠지기 나. 문화 적응 전략 1: 선배, 형 같은 모습으로 다. 희망하는 미래상: 한국 최초의 외국인 아나운서 되기
3	가. 이주 전의 삶: 꿈을 이루기 위한 한국행 나. 문화 적응 전략: 나에게 친절한 한국인 다. 희망하는 미래상: 국제기관에 근무하기
4	가. 이주 전의 삶: 남편과의 동거 나. 문화 적응 전략 1: 생활 적응은 스리랑카인 네트워크를 중심으로 다. 문화 적응 전략 2: 학업 적응은 학교 네트워크를 활용하기 라. 희망하는 미래상: 박사과정으로 진학하기

5	가. 이주 전의 삶: 장학생으로 외국유학 기회를 잡기 나. 문화 적응 전략 1: 자국 출신 공동체와 끈끈한 유대관계에 의지하기 다. 문화 적응 전략 2: 다양한 지원체계를 활용하기 라. 한국에 바라는 점: 좋은 경험, 좋은 추억으로 한국을 기억하기

〈표 11〉 난민의 생활세계 문화 적응 과정 및 전략 개요

서술 순서	문화 적응 과정 및 전략
1	가. 미얀마: 가시밭길이지만 그 길이 나의 길, 독립운동 나. 태국으로의 이주: 살기 위한 도전 다. 한국으로의 재이주: 자녀에게 새로운 세상 열어주기 라. 희망하는 미래상: 한국 속 카렌족 뿌리 내리기
2	가. 미얀마: 끼니를 때우기 위해 절에 들어가다 나. 태국으로 이주: 정치적 압박에서 벗어나기 위한 월경 다. 한국으로 재이주: 자녀를 위한 도전 라. 희망하는 미래상: 자녀의 완치와 액세서리 세공사 되기
3	가. 태국: 새아버지로부터 도피 나. 미얀마로 이주: 결혼과 태국의 공장 노동자 다. 한국으로의 재이주: 가난의 굴레 벗어나기와 자녀의 교육 라. 희망하는 미래상: 멋진 모델의 엄마 되기
4	가. 미얀마: 삶의 터전을 빼앗긴 유년 시절 나. 태국으로 이주: 대안적 장소의 선택 다. 한국으로 재이주: 자녀에게 더 넓은 세상을 만나게 하다 라. 희망하는 미래상: 멋진 남편, 멋진 아버지 되기
5	가. 태국: 풍요롭지 않지만 행복한 유년 시절 나. 결혼과 교사: 나는 자랑스러운 지리 교사 다. 한국으로의 이주: 경계 넘기 라. 희망하는 미래상: 아들은 의사, 나는 지리 선생님

지원, 동등한 사업 파트너로의 인정, 다문화 가정의 한국어교육 지원과 고급인력을 위한 일자리 연계 프로그램 운영, 결혼이주여성의 한국 사회 정착을 위한 경제 활동 지원 및 다문화 가정 자녀에 대한 교육 지원, 발달

지연 자녀에 대한 복지와 교육 지원 및 다자녀 가구에 대한 혜택 확대 등이다.

이주노동자의 이주 전 · 후의 삶은 다양하게 나타났고, 그에 따른 문화 적응 전략도 복합적으로 이루어졌다. 다문화 생활세계를 경험하면서 한국 사회에 바라는 점은 다음과 같다. 한국에서의 삶에 도움이 되는 제도와 시스템에 대한 학습 지원, 부부복지정책 확립, 아내의 출산을 위한 인도적 차원의 허가 및 지원, 정서적 안정을 위한 종교 활동의 보장 및 자기계발을 위한 교육에 대한 지원, 직계가족의 관혼상제 관련 휴가 보장 및 비자기간 연장, 배우자와 자녀에 대한 거주 보장, 출신국과 한국의 문화 · 경제적 교류를 위한 민간사업 허가와 확대 등이다.

외국인 유학생의 이주 전 · 후의 삶은 다양하게 나타났고, 그에 따른 문화 적응 전략도 복합적으로 이루어졌다. 다문화 생활세계를 경험하면서 희망하게 된 미래상은 다음과 같다. 한국 최초의 외국인 아나운서 되기, 국제기관에 근무하기, 박사과정으로 진학하기 등이다. 또한 좋은 경험과 추억으로 한국을 기억하고자 했다.

난민의 이주는 복합적으로 이루어졌으며, 다문화 생활세계를 경험하면서 희망하게 된 미래상은 다음과 같다. 한국 속 카렌족 뿌리 내리기, 자녀의 완치와 액세서리 세공사 되기, 멋진 모델의 엄마 되기, 멋진 남편 · 멋진 아버지 되기, 훌륭한 교사 되기 등이다. 이들은 공통적으로 자신이 비극적인 현실에서 벗어나는 것을 넘어, 그들의 자녀들이 더 나은 세상에서 살아가길 원하여 난민의 길을 선택했다.

생활세계에서의 문화 적응에 관한 생애담을 통해 연구참여자가 문화 적응의 과정에서 경험한 다양한 양상과 인식에 대하여 살펴보았다. 현재 삶의 태도나 대응 방식, 그리고 전략 등을 통해 이주민들의 생활세계를 이해하는 토대를 마련할 수 있을 것이다. 특히 생애담의 기술 방식은 연구참여자가 인터뷰에서 전한 이야기를 그대로 살려 현장감과 사실성을 재현하고자 했다. 연구참여자인 화자의 목소리가 생동감 있게 전달되도록 하기 위함이다.

2) 생활세계 문화 적응의 내러티브

(1) 이주 전의 삶 1: 전문가가 되고 싶었던 태국의 한 평범한 소녀

연구참여자는 태국 남부에 있는 한 시골 마을에서 5남매 중 둘째로 자랐다. 부모님은 생업으로 농사를 지었다. 연구참여자의 오빠는 공부에 큰 뜻이 없었고, 연구참여자는 고등학교까지 공부를 곧잘 했다. 부모님은 농사일로 늘 바빠서 자녀들의 생활이나 공부에 큰 관심이 없었다. 5남매 중에 연구참여자와 여동생만 공부에 관심이 있었고, 누구의 도움도 받지 않고 혼자서 공부를 해나갔다. 고등학교 졸업 후에는 대학에도 가고 싶었으나 아버지가 집에 대학 학비를 댈 만한 경제적 여유가 없다며 반대했다. 연구참여자는 대학 학비를 벌어서 자력으로 대학을 다니기 위해 공장에 취업했다.

연구참여자가 공장에서 일 년 정도 일을 하자 어머니가 대학 학비를 마련해줄 테니 공부를 해보라고 권유했다. 연구참여자는 대학 입시를 준비해서 이듬해 태국의 수도 방콕에 있는 한 사이버대학교의 컴퓨터공학과에 입학했다. 기계를 만드는 기술을 배울 수 있는 학과에 가고 싶었으나 주위에서 일의 특성상 '여자가 할 수 없는 일'이라고 하여 소프트웨어를 다룰 수 있는 컴퓨터공학과에 진학했다. 그리고 대학 졸업 후 태국 내의 IT 관련 기업에 취업했다. 연구참여자는 경력직으로 두 번의 이직 후 한국의 한 대기업 태국 지사에 입사하게 됐다.

연구참여자는 줄곧 전문직으로 일할 수 있는 직업을 목표로 삼았다. 그래서 첨단기술 분야의 소프트웨어 관리자로 일할 수 있게 되어 무척 만족했다. 게다가 한국의 대기업은 태국 내에서 평판이 좋았기 때문에 직장과 업무에 대한 만족도가 높았다.

그러다가 한국 대기업의 자회사에서 파견 근무를 온 한 한국 남자를 알게 됐다. 그 남자는 컴퓨터 시스템을 구축하는 기계 설비 일을 맡은 관리자였다. 연구참여자와 남자는 서로 맡은 일이 달랐지만 태국 내의 생산공장 설립을 위해 협업을 하게 됐다. 연구참여자는 남자와 같은 업무 공간에서 일을 하게 되면서 자주 마주치게 됐다. 그리고 자신은 하고 싶었으나 여자이기 때문에 포기했던 일을 하는 남자를 보며 부러워하기도 했다.

(2) 이주 전의 삶 2: 사랑은 나의 선택, 온전히 내가 책임지는 것

그러던 중, 연구참여자의 친구가 그 남자에게 이성으로서 호감을 갖게 됐다. 친구는 영어를 거의 못했는데, 연구참여자는 대학에서 영어를 배워 일상생활에서 소통하는 데에는 전혀 문제가 없었다. 연구참여자는 친구가 남자와 자주 만남을 가질 수 있도록 자리를 마련했고, 친구의 요청으로 늘 동행했다. 연구참여자는 남자가 말이 별로 없는 무뚝뚝한 성격이라 이성적인 감정은 들지 않았으나 같이 어울리며 즐거웠다고 한다. 그런데 그 후 남자는 친구가 아니라 연구참여자에게만 데이트를 신청했다. 연구참여자도 남자와의 데이트가 즐거웠고, 그렇게 자주 어울리다 보니 연애를 시작하게 됐다. 친구는 속상해하지 않고 연구참여자와 남자를 축복해주었다.

그렇게 남자와 1년 정도 연애를 했다. 그러다 남자가 영국으로 발령이 나면서 결혼을 결심하게 됐다. 남자가 영국으로 떠나면 기약 없는 장거리 연애를 해야 했기 때문이다. 결혼을 결심하고 난 후 결혼까지는 일사천리로 진행됐다.

연구참여자와 남자는 가족에게 결혼 소식을 알렸다. 연구참여자의 부모님, 특히 아버지는 한국인 사위를 크게 반기지 않았다. 그러나 연구참여자는 그런 아버지의 반응을 크게 괘념치 않았다. 남자는 7남매 중 여섯째인데, 대학 다닐 때 아버지가 세상을 떠나 부모님 중에는 어머니만 있었다. 남자의 어머니와 누나, 형들은 외국인 여자와 결혼하겠다는 남자의 결심을 존중해주었다.

연구참여자와 남자는 태국에서 태국의 전통적인 방식으로 결혼식을 올렸다. 태국은 결혼할 때 신랑이 신부의 집에 '신붓값'을 주는 전통이 있다. 액수가 정해져 있지는 않지만 보통 신붓값은 많이 받을수록 좋다고 생각한다. 그러나 연구참여자는 각자 서로의 집에서 도움을 받지 않고 결혼식을 올리기로 했기 때문에 '신붓값'에 대해 신랑에게 큰 부담을 주고 싶지 않았다. 그래서 부모님에게 '신붓값'은 자신과 신랑이 지금까지 벌어놓은 돈으로 형편껏 하겠다고 알렸다. 연구참여자는 형식만 갖추는 정도로 신붓값을 마련했다. 연구참여자는 신랑을 인생의 동반자로 여기고 경제적 부담도 함께 감당해야 한다고 인식한 것이다. 여기에는 전통이라고는 해도 신랑이 돈을 주고 신부를 데려오는 신붓값이라는 전통에 대한 불만도 작용했다.

"(태국에서는 신붓값으로 보통 어느 정도 주나요?) 그건 신붓집 상황에 따라. 부잣집 딸이면 많이 요구하겠죠. (그럼 선생님이 보시기에 한국으로 오시는 분들이 원래 받아야 할 금액에 비해 많이 받아야 한다고 생각하세요?) 엄청 많이. (몇 배 정도?) 한… 다섯 배 정도? (그런 걸 보면 어떤 생각을 하세요?) 사실 좀 답답하거든요. 왜 그렇게, 사실 결혼하면서 여기 와서 살고 가족 꾸리는데 왜 그런 문제… 사실 그건 문제점이거든요. 그 부분 없으면 나중에 남편도 아무 말 할 수 없잖아요. 근데 그런 큰 금액 달라고 하는데, 문제 발생할 때마다 그런 이야기 꺼내면서 더 큰 문제가 생겨요. 한국에 와서 잘 살고 싶으면, 적당히. 적당히 그냥. 어차피 문화적인 부분이라 주긴 줘야 하는데, 그런데 적당히. 가능한. 딸 팔아먹는 느낌 안 들게. (지금은, 금액이 커지며 그런 느낌이 나니까 안 그랬으면 하시나 봐요?) 무시도 당하고. 뭐 그런 거. (주변에서 그런 경우를 좀 보세요?) 그렇죠."

연구참여자는 신붓값이 크면 '딸을 팔아먹는 느낌'이 든다고 하며 신붓값에 대한 부정적인 인식을 드러낸다. 신부가 돈을 주고 사올 수 있는 존재가 되면서 인간적 가치가 훼손당한다고 보는 것이다. 연구참여자는 전통을 지키면서도 이러한 구도에서는 벗어나기 위해 신랑과 함께 감당할 수 있는 정도로 스스로 기준을 정하여 이를 지켰다.

연구참여자는 결혼으로 고향을 떠나 부모와도 떨어지게 됐으나 그에 대한 아쉬움은 전혀 없었고 오히려 남편과의 삶에 대한 기대와 설렘이 컸다고 한다. 연구참여자는 부모님과 모국으로부터 분리되어도 자신을 지킬 수 있다는 자신감에서 기인하는 충분한 심리적 거리감을 확보했다고 볼 수 있다.

만나게 되고, 그리고 결혼하고 나서도 계속 일하고. 다문화센터에 오질 않아요. 어떤 문제가 있어도 자기가 그냥 해결하려 노력하는데, 안 될 때, 이혼 직전. 그때 문제 커질 때 다문화센터 오는 거예요. 그런데 사실 제가 통 · 번역사로는 도와줄 수 없잖아요. 그 상황에서는 상담사 만나야 하고. 상담할 때 제가 들어가긴 하는데, 저도 한국어 그렇게 잘하지 않고. 근데 번역할 때도 사실 전문가라면 어느 정도 잘하는데, 제가 제 능력만큼 전달이 잘 되질 않아요. 보통 상담사들이 사용하는 그 단어도 우리 이야기하는 거랑 다르잖아요. 자기가 원하는 방향, 방식이 있는데, 그런데 그렇게 전달이 잘 안 돼요. 그래서 문제도 해결이 잘 안 되죠."

"대부분 들어와서 잘 살고 싶은데, 잘 살기 위해서는 일자리 있어야 하잖아요. 일자리 찾을려면 한국어. 한국어 배워야 하는데, 그런데 여러 문제로 한국어 제대로 배울 수 없으니까… 그… 문제는 해결 안 될 거 같고. 다문화 가정의 가장 기본 문제는 한국어. 처음에 문화 차이 때문에 문제 발생하는데, 만약 의사소통 잘 되면 문제를 풀고 갈 수 있는데, 처음에 의사소통 안 되니까 조금씩 조금씩 쌓여서 문제가 크게 되는 거예요. 문화 차이 문제도 그렇고, 대부분 경제적 문제. 여자들이 말이 안 통하니까, 남자들이 돈이 없는데 근데 왜 돈이 없는지 설명해도 이해를 못하니까 설명 안 하고, 이쪽 여자도 궁금하고, 왜 오빠는 맨날 돈 없어? 돈 없어? 그러는데, 일 그렇게 열심히 하는데 왜 돈 없어? 그쪽 설명 안 하고, 이쪽은 답답하고, 계속 참다 참다 터지는 거예요. 그래서 기본은 한국어교육은 잘 시켜야 되는데, 다문화센터마다 한국어교육 있거든요. 그런데 공부하는 사람 별로 없고, 무료로 제공하다 보니까 오거나 말거나 그런 거. 센터마다 다 있지만 교육의 질이 높지 않거든요. 그래서 제가 보기에는 그 예산은 정말 아깝다, 차라리 어학당처럼 제대로 운영하면 열심히 공부하면, 한 1~2년 참고 나중에 한국어도 잘하고 그러면 다른 배운 거 많잖아요. 직업 같은 거. 공부 안 하고 들어와서 공장 같은 데 일하다가, 나중에 일자리 없고, 태국 쪽 같은 거 일 없을 때 급하게 불법 마사지하거나 성매매하거나 그런 문제 많거든요. (한국어를 충분히 배우지 못한 상태에서 일자리부터 구하다 보니, 그 일자리가 끊기면 불법적인 일을 많이 찾아가는 거군요.) 네네."

연구참여자는 한국에서 결혼이주여성이 남편과 불화를 겪는 원인으로 여러 가지가 있지만 가장 큰 원인은 한국어를 배우지 않기 때문이라고 보고 있다. 여기에는 한국어를 교육하는 기관의 프로그램이 다양하지 못한 점도 한몫하고 있다. 다문화센터의 교육은 무료인 데다 지루하고 어렵기 때문에 결혼이주여성의 학습 동기를 유발하기 어렵다는 것이다. 게다가 결혼이주여성은 대부분 남편의 경제적 무능으로 인해 가난에 허덕이고 있고, 모국의 가족도 보살펴야 하는 상황이기 때문에 빨리 경제 활동을 시작하려는 조급함을 가지고 있다. 그런데 이로 인해 결혼이주여성의 삶은 타락의 길로 접어들게 된다는 것이다.

우선 남편과 대화를 하면 풀 수 있는 오해를 풀지 못해 부부갈등이 깊어진다. 이로 인해 서로 간에 오해가 쌓여 가정이 파탄에 이르게 된다. 또 경제 활동에 나서서도 한국어가 미숙해서 제대로 된 일자리를 구하기가 어렵다. 그래서 한국어를 하지 못해도 쉽게 돈을 벌 수 있는 유흥업소에서 일을 하게 된다. 결국 이는 한국어를 잘하지 못해서 자처하는 불행인 것이다.

연구참여자는 가족과의 불화에는 결혼이주여성의 몫이 분명히 있다고 지적한다. 결혼이주여성이 어떤 어려움에 처해 있는지 그 맥락에 대해 이해하고 있지만, 그럼에도 불구하고 어려움을 헤쳐 나가기 위해서는 어렵지만 해야만 하는 일이 있다고 보는 것이다. 연구참여자는 현재 자신의 삶에 대한 자신감으로 어려움을 겪는 여성들에게 도움을 주어야 한다는 입장을 취하고 있으며, 그들에게 자신이 생각하는 올바른 방향을 제시한다.

연구참여자는 정부의 다문화 정책에 따라 한시적으로 운영하고 있는 통·번역사의 일을 하고 있기 때문에 실상 일자리가 안정적인 편은 아니다. 당장 이듬해부터는 현재 다니고 있는 다문화센터에서의 일도 더 이상 하지 못하게 된다. 그러나 연구참여자는 자신이 좌절해야 하는 이유를 찾기보다 앞으로 해나가고 싶은 일을 찾는 데 관심을 기울인다.

> "(선생님도 다른 직업을 찾으셔야 하는 건가요?) 이제는 그냥 쉬고 싶어요. (웃음). (일을 꽤 하셨네요. 한 5년? 5~6년 일하신 건데 이제는 쉬고 싶으시구나.) 네, 그렇죠. (그럼 쉬신 다음에 계획이 있으세요?) 그냥… 기회가 들어오면 하고, 아니면 그냥 됐고…. 사실 제가 배우고 싶은 건 많거든요. (어떤 거 배우고 싶으세요?) 저는… 편집 디자인 같은 거? 그거 배우고 싶어요. 사실 제가 배우고 싶은 이유는, 제가 가끔 프리랜서 일로 번역을 받아요. 그 사람들은 책을 만드는데, 태국어 책이 문제가 많아요. 글 깨지거나. 그런데 디자인팀에서 잘 몰라요. 제가 감수해야 하는데, 이건 안 된다, 이렇게 해달라, 저렇게 해달라 하면 그 사람들이 안 된다, 안 된다 하거든요. 그런데 제가 그 사람들이 사용하는 프로그램을 잘 모르니까 뭐라 할 수 없잖아요. 제가 알면 이렇게, 분명히 할 수 있다, 할 수 있잖아요. 그래서 내가 좀 배워야겠다. 그러면 큰소리칠 수 있겠다, 이렇게요."

연구참여자는 통 · 번역사 일을 그만두게 되는 데 실망하는 것이 아니라 관심 있는 분야의 공부를 더 하면 할 수 있는 일의 반경을 넓힐 수 있겠다고 기대하고 있다. 이를 전화위복의 기회라 여기고 있는 것이다.

(6) 문화 적응 전략 3: 친정 부모와 정서적 유대관계는 유지하되, 경제적 연결고리는 끊어내기

연구참여자는 일을 하면서 친정에 도움을 주기 위해 밤낮없이 일하는 결혼이주여성을 많이 보게 된다고 한다. 그러면서 어쩔 수 없이 자녀를 방치하고 가정을 돌보지 못해 남편과 자주 다투게 되는데, 이 또한 가정을 불안하게 하는 결정적 요인이 된다고 본다. 연구참여자는 이러한 문제를 예방하기 위해 자신 역시 다른 결혼이주여성들과 마찬가지로 태국에 있는 부모님과 가족의 경제적 형편이 좋은 편은 아니지만 전혀 경제적인 도움은 주지 않는다고 한다.

사실 연구참여자가 경제 활동이 절실하지 않은 것은 남편이 한국 대기업에 다니며 높은 연봉을 받고 있기 때문이다. 연구참여자도 많지는 않지만 돈을 벌고 있어서 경제적으로 여유가 있지만 절대 친정에 경제적인 도움을 주어서는 안 된다고 생각한다. 친정 식구들에게도 결혼 초기부터 기대하지 말라고 못을 박아두었다. 연구참여자는 친정 식구들이 자신에게 경제적으로 의존하게 되면 친정 식구들도 스스로 발전할 수는 기회를 잃게 되고 자신도 도움을 주어야 한다는 심리적 압박감에 시달리게 되어 서로 불행해진다고 생각하고 있다.

"(친정에는 전혀 도움을 안 주시나요?) 저는 절대 기대 못 하게 해요. 기대 안 하기도 하고, 못 하게 한 거죠. 기대면 발전이 없으니까. 자기가 노력해서 발전해야지 의지하면 안 되죠. (그럼 전혀?) 제가 돈을 버니까 가끔 부모님 용돈은 드려요. 그 정도. (자식으로서 도리라고 생각하는 정도만?) 그렇죠. 스스로 발전해야 돼요."

또한 연구참여자는 태국에 있는 가족들과 전해야 할 용건이나 문제가 없으면 자주 연락하지 않는다. 각자 자신의 자리에서 열심히 살아가면 된다고 생각하기 때문이다. 작년에 연구참여자가 결혼하고 16년 만에 친정 부모님을 한국에 초대해서 가족 모두 함께 여행을 갔는데, 그런 경험은 무척 따뜻하고 좋은 추억으로 남아있다. 그렇게 자식으로서 부담을 갖지 않을 수 있는 선에서 부모님과 만날 수 있는 것은 기쁜 일이지만 혹여 남편과 딸에게 부담을 주게 되는 것은 아닌지, 또 그래서 친정 부모님들이 스스로의 삶을 잘 돌볼 수 있는 기회를 빼앗는 것은 아닌지 두루 살피고 헤아려야 한다고 보고 있다. 연구참여자는 부모님에 대한 진정한 배려는 자식으로서 부모님이 해야 하는 일을 대신 해주는 것이 아니라 부모님이 스스로 자신의 삶을 돌볼 수 있도록 지켜봐주는 것이라고 생각하고 있다.

"(태국 가족들하고는 연락 자주 하세요?) 자주 하지 않아요. 사실 문제 없으면 연락하지 않아요. (그럼 태국 식구들도 자주 못 만나셨겠어요.) 그렇죠. (한국에 오신 적도 별로 없으시고?) 네. 그런데 작년에 부모님 초대했어요. 처음으로 한국에 초대했어요. (그럼 결혼하고 16년 만에 처음으로 만난 거예요?) 그러게, 그러게…. 처음으로. (와서 얼마나 계셨어요?) 한… 거의 2주 됐나. (좋으셨겠어요. 부모님하고 어디 가셨어요?) 광주. 광주? 있잖아요, 그 남쪽. 신라. (경주) 네! 경주, 경주. (웃음). (남편분하고 같이?) 시댁 식구 다 같이. (그러면 친정 부모님 오신다고 가족 전부 다 모이신 거예요?) 네네."

이처럼 연구참여자는 부모님에게 해줄 수 있는 일과 해줄 수 없는 일의 기준이 명확하다. 특히 경제적인 도움을 주는 일은 더욱 경계한다. 연구참여자는 이처럼 자신이 지킬 수 있는 명확한 기준을 세우는 것이 현재 남편과의 관계나 시댁 식구들과의 관계, 친정 식구들과의 관계 모두 건강하게 영위하는 길이라 여기고 있다.

(7) 한국에 바라는 점: '다문화'에 대한 정서적 · 제도적 구별 철폐

연구참여자는 현재 자신이 한국에서 다문화 가정으로 살아가고 있기도 하고, 다문화센터에서 일하면서 다른 다문화 가정의 경우를 많이 접하기도 한다. 그러면서 한국에서 소위 '다문화 가정'은 '도움을 주어야 하는 대상'으로 여겨지고 있다는 것을 체감하게 된다. 그러나 다문화 가정의 구성원도 한국 사회의 구성원이고 한국 국민이다. '다문화 가정'이라는 용어는 여느 국민과 다른, 그래서 더 많은 복지정책을 주어야 하는 대상이라는 틀에 다문화 가정을 가두게 된다. 이러한 구분이 오히려 다문화 가정을 더욱 고립시키고 있다고 보는 것이다.

"(혹시 한국 사회의 결혼이민자에 대한 인식도 어느 정도 알고 계시잖아요, 속상하거나 불편하진 않으세요?) 저는 사실 크게 느끼거나 불편하지 않아요. 그런데 많은 분들한테 들었는데, 애들 학교 다닐 때 맨날 다문화, 다문화 하니까 속상하다고. 그런데 제가 봐도, 정부 쪽에서도 또 맨날 다문화, 다문화 하는데, 무슨 지원해야 되고, 우리가 도와줘야 하고, 뭐라 뭐라, 우리가 예산 이만큼 마련했는데, 근데, 사실, 한국인 입장에서는 왜 맨날 다문화 도와줘야 해? 왜? 그렇게 맨날 다문화, 다문화 도와주니까 우리도, 우리도 모르게 내가 다문화니까 내가 도움받아야 된다고 느끼게 되거든요. 이상하게. 근데 다문화 가정도, 자기가 다문화인데 무슨 혜택 없어? 이런 거 있잖아요. 그런데 사실 그런 거 좋은 방식 아니잖아요. 왜 다문화 때문에 장학금 줘야 해? 왜 다문화 때문에 지원금 줘야 해? 사실 필요 없잖아요. 그냥 이 가족 뭐가 문제 있으니까, 도움 필요하니까, 다문화 가정 때문에 도와주는 거 아니고, 그냥 한 국민으로서 도와주는 건데. 그런데 맨날 다문화, 다문화 하니까 좀 그래요. (그런 게 좀 불편하시구나. 특별하게 취급하는 게 아니라, 복지 차원에서 국민들에게 주는 제도가 필요한 거지, 다문화라는 특별취급이 필요한 게 아니다 그렇게 보시는 거예요?) 네, 그렇죠."

연구참여자는 다문화 가정이 '특별취급' 당하지 않아야 구성원들 간의 갈등과 반목이 사라질 것이라고 믿는다. '한 국민으로서' 도움을 줄 일이 있다면 도움을 주어야겠지만 별개의 대상으로 구분하는 일은 장차 사라져야 한다고 보는 것이다.

3) 연구참여자의 특성

연구참여자가 한국 사회 적응 과정에서 보이는 인지 · 정서적 특징을 정리하면 다음과 같다. 첫째, 자신이 꾸린 새로운 가정, 즉 남편, 자녀와의 현재를 가장 중요하게 여긴다. 연구참여자는 자신이 선택한 배우자와의 현재 삶에 충실하기를 원하며 이를 위해 모국에 있는 가족과 심리적 · 경제적 분리 독립을 이루어야 한다고 보고 있다. 연구참여자는 모국에 있는 가족들에게도 심리적 · 경제적 분리 독립을 요구하고 있는데, 서로에 대한 과도한 애착은 서로에게 부정적인 영향을 준다고 확신하고 이를 경계하고 있다.

둘째, 한국에서 살아가고 있는 다른 결혼이주여성에 심정적인 공감을 표시하면서도 사회의 규범과 도덕에 따라 잘못된 행동에 비판적인 태도를 취한다. 이는 한국 사회에 대해서도 마찬가지이다. 한국 사회에 대해서는 특히 실질적인 효과를 거두기 위해 현재의 불합리한 시스템을 점검해야 할 필요가 있음을 주장한다. 연구참여자는 결혼이주여성의 편에 서지도, 한국인의 편에 서지도 않으며 중간자의 입장에서 둘 모두의 과오를 지적하고 상생을 위해서는 보다 규범적인, 보다 합리적인 대안을 찾아야 한다고 주문한다.

셋째, 연구참여자는 어떤 일에 대해서도 자신이 할 수 있는 일을 생각하고 이를 행동에 옮긴다. 이는 긍정적 사고와 추진력에 기반한 것이다. 연구참여자는 행정기관의 정책 변화로 인해 현재 하고 있는 일을 곧 그만두어야 하지만 이를 전화위복의 기회로 생각한다. 그동안 계속 일을 해오면서 쌓인 피로와 스트레스를 해소하고 자신이 부족하다고 생각하는 부분을 보충하기 위해 공부할 계획을 세우고 있다. 자발적인 퇴직이 아님에도 일을 그만둔다는 데 좌절하기보다 역량 강화를 통한 도약의 기회로 삼고자 하는 것이다.

이를 종합해보면, 연구참여자는 새롭게 관계를 맺는 한국 사회의 문화를 이해하고 수용하면서 자신이 본래 가지고 있던 문화적 정체성을 소중하게 지키며 유지하는 전략을 취하고 있다. 마지막으로 연구참여자의 경험에서 한국 사회의 사회제도적 개선점을 찾아보면 다음과 같다. 첫째, 연구참여자는 한국 사회에서 다문화 가정에 대해 갖는 사회적 편견의 시선을 타파하기 위해서는 정책적으로 취하고 있는 다문화 가정이라는 구분부터 없애야 한다고 보고 있다. 이는 말하는 사람과 말해지는 사람 모두 특별히 더 시혜를 베풀어야 하는 대상이라는 인식을 갖도록 하기 때문이다. 국민의 일원으로 받아들이고 보편 복지의 차원에서 접근하는 데 다문화 가정이라는 구분이 걸림돌이 되고 있다는 것이다.

둘째, 연구참여자는 결혼이주여성이 대체로 한국 사회에서 경제적 가난에 시달리고 있음을 지적하며 이를 해결하기 위해 일자리를 연결해주는 시스템의 구축이 필요하다고 보고 있다. 결혼이주여성은 구직 정보에 대한 접근이 제한적인데, 이로 인해 무지로 인한 탈선이 조장되고 있다는 것이다.

셋째, 연구참여자는 결혼이주여성에 대한 체계적이고 실질적인 한국어교육이 필요함을 주장한다. 한국어만 구사할 수 있으면 심리적 · 경제적 문제의 상당 부분이 보다 쉽게 해결 가능하다는 것이다. 현재에도 결혼이주여성의 한국어교육에 대한 정책 지원이 이루어지고 있으나 결혼이주여성의 한국어 능력 신장에 도움을 주고 있지 못한 점을 지적하며 이에 대한 개선의 필요를 주장한다.

2.
연구참여자 2의 생애담

1) 생활세계 문화 적응 생애담 요약

연구참여자는 베트남 출신의 35세 여성으로 현재 한국에서 남편과 함께 중학교 2학년과 초등학교 6학년인 두 아들을 키우며 살고 있다. 연구참여자는 2003년에 결혼해서 바로 한국으로 왔다.

연구참여자는 베트남의 한적한 시골 마을 출신이다. 부모님과 여동생 하나, 남동생 둘이 있는 4남매 집안의 맏딸이다. 부모님은 연구참여자가 어렸을 때부터 시장 어귀에서 채소나 과일을 파는 가게를 운영하여 생계를 꾸렸다. 연구참여자는 초 · 중 · 고등학교(각 5년, 4년, 3년) 동안 내내 학교가 끝나면 곧장 집으로 돌아와 부모님의 일을 도왔다. 베트남에서의 기억은 학교 끝나면 부모님을 도왔던 기억이 전부이다.

연구참여자는 고등학교 졸업 후 스스로 결혼중개업체를 찾아 현재의 남편을 만났다. 연구참여자는 남편의 첫인상이 무뚝뚝해 보여서 별로 마음에 들지 않았지만 결혼을 결정하고 난 후에는 보면 볼수록 괜찮았다

세 동생과 함께 살았다. 연구참여자의 고향은 베트남 호찌민시에서 남쪽으로 5시간 정도 더 가야 한다. 고향은 조용하고 아름다웠으나, 고향 사람들은 대부분이 가난했다. 연구참여자의 부모님도 마찬가지였다. 부모님은 집 근처에 있는 시장 한 켠에서 야채와 과일을 팔았다. 시장에 내다 팔 물건은 직접 재배하기도 했고, 주위에서 도매로 구해오기도 했다. 부모님은 항상 일손이 부족했다. 연구참여자는 철이 났을 무렵부터 부모님의 일을 도왔다.

연구참여자는 학교에서 얌전하고 조용한 학생이었다. 같이 어울리는 반 친구들이 몇 있었지만 학교가 끝나면 곧바로 집으로 돌아와 일을 해야 했기 때문에 학창 시절에 대한 기억이 별로 없다. 부모님은 연구참여자에게 공부할 시간을 주지 못했다. 연구참여자의 하루는 항상 방과 후 부모님의 일을 돕는 것으로 마무리됐다.

연구참여자는 고등학교에 다닐 때 같은 마을에 살던 한 언니가 한국 남자와 결혼해서 한국으로 떠나는 것을 본 적이 있다. 그 언니가 결혼 후 고향에 왔는데, 그 모습이 참 좋아 보였다. 연구참여자는 그전까지 한국 남자와 결혼해서 고향을 떠난다는 생각은 한 번도 한 적이 없었지만 그 언니를 보고 자신도 고등학교를 졸업하면 그 언니처럼 한국 남자와 결혼해야겠다고 결심했다.

"(선생님께서는 결혼정보업체를 통해서 지금 남편분 만나셨다고 하셨잖아요. 그런데 한국 남자랑 결혼해야겠다 생각한 이유가 있으세요?) 효도하려고. (효도요?) 응. 부모님한테 효도하려고. (한국에 오면 부모님한테 효도할 수 있다고 생각하셨구나. 어떻게?) 언니가, 한국 남자랑 결혼한 언니가 있었어. (아, 그래서 아셨구나. 그전에는 한국에 대해 잘 모르셨고.) 전혀 몰랐어요. 그리고 한국에 오면 좋잖아.

(와보니까 정말 좋으세요?) 좋아. (중략) (한국 남자하고 결혼할 거라고 생각해본 적 있으세요?) 아예 없었어요. 근데 갑자기 이런 일이 생겨서 그냥 가는 거예요. (그냥 갑자기 생긴 일처럼 느껴지셨어요? 한국 남자하고 결혼이?) 네. (학교 고등학교 졸업하고 스무 살이면 고등학교 졸업하고 거의 바로 온 거네요.) 네. (베트남에서 살지 않고 한국으로 와야겠다 결심하게 된 계기나 이유나 뭐 그런 게 있을까요?) 베트남에 지금 사는 것보다는 조금 편하게 살고 싶었고 새로 인생을 바꾸고 싶었어요. 그런 계획으로 왔어요. (선생님 그러면 친구분이랑 결혼업체에 같이 등록하신 거예요? 아니면 선생님 혼자?) 네. 저 혼자요."

연구참여자는 한국에 가면 무엇보다 부모님에게 효도를 할 수 있겠다고 생각했다. 가난해서 고생만 하는 부모님을 위해 돈을 많이 벌고 싶었다. 돈을 벌어서 그 자신도 가난에서 벗어나고 싶었다. 그러나 고향에서는 아무리 해도 가난에서 벗어날 수 있는 방법이 보이지 않았다. 연구참여자는 자신이 할 수 있는 일은 한국 남자와 결혼해서 고향을 떠나는 것이라고 생각했다.

그리고 결심대로 고등학교를 졸업하자마자 한국 남자와의 결혼을 주선해주는 결혼정보업체를 찾아갔다. 연구참여자의 부모님은 처음에는 딸의 선택을 반대했다. 그러나 곧 연구참여자의 굳은 결심을 받아들였다. 연구참여자가 결혼정보업체를 찾아가 등록하니 업체에서 한국 남자와 만날 수 있도록 맞선 자리를 주선해주었다. 맞선은 한 번에 서로 세네 명씩 마주보고 앉아서 대화를 나누는 방식으로 진행됐다. 각자 자신이 사는 나라의 언어 말고는 할 줄 몰라 대화는 거의 이루어지지 않았고 상대의 첫인상만 보고 선택을 해야 했다. 연구참여자는 그중에 순해 보이는 인상을 가진 남자에게 마음이 갔다. 그러나 그 남자가 아니라 까다롭고 무뚝뚝해 보이는 남자가 연구참여자에게 관심을 보였다. 연구참여자가 고민하자 어머니는 "네가 좋아하는 사람보다 너를 좋아해주는 사람"과 결혼해야 행복하다고 했다. 어머니의 말에 연구참여자는 그 남자와 결혼을 결심했다.

연구참여자는 남편을 만난 지 일주일 만에 결혼정보업체의 주관으로 단체 결혼식을 올렸다. 그 후 고향 집에서 한 번 더 결혼식을 올리고 남편의 가족들을 위해 한국에서도 결혼식을 올렸다. 연구참여자는 결혼 후 한국으로 건너와 터를 잡았다.

(2) 문화 적응 전략 1: 나에게 새로운 이름을 준 남편, 언제나 최고인 인생의 반려자

연구참여자는 남편과 결혼식을 올리고 비자 승인을 기다리는 3개월 동안 한국어 학원을 다녔는데, 그전까지는 한국어를 배운 적이 없었다. 한국으로 와서 바로 임신과 출산을 하게 되면서 꾸준하게 하지는 못했지만 틈날 때마다 근처 다문화센터에 다니며 한국어를 배웠다. 연구참여자는 그 기간 동안 남편과 제대로 소통을 할 수 없었다. 남편도 베트남어를 몰랐기 때문이다. 연구참여자가 한국에 적응하기까지 한국어를 익히고, 한국 문화에 익숙해지는 데 몇 년의 시간이 필요했다. 연구참여자도 남편의 생활습관 중 이해가 가지 않는 부분이 있었고, 남편도 마찬가지인 듯했다. 그러나 서로 말이 통하지 않으니 무엇이 불만인지 이해를 할 수가 없었다. 게다가 남편과는 16살의 나이 차이가 있었기 때문에 문화의 차이 외에 세대 차이도 극복해야 했다.

그러나 연구참여자는 대화가 통하기만 하면 갈등은 극복할 수 있다는 믿음을 가지고 있었다. 그래서 틈틈이 한국어를 배워 남편과 대화하려고 노력했다. 연구참여자와 남편은 상대가 어떤 부분에서 자신과 다른지 이해해나갔고, 상대에게 자신과 똑같이 맞추려고 요구하지 않았다. 차이를 이해하며 서로를 존중했다. 남편은 아내에 대한 사랑으로 자신과 다른 아내를 이해하고자 하는 의지를 보여주었다.

> "(남편 분을 몇 번 만나고 결혼하신 거예요? 딱 한 번 만나고?) 네. (그러면 남편 분은 완전히 첫눈에 반한 거네요, 선생님한테.) 그랬나 봐요. (저 사람이 바로 내 아내다 하셨나 보다.) 마흔네 명 중에 한 명 고른 거예요."

연구참여자는 자신을 향한 남편의 사랑을 느끼고 있다. 연구참여자 역시 남편에 대한 애정과 존중으로 함께하고 있다. 한국 국적을 취득할 때 한국식으로 이름을 바꾸어야 할 때도 자신이 마음에 들었던 이름보다 그 이름을 불러야 하는 남편이 더 좋다고 한 이름으로 정했다.

> "(이름은 어떻게 정하신 거예요?) 이름은 그냥 알아서. (중략) 그래서 신랑한테 물어봤는데 ○○가 더 아름다울 것 같다고 해서 바꿨어. (아. 신랑이 더 좋다고 한 이름으로.)"

남편은 일이 바빠도 가정적인 사람이다. 개인 사업을 하느라 항상 바빴지만 어쩌다 쉬는 날이면 항상 아내와 함께하려고 했다. 연구참여자도 집에 가만히 있는 시간보다 남편과 밖으로 나가서 다양한 경험을 하는 시간을 좋아한다. 연구참여자와 남편은 부지런하고 추진력이 있어서 마음

먹은 일을 바로 실행하는 성향마저 비슷하다. 그리고 가족과 함께 보내는 시간을 좋아하는 것도 닮았다.

연구참여자는 신혼 초부터 시간이 날 때면 남편과 함께 남편이 좋아하는 야구를 보러 간다. 덕분에 두 아들도 야구를 좋아한다. 베트남에는 야구가 없기 때문에 처음에는 룰을 잘 몰랐다. 남편은 그런 아내를 위해 야구장에 갈 때마다 지금 경기가 어떻게 되고 있는지 자세하게 설명해주었다.

> "(야구는 한국에 와서 처음에 취미생활로 보러 다니신 거네요? 가족 단위로?) 네, 그냥 처음에는 아무것도 몰라요. 그냥 따라가는 것뿐이죠. (따라가는 거.) 뭔지 몰라요. 근데 여러 번 따라가 보면 이제 알게 됐어요. (중략) 축구 경기는 어느 정도 잘 아는데 야구는 완전 복잡해 보여요. (복잡해서 룰이 좀 복잡해가지고.) 네, 이런 스포츠는 이렇게 어떻게 게임하는지 그리고 어떻게 이거 한대? 여기 이쪽으로 시작하면서 어떻게 한 점을 받아야 하는지 그건 한참 있다가 이제 알게 됐어요. 점수가 어떻게 따는지. (처음에 시작하는 점부터 시작해가지고 한 바퀴 다 돌아야 되는데.) 네. 왜 돌아야 되는데? (왜 돌아야 되는지, 어떻게 해야지 득점하는지 이런 건.) 왜 뛰어다가 가운데에 서는지 이렇게 왜 걸어가는지 그런 건 궁금해하면서 신랑 보니까 이거를 왜 가냐고 이거를 왜 날아 가냐고 왜 안 들어가냐고 그때그때 물어보고 신랑은 잘 가르쳐줘요. (아, 신랑이 잘 알려주세요?) 네."

연구참여자는 잘 모르는 것이 있으면 남편에게 물어본다. 야구에 대해서만이 아니라 살면서 궁금하고 잘 모르는 것이 생기면 곧잘 남편에게 물어본다. 남편은 항상 정성껏 대답해준다. 연구참여자에게 남편은 무엇이든 알고 있어 늘 의지할 수 있는 믿음직스러운 사람이다.

또한 남편은 연구참여자의 든든한 지원자이기도 하다. 남편은 연구참여자가 아픈 친정어머니를 치료하기 위해 한국에 모셔왔을 때도 묵묵히 받아들여주었다. 몸이 아픈 친정어머니의 짜증도 함께 견뎌주었고, 몇천만 원이나 하는 치료비의 부담도 함께 짊어졌다.

(3) 문화 적응 전략 2: 부모의 삶의 무게까지 짊어진 슈퍼맨

연구참여자는 다문화센터에서 교육을 받고 경기 지역 다문화 강사로 일하고 있다. 연구참여자는 이 일을 좋아해서 수업에 필요한 교구를 직접 만들기도 한다. 연구참여자는 자신이 맡은 일에는 항상 최선을 다한다. 그러나 이 일은 일이 많이 들어올 때도 있지만 일이 없을 때도 있어서 수입이 안정적이지 않다.

연구참여자는 다문화 강사 일을 최우선으로 하지만, 그 밖의 시간에는 다양한 일을 한다. 그래서 직업을 무엇이라고 특정할 수가 없다. 경찰서에 통 · 번역사로 등록을 해두어서 일이 있을 때면 경찰서에 가기도 한다. 그러나 이 일은 생겨도 썩 달갑지 않다. 무언가 안 좋은 일이 생겼다는 의미이기 때문이다.

연구참여자는 베트남 요리를 수준급으로 한다. 고향에 있을 때부터 요리하는 것을 좋아했다. 요즘에는 베트남 출장 뷔페를 찾는 일이 간혹 있어서 의뢰가 들어올 때마다 출장을 간다. 한 센터에서 베트남 요리 레시피 북을 만들 때 참여하기도 했다.

그러나 고용이 안정적인 일들이 아니어서 일이 없을 때는 아르바이트 주선 사이트를 통해 단기 아르바이트를 하기도 한다. 연구참여자가 이렇게 일을 쉴 새 없이 하는 이유는 돈을 벌어야 하기 때문이다. 연구참여자의 남편 벌이로 한국에 있는 가족들은 충분히 생활할 수 있지만 연구참여자는 지금까지 열심히 일하며 살아온 친정 부모님을 경제적으로 돕기 위해 일을 한다.

> "(부모님이 지금도 장사하세요?) 안 해요. 하는 사람이 없어서. (사는 사람이 없어서?) 아니요. 사장은 있는데, 우리가 없어서요. 우리가 팔아야 하는데 다 시집가버리고. 하는 사람이 없어서. (아, 부모님만 계시니까. 일할 사람이 없어서…. 막내 남동생 있잖아요.) 막내는 지금 승용차 운전해요. 손님 모시고 이것저것 하느라 못 해요. (다른 일 하고 있어서 여기 부모님 일을 도와드릴 수가 없구나.) 그리고 부모님 지금 나이도 있으셔가지고 쉬어야 돼. (나이도 있으셔가지고….) 당분간은 안 해. (당분간은 일하실 생각 없으시고?) 네. 고생 그동안에 많이 했으니까 이제 좀 쉬려고. (그래서 첫째 딸이 이렇게 대신 열심히 일하고 계시네요. 부모님한테 효도하려고.) 네, 맞아요."

연구참여자에게는 세 동생이 있지만 세 동생은 각자 사느라 바빠 부모님에게 경제적으로 도움을 줄 수가 없다. 바로 아래 여동생은 10년 전에 한국 남자와 결혼해서 현재 한국에서 거주 중이다. 여동생은 아이들을 직접 돌보고 있기 때문에 경제 활동을 할 수 없다. 첫째 남동생은 한국에서 9년 동안 공장 노동자로 일했고, 베트남에 돌아간 지 1년 반 정도 됐다. 둘째 남동생은 한국에서 번 돈으로 고향집 근처에 펜션을 지어 운영 중이다. 막내 남동생은 베트남에서 택시 운전기사로 일하고 있다. 그래서 동생들은 부모님을 돌볼 시간적 · 경제적 여유가 없다. 연구참여자는 그

동안 가난으로 고생한 부모님을 편하게 모시고 싶어 한다. 그래서 자신이 부모님의 생계를 대신 짊어졌다.

"(선생님이 알아보고 가신 거예요?) 네. 전화로요. (그거 알아봐가지고 내가 가고 싶다 하시면 가시는 거예요?) 네. (선생님 정말 그….) 슈퍼맨 같죠. 놀 정신 안 들어요. (놀 정신 없으실 것 같아요. 그래도 사람이 좀 쉬어야 하잖아요.) 그래도 주말엔 놀아요. (그러면 안 쉬세요. 평소에?) 쉬면 또 알바하러 가. (그러면은 선생님은 아침에 언제 일어나세요?) 여섯 시에 일어나요. (그러면 여섯 시에 일어나서 애들 다 학교 보내고 선생님도 출근하시고, 그리고 갔다 와서 좀 있다가 그러면 저녁도 하시는 거예요?) 네. (저녁도 하시고 틈틈이 아르바이트도 하시고….) 어제도 알바 갔어요."

연구참여자는 이렇게 번 돈을 모아 작년에 고향에서 가장 크고 좋은 집을 지었다. 그전까지 부모님이 살던 집의 물건은 전부 처분했다. 새로 지은 집의 구조나 인테리어는 연구참여자가 아이디어를 내서 결정했다. 연구참여자는 한국에서 보고 경험한 좋은 것들을 고향집에 모두 옮겨놓았다.

"근데 전에는 엄청 안 좋아요. 사진 보여줄게. 새로 지은 거예요. 땅부터 다 새로 한 거예요. (땅 다지고 이거 올리고 이런 거 다 직접 한 거예요?) 네. 이렇게…. (사진을 보여줌) (엄청 좋네요. 선생님의 베트남 집.) 15년 동안 이렇게 바뀌었어요. (와, 정말 좋은데요?) 이건 내부. 거실이에요. (거실도 엄청 깨끗하다. 이건 누가 인테리어 하신 거예요?) 저는 한국 아이디어를 가지고요. (선생님이 하신 거예요?) 네. 이거 이거로 이렇게 해라 그래서 제가 한 거예요. (아, 선생님이 아이디어를 말해주면 거기서 그걸 수용해서 만들어준 거예요?) 네. 인삼도

갔다 놨어 여기. (인삼!) 베트남에서 엄청 귀한 거예요. (좋은 걸 전부. 여기 텔레비전도.) 다 새 거예요. 있는 거는 다 폐기. 동생 주고. (전에 있던 거는 다 버리고… 부모님 집을 이렇게 새집으로 만들어주신 거예요?) 네. (어머, 부엌도 너무 깔끔하다. 그림 속에 나오는 집 같아요.) 그릇도 전부 한국에서 갖고 왔어요. 반찬통도, 이거 냄비도, 밥솥도."

연구참여자는 부모님이 그동안 너무 고생해서 한국 노인에 비해 훨씬 늙어 보인다고 한다. 그래서 부모님에게 지금이라도 좋다는 것은 다 해드리고 싶다고 한다. 2년 전에는 여기저기 몸이 아픈 어머니를 한국에 모셔다 병원에 모시고 갔다. 아픈 어머니를 위해 뭐라도 해드리고 싶었기 때문이다. 연구참여자는 4개월 동안 여러 병원을 다니며 온 정성을 다해 간호했다.

이로 인해 그간 없었던 시댁 가족들과 갈등도 생겼다. 남편은 아내의 고생을 헤아리고 묵묵히 지지해주었지만 시어머니는 친정어머니가 연구참여자의 집에서 지내면서 병원 치료를 받는다는 사실을 알고 자기 아들이 병원비 마련하느라 고생한다며 며느리를 타박했다. 연구참여자는 결혼하고 처음으로 시어머니에게 꾸중을 들었다.

"(얼마나 딸이 치료하고 싶어가지고 이렇게 노력하는데. 그걸 잘 몰라주셨구나.) 마음이 아파. 신랑한테 미안한 거 많이 있어. (신랑이 그래도 뭐라고 안 하시죠?) 힘든 거 아니까요…. (힘든 거 아시니까 잘해주시는구나. 선생님 그럼 지금 제일 힘들어하시는 부분이 친정엄마와의 관계인 거죠?) 네. 그런데 친정엄마와의 관계는 그런데 시어머니가 물어보고 그래요. 뭐라고 그러고. 왜냐면 이렇게 큰 돈이 많이 나갔잖아. 자기 아들 돈 나가니까. 부모님이 다 그렇잖아. 자기 아들 돈 나가니까 뭐라 그래."

연구참여자는 시어머니에게 면목이 없어서 아무 말도 하지 않았다. 남편이 친정어머니를 돌보기 위해 자신과 함께 고생하고 있는데 시어머니와 더 큰 불화를 만들어 힘들게 하고 싶지 않았기 때문이다. 그리고 어떤 어머니라도 자기 아들이 고생하는 것을 알고 달가워하지 않을 것이라고 이해하고 있다. 부모로서 시어머니의 심정을 헤아리는 것이다.

연구참여자는 그럼에도 불구하고 부모님을 위해, 동생들을 위해 헌신한다. 설령 그 때문에 쉴 수 없어도, 쉬는 것보다 할 수 있는 것들을 위해 노력하는 시간을 더 가치롭게 여기기 때문이다.

(4) 문화 적응 전략 3: 버려진 물건에서 쓸모를 찾아내기, 매 순간 기록하기

연구참여자는 바쁘게 경제 활동을 하는 와중에도 무언가 끊임없이 배우러 다닌다. 복지관에서 하는 꽃꽂이 수업도 일 년 넘게 들었고, 최근에는 바리스타 수업을 들어서 자격증을 따려고 한다. 연구참여자는 길에 버려진 물건을 그냥 지나치지 않는다. 정말 쓸모없는 물건인지 들여다보고 기어이 그 물건에서 쓸모를 찾아낸다. 복지관에서 꽃꽂이 수업을 한다고 해서 찾아간 이유이기도 하다. 연구참여자가 길에서 주워온 물건들은 아름다운 인테리어 소품이 되어 집안을 밝힌다.

또한 연구참여자의 핸드폰에는 연구참여자가 그동안 했던 일상생활 및 활동들이 사진으로 빠짐없이 기록되어있다. 취미나 여가 활동뿐 아니라 강사 활동, 봉사 활동, 어머니를 모시고 병원에 간 날짜, 진료 내용 등 자신이 경험한 모든 것을 잘 기억할 수 있도록 늘 기록하고 있다. 사진은 그때그때 기억이 사라지기 전에 폴더별로 정리하여 체계적으로 관리한다.

> "이것도 사진으로 기록해둔 거예요. (선생님 되게 기록도 잘하시나 보다. 그래서 선생님 사진첩에 사진이 많네요.) 이거는 아직 컴퓨터에 안 올렸어요. 기록만 하는 거예요. 시간이 없어서. 나중에 이거 정리도 해요. 이렇게. (이렇게 정리도 다 하시는 거예요?) 네. (선생님 되게 꼼꼼한 성격이구나.) 네. 컴퓨터에다가 해요. 이건 어디 어디에다 수술한 건지, 어디서 했는지. (어디서 수술했는지, 병원비는 얼마 들었는지 이런 거 다 정리해두시는구나.) 동영상도 남겨요. (동영상도 기록으로 다 남기시는 거예요?) 네. 이거는 눈 수술하셨던 거 의사 선생님 사진도 찍어뒀어요. (의사 선생님 사진도 찍어놓으셨네요. 그러면 이거 나중에 컴퓨터로도 작업은 다 하시는 거구요?) 네. (와, 선생님 정말 꼼꼼하시네요. 그리고 되게 지나갈 때 주위를 잘 살피면서 필요한 거를 잘 찾으셔가지고 재활용도 잘하시고 손재주도 좋으시고요.)"

연구참여자는 무심히 지나치는 일상이 거의 없을 정도로 기록하고 저장한다. 그래서 다른 사람은 그저 지나치는 보통의 물건에서, 순간에서 의미를 발견하고 기억한다.

(5) 문화 적응 전략 4: 방임은 하되 방치는 하지 않는 부모 되기

베트남의 교육관은 한국과 다르다. 베트남에서는 대부분의 부모가 자녀의 교육에 깊게 관여하지 않는다. 자녀가 공부하고 싶으면 하고, 공부하고 싶지 않으면 하지 않는다. 연구참여자의 학창 시절도 그랬다. 연구참여자의 부모님은 연구참여자가 공부를 잘하기를 바라지 않았다.

> "(선생님은 그 부모님의 교육관, 부모님이 자녀를 어떻게 교육해야 된다, 이런 거에 대해서 어떤 생각을 가지고 계셨어요?) 우리 엄마? (네.) 그냥 내버려 뒀어요. 너희들이 알아서 해. 생활은 먹고 사는 게 너무 힘들어서 그런 건 신경 안 썼어요."

연구참여자는 그에 대해 '먹고 사는 게 너무 힘들어서'라고 이해한다. 부모님은 그럴 수밖에 없는 사정이 있었다. 그러나 연구참여자는 그럴 수 없다. 연구참여자가 경제적으로 여유가 있기 때문이 아니다. 그럼에도 불구하고 두 아들은 자신들이 받고 싶은 교육을 받을 수 있도록 물심양면으로 지원해주고 싶다고 생각한다.

연구참여자는 운동을 좋아하는 큰아들을 위해 한때 선수 활동을 할 수 있도록 도와주기도 했다. 한국에서 운동을 시키려면 만만치 않은 비용을 감수해야 한다. 그래서 더 열심히 일을 했다. 운동선수였던 큰아들의 꿈이 최근에 경찰로 바뀌었다. 그래서 지금은 취미로만 운동을 계속하고 있다. 공부에도 관심을 갖는 큰아들을 위해 부족하다고 생각하는 과목은 학원을 보내 보충할 수 있도록 하고 있다. 작은아들은 아직 공부에는 관심이 없기 때문에 작은아들이 원하는 대로 친구와 실컷 놀 수 있도록 하고 있다.

> "(지금은 그냥 본인들이 원하니까 보내는 거?) 왜냐하면 자기가 자기 능력에

이거는 못 해. 부족하면 자기가 원하니까 그러면 해. 굳이 우리는 아, 그거는 너 하지 말고 그거는 너한테 안 맞아. 엄마 아빠 이렇게 해라. 이건 너한테도 좋아. 똑같아. 근데 자기는 안 좋으니까 우리만 좋아하면 자기는 도움이 되지도 않고. (그렇죠.) 그리고 돈도 낭비하고 그리고 시간도 낭비하고 자기 안 맞으면 어차피 자기 안 맞으니까 재미가 없어요. 너 뭐 필요해? 그러면. (필요한 건 해주고 아, 뭐 필요하지 않다고는 굳이 시킬 필요는 없고.) 네. 굳이 시킬 필요 없어요. (중략) (선생님처럼 아이들이 원하는 거 하게 해주면 된다라고 생각하시는 부모님들이 많아요? 베트남에는?) 음, 베트남에는 뭐 그냥 자유하는 거죠. 한국에 있는 여자랑 달라요. (그렇죠. 한국에는 조금.) 심해. (그렇죠. 많이 시키려고 하고.) 너무 심해요. 잘 보내고 심해요. 한국에는 아줌마들 심해요. 엄청 경쟁적이야. (경쟁하려고 하고.) 애들 보니까 불쌍해요. 너무 불쌍해. 너무 많이 시켜."

연구참여자는 한국의 교육이 자녀에게 경쟁을 강요한다고 여기고 있다. 그러나 자녀들이 그러한 경쟁에서 살아남기 위해 노력한다면 부모로서 도와주어야 한다고 생각한다. 그것이 좋은 엄마의 역할이라고 생각하는 것이다. 한국에서는 자녀교육을 위해 신경 써야 하는 것들이 많다. 어떤 친구들이랑 어울리는지 지켜보아야 하고, 이를 위해 친구 엄마들과도 알고 지내야 한다. 한국의 엄마들과 어울리는 일은 쉽지 않다. 얼마나 버는지, 어느 정도 수준으로 사는지 속속들이 알려고 하기 때문에 스트레스를 받는다. 자신들의 기준에 미치지 못한다고 생각하면 자녀에게 어울리지 말라고 할 것이 걱정되기 때문이다. 그러나 엄마들이 모이는 자리에는 되도록 빠지지 않으려고 한다. 이렇게 최선을 다하는 이유는 '버려둔 자식'이 아니기 때문이다.

"(사실 좀 힘드시겠네요. 그렇게 해주려고.) 그래도 해야 돼. (왜 그렇게 생각하세요?) 안 그럼 버려둔 것 같잖아. (아, 버려둔 자식처럼 보일까 봐.) 버려둔 거 아닌데. 엄마니까. (엄마로서 다 해주려고?) 엄마로서 다 해줘야 하니까."

연구참여자에게 좋은 엄마는 자녀들이 의지할 수 있는 엄마이다. 이 때문에 연구참여자는 자녀의 든든한 조력자가 되기 위해 노력하고 있다.

(6) 한국에 바라는 점: 일반 가정과 다문화 가정 자녀에 대한 동등한 인식의 확장

연구참여자가 다문화 강사로 여러 학교를 다녀보면 학교 교사들이 다문화라는 이슈에 대해 무관심하다는 사실에 적잖이 놀라게 된다. 혹시 내 아이의 학교 교사도 이럴까 걱정도 된다고 한다. 아무래도 엄마가 외국인이기 때문에 자녀에게 여느 한국의 평범한 가정의 자녀와는 다른 부분이 있게 마련이다. 그런 경험을 하다 보니 자녀의 학교에 학부모 상담을 하러 가서도 담임교사의 '괜찮다'는 말이 '잘 모른다'는 말로 들릴 때가 있다. 담임교사가 다문화 가정의 아이라서 같은 반의 다른 아이들에 쏟는 애정과 관심을 덜 쏟아주는 것은 아닐까 염려가 되는 것이다.

"(혹시 학교 선생님한테 자녀분도 선생님한테 바라는 점이 있어요? 이렇게 해줬으면 좋겠다, 이런.) 조금 관심을 주면 좋겠어요. (관심을 가져주면? 어떻게 관심을 가져주면 좋겠어요?) 지금 우리 애들은 좀 컸으니까 괜찮고 저희는 수업 다른 학교 수업 가면서 담임선생님이 다문화 학생이라고 하면 약간 좀 무관심. (무관심해요? 선생님이 그걸 보셨어요?) 네. 저는 수업하면서 이렇게 모습 보니까 저는 느낌 들어요. 근데 그래서 집에서 가면 한참 생각해보면 설마 우리 학교 선생님 우리 애들 그렇게 할 수가 있을까? 그런 생각도 들어요. 근데 상담할 때는 선생님이 말 안 하잖아요. (그런 말 안 하시죠.) 뭐 이것도 괜찮고, 저거도 괜찮고, 좋고, 잘하고 있으니까 걱정은 큰 걱정하는 건 없다. 그런 얘기했지만 근데 우리는 안 보는 사이는 어떻게 하는지 모르니까. (그렇죠. 안 보일 때에는 어떻게 할지 모르니까 선생님이 직접 학교 가서 보니까 담임선생님이 다문화 가정 학생한테 무관심한 걸 보셨고 혹시 내 아이도? 그렇게.) 아이들한테 다를까 봐. 그런 느낌을 가지고 있어요."

연구참여자는 다문화 강사로서 학교 교육현장에서 다문화 가정 자녀에 대한 냉소적 무관심을 경험하면서 학부모로서는 경험할 수 없는 학교현장의 실상을 체험한 것일지 모른다는 불안을 가지게 됐다. 이는 보호자의 손길이 닿지 않는 곳에서 홀로 살아남기 위해 고군분투하고 있을지 모르는 자녀에 대한 걱정으로 이어진다. 이에 대한 연구참여자의 한국 사회에 대한 바람은 소박하다. 아이들이니까, 누구의 아이라는 것 때문에 소외되지 않고 여느 아이들처럼 보살핌 받을 수 있기를 바라는 것이다.

3) 연구참여자의 특성

연구참여자가 한국 사회 적응 과정에서 보이는 인지 · 정서적 특징을 정리하면 다음과 같다. 첫째, 연구참여자는 자기 자신에 대해 마음만 먹으면 무엇이든 할 수 있는 '슈퍼맨'이라고 인식하고 있다. 연구참여자는 남편과의 갈등은 한국어를 배워서 소통하려는 노력으로 극복하고, 경제 활동을 하기 위해서는 여기저기 취업을 주선하는 기관이나 시스템을 적극적으로 활용한다. 연구참여자에게 한국은 노력하면 원하는 결과를 얻을 수 있는 곳이다. 연구참여자에게는 결혼이주여성이라서 어렵고 힘든 일은 별로 없다. 가끔 힘든 일이 생기더라도 개의치 않는다. 다른 해결책을 찾으면 된다고 여기기 때문이다. 결혼이주여성이라서 정규직을 가질 수 없다고 여기지 않고, 대신에 할 수 있는 일을 찾아서 하면 된다고 여긴다.

둘째, 연구참여자에게 한국과 베트남은 이중적 공간으로 인식되고 있다. 연구참여자에게 한국은 삶의 질적 도약을 이룰 수 있도록 도와주는 기회의 땅이다. 그러나 연구참여자의 관심은 베트남에 있는 가족에게 향한다. 한국에서의 만족감은 베트남에서 믿음직하고 든든한 딸이 됐을 때 비로소 완성된다. 베트남은 가난과 심리적 상처로 점철되는 공간이면서 동시에 그리운 공간이다. 연구참여자는 베트남에서 살던 과거로 되돌아가고 싶지는 않다. 그러나 한국에 살게 된 지금도 일 년에 한 번은 찾아가고 싶은 곳이다. 베트남에 있는 가족들을 만나러 가는 일은 기쁘면서도 부담되는 일로 인식된다. 베트남 가족을 책임져야 한다는 부담감과 가족에 대한 그리움은 언제나 공존하고 있다. 한국은 베트남 가족을 가난에서 구원할 수 있도록 원동력을 제공하는 공간이고 현재의 삶이 있는 공간이지만 베트남과의 연결 통로가 계속 열려 있어야 가치를 지니는 공간이다.

셋째, 연구참여자는 한국에 대해 '새롭고 좋은', 베트남에 대해 '낡고 가난한'이라는 가치를 부여한다. 연구참여자에게 베트남의 물건은 가난한 과거를 표상한다. 전에 부모님의 살던 집, 부모님이 사용하던 물건은 한국에서 가져간 새롭고 좋은 물건으로 대체해야 한다고 인식된다. 그러나 이러한 물질적 가치는 정신적 가치를 결정하는 요인이 되지 못한다고 여긴다. 연구참여자에게 베트남의 언어와 문화는 자신을 자신답게 하는 것이다.

넷째, 연구참여자는 베트남인으로서의 자기 자신을 굳이 감추려 하지 않고, 때로는 자신만의 강점으로 활용하고 있다. 연구참여자는 자녀에게 베트남어를 일상적으로 사용한다. 자녀는 베트남어를 유창하게 하지는 못해도 일상적인 대화는 구사한다. 자녀에게 베트남인으로서 정체성을 가져야 한다고 강요하지는 않지만 굳이 베트남인이라는 사실을 부정하고 은폐하며 살아가라고 가르치지도 않는다. 일상에서 자연스럽게 베트남인이라는 사실을 깨달을 수 있도록 하는 것이다.

또한 연구참여자는 음식 만드는 것을 좋아하고, 잘한다. 베트남 음식은 한국인들이 즐겨 먹기도 하기 때문에 베트남 음식을 만들어서 파는 일을 하기도 한다. 명절이면 베트남 음식을 만들어 멋지게 차려놓고 주위 사람들과 나누어 먹는 것을 좋아한다. 이처럼 연구참여자는 음식을 잘하는 베트남인이라는 자신만의 강점을 개발하고 이를 다른 이들과 공유하는 장을 형성하며 살아가고 있다.

이를 종합해보면, 연구참여자는 새롭게 관계를 맺는 한국 사회의 문화를 이해하고 수용하면서 자신이 본래 가지고 있던 문화적 정체성을 소중하게 지키며 유지하는 전략을 취하고 있다.

마지막으로 연구참여자의 경험에서 한국 사회의 사회제도적 개선점을 찾아보면 다음과 같다. 첫째, 학교에서 교육을 담당하는 선생님이 아이들에게 미치는 절대적 영향을 고려하여 선생님을 대상으로 한 다문화 인식 개선교육이 이루어져야 할 것이다. 연구참여자는 다문화 가정 자녀를 특별한 관심의 대상으로 봐달라는 것이 아니라 다른 아이들처럼 이해하기 위해 노력하고 관심을 기울여주기를 바란다. 이를 위해 다문화에 대한 심층적인 이해가 가능할 수 있도록 교사 재교육이 필요하다.

둘째, 교육 복지 차원에서 결혼이주여성에게 다양한 교육의 기회가 보장되어야 할 것이다. 결혼이주여성에게 교육은 두 가지 차원에서 공공복지로서 영향을 미치는데, 하나는 새롭고 유용한 지식을 습득한다는 데 대해 심리적 안정감을 주는 것이고, 다른 하나는 경제 주체로 거듭나게 하는 직업교육의 역할을 담당한다는 것이다. 이 같은 영향을 고려할 때, 결혼이주여성을 대상으로 하는 다양한 교육 프로그램이 지원되어야 한다.

3.
연구참여자 3의 생애담

1) 생활세계 문화 적응 생애담 요약

연구참여자는 필리핀 출신의 41세 여성으로 대한민국 국적을 취득하여 현재는 대한민국 국민이다. 사촌 언니의 소개로 지금의 남편과 결혼하게 되면서 한국에 온 것이 2006년이었고, 그로부터 12년이 흘렀다.

연구참여자의 부모님과 형제들은 필리핀에서 살고 있고, 연구참여자는 13남매 중 다섯째이다. 연구참여자는 필리핀에서 대학을 다니기 위해 학업과 아르바이트를 병행했으나 끝내 졸업은 하지 못했다. 대학을 중퇴하고 판매원으로 일을 하다가 결혼하면서 그만두었다.

연구참여자는 필리핀에서 대가족으로 생활했기 때문에 한국의 생활이 더 외롭게 느껴졌다고 한다. 자녀들이 태어나기 전에는 남편과 둘이서만 생활했다. 남편은 무뚝뚝한 한국 남자로 연구참여자보다 10살 정도 더 많다. 슬하에는 11살이 된 아들과 9살이 된 딸이 있다.

연구참여자는 한국 이주 초기에 극도의 우울감을 경험한 적이 있는

데, 자녀를 낳아 기르며 한국어를 할 줄 알아야겠다는 생각이 들어 한국어를 공부하게 되면서 우울감을 극복했다. 한국에서 베이비시터로 일한 경험, 필리핀 친구들과 함께 식당을 운영한 경험이 있다. 현재는 프리랜서 다문화 강사로 일하면서 다문화센터를 통해 통 · 번역이나 회의 등 대외 활동에 적극적으로 참여하고 있다.

2) 생활세계 문화 적응의 내러티브

(1) 결혼 전의 삶 1: 엄마의 삶에 대한 연민, 새로운 삶을 꿈꾸는 동력

연구참여자는 필리핀에서 북적북적한 대가족으로 살았다. 부모님은 가난했지만 사이가 좋아서 슬하에 13남매를 두셨다고 한다. 연구참여자는 그 가운데 다섯째이다. 형제들끼리도 서로 정이 깊었으나 가족 간의 정이 아무리 깊어도 가난에서는 벗어날 수 없었다.

연구참여자가 기억하는 어머니는 언제나 일을 하느라 정신없이 바쁜 모습이었다. 그에 비해 아버지는 일하는 모습을 별로 보지 못했다. 돈을 벌어오는 일도, 집안일도 모두 어머니의 몫이었다. 연구참여자는 그런 어머니가 안쓰러워 어렸을 때부터 철이 들었던 것 같다고 한다. 돈을 벌어올 수는 없으니 집안일을 도맡았다. 그 정도라도 어머니에게 힘이 되어드리고 싶다고 생각했다.

그러나 어머니는 항상 행복해보였다. 연구참여자는 가난이 싫어서 한국 남자와의 결혼을 결심했다. 어머니처럼 살기 싫었다. 어머니처럼 무능한 남편을 만나 고생만 하며 살고 싶지 않았다. 그러나 막상 사랑 없는 결혼을 하고 보니, 어머니의 삶도 나쁘지는 않을지도 모른다는 생각이 들었다. 적어도 어머니는 아버지를 몹시 사랑했다. 그래서 생활고에 시달리면서도, 산더미같이 밀려 있는 일에 치이면서도 행복해보였다. 연구참여자는 그때까지만 해도 가난에서 벗어날 수만 있으면 살겠다고 생각했다. 그러나 지금은 가난해도 남편과 정답게 지낼 수 있다면 그 또한 행복일 수 있겠다는 생각도 하게 된다고 한다. 지금 알고 있는 것을 그때 알고 있었더라면 선택이 달라질 수 있었을까 생각하기도 한다. 이처럼 연구참여자의 어린 시절은 어머니에 대한 연민과 동정, 그리고 무능한 아버지 대신 어머니에게 힘이 되어드려야겠다는 책임감으로 점철됐다.

"(어렸을 땐 필리핀에서 주로 뭐했어요?) 초등학교 때부터 고등학교 때까지 저는 너무 얌전하고 너무 조용한 학생이에요. 그리고 학교 끝나고 집에 가는 것만 해요. 다른 데 안 가고, 집안일. 동생 많아가지고 집안일만 해요. 그다음에 그 엄마 자꾸 생각나서. 열심히 해서. 왜냐하면 우리 엄마는 어렸을 때부터 힘들었거든요. 결혼하고 나서였을 때까지. 우리 클 때까지. 우리 엄마는 계속 돈만 벌고 우리 아빠는 집에만 있고. 그리고 포커도 하고 하니까. 근데 우리 엄마는 진짜 아빠 사랑해요. 힘들어도 행복한 거 같아요. 그래서 지금은 자꾸 생각나. 신랑이랑 싸울 때마다 우리 엄마 생각나는 거예요. 우리 엄마는 더한 거 같아. 나보다. 왜냐하면 옛날이 자꾸 생각나는 거예요. 우리 엄마처럼 그렇게 안 할 거라고 생각했어요.우리 애들 힘들지 않고. 그렇게 생각했어요. 근데 지금은 필요하면, 진짜 사랑하는 사람이 있으면 떠날 거 같아요. 돈만 생각하지 말고. 옛날 저는 한국 사람이랑 결혼하면 제가 힘든 거 벗어날 것 같은. (중략) 그래서 엄마 생각나고. 제가 생각을 해요. 제가 어렸을 때 고등학교 때까지 너무 얌전했잖아요. 대학 가고 나니까 점점 제가 변하는 거예요. 모습이. 그때 재미있어요. 대학 끝나고 바로 일해요. 방학 때도 알바하고. 엄마 자꾸 생각해서 도와주고 싶어서."

연구참여자는 고등학교를 졸업 후 대학에 입학했지만 대학 생활을 온전히 즐길 수 없었다. 그때까지 학교와 집밖에 모르던 얌전한 모범생은 대학 진학 후 집 밖에는 이전까지는 몰랐던 새로운 세상이 있음을 알게 됐다. 그러나 여전한 삶의 무게가 연구참여자를 일터로 향하게 했다. 연구참여자는 대학 수업을 들으며 아르바이트를 병행했다. 수업이 없는 시간에는 늘 아르바이트를 했다. 어머니에게 부담이 되고 싶지 않았고, 힘이 되고 싶었다. 이를 위해 살다 보니 손만 뻗으면 닿을 거리에 있었던 대학 생활은 절대 누릴 수 없는 사치가 됐다.

연구참여자는 결국 대학을 졸업하지 못했다. 대신 가족을 위해 경제활동을 했다. 주로 마트나 백화점에서 판매원 일을 했다. 그러던 어느 날, 사촌 언니가 결혼을 전제로 한국 남자를 만나보는 것이 어떻겠냐는 제안을 했다. 연구참여자는 한국 남자와 결혼해서 한국으로 가면 가난 때문에 허덕이던 삶에서는 벗어날 수 있겠다는 생각이 들었다. 그래서 사촌 언니의 소개로 남편을 만났고, 결혼을 결심했다. 남편과의 나이 차이는 10살이었는데 필리핀에서는 더러 그렇게 나이 차이가 나는 커플이 있어서 이상하게 여겨지지 않았다. 연구참여자의 친언니는 필리핀 남자와 결혼했는데, 연구참여자와 마찬가지로 남편과 10살의 나이 차이가 있다. 필리핀에서 이루어지는 보통의 결혼과 다른 점이 있다면, 남편이 한국 사람이라는 것뿐이었다.

"(만나고 나서 얼마 만에 결혼하자 이러셨어요?) 우리 사촌 언니 이야기했을 때, 10월 달 만나가지고 만나서 마음이 맞으면 결혼하다 했는데, 저는 일 때문에 빨리 결혼할 수 없는 거예요. 그래서 10월 만나고 3월 달에 결혼한 거예요. 그다음 연도에. (그럼 한국에서 결혼하신 거예요?) 필리핀에서. (한국에선 따로 안 하시고?) 했어요. 근데 무슨 신청해가지고 몇 명 같이 결혼하는 거. (그러면 남편 분은 몇 살이세요?) 오십하나예요. 저는 마흔하나. 10살 차이예요. (요즘엔 나이 차이도 많이 나니까.) 맞아요. 우리 언니도 그래요. 남편이 필리핀 사람인데 10년 차이예요."

연구참여자는 하던 일을 바로 그만둘 수 없어서 남편을 만나고 5개월 후에 필리핀에서 결혼식을 올렸다. 한국에서도 결혼식을 하기는 했으나 한 기업이 결혼식을 원하는 사람들의 신청을 받아서 합동결혼식을 올려주는 행사를 통해 한 것이다.

한국에서의 생활은 연구참여자가 기대하던 바와 너무 달랐다. 물론 필리핀에서 사는 것보다 좋아진 점이 이루 말할 수 없이 많았지만, 어머니처럼 살기 싫어서 택했던 한국행은 과연 어머니보다 행복한 삶을 살고 있는가를 확언하기에는 부족함이 많았다. 필리핀에서 살아가는 것 못지않게 한국에서 살아가는 것 역시 어려웠다. 삶의 질은 나아졌지만 경제적인 어려움으로 인한 문제는 상존하고 있기 때문이다.

(2) 문화 적응 전략 1: 내 자식을 지키기 위한 힘, 한국어 공부를 위한 노력

한국에 처음 올 당시, 연구참여자는 한국어를 전혀 할 줄 몰랐다. 연구참여자는 결혼하자마자 임신을 하고 출산을 하는 바람에 3년 정도는 거의 집 밖으로 외출을 하지 못했다. 남편도 영어나 필리핀어를 전혀 못했기 때문에 두 사람은 간단한 소통조차 하기 어려웠다. 연구참여자는 필리핀에서 대가족과 함께 살았기 때문에 온종일 누군가와 제대로 된 말 한마디 나누지 못하고 고립되어있는 생활이 너무 힘들었다. 그래서 극심한 우울감에 시달렸다.

연구참여자는 첫째 아들이 세 살 무렵, 아들을 어린이집에 보내고 베이비시터 일을 했다. 어떤 일로든 밖에 나가서 일을 해야겠다고 생각하던 차에 지인의 소개로 일을 시작할 수 있었다. 한국인 가정에서 세 살 정도의 남자아이를 돌보며 아이와 영어로 대화했다. 고용인이 아이와 영어로 대화해주길 원했기 때문에 한국어를 할 줄 모르는 상태에서도 할 수 있는 일이었다. 그러나 곧 그만둘 수밖에 없었다. 연구참여자의 아들과 같은 나이 또래의 남자아이를 돌보며 계속 어린이집에 보낸 아들 생각이 나서 엄마로서 아들에게 미안한 마음이 점점 더 커졌기 때문이다.

"서울 있을 때 3년 동안 집에만 있어요. 애들 돌봐주고 그다음에 두 달도 일했었어요, 베이비시터로. (아이들 키우면서?) 그때는 아들이 한 명밖에 없어서. 유치원 보내고, 그다음에 출근하는 거예요, 베이비시터. (출근을 베이비시터로 하신 거예요?) 네. (그러면 한국 자녀 혹은 다문화 가정 자녀 베이비시터 하신 거예요?) 아니요. 한국 사람이에요. 그다음에 그 사모님은 영어로 원하시는 거라서. 자기 아이한테 영어로 대화하고 싶어서 그래서 외국사람 고용한 거예요. 그래서 일하면서, 집에 일하면서 돌봐주고, 그다음에 영어로 대화하고. 그 아이한테. (중략) 두 달밖에 안 했어요. 왜냐하면 제가 그 일 하면서 아이는 제가 자꾸 영어 가르쳐주니까, 그리고 자꾸 우리 아들 생각나는 거예요. 보고 싶은 거예요. 왜냐하면 같은 나이라서. 그것도 남자아이. 같은 나이라서, 보고 싶어서, 그래서 신랑한테 이야기해서 안 되겠어요. 자꾸 눈물이나."

그 후 연구참여자는 서울이 아닌 다른 도시로 이사를 했고, 둘째도 태어났다. 연구참여자는 자녀들이 엄마를 보고 따라하며 세상을 살아가는 방법을 배운다는 생각이 들었다. 특히 한국어가 마음에 걸렸다. 병원에 데려갈 때도 한국어를 못하니 자녀의 증상을 설명할 수가 없었다. 연구참여자는 한국어를 못하니 자녀를 제대로 키우기 어렵겠다는 생각이 얼른 한국어를 배워야겠다는 동기가 됐다. 마침 이사한 집 근처에 다문화가족지원센터가 있었다. 연구참여자는 다문화가족지원센터에서 한국어 수업을 듣고, 틈틈이 한국 방송을 보면서 한국어를 배웠다. 늦은 밤까지 한국 드라마를 보기도 했다. 신기하게도 한국어를 열심히 공부하기 시작하면서 우울감도 점점 사라졌다.

"(이전에는 집에서 초반에 한국 오셨을 때는 집에서 우울, 아무것도 안 해서 우울했다고 하셨잖아요?) 네. (전환되는 계기가 있었나요? 초반의 우울, 아무것도 하지 않고 한국어도 모르고.) 맞아요. (했을 때랑, 그 이후에 중간지점에서 좀 변하셨나요? 좀 나아졌다라고 하게 된 계기가 있었나요?) 네. 있어요. (어떤 이유에요?) 애들 위해서. (애들 위해서?) 네. 그때는 항상 필리핀 있는 가족이 자꾸 생각나잖아요. 항상 거기만 생각하고 생각하고. 근데 자꾸 그렇게 하니까 아이들 보면은 제 모습을 보는 거잖아요. 그렇게 보니까 아, 안 되겠다 이렇게 생각을 했어요. 그리고 병원에 갈 때, 소통 안 되니까 애들한테 어떻게 예방할까, 어떻게 아플 때마다 어떻게 이야기할까 못 하잖아요. 그래서 그때부터 열심히 공부해야겠어라고 생각이 났어요. 그래서 여기 인천에 와서 열심히 공부했어요, 그때는."

연구참여자는 그때의 경험을 계기로 집 밖의 세상과 점점 소통해나가기 시작했다. 한국어를 배운다는 것은 한국 사회와의 튼튼한 연결고리를 마련했다는 것을 의미하기도 했다. 연구참여자가 사회적 존재로서 한 걸음을 내딛자 새로운 삶이 시작됐다.

(3) 문화 적응 전략 2: 생활인 되기, 주체적인 경제 활동, 봉사 활동으로 거듭나기

연구참여자는 한국에서 여러 방면의 일에 도전했다. 다문화센터를 통해 다문화 강사로 활동하기 위한 훈련을 받기도 했고, 필리핀 친구들과 함께 식당 운영을 하기도 했다. 현재는 식당 운영은 그만두고 다문화 강사로만 활동하고 있다.

몇 해 전, 필리핀 친구들과 필리핀 음식을 만들어 판 적이 있다. 연구참여자를 포함해서 4명의 친구가 함께했다. 그러나 새벽부터 출근해서 음식 재료를 사고, 하루 종일 음식을 만들고, 배달도 하는 등 해야 할 일이 너무 많았다. 친구들 모두 일이 힘들기도 했지만 아이를 키우는 엄마의 입장에서 하루 종일 일만 하다 보니 자녀들을 제대로 돌볼 수가 없어 포기를 선언했다. 마침 식당을 인수하겠다고 나서는 친구가 있어서 물려주었다. 친구는 4명이 함께 해도 버거웠던 그 일을 혼자 해내고 있어서 정말 대단하다고 생각한다.

연구참여자는 다문화 강사로 일을 하며 필리핀 문화에 대한 강의를 하다 보니 때로는 백 번 설명하는 것보다 한 번이라도 보여주고 경험하도록 하는 것이 더 낫겠다 싶은 순간들이 있었다. 그래서 인형을 사다가 필리핀 전통의상을 만들어 입혀서 수업에 활용했다. 기대했던 대로 학생들의 반응은 좋았다. 그러다 우연히 다른 선생님이 연구참여자가 만든 인형을 보더니 자기도 만들어줄 수 있느냐고 물었다. 그 일이 계기가 되어 시험 삼아 인형을 만들어 팔게 됐다. 지금도 인형 제작 일을 틈틈이 하고 있다.

연구참여자는 이처럼 생활인으로서 한국 사회에서 경제적 주체로 거듭나기 위한 노력을 계속 해나가고 있다. 그러나 연구참여자가 하는 일이 이뿐만은 아니다. 연구참여자는 다문화가족지원센터의 웹사이트에 한국어로 된 자료를 영어로 번역해서 업로드 하는 일도 하고 있다. 그리고 개인적으로 필리핀에서 온 친구들에게 다문화가족지원센터에서 하는 여러 활동을 홍보하는 활동을 하고 있다. 다문화가족지원센터에서 사업 관련 아이디어 회의를 한 달에 한 번씩 진행하는데, 그 회의에도 참석하고 있다. 이런 활동은 급여가 거의 없다. 겨우 차비 정도만 나오기 때문에 사실상 봉사 활동과 다름없다.

실질적으로 돈을 벌 수 있는 일이 아님에도 불구하고 연구참여자가 이런 활동을 계속하는 이유는 크게 세 가지이다. 첫째, 한국어를 영어로 번역하는 과정에서 한국어 공부에 많은 도움이 된다. 또한 회의에 참석해서 한국어로 토론을 하다 보면 한국어 실력이 향상되는 것을 느끼게 된다. 최근에는 예전만큼 한국어 공부를 열심히 하지는 못하고 있는데, 이런 활동을 꾸준히 하며 보충하고 있다. 둘째, 필리핀에서 온 친구들에게 도움이 될 수 있기 때문이다. 연구참여자는 필리핀에서 온 친구들과의 유대감을 중요하게 생각한다. 자신이 어려웠던 것처럼 그들도 어려웠을 것이라 짐작하기 때문에 힘이 되고 싶다. 그들에게 힘이 된다는 사실에 연구참여자가 오히려 힘을 얻게 된다고 한다. 셋째, 큰아들이 연구참여자가 열심히 사회 활동을 하는 모습을 자랑스러워 하기 때문이다. 연구참여자는 자신이 매일 집에 없기 때문에 자녀를 충분히 돌보지 못하는 것 아닌가 걱정이 됐으나 아들은 오히려 누군가에게 힘이 되는 어머니가, 자기 나름대로 목소리를 되찾은 어머니가 자랑스럽다고 해주는 것이다. 연구참여자는 아들에게 자랑스러운 어머니가 되기 위해서라도 사회 활동을 계속해나가야겠다고 다짐한다고 한다.

"그냥 봉사활동이에요. (그러네요. 그러면 그건 왜 하시는 거예요?) 한국말 도움이 될 것 같다고 생각했어요. 번역할 때도, 번역하면서 이 단어를 몰랐을 때, 계속 찾잖아요? 아, 이 단어 이렇게 있구나. 그다음에 구청에서 나오는 홍보자료 있잖아요. 이런 거는 예전에는 모르고, 아, 지금은 이런 거 자꾸 읽어보니까, 영어로 번역하니까 제대로 알 수 있잖아요. 그래서 계속하는 거예요. 그다음에 친구들한테 도움이 되는 거라서. 뭐가 제가 알고 있으면 홍보하니까 그런 거 이야기하고 그래서. 큰 도움이 되는 거예요. (본인한테는 그런 봉사활동이 이제 친구들한테 도움이 되고, 한국어를 배운다는 관점 말고 심리적으로는?) 그리고 뭐 집에 있는 것보다 이런 거 하면은 시간이 재미있는…. (재미요?) 재미있는 시간이고 그렇죠. (그래도 하다 보면 힘들고 그러진 않아요?) 어떨 때는, 시간 없으면 힘들죠. 왜냐하면 빨리 보내달라고 할 때는 날짜가 있잖아요? 근데 못 할 때는 아, 이거 그만, 하지 말아야겠다 생각할 때도 있어요. 근데 이거 그만두면은…. 한국말도 배워야 하니까 계속해야 되겠다 하고. 그다음엔 친구들한테도 그다음에 다문화센터에서도 계속 다니고 싶어서. (되게 바쁘게 활동하시네요.) 바쁜 게 더 나아요. 왜냐하면 제 모습도 진짜 우리 아들도 막 자랑스러운 거예요. 제가 바쁘면. 그냥 집에 있는 것보다는. 열심히 하는 엄마. 이렇게 생각하니까. 어떨 때는, 우리 같이 있을 때는 진짜 눈물 날 때가 있어요. 엄마 그렇게 열심히 해서 고맙다고 해서. 다른 엄마들도 다 나가고 심심하고 외로웠을 때 떠나가잖아요. 그래서 우리 아들 자꾸 고맙다고 그래서. 진짜 마음이 너무나…."

연구참여자가 사회 활동을 하는 동기는 아들에게 자랑스러운 어머니가 되기 위해, 주위의 어려움에 처한 사람들에게 힘이 되기 위해, 독립된 경제 주체로 떳떳하게 살아가기 위해서라고 볼 수 있다. 이처럼 연구참여자는 오롯이 자기 자신을 보듬고, 나아가 아들을, 더 나아가 사회적 약자를 보듬으며 단단한 자기중심을 가지고 관계의 확장성을 도모하는 품 넓은 주체로 살아가고 있다고 볼 수 있다.

(4) 문화 적응 전략 3: 시댁과 친정의 대립, 그 사이의 균형 찾기

연구참여자가 한국에서 생활하며 하게 되는 여러 고민은 대부분 가족과 관련된 것이다. 가족을 소중하게 여기는 연구참여자는 필리핀의 가족에 대해, 그리고 한국의 가족에 대해 끊임없이 고민한다. 그러나 무언가 부족해서 문제가 되는 것은 그 부족함을 채우기 위해 노력할 수 있지만, 노력으로 극복할 수 없는 문제가 발생하기도 한다.

연구참여자에게 필리핀은 그리움과 연민의 장소이지만 현재의 계속되는 삶이 있는 장소는 아니다. 현재의 삶은 한국에 있다. 이는 필리핀에 사는 친정 식구들도 과거로 치부하라는 요구로 이어지기도 한다. 연구참여자는 스스로도 이 사실을 잘 알고 있기 때문에 한국에서의 삶을 필리핀 가족을 위해 희생할 수는 없다고 생각한다. 오히려 한국에서 버는 돈은 오로지 한국에 있는 가족과의 삶을 위해 쓴다. 현재의 삶이 한국에 있기 때문이다. 각자 자기 몫의 노력을 하며 살아가는 동안 자신의 능력으로 감당할 수 있는 만큼은 가족에게 나누어줄 수 있는 선택권은 자신에게 있다고 생각하고 있는 것이다.

그런데 최근에 남편의 누나에게 한 통의 전화를 받았다. 형님은 한국에서 살고 있으니 한국의 가족을 위해서만 살아야 한다고 신신당부했다. 시댁 식구로부터 과거와의 절연을 요구받은 것이다. 그러나 사람은 누구나 과거의 매 순간 모든 경험, 관계들이 차곡차곡 쌓여 오늘을 이룬다. 과거와의 절연은 실제로 가능하지도 않을 뿐 아니라 현재의 자기 자신을 부정당하는 상실감으로 이어질 수 있다. 연구참여자는 형님에게 현재 가족들과의 삶을 희생시키면서까지 필리핀에 있는 가족을 도울 생각은 없다고 변명을 해야 했다. 그러나 자기 가족을 위한 일에 누구의 도움을 받으려고 한 것도 아닌데, 형님에게 변명을 해야만 하는 상황은 연구참여자에게 큰 심리적 압박이 됐다.

"특히 옛날에 한국 문화 잘 몰랐을 때는 항상 비교하잖아요. 그리고 남편 형님들 한국에서 살았기 때문에 이렇게 해야 한다고. 그때는 진짜 마음 아프죠. 왜냐하면 아직 익숙하지 않은 문화라서, 우리 신랑하고 형님들이 이해 안 해주고 자꾸…. 저는 혼자이잖아요. 그 필리핀에 있는 가족 만나고 싶지만 바로바로 갈 수 없잖아요. 그때 삐진 거예요. 그리고 3개월 전에 우리 형님 연락 와가지고. 이제는 자기 가족 있으니까 자기 가족만 신경 쓰고 필리핀에 있는 가족 신경 쓰지 말라고 했어요. 그때 진짜 너무 마음이 아픈 거예요. 그래서 마음으로만 생각하면 안 되는 거예요? 그랬어요. 그랬더니 그렇게 해요. 그렇게 했어. 우리 형님은 이렇게 알고 있나 봐요. 자꾸 돈 보내는 거라고. 그런데 우리 신랑이 자꾸 옛날에 어떤 그, 집에 둘이 있는데, 우선 안 좋은 상황 있어서 돈 다 날라간 거예요. 그래서 그때부터 좀 그렇게 하지 말고, 우리 가족은 많이 도와줘야 한다고 생각했어요. 그래서 필리핀에 돈 안 보낸 거예요. 제가 일하면서 조금씩 보내는 건데, 근데 우리 신랑 돈은 어떨 때 신랑이 '조금 보내줘'라고 할 때만 조금 보내는 거예요. 근데 억지로 자기 돈이 없어서, 필리핀에 조금 보내면 안 될까요. 이러면 그런 말은 없었기 때문에, 우리 형님 그렇게 이야기했으니까 또 마음 아픈 거예요. 제가 안 그랬는데. 그런데 이 형님 생각에는 제가 돈 보내는 줄 알았어요. 제가 일할 때 보내는 거죠. 조금씩. 근데 많이 안 해요. 왜냐하면 제가 힘들 때는 이쪽에 있는 가족은 도와줄 수 없잖아요. 힘들 때. 옛날에는 많이 도와줬지만. 그때는 아가씨라서. 지금은 가족 따로 있기 때문에 우리 애들 생각하면서 그쪽엔 이제, 조금씩만 보내는 거예요."

연구참여자는 필리핀 가족에게 돈을 보낼 때, 남편과 적정선을 합의한다. 아무리 연구참여자가 자신이 쓰는 돈을 쪼개어 필리핀 가족에게 보낸다고 해도 남편과 자녀들이 그에 대한 영향을 전혀 받지 않는다고 보기 어렵다는 것을 알기 때문이다. 그러나 연구참여자가 가족들에게 미안해진 순간은, 필리핀 가족에게 돈을 보낸 순간이 아니라 시댁 가족에게 의심의 눈초리를 받은 순간이었다.

친정 가족을 위해 하는 일이 시댁 가족에게는 '우리 것을 빼앗아가는' 일로 비추어지고 있다는 사실에 누구보다 상처를 받는 것은 연구참여자 자신이었다. 친정 식구들에게는 정작 마음껏 돈을 보내본 적도 없었다. 남편의 경제 사정이 안 좋아지면서 집에 그런 경제적 여유가 없어진 지 오래였다. 그럼에도 친정 식구, 특히 부모님은 한국에 사는 딸에게 돈을 받았다는 이유만으로 몰염치한 부모로 치부되어버리는 것이다. 연구참여자는 이런 상황이 발생하지 않기를 바랐고, 그래서 자신과 남편에게 경제적으로 부담이 되지 않는 적정선을 찾기 위해 무진 애를 썼다.

연구참여자는 남편이 친정에 돈을 보내야 하지 않겠느냐고 할 때 오히려 '우리'가 힘들다고 필리핀 가족이 도와줄 수 있는 것이 아니니 무리가 된다면 돕지 말자고 했다. 연구참여자도 '우리'는 한국의 가족이라고 생각한다. 그래서 필리핀 가족이 더욱 애틋한지도 모른다. 이제는 떠나온 가족이고, 어려움을 함께하기 어려운 가족이기 때문에 멀리서나마 작은 보탬이 되고 싶었던 마음이 한순간에 이기적인 판단이 되어버린 것이다.

연구참여자는 SNS 활동을 열심히 한다. SNS를 통하면 필리핀에 있는 가족들 사진을 조금이라도 더 볼 수 있기 때문이다. 이주 초기였던 2006년에만 해도 SNS를 사용할 수 있는 환경이 지금과 많이 달랐기 때문에 전화로 필리핀 가족들의 목소리를 들으며 그리움을 달래야 했다. 지금은 사진이나 영상으로 가족들의 얼굴을 볼 수 있고, 가족들이 어떤 생활을 하고 있는지 알 수 있어 가족들이 더 가깝게 느껴지고 있다. 직접 만나지는 못해도 조카들이 어떻게 커가는지 먼발치에서나마 지켜볼 수 있게 된 것이다.

"(페이스북도 하세요?) 네. 왜냐하면, 필리핀에 있는 가족 그 페이스북 이용해서 얼굴 볼 수 있잖아요. 사진도. 어떻게 지내는지, 사진 볼 수 있기 때문에. 옛날엔 없었잖아요. 그냥 대화만 하니까. 전화만 하니까, 너무 외로웠어요. 그땐. 지금은 조금, 페이스북 때문에 조금 안 외로워요. 그 다음에 그 조카들이 얼마나 큰지 사진으로 계속 볼 수 있으니까 괜찮았어요."

연구참여자는 필리핀에 있는 가족들의 일상을 지켜볼 수 있게 되면서 필리핀 가족으로부터 괴리됐다는 심리적 단절감이 이전보다는 덜해졌다. 이는 필리핀 가족과 상호 소통할 수 있게 됐다는 것을 의미하지만 그렇다고 해서 완전한 일체감을 느낄 수 있게 된 것은 아니었다. 필리핀 가족이 한국에 와서 장기간 생활하는 것도, 연구참여자가 필리핀에 가서 장기간 생활하는 것도 불가능해졌기 때문이다. 서로에 대한 그리움을 잠시 달래고 다시 각자의 생활 영역으로 돌아가야 했다.

"(가족들 중에는 혼자 한국에 오신 거예요? 다른 동생이라든지….) 그 동생은 우리 신랑이 초청했어요. 초청했는데, 너무 힘들어가지고. 아, 어떻게 이야기 해야 하지. 초청해서, 불법으로 했어. 근데 그래서 필리핀에 갔어요. 왜냐하면 우리 열세 명이잖아요. 제가 결혼하고 나서, 필리핀에서 한 쌍, 가족 도와줬잖아요. 그러면 결혼하고 나서 또 기대하는 거예요. 여기 와서. 근데 그 신랑 보니까 그렇게 잘 사는 분 아니라서, 잘 사는 신랑 아니라서, 그래서 제 생각에는, 신랑에게 부탁했거든요. 우리, 동생을 도와줘야 해서. 우리는 돈 못 보내니까, 그러면은 동생 초청해서 여기 일하고, 그럼 동생은 필리핀에 있는 가족 도와주게 그렇게 했어요. (그런데 다시 돌아간 거예요?) 네. (필리핀으로?) 네. 애들도 있기 때문에. (여동생? 남동생?) 네. 여동생이요. (그럼 다 결혼하신 거예요? 동생들은?) 네. 다 결혼했어요. (다, 전체? 13명?) 네. 그래서 지금은 그 크리스마스 있잖아요. 또 외로운 거예요. 우리 사진 보니까 다 있는데 저만 없는 거예요. 그래서 계속 눈물이 나. 가족 사진 보면 사진 찍으면 다 안 들어가요. 너무 많아서. (웃음)."

연구참여자는 남편과 함께 결정해서 필리핀의 여동생을 한국으로 초청한 적이 있다. 그러나 여동생은 한국 생활을 견디기 힘들어했다. 특히 한국에서 생활하는 기간이 길어지면서 가족 초청으로 머물 수 있는 합법적인 체류기간이 넘어 불법 체류기간으로 접어들자 몹시 불안해했다. 여동생은 그 불안감을 견디지 못하고 이내 다시 필리핀으로 돌아갔다. 연구참여자는 여동생이 자기 대신 필리핀 가족의 경제적 가장이 되어주기를 바랐다. 연구참여자가 더 이상 필리핀 가족에게 경제적 지원을 하기 어려운 상황이 됐기 때문이다. 연구참여자는 필리핀에 남아있는 가족에 대한 책임을 물려주기 위해 여동생을 한국으로 이주할 수 있도록 도운 것이지만 결과적으로 여동생은 그 무게감을 견디지 못했다. 타국에서의 생활은 지지 기반으로부터 떠나옴, 그로 인한 상실감과 불안감 등과 매일 대면해야 한다. 곁에 의지할 사람이 없다는 고립감에도 익숙해져야 한다. 게다가 여동생은 신분의 불안정으로 인한 불안까지 견뎌야 했다. 연구참여자는 필리핀 가족을 한국으로 올 수 있게 하는 징검다리의 역할은 할 수 있지만 한국의 생활로 완전히 편입시키는 것은 불가능하다.

여동생과의 일로 인해 연구참여자의 역할이 더 분명해진 측면이 있다. 필리핀과 한국에 모두 생활의 지지 기반이 있는 연구참여자는 양국을 오가며 초국적 커뮤니케이션이 가능하지만, 연구참여자를 중심으로 양분되는 한국의 가족이나 필리핀의 가족은 서로의 생활 영역을 자신의 생활 영역과 온전히 겹쳐지게 하기는 어렵다는 것이다. 이를 통해 연구참여자가 담당하는 역할의 특수성과 중요성이 더욱 부각된다. 사회 · 문화 · 역사 · 언어 등의 생활 기반이 전혀 다른 두 세계를 잇는 교두보의 역할은 필리핀 사람으로서의 태생적 정체성과 한국 사람으로서의 새롭게 정립된 정체성을 모두 가진 연구참여자가 적임이라 할 수 있다.

연구참여자가 느끼는 외로움은 한국과 필리핀을 잇는 동력이기도 하다. 필리핀에 대한 그리움이 있기 때문에 필리핀과 끊임없이 교류하기 위해 노력하게 된다. 이는 정서적 유대감을 기반으로 한 것이기 때문에 이해타산적인 관계와 달리 진정성 있는 교류를 담보할 수 있게 한다.

(5) 문화 적응 전략 4: 가족은 나의 힘, 남편, 자녀와 존중을 기반한 협력 관계 구축

연구참여자는 남편과 서로 사랑해서, 사랑을 기반으로 결혼한 관계가 아니라는 사실을 의식하고 있다. 이는 연구참여자가 자녀들과 나눈 대화를 전하는 데서도 드러난다. 연구참여자는 자녀들이 자신에게 엄마와 아빠는 서로 사랑하지 않는 사이라고 한 적이 있는데, 자녀들에게 표면상으로는 사랑한다고 했지만 내심으로는 속마음을 간파당했다는 생각을 했다고 한다.

"제가 원하는 남자 결혼했으면 얼마나 좋았을까 생각하는 거예요. 진짜 사랑하면 애들도 보잖아요. 우리 부부관계는, 신랑하고 저는 보면은 진짜 사랑 없는 관계, 애들이 그렇게, 보는 거예요. 그냥 살아가는 그냥 그런 관계만 있어요. 우리 애들도 엄마 아빠도 사랑 안 하죠? 이래요. 사랑해라고 말해도 안 믿어요."

그러나 연구참여자는 남편과 뜨거운 사랑으로 결속되어있는 관계는 아님을 인정하면서도 지금까지 10년 이상 살아오는 동안 은근하게 쌓아온, 서로를 신뢰하고 의지하는 끈끈한 부부의 정이 있음을 드러낸다. 비록 사랑으로 맺어진 관계는 아니었지만 그동안 함께 시간을 보내며 신뢰를 쌓아온 관계임을 남편과의 여러 에피소드를 통해 짐작할 수 있다.

많은 결혼이주여성이 그렇듯, 연구참여자도 처음 한국에 왔을 때 한국의 언어, 문화가 낯설어 새로운 문화를 익히고 적응하느라 힘든 시간을 보냈다. 특히 음식이 입에 맞지 않아서 한참 고생을 했다. 그나마 육류는 필리핀 음식과 비슷해서 먹을 수 있었는데, 아내의 사정을 잘 모르는 남편은 너무 육류만 먹으면 안 된다고 핀잔을 주었다. 그러나 연구참여자는 야채류는 입맛에 안 맞아서 전혀 먹을 수가 없었다. 기본적인 생활양식에서부터 남편과 연구참여자는 너무 달랐다.

"필리핀에 있는 음식, 한국 있는 음식 비슷한 건 고기밖에 없잖아요. 야채는 그런 거 별로 없어가지고. 그래서 우리 집에는 자꾸 고기만 많이 먹지 말라고 싸우고 그래요. 그러면 어떻게 해. 매운 음식도 못 먹는데. 자꾸 싸워요. 필리핀 음식 요리하면 신랑이 안 먹어요. 우리 애들도 이렇게 하니까 조금 마음이 아프죠. 그래서 설명해서, 설명해서 이해할 수 있게. 애들한테. 그렇게 했어요."

연구참여자는 요리책을 보며 공부해서 한식을 만드는 방법을 익혔다. 그래서 지금은 다양한 종류의 한식을 만들 수 있게 됐다. 그러나 매일 한식만 만드는 것은 아니다. 연구참여자는 필리핀 음식도 만든다. 처음에는 손도 안 대던 남편도 지금은 입맛에 맞는 음식은 잘 먹는다. 자녀들도 마찬가지이다. 한국에서 자란 자녀들은 영락없이 한국 사람 입맛이다. 그래서 연구참여자가 만드는 필리핀 음식을 먹고 입맛에 안 맞으면 정말 질색이라는 표정을 하고는 한다. 그러나 연구참여자는 그러면 안 된다고 가르친다. 입장을 바꾸어서 한국 음식을 먹고 질색이라는 표정을 하는 외국인을 보면 기분이 어떨지 생각해보라고 가르쳤다. 남편이 필리핀 음식에 조금씩 익숙해지는 것처럼 자녀들도 그랬다.

"(아이들은 필리핀 음식 싫대요?) 어떨 때. (어떨 때?) 예를 들어서, 필리핀 음식은 달콤하잖아요. 여러 가지 있지만, 너무 달아요. 근데 애들은 먹으면 이렇게, 이게 뭐야, 이게 뭐야! 이래서. 그렇게 하지 마. 입에 안 맞으면 안 먹는다고 말해. 근데 얼굴까지 그렇게 그런 표정도 그렇게 보여주면 엄마 마음이 아픈 거예요. 만약에 한국 음식 엑! 이렇게 하면 어떤 마음이 있을까 했어요. 그렇게. 그러니까 알았어요. 그렇게 했어요. 이제는 안 그래요. 어떨 때는 필리핀 잡채 잘 먹어요."

연구참여자는 자신이 남편의 불편한 점을 수용하는 것처럼, 남편도 그래야 한다고 여긴다. 그러면서 서로에 대해 이해하기 어려운 부분을 이해할 수 있는 부분으로 바꾸어왔다. 처음에는 이해할 수 없는 부분이 더 많았으나 지금은 서로의 다름을 인정하고 수용하는 방법에 대해 배웠다. 물론 앞으로도 노력해나가야 할 일이다.

연구참여자는 한창 한국어를 익힐 때, 밤늦게까지 한국의 드라마를 보았다. 드라마는 재미있기 때문에 푹 빠져 보다 보면 어느새 한국어도 부쩍 늘게 됐다. 연구참여자는 특히 〈허준〉 같은 역사 드라마를 좋아하여 일주일 내내 밤늦게까지 보기도 했다. 또 역사 드라마를 본 이유는 남편이 함께 보면서 한국의 여러 가지 설명을 곁들여주었기 때문이다. 드라마를 보는 시간은 남편과 정답게 대화를 나누는 시간이기도 했던 것이다.

> "(그런 드라마를 좋아하는 이유가 뭐예요? 좋아하는 부류의 드라마가 있어요?) 재밌어요. (스토리가?) 그리고 그 옛날 한국 그 뭐지? 한국 역사? 역사 있기 때문에 배울 수 있기 때문에 좋은 거예요. 그다음에 드라마 보면서 신랑 옆에 있기 때문에, 또 옛날에 그 유명한 사람이기 때문에…. 도움이 되는 거죠. (역사 드라마.) 네. 역사 드라마."

물론 현재 남편과의 관계에 만족만 하는 것은 아니다. 연구참여자는 가족과 함께 근거리라도 여행을 가고 싶으나 남편이 도무지 협조를 해주지 않는다. 가끔 자녀들을 데리고 집 근처에 있는 박물관을 가는 정도에 그친다.

> "(그러면 식구가 4명이잖아요? 가족이 함께 여행을 간다든지 아니면 넷이 뭔가를 같이 한 게 있나요?) 그래서 신랑한테 자꾸 그렇게 몇 번 이야기했어요. 같이 여행 간 적이 없어요. (여행 갔었어요?) 여행 갔었는데 다문화센터에 신청해서. 근데 따로는 없어요. 몇 번 약속했었는데, 자꾸 취소되고. 그런 거

있으면 좋아요. (여행?) 네. (그럼 셋이서 놀러간 적은 없어요?) 우리 넷이요? (남편 말고 자식들이랑.) 네. 있어요. (가까운 데라도.) 가까운데. 월미도에서 호텔 예약해가지고 우리 아들 생일 달에. 같이 갈려고 했는데, 신랑이 처음에 우리 같이 가는 거. 같이 갈려고 했는데 싸웠어요. 그래서 우리 셋이서만 갔어요. 남편 빼고. 그래서 항상 우리 세 명만 놀러가고 남편 없고. (중략) 신랑하고. 근데 따로는 그냥 가까운 데만 이렇게. 박물관이나 이렇게. 신랑이랑 같이."

연구참여자는 남편이 자녀들과 다양한 활동을 해주기를 바란다. 네 식구가 함께 즐거운 추억을 쌓을 만한 경험을 했으면 하는 소망을 늘 품고 있다. 그에 비해 남편은 집 밖으로 나가야 하는 활동을 힘들어한다. 연구참여자가 '가족이 모두 함께'하고 싶어 하는 마음을 표현해도 남편은 별로 호응을 해주지 않는 것이다.

"신랑 없을 때마다 다른 가족들 자꾸 비교하게 돼. 자꾸 부러워요. 특히 남편들이 잘 놀아주는 가족들 보면 진짜 너무 부러운 거예요. 그래서 항상 신랑한테 자꾸 이야기해요. '한국 사람 똑같아'라고 그렇게 저한테 그렇게 이야기해요. 아니거든? 제가 밖에 나가면은, 한국 남자들은 얼마나 잘 놀아주잖아. 애들하고. 그런데 우리 신랑 옛날. (옛날! 맞아.) 옛날 신랑이라서. 집에만 있고 싶은 거야."

연구참여자는 남편을 '옛날 신랑'이라고 표현한다. 연구참여자는 가족과 함께 많은 시간을 보내는 한국의 젊은 남편들의 자상함에 부러움을 느낀다고 한다. 그에 반해 '옛날 신랑'인 남편은 가족과 함께 시간을 보내기 위해 노력하기보다 혼자 집에서 휴식을 취하는 것을 선호한다. 연구참여자는 삶의 중심에 가족이 있다고 생각한다. 그래서 남편이 이러한 태도를 보이는 것에 대해, 남편은 자신만큼 가족과의 유대감을 소중하게 여기지 않는다고 생각하고 서운함을 표현하는 것이다.

연구참여자의 가족은 최근에 한 달에 한 번씩 가족회의를 하기 시작했다. '가족 사랑 회의'라고 해서 '가사회의'라는 이름도 붙였다. 이 회의는 연구참여자에게 가족과 정서적 교감을 나누는 소중한 장이 되고 있다. 가족회의에서 가족끼리 서로 존댓말을 하자는 규칙을 정했는데, 이 규칙을 정하고부터 큰아들의 성격이 점점 긍정적으로 변화됐다. 단지 말일 뿐이라고 할지도 모르지만, 존댓말은 가족들이 서로에 대해 존중의 태도를 갖자는 의미이다. 남편도 회의를 주도하는 자녀들을 격려하여 응원하며 동참하고 있다.

"이제는 한 번 회의해요. 카사회의. 제목이 카사회의라고 하는 그 한 달에 한 번 모여가지고 어떤 어떤 좋아하는 거, 나쁜 거는 이거 빼고 이렇게 해요. 한 달에 한 번. (그렇게 가족 모임 해요? 가족회의?) 가족회의. 우리 까사회의라고 해요. 가족 사랑 회의라고 만들었어요. 우리 신랑 생각하는 거예요. 그때부터 우리 애들도 존댓말 계속 쓰는 거예요. 우리 아들도. 그 만약에 이렇게 이야기해요. 존댓말 안 쓰면 100원의 벌금 내는 거예요. 제가 자꾸 까먹어서 제가 많이 내요. 그리고 모았던 돈은 어려운 사람들에게 주는 거예요. 필리핀이라든가. 우리 아들 생각한 거예요. 이 돈은 모아서 어려운 사람들한테 도와준다고 해가지고 어, 진짜 감동인 거예요. 너무 마음이 뿌듯한 거예요. 우리 신랑은 진짜 좋은 생각이에요. 회의하는 거. 그리고 이제는 자꾸 존댓말을 해요. 애들이. 존댓말을 계속하니까, 성격도 점점점 바뀌는 거예요. 우리 아들은 진짜 성격 이… 내가 너무 힘들거든. 근데 지금은 좋아졌어요."

이 회의를 통해 연구참여자는 자녀들이 타인을 따뜻한 마음으로 대하는 성숙한 존재라는 사실도 새삼 깨닫게 됐다. 이러한 깨달음이 연구참여자에게 깊은 감동으로 여운을 남긴다. 가족 모두가 함께하는 시간이라는, 또 서로 격려하고 지지하며 타인을 품을 줄 아는 넓은 품을 가진 사람으로 도약할 수 있도록 힘을 보태는 순간들이 소중하기 때문이다.

(6) 한국에 바라는 점: 다문화 가정 자녀 교육 지원 및 다문화 동아리 활동 지원

연구참여자는 최근 자녀교육과 관련한 고민거리가 있다. 다문화가족지원센터에서 선생님을 파견하여 자녀교육을 도와주는 제도가 있어 도움을 받고 있는데, 지원을 받을 수 있는 기간이 곧 끝나기 때문이다. 연구참여자는 한국의 교육 상황 때문에 자녀들에게 사교육을 해야 한다는 것을 알지만 가정 형편상 이를 해줄 수 없다고 말하며 부모로서의 역할과 책임을 다하지 못하게 되는 것을 걱정한다. 그러나 자녀들은 다른 한국 아이들에 비해 더 도움이 필요하다.

"(한국정부가 결혼이주여성을 위해서 지원을 해준다면 여가생활 혹은 내가 이렇게 지내보니 이런 건 지원을 해주면 좋겠다 이런 게 있다면) 부모, 아니, 자녀 생활. 자녀 생활 계속 있었으면 좋겠어요. 아이들을 위해 다문화센터에서 선생님들 방문하잖아요. 그런데 그게 1년 한 번밖에 안 되잖아요. 그런 거 계속 있었으면 좋겠어요. 왜냐하면 진짜 큰 도움이 됐거든요. 특히 우리도 그 어떨 때는 신랑은 돈 많이 못 벌잖아요. 그러면은 학원비는 비싸서 보내다 보면 부담스러워서 안 보내고. 그리고 아이들은 한국말 잘 안 돼가지구요. 그러면 그 자녀 생활 이용해서 선생님들이 많이 가르쳐줘서 학교생활 힘들지 않잖아요. 그리고 만약에 아이들 아이들을 중학교 올라가면 그런 사업 있었으면 좋겠어요. 집에 가서, 선생님 방문해서 엄마들이 이렇게 이렇게 직접 가르쳐주면 좋겠어요. 우리도 자꾸 생각하는 거예요. 센터에서 해도, 어떨 때는 한국말 못할까 봐 질문 안 하잖아요. 그런 엄마들 많이 있어요. 질문하고 싶은데, 한국말 안 될까 봐 조용한 거예요. 따라 들어도, 그냥 듣기만 해요. 저도 우리 아들 5학년이잖아요? 중학교 생활 어떻게 할까, 이렇게. 그때 또 사춘기 시작하잖아요. 그래서 걱정돼요."

연구참여자가 가장 걱정하는 것은 '말'이다. 자녀들이 또래에 비해 한국어 구사 능력이 떨어진다는 것이다. 그러나 이는 외국인인 연구참여자가 엄마로서 노력한다고 해서 해결할 수 있는 문제가 아니다. 게다가 자녀들이 지금은 초등학생이지만 본격적으로 사춘기에 접어드는 중학생이 되면 한국 학교의 실상을 잘 아는 어른의 코칭이 필요하다고 생각한다. 연구참여자는 자녀들이 부모의 도움을 받고자 할 때 부모로서 도움을 줄 수 없는 상황이 올 것을 걱정하고 있다. 이 때문에 자기를 대신해서 길잡이 역할을 해줄 수 있는 '선생님'이 필요하다고 보는 것이다. 연구참여자는 자녀들이 한국 사람으로서, 다른 한국 사람과 다르지 않게 자랄 수 있도록 한국정부가 특히 기초 학습과 관련한 교육 지원에 관심을 가져주기를 바라고 있다.

또한 연구참여자는 필리핀 사람들과 다양한 동아리 활동을 하고 있는데, 동아리 활동을 하는 사람들끼리 생활적인 면에서도 많은 도움을 주고받고 있다고 한다. 이러한 활동은 한국 생활의 적응과 정서적인 안정에 큰 도움이 되고 있다. 연구참여자는 필리핀에서 온 사람들에게 지역 지자체에서 다문화 가정을 지원하는 제도나 프로그램이 있으면 설명하여 도움을 받을 수 있도록 연계해주고 있다.

그러나 개인이 이 역할을 모두 감당하기에는 어려움이 있다. 연구참여자가 다문화가족지원센터를 중심으로 봉사 활동을 겸하고 있기 때문에 정보에도 밝아 도움을 받을 수 있는 제도나 프로그램을 홍보하는 역할을 하고 있지만, 만약 봉사 활동을 하지 않았다면 이러한 정보에 접근하기가 쉽지 않았을 것으로 보고 있다. 복지의 차원에서 동아리 활동을 지원하고 이를 중심으로 지자체에서 시행하는 제도 및 프로그램의 홍보가 계획되고 실행된다면 실효성이 증대될 것으로 기대된다.

3) 연구참여자의 특성

연구참여자가 한국 사회 적응 과정에서 보이는 인지 · 정서적 특징을 정리하면 다음과 같다. 첫째, 연구참여자는 딸, 아내, 며느리, 친구 등 다양한 사회적 역할을 수행하고 있지만 그중에서도 '엄마'로서 자녀들에게 '완벽한 엄마'가 되는 것을 가장 중요하게 생각한다. 연구참여자가 한국으로 이주하게 된 계기는 필리핀에 있는 부모님이 가장 큰 영향을 미쳤으나 현재 연구참여자의 삶에 가장 큰 영향을 미치며 힘이 되는 존재는 자녀들이다. 힘들기만 했던 한국 생활에 적응해야겠다는 결심을 하게 된 것도 자녀들에게 엄마로서 역할을 다하기 위해서였다. 그리고 다양한 사회 활동으로 활동 영역을 넓히려고 하는 것도 자녀들에게 자랑스러운 엄마가 되기 위해서이다. 이처럼 연구참여자는 강한 모성애로 자녀들을 지키며 가정을 가꾸어가는 한국의 엄마가 되고자 한다.

둘째, 연구참여자는 현명한 중간자로서 시댁과 친정을 중개하는 역할을 하기 위해 노력한다. 시댁 식구들에게는 좋은 아내, 또 엄마로서, 친정 식구들에게는 든든한 딸로서 살아가려 하지만 이 둘을 모두 성취하기는 쉽지 않다. 좋은 아내가 되기 위해서는 든든한 딸이 되기 어렵고, 든든한 딸이 되기 위해서는 좋은 아내가 되기 어렵다. 그러나 연구참여자는 시행착오를 겪으면서 이 두 역할 사이의 균형을 찾기 위해 노력하고 있다. 어느 역할 하나도 연구참여자 자신의 정체성과 깊은 관련을 맺지 않은 것이 없기에 두 역할 모두 해낼 수 있으리라는 의지로 적정선을 찾기 위한 노력을 포기하지 않는 것이다.

셋째, 연구참여자는 포용적인 관계 맺기를 추구한다. 그 자신의 가정 형편이 여유 있는 편이 아니지만 자신보다 더 어려운 사람들과 나누려고 노력한다. 이러한 마음을 자녀들도 이어받아 타인을 포용하는 관계 맺기를 지향하고 있어 감사한 마음을 가지고 있다. 연구참여자는 가족이 타인을 포용하고 배려하는 마음을 공유해나갈 수 있도록 중심을 단단히 잡아나가고 있다고 볼 수 있다.

이를 종합해보면, 연구참여자는 한국의 언어와 문화를 수용하면서도 자신에게 남아있는 문화적 정체성을 지우기보다 공존할 수 있는 방법을 모색하는 전략을 취하고 있다. 마지막으로 연구참여자의 경험에서 한국 사회의 사회제도적 개선점을 찾아보면 다음과 같다. 첫째, 다문화 가정 자녀에게 이루어지는 교육 지원을 확대하고 기간을 연장하는 제도가 검토될 필요가 있다. 다문화 가정 자녀는 특히 기초 학습의 측면에서 다른 한국 아이들에 비해 부족할 가능성이 크다. 학령기에 기초 학습 능력의 부족은 성인이 됐을 때 자신감의 결여나 정서적 불안 등을 유발하여 사회의 부적응을 초래할 수 있다. 사회의 안정을 위해서도 기초 학습이 충분히 이루어질 수 있도록 하는 교육 지원이 이루어져야 할 것이다. 그뿐만 아니라 개인에게 기본적인 학습권을 보장하는 측면에서도 관련 제도의 정비가 필요하다.

둘째, 결혼이주여성의 문화적인 사회 활동 등에 대한 지원을 확대해야 할 필요가 있다. 지금도 다문화가족지원센터를 중심으로 여러 프로그램이 진행되고 있지만, 결혼이주여성의 입장에서는 그 실효성에 대해 의문이 제기되고 있는 상황이다. 프로그램이 마련되어도 그 프로그램이 결혼이주여성의 요구에 부합하지 않는 경우도 많다. 결혼이주여성이 자발적으로 구성하는 동아리에 재정적인 지원을 하는 방안도 검토되면 실효성을 거둘 수 있을 것이다.

4.
연구참여자 4의 생애담

1) 생활세계 문화 적응 생애담 요약

연구참여자는 인도네시아 출신의 41세 여성으로 현재 한국에서 초등학교 4학년인 아들을 키우며 살고 있다. 연구참여자는 2004년에 돈을 벌기 위해 처음 한국에 왔는데, 한국에서 일을 하며 지내던 중 2005년에 한 직장 동료였던 남편과 연애 결혼했다. 결혼 초기 남편과 금슬이 좋았던 시기에 대한민국 국적을 취득했다. 그 후 남편의 술 문제가 점점 심각해지면서 점점 가세가 기울어 고생을 하다가 결혼한 지 6년 만에 이혼했다.

연구참여자는 자녀가 태어난 후 어린 자녀를 키우며 경제 활동까지 해야 하는 부담이 컸기 때문에 인도네시아에 계신 친정어머니에게 도움을 청했다. 친정어머니는 그때부터 인도네시아에 있는 가족과 연구참여자의 집을 오가며 지내시다가 한국에 정착하신 지 7년 정도 됐다. 현재는 친정어머니와 함께 식당을 운영하며 지내고 있다.

연구참여자는 현재 여행사 가이드, 식당 운영 등의 일을 하고 있다.

연구참여자는 인도네시아의 음식을 만들어서 파는 식당을 운영하고 있는데, 이 덕분에 인도네시아에서 온 사람들과 활발하게 교류하며 인적 네트워크의 허브 역할을 하고 있다. 또한 여행사 일을 하며 인도네시아에도 자주 출장을 가기 때문에 지인의 부탁을 받고 인도네시아의 물건을 한국으로, 또 한국의 물건을 인도네시아로 구해다 주기도 한다. 그러면서 최근 인도네시아 내에서 한국에 대한 관심이 커지고 있음을 몸소 느끼고 있다.

이러한 인도네시아 내의 관심과 자신의 식당 운영 경험을 기반으로 연구참여자는 인도네시아에서 한국 음식을 파는 식당을 개점할 계획을 가지고 있다. 연구참여자는 이 일이 인도네시아와 한국의 사정을 두루 잘 알고 있는 자신의 사회적 위치와 정체성을 십분 활용할 수 있는 일이라고 보고, 이로 인해 인도네시아와 한국의 문화 교류에도 긍정적인 역할을 할 수 있을 것으로 기대하고 있다.

2) 생활세계 문화 적응의 내러티브

(1) 결혼 전의 삶 1: 내가 원하는 곳에서, 원하는 일을 하며, 원하는 사람과 만날 자유를 추구해온 삶

연구참여자는 모국에서 부모, 위로 네 살, 두 살 터울의 두 오빠와 함께 살았다. 막내이자 하나뿐인 딸이었던 연구참여자는 부모에게 아낌없는 사랑을 받으며 자랐다. 유년 시절의 연구참여자는 썩 공부를 잘하는 편은 아니었지만, 중간 정도의 성적은 항상 유지했다. 연구참여자는 두 오빠가 모두 대학에 진학하기도 했고, 주위에서도 경제적 여력이 있으면 대부분 대학에 가는 분위기였기 때문에 고등학교 졸업 후 자연스럽게 한 대학의 경제학과에 진학했다.

연구참여자는 대학 졸업 후, 2년 정도 한 회사에서 재무 · 회계 업무를 담당했다. 그러면서 휴가 때마다 주위 여러 나라를 여행했다. 대만, 홍콩, 중국, 싱가포르, 일본 등 다양한 나라, 다양한 도시를 돌아다녔다. 그러던 어느 날, 한국에서 일을 하며 살고 있는 친구를 만날 겸 한국으로 여행을 왔다. 친구는 한국과 인도네시아의 연봉 차이가 7배 정도 난다고 하며 한국에 남을 마음이 있으면 일자리를 소개해주겠다고 했다. 회사에서 성과급을 받아 휴가차 오른 여행길에서 인생의 방향이 완전히 달라지는 전환점을 맞이하게 된 것이다.

> "(대학에서는 경제학 전공하시고, 인도네시아에서 경리를 2년 정도 하셨다고 하셨고. 보너스를 받아서 한국에 여행 오셨다가 정착하셨다고 했는데, 그전에 다른 나라도 가보셨잖아요. 싱가폴, 방콕, 홍콩도 가보셨다고 했는데, 이런 나라가 아니라 한국에 정착한 이유가 있을까요?) 한국에서는 다른 친구도 있었고. 한국은 인도네시아의 7배에요. 그래서 한국에서 한번 해보라고 했어요. 그래서 한번 해본 거예요. 해보다가, 괜찮다고 생각해서 계속한 것에요. 그래서 출국도 안 하고 계속 여기 있었어요."

연구참여자는 한국에 올 당시만 해도 한국에 정착할 계획이 없었으나 친구의 권유에 즉흥적으로 한국에 남기로 결정했다. 연구참여자는 같은 시간을 들여도 그 시간의 가치가 인도네시아보다 7배나 후한 금전적 가치로 환원되는 한국에서의 삶에 큰 매력을 느꼈다. 연구참여자에게 이는 자신이 원하는 모든 것을 이룰 수 있는 능력을 갖는 것과 마찬가지로 여겨졌다.

연구참여자의 결심만으로 모든 일이 순탄하게 풀린 것은 아니었다. 우선 연구참여자는 관광을 목적으로 한국에 왔기 때문에 한국 내에서 합법적인 영리 활동을 하는 데 제약이 있었다. 또한 관광비자로 한국 내에 체류할 수 있는 기간이 만료됨에 따라 한국 내에서의 신분이 불안해졌다.

어머니도 딸의 급작스러운 한국에서의 장기 체류를 반대했다. 무엇 하나 계획된 것 없이 언제 돌아올지도 정해지지 않은 기약 없는 삶으로 걸어 들어가는 것이기 때문이었다. 게다가 인도네시아에서는 사무실에 앉아서 하는 일을 했으나 한국에서는 육체노동을 해야 했다. 일의 종류도 완전히 달라졌다. 그럼에도 연구참여자는 결심을 돌이킬 생각이 전혀 없었다. 결국 어머니는 인도네시아에서 연구참여자가 다니던 회사 사장님에게 언제 출근하느냐는 연락이 계속 오자 다른 직원을 구하라는 말을 전해주었다.

"(혹시 일하는 기간에 힘드신 건 없었어요?) 처음에는 힘들죠. 원래는 인도네시아에서는 사무실에 앉아서 컴퓨터하고 그랬는데, 여기 공장 들어가서 노가다처럼 일해야 하잖아요. 그래서 좀…. 근데 견뎌야 하잖아요. 돈 벌어야 하니까. (가정 형편이 어렵거나 그러신 건 아닌 것 같은데, 돈을 많이 벌겠다 이런 동기가 있으셨나 봐요.) 그렇죠. 네. 마음먹고. (가족들이 반대는 없었어요?) 엄마는 반대했는데, 저는 그냥 한국에 와서 관광으로 휴가 받고 관광으로 왔었는데, 우리 인도네시아에 있는 사장님도 계속 연락이 와요. 우리 엄마한테. 왜 안 나오냐고. 일해야 하는데 왜 안 나오냐고. 그래서 엄마가 '다시 인도네시아는 언제 오는지는 아직 모르고, 다른 사람 한번 찾아보세요' 그렇게 이야기했어요, 엄마가. (처음부터 계획하고 오신 건 아니었기 때문에.) 네. (와서 보니까. 그럼 여기서 머물러야겠다라고 마음을 먹게 된 계기가 뭘까요?) 왜냐하면, 여기서 돈 벌어서 월급 한 달에 420. 근데 인도네시아에 420만원이면 제가 일하는 거 두 달 반 정도 해야 돼요. (여기 친구분을 통해 듣게 되신 거구나. 그리고 친구분이 여기서 일하는 걸 제안하시고.) 네. 그렇죠. (선생님도 괜찮다고 생각하시고 머무신 거고.) 네. (근데 처음에 일 힘드셔서 돌아갈까 하는 마음도 드셨을 거 같은데요?) 그런 생각도 있었는데, 그런데 좋게좋게 생각해요. 여기서 한 달 하면 저기서 두 달 반 정도 벌 수 있으니까 참아야 해요."

한국에서의 생활은 당연히 쉽지만은 않았다. 무엇보다 아주 기본적인 회화조차 되지 않았다. 그럼에도 연구참여자는 한 공장에서 일을 시작했다. 다행히 공장에는 연구참여자 외에도 외국인 노동자들이 여럿 있었다. 그중에서 방글라데시에서 온 노동자는 영어와 한국어 모두에 능통했다. 연구참여자가 영어로 애로사항을 방글라데시 출신 노동자에게 말하면 방글라데시 출신 노동자가 한국어로 한국인 관리자에게 통역해주었다. 연구참여자는 일을 하면서 동료들에게 한국어를 조금씩 배웠다. 그렇게 1년여가 흘렀다. 연구참여자가 한국에서 일을 시작한 지 1년 만에 한국의 법무부에서 불법체류자를 대상으로 비자 신청을 받아주는 제도를 한시적으로 운영했다. 연구참여자는 그때 합법적인 외국인 노동자로서 신분을 보장받았다.

"(관광비자로 오셔서 비자 변경 안 하고 계속 계셨던 거예요?) 그때도 1년 정도 있었어요. (불편하진 않았어요?) 그때 2002년에는 단속도 많이 없었어요. 그러다가 2003년에 그… 법무부, 법이 그렇게 나와요. 언제부터 언제까지 입국한 사람들 비자 신청 가능하다, 일자리 있으면 사장님 허락받고 사인 받으면 연수생 비자 받을 수 있다고. (산업연수생?) 네. 그때는 D-3? 비자. 지금은 E-9 비자로 변경했어요. (명칭이 바뀐 거예요?) 만약 연수생 오면 E-9 비자 받아요. 전에는 D-3. (그럼 이때 비자를 신청하신 거네요. 전보다 안정적이셨겠어요.) 제가 피부가 하얀 편이라, 어디 가도 이야기 안 하면 모르잖아요. 그래서 별로 걱정하지 않아요."

연구참여자는 한국에서 노동을 시작한 지 거의 3년이 다 되어갈 무렵 같은 직장을 다니던 한 한국인 남성과 연애를 시작했다. 그 남성은 9살 위의 전문 기술자로 연구참여자보다 직급이 높았고, 믿음직스러웠으며 호감을 적극적으로 표현했다. 연구참여자는 1년 정도 연애 후에 결혼을 결심했다.

두 사람의 결혼 소식은 양가 가족들의 반대에 부딪혔다. 연구참여자도, 남편도 아버지가 돌아가시고 어머니만 계셨는데, 두 어머니가 모두 반대하셨다. 그러나 연구참여자의 어머니는 한국에 와서 남편과 연구참여자를 만나 일주일 정도 같이 생활하고는 마지못해 허락했다. 연구참여자는 어머니의 반대보다 자신의 뜻이 더 중요하다고 생각하며 어머니는 딸이 원하는 대로 들어주실 것이라고 예상했다. 이는 남편도 마찬가지였다. 시어머니 역시 반대의 뜻을 접고 허락했다.

"(남편분하고는 어떻게 연애하게 됐어요?) 그때는 제가 한국어 많이 알고 있으니까, 그냥… (누가 먼저 좋다고 하셨어요?) 남편이. (한국어 소통이 되고, 남편분이 먼저 좋아해서, 밥도 먹자 이렇게?) 그렇죠. 일 끝나면 잔업 없으면 밖에서 같이 먹자 이렇게. (데이트 기간은 어느 정도?) 1년 정도. (결혼 결심은 어떤 계기가 있었어요?) 어차피 서로 좋아했으니까. 여기까지는, 결혼 생각까지는 없었지만, 엄마한테 허락받고. 엄마는 반대했어요. 그런데 제가 좋아하니까 엄마는 뭐 할 수 없어. 하라고 했었는데, 2005년에 인도네시아 같이 들어갔어요. 우리 엄마 만나 뵙고, 그전에도 엄마가 한국 와서 남편 보고. 관광으로, 관광 패키지로 왔다가 잠깐 여기 같이 있고, 일주일 정도 같이 생활했어요."

연구참여자는 남편과 인도네시아에서 인도네시아 식으로 결혼식을 올렸다. 연구참여자의 지인과 가족들이 모두 모여 2시간 정도 서로 대화하며 식사를 나누는 방식으로 진행했다. 막내딸이 한국 남성과 결혼해서 홀로 남은 어머니를 두고 멀리 떠나는 것을 반대하던 친가 친척들도 연구참여자와 남편의 서로에 대한 사랑을 인정할 수밖에 없었다. 연구참여자의 인도네시아 식 결혼식은 두 사람의 국경을 초월한 사랑을 주위에 알리는 의미가 컸다.

연구참여자와 남편은 인도네시아에서 성대한 결혼식을 치렀기 때문에 한국에서는 남편의 가족과 가까운 친척만 모여 단출하게 치렀다. 연구참여자는 한국의 결혼식이 신속하게 진행되어 결혼식 본연의 의미, 가깝게 지내는 사람들을 초청하고 천천히 대화를 나누며 축복을 나누는 의미가 퇴색된다고 느꼈기 때문에 최소한으로 치른 것이다. 또한 한국의 가족들은 두 사람이 언어가 안 통할지도 모른다는 이유로 두 사람 사이를 반대한 것인데, 이는 두 사람이 살아가면서 소통해나가는 모습을 보여주면 인정받을 수 있는 것이다.

"그 이후로는 저하고 남편이랑 인도네시아 들어가서 결혼식 올리고 그랬어요. (그럼 한국에서는 따로 결혼식 안 하셨어요?) 한국에서는 그냥 친척. 부모님, 남편, 부모님 형제, 친척들 모여서 했어요. (인도네시아에서는 인도네시아 식으로 하셨어요?) 네. (한국식이랑 많이 달라요?) 한국에서는 30분하고 뷔페로 가잖아요? 인도네시아에서는 아예 웨딩홀 하나 빌려서 2시간 정도 진행하는 거예요. 처음부터 끝까지, 입장하고, 손님들 인사하고, 같이 식사하고 그래요. (한국보다 시간이 더 많고, 하객들이랑 인사하고 이야기하고 이런 시간이 많네요. 그럼 인도네시아에서 엄마는 많이 아쉬워하셨을 것 같아요.) 그렇죠. 아빠 쪽에도 반대가 많이 있었어요. 그런데 좋아하니까 할 수 없었죠. (어떻게 보면, 사랑의 힘으로 국경을 넘으셨네요. 친척 분들도 반대를 좀 하셨나 봐요.) 그렇죠. 그때 아빠도 안 계시고, 멀리까지 가면 딸 한 명밖에 없으니까, 한국까지 안 가도 될 것 같은데 왜 그쪽까지 시집 가냐고 반대했어요. (남편 가족 분들은 결혼 반대 없었어요?) 처음엔 그래요. 시어머니도. 말 때문에도, 언어 때문에도 안 통할 수 있으니까, 그렇게 좀 그랬는데, 근데 여러 가지 남편이 설명하고 뭐하고 그렇게 하니까, 허락해주셨어요."

연구참여자는 사랑하는 남자를 만나 결혼을 결심하기 전까지 한국에서 경제 활동은 하고 있었지만 한국은 인도네시아로 돌아가기 전까지 머무르는 한시적인 공간이었다. 결혼으로 인해 한국에 잠시 머무르려 했던 이방인의 삶은 깊이 뿌리 내려 터를 잡아야 하는 과제를 안게 됐다. 연구참여자에게 결혼 전까지의 삶은 스스로가 무엇을 원하는가에 충실하면 되는 것이었다. 그리고 연구참여자는 불굴의 의지로 주변 사람의 반대에도 아랑곳하지 않고 자신이 세운 뜻을 관철시켜왔다. 그러나 연구참여자에게 결혼은 세상에 나의 의지만으로 이루어지지 않는 일도 많다는 사실을 알게 했다.

(2) 문화 적응 전략 1: 가족의 붕괴를 견딘 힘, 어머니로서의 나, 나를 위한 나로 살아가기

연구참여자와 남편은 결혼하고 3년 정도 아이를 갖지 않고 일을 하며 지냈기 때문에 경제적으로 여유가 있었다. 그러다 3년 만에 첫째를 임신했다. 연구참여자는 첫째를 출산하고 대한민국 국적을 취득했다. 그때까지만 해도 결혼 생활에 큰 문제가 없었다. 남편은 전문 기술이 있었고 경력까지 인정받아 직급이나 급여에서 관리자급 대우를 받았다. 결혼을 반대하던 시어머니는 막상 결혼을 하고 나니 며느리를 몹시 아껴줬다. 연구참여자가 임신을 했다는 소식을 알고는 따로 불러내서 맛있는 음식도 사주시는 등 살뜰히 챙겨줬다. 그러나 첫째가 태어나기 전에 지병으로 세상을 떠났다. 연구참여자는 시어머니와 사이가 좋았기 때문에 그때 뱃속에 있던 아이가 아들이라는 사실을 시어머니가 알았다면 많이 기뻐했을 것이라는 생각에 안타까웠다고 한다.

"(결혼생활은 어떠세요?) 결혼생활은 괜찮았어요. 몰라가지고, 김치 담그고 그런 건 몰랐지만, 우리 시어머니가 잘 가르쳐주셨고. (시어머니랑 같이 사셨어요?) 아니에요. 어쩌다가 주말에 같이 밥 먹고, 시어머니 집에 놀러 가고, 아니면 시어머니가 주말에 우리 집에서 자고 그래요. (아주 멀리 사신 건 아닌가 봐요.) 아니에요. 가까워요. (교류도 자주 하셨구요?) 네. (손자도 엄청 예뻐하셨겠어요.) 그렇죠. 그런데 제가 임신했을 때는 우리 어머니가 너무 좋아가지고, 음식 먹고 싶은 거 있으면 이야기하라고. 근데 여기엔 없었잖아요. 그래서 그냥 용돈 주고, 사먹으라고. 그렇게. (한국 음식이 입에 잘 안 맞고 그러니까 배려를 해주신 거네요.) 네. 그런데 아까운 거는, 제가 아직… 우리 아들 태어나기 전에 우리 어머님 아파가지고 돌아가셨어요. 아들 못 보고."

연구참여자에게 불행의 그림자는 그때부터 짙게 드리워졌다. 남편이 술을 절제하지 못하는 것이 문제였다. 연구참여자가 임신했을 당시에도 남편이 술을 마시고 폭력과 폭언을 행사하여 한 달 정도 여성보호소에 머무르기도 했다. 그 무렵에 시어머니가 돌아가셔서 의지할 데도 없었다. 남편은 그래도 술을 마시지 않을 때는 여전히 좋은 사람이었다. 그러나 밤새 술을 마시고 다음 날 출근을 못하게 되는 일이 많아지면서 직장에서도 자주 문제를 일으켰다.

연구참여자는 어머니 때부터 가톨릭 신자였다. 어머니는 그래서 딸의 이름도 가톨릭 식으로 지어주셨다. 연구참여자는 가톨릭 신자이기도 했고, 모국 인도네시아의 문화도 음주를 금기시했기 때문에 남편을 만나기 전까지 술 때문에 망가지는 사람을 경험한 적이 없었다. 연구참여자는 남편의 행동을 이해하기 어려웠다. 그리고 남편이 술 문제로 벌이가 없어지면서 연구참여자는 남편 대신 경제 활동에 나서야 했다. 연구참여자는 어린 아들을 두고 돈을 벌러 갈 수가 없어 인도네시아의 친정어머니에게 도움을 요청했다. 친정어머니는 딸의 산바라지로 한국에 오셨다가 딸 대신 손주를 봐주셨다. 그마저도 친정어머니가 계속 한국에 계실 수 없었기 때문에 한국에 7개월 정도 머무르다가 인도네시아로 돌아가 3개월 정도 머무르고 다시 한국에 오는 일이 반복됐다. 친정어머니가 계시지 않으면 어린 아들을 돌봐야 했기 때문에 경제 활동을 전혀 할 수 없었다.

"(선생님은 종교도 천주교이시고 하다 보니 술 그렇게 먹는 게 힘드셨겠어요.) 인도네시아 문화가 술 마시는 그런 거 없어요. 어쩌다 가족끼리 추석이나 설, 그렇게처럼 같이 모임하고 같이 밥 먹고 맥주만 한잔 하는데, 여기 한국 문화는 슬퍼도 술 먹고 좋아도 술 먹고 그렇잖아요? 그런 문화가 좀… 네. 없으니까. 그런데 그거까지는 봐줄 수 있는데, 너무 많이 마시면 좀 그래요. 아들한테도 보여주기도 안 좋고. 마시다가, 밖에 마시다가 친구들이랑 마시다가 집에 들어오면 뭐. 자는 거는 상관없어요, 저는. 근데 새벽까지 안 자고 뭐하고 그렇게 하면은 좀 힘들어요. 그래서 제가 또 그다음 날 일 못 가고. 남편분도 일도 못 가고. 그러다가. 그렇게 하면 계속, 생활이 안 되잖아요? 일하면서 언제 저기 결근해서 하면은 좋아하는 사람이 어디 있어요. (그렇죠. 생활비 마련이나 그런 부분이.) 그렇죠. (그게 어려울 정도로 그러셔서 힘드셨겠어요.) 술 안 마시면 열심히 해요, 일은. 월급도 많이 받아요, 우리 남편은. 왜냐하면 차장까지, 공장장까지 직책 있으니까. (관리자, 높은 관리자셨구나.) 근데 아무리 높아도 계속 결근하면 안 되잖아요. 한번 결근하면 우리 남편은 이틀 동안, 삼일 동안 일 안 가요. 그래서 3일 동안 일 안 가면 집에서 엄마가 애기 봐주잖아요? 계속 술 취해서 애들 괴롭히고. 저한테 전화하고 빨리 집에 오라고. 일하는 사람 왜 오라고 해요. 그걸 누가 좋아해요. 그래도 일하다가 계속 그렇게 하다가 그만뒀어요. 중간에. 몇 번 그만뒀어요. 제가. (계속 옮기셨구나. 남편분 케어하느라.) 그렇죠, 네. 일 안 가면 제가 또 일하다가, 또 저기 회사 앞에까지 와서 빨리 나오라고 그렇게 하면… 분위기가 안 좋아지잖아요. 그렇게 하면 다른 사람도. (고민 많으셨겠어요.) 그렇죠. 참다가 참다가. 이제… 안 되는 거예요."

연구참여자는 이혼 결심을 하게 되기까지 많은 일을 견뎌냈다. 남편은 술에 취해 아내와 어린 아들에게 폭언과 폭행을 일삼았고, 아내가 일을 하는 일터에 돈을 달라고 찾아오기 일쑤였다. 그러면 연구참여자는 동료들 보기 창피해서 남편에게 얼른 돈을 주었다. 그러기를 여러 번. 연구참여자가 경제 활동을 해도 생활비는 빠듯하여 살기는 점점 더 어려워졌다. 그중에서도 가장 힘든 것은 친정어머니가 계실 때에도 멈추지 않는 남편의 폭력이었다. 연구참여자는 남편이 여느 날처럼 폭력을 휘두르던 어느 날, 경찰에 신고를 했다. 그리고 친정어머니와 아들을 데리고 집을 나왔다. 그렇게 하지 않으면 남편이 가출로 신고를 할 수도 있었기 때문에 경찰관의 입회하에 가정 폭력으로 분가를 하는 형식을 취한 것이다.

"저도 그때 싸웠다가 그렇게 하다가 엄마 아들 저까지 여성의 센터 나왔어요. 경찰서 가서 불렀다가, 경찰 쪽에 생활 가족이 한 달 동안. (거기서 머무셨구나.) 네네. 거기서 살았는데, 그러다가 남편이 다시 언제 약속하고 뭐하고 그렇게, 안 그럴게, 그렇게 이야기했는데, 딱 두 달 만에. 그래서 제가 아예 맘먹고 나왔어요. 그때 뭐 나갔다가 한 달 동안 밖에 살았다가, 센터에 살았다가 다시 집에 들어왔어요. 두 달… 했다가 술 먹은 상태에서 다시 욕하고 뭐하고 그렇게 아예 집안 다 던져버리고 그래요. 경찰관이 왔었는데, 그래서 제가 경찰 오는 시간에 제가 이야기하고 제가 이제 나옵니다. 제가 혼자 나오면 가출 돼버리잖아요. 그래서 경찰 있는 상태에서. 그래서 그때부터 집에 아예 안 들어갔어요."

연구참여자는 결국 결혼한 지 6년 만이었던 2011년, 더 이상 참지 못하고 남편에게 이혼 소송을 했다. 연구참여자는 무료로 이혼 소송을 진행해주는 기관을 찾아 도움을 요청했다. 그리고 1년여의 지난한 소송 끝에 2012년, 드디어 남편과 이혼했다. 아들이 4살 무렵이었다. 남편은 그 후 2015년까지 주말마다 아들을 만나기 위해 찾아왔다. 그러나 아들은 아버지와의 만남을 별로 좋아하지 않았다. 그래서 아버지가 2015년 후로 찾아오지 않고 있는데 아들은 3년이 지난 지금까지 아버지를 찾지 않고 있다. 아들은 네다섯 살에 경험했던 아버지의 폭력적인 모습을 기억하고 있다.

> "(선생님이 남편분하고 헤어진 건 아들이 4살 정도 때?) 맞아요. (아들은 아주 어릴 때라 기억이 별로 없겠네요?) 그래도 많이 기억했어요. 왜냐하면 아빠가 그 당시 어떻게 하는지, 뭐하는지 다 보고 있어요. 그래서 그 이후로는, 원래는 일주일마다, 한 달마다 만나는 시간 있었잖아요? 안 보고 싶어요. (중략) (남편분이 술 문제가 좀 있으셨어요?) 네. 좀 중독… 증, 처음엔 아니지만 나중에는 매일매일 그렇게. 매일매일 마시면 좀. 마시면 또… 한 잔 하는 건 상관없어요. 근데 한번 마시면은 좀 많이 먹는 편이에요. (아들은 아버지가 술에 취한 모습을 많이 기억하나 봐요.) 네. 많이 무서워해가지고. (그래서 피하는 건가 봐요.) 처음에는 만나는 약속 있어요. 딱 당일 날 만나는 거는 연락이 왔어요. 술 싹, 먹는 상태 하니까. 이제 만날 수 없어요. 올 수도 없으니까. 그렇게. 그래서 아들이 실망했잖아요. 원래 아빠 만나려는 날에는 좀 어떻게 기분이… 그랬는데, 못 만나니까, 또. (실망했구나.) 실망하구 그 이후로는. 안 만나고 싶어 해요."

연구참여자의 남편은 알코올로 인한 지병으로 2015년에 사망했다. 연구참여자와 이혼하면서 더 이상 곁에서 챙겨주는 사람이 없게 되자 건강관리에 전혀 신경 쓰지 않은 것 같았다. 이혼 후 3년 만이었다.

연구참여자는 아들에게 아직까지 아버지의 사망에 대해 알리지 않았다. 연구참여자는 아들이 아버지를 찾으면 말해주리라 다짐했는데, 아들이 3년이 지난 지금까지 아버지를 찾지 않아 말할 기회를 놓쳤다. 연구참여자는 아들이 아버지와의 관계에서 발생한 상처를 되돌아볼 수 있을 만큼 성장하면 아버지에 대해 궁금하게 될 것이라고 생각하며 기다리고 있다.

이처럼 연구참여자는 남편으로 인해 삶의 최대 난관에 봉착하게 됐으나 남편의 문제에 휩쓸려 가족 모두의 불행을 초래하느니 남편과의 인연을 끊어내고 남은 가족들을 온전히 지켜내는 쪽을 선택했다. 이는 연구참여자 자신의 신념과 소망에 충실한 선택이기도 했다. 연구참여자는 스스로의 힘으로 고난을 딛고 일어서기 위해 서슴지 않고 경제 활동에 뛰어든다. 이를 통해 한 가정의 가장으로 자신을, 그리고 어린 아들을 지켜내는 능력을 발휘하게 된다.

(3) 문화 적응 전략 2: 생계를 위한 절박함, 잘해왔던 일에서 찾아낸 희망

연구참여자는 많은 사람과 교분을 쌓으며 대인관계를 넓히는 일을 좋아한다. 그리고 성취에 대한 욕심이 있고 대외 활동이나 사회생활에 호기심도 많다. 이런 활동적인 성격이 연구참여자가 남편과의 갈등으로 인한 불행을 이겨내는 힘이 되어주었다. 연구참여자는 새로운 일에 대한 도전을 즐겁게 생각하고, 계획을 세워 체계적으로 일을 진행시키며, 마음먹은 일은 끝까지 해내는 추진력이 있다. 연구참여자는 이를 기반으로 현재 식당 운영, 여행사 운영, 비즈니스 통·번역 등 다양한 영역에서 왕성한 사회 활동을 하고 있다.

물론 남편과의 불화로 가세가 기울었을 때는 생계에 대한 절박함으로 경제 활동에 나섰다. 그렇게 몇 년은 결혼 전에 하던 일을 다시 시작하여 공장을 다니며 생계를 유지했다. 친정어머니는 어린 아들을 두고 경제 활동을 해야 하는 딸을 위해 한국에 머무르는 시간이 더 길어졌다.

연구참여자의 어머니는 연구참여자와 마찬가지로 사람을 만나는 일을 좋아한다. 그리고 음식 솜씨가 좋고 부지런하다. 어머니는 한국에서도 자신의 성향과 장기를 십분 살려 주위 사람들과 활발하게 교류했다. 어머니가 무료한 시간에 인도네시아 요리를 만들어 주위에 사는 인도네시아 사람들과 나누어 먹는 일이 인도네시아 커뮤니티에 알려지기 시작하면서 음식을 나누어 달라는 사람들이 점점 많아졌다.

어머니는 사람들의 요구가 많아지자 돈을 내는 사람들에게 주문을 받고 음식을 만들어주겠다고 선언했다. 그러자 타지에서 입맛에 안 맞는 음식 때문에 고생하던 사람들, 또는 고향의 음식을 그리워하던 사람들의 주문이 밀려들었다. 연구참여자가 보니 집에서 주문량을 다 감당하기에는 어려움이 컸다. 일단 주방이 협소했고, 집 안이 요리할 때 나오는 연기로 자욱해서 생활에도 지장이 생겼다. 연구참여자는 어머니와 함께 인도네시아 식당을 차리기로 결심했다.

"(계속 일하시다가 사업 시작하신 건…?) 2013년. (그럼 5년 정도 된 거네요. 사업 시작 결심은 뭐였나요?) 제가 그때 일하면서 엄마가 애기 키웠었잖아요. 근데 애기는 어린이집 보내니까 시간이 너무, 할 일이 없어가지고 엄마가. 그냥 뭐 인도네시아 음식 만들어서 주변의 인도네시아 근로자에게, 아는 사람이 많아가지고. 어느 날은 이거 만들었네, 국시, 먹고 싶으면 사라고 그랬어요. 엄마가. 그래서 조금 조금씩 주문이 들어왔는데요. 그 이후로 제가 엄마한테, 엄마 만약에 진짜 그렇게 마음먹고 하면은 제가 식당 열어서 하면은 좀 안전하고. 집에서 하면은 집이 또 좁아가지고 요리하기도, 연기도 나오고 그렇잖아요. 좀 아닐 것 같더라구요. 그런데 엄마가 한번 해보자, 그래서. 그때부터."

연구참여자는 특유의 추진력으로 인도네시아 식당을 차렸지만, 인도네시아 식당이 자리 잡을 때까지는 원래 하던 일을 병행했다. 낮에는 다니던 공장에 출근했고, 퇴근해서는 음식 배달을 다녔다. 인도네시아 음식은 주로 인도네시아 사람들이 사 먹었다. 한국에서 인도네시아 사람들은 낮에 주로 출근을 하기 때문에 주문이 저녁과 밤 시간대에 몰렸다. 퇴근 후에 저녁으로 먹으려고, 또는 야근까지 하고 출출해서 야식으로 먹으려고 하는 사람들의 주문이 대부분이었다. 그리고 노동자들이기 때문에 따로 시간을 내서 음식을 사 먹으려고 밖으로 나오는 것이 불가능했다. 노동에 이미 지친 노동자들은 음식을 집으로 배달해서 편안하게 먹고 싶어 했다. 연구참여자는 이런 노동자들의 특성을 누구보다 잘 알았기 때문에 어머니가 만든 음식을 여기저기로 배달했다. 배달을 하기 위해 운전면허도 취득했다.

"(어머니가 큰 힘이 되셨겠네요.) 맞아요. (어머니는 즐거워하세요?) 네. 좋아요.

요리도 많이 할 수 있고, 그러다가 사람 와서도 좋아하고 그래요. (식당 운영이 5년 정도 지났는데 힘든 건 없으세요?) 처음엔 그래요. 뭐 장 보러 가야 하고 일도 해야 하고. 그때는 매달 저기 업체가 몰라가지고 일 끝나가면 제가 배달해요. 배달 다 해주고. 왜냐하면 근로자들이 평일에 안 나오잖아요. 그래서 전화하면은 주문하는데 그래서 공단 쪽에는 제가 다 배달해주고. (어머니가 한 음식 선생님이 다음 날 먹게 배달해주고 그렇게요?) 아니 그다음 날 아니고 만약에 야식을…. (고향 아닌 타지니까 고향 음식이 큰 힘이겠어요.) 네, 그렇죠. 네네. 또 퇴근하면 9시잖아요. 그때 연락 많이 오고. 아니면 7시 정도 잔업 없는 사람들이 6시 끝나니까 그때 텔레비전 보고 뭐 그렇게 전화 와서 주문하고 그래요. 그래서 6시 일 마쳤다가 식당 들어가서 인제부터 시작 매일 하는 거예요, 10시까지. 계속 대기하고 있어요. (배달은 어떻게 하셨어요?) 처음에 남편하고 살았을 때 운전 배우고 싶었는데, 못 해요. 안 된대요. 그런데 이제는 할 수 없이 배워야 하잖아요."

연구참여자의 하루는 새벽부터 시작됐다. 출근하기 전에 시장에 가서 재료를 구입해서 식당에 가져다놓고, 공장에 출근해서 일을 하고, 퇴근해서 음식 배달을 하는 일이 매일 반복됐다. 틈틈이 인도네시아 커뮤니티에 홍보도 했다. 인도네시아 사람들 중에 이슬람교를 믿는 사람들은 라마단 기간에 인도네시아 음식을 특별 주문하기도 했다. 식당 운영이 순조롭게 잘 되면서 연구참여자는 공장 일을 그만두고 다른 일을 시작했다.

연구참여자는 인도네시아 식당을 중심으로 인도네시아 출신 사람들의 커뮤니티를 관리하며 정신적 지주 역할도 수행하고 있다. 인도네시아 출신 사람들이 만나서 대화를 나눌 수 있는 장소를 제공하여 서로 정보의 교환과 정서적 지지, 유대감을 형성할 수 있도록 돕고 있다. 또한 어려움에 처한 사람들의 일을 알게 되면 그 해결을 위해 적극적으로 나선다.

"그리고 만약에 커뮤니티도 좀 커요. 주부 커뮤니티나 뭐 여러 가지 다 있어요. 왜냐하면 식당 있으니까, 인도네시아 근로자들도 뭐 필요하면 뭐 도움이 필요하면 식당 와서 잘 되고. 이것 좀 같이 도와주세요, 내가 할 수 있으면 내가 다 도와주는 거예요."

이처럼 연구참여자의 관계 지향적인 성향은 한국에 거주하고 있는 인도네시아 출신 사람들에게 긍정적인 영향을 미치고 있다. 이뿐 아니라 타국에서 맛보는 모국의 음식은 개인의 문화적 체질과 깊은 관련을 맺고 있으면서 정서적 안정에 기여하는 바가 크다고 할 수 있다. 연구참여자가 인도네시아 사람들에게 모국의 음식을 맛있게, 그리고 배부르게 먹을 수 있도록 하는 일은 이런 측면에서 타지 생활의 큰 버팀목이 되어주고 있다고 볼 수 있다.

또한 연구참여자는 인도네시아와 한국을 활발하게 오간다. 연구참여자의 주 생활 기반은 한국에 있지만 인도네시아로 자주 출장을 간다. 인도네시아 사람들을 대상으로 여행사를 운영하고 있기 때문이다. 또는 한국과 인도네시아를 오가는 비행편의 비행기 표를 팔기도 한다. 그뿐만 아니라 인도네시아에서 사업을 하려는 한국 사람들과 동행해서 비즈니스 통역을 하기도 한다.

"(출장은 무슨 일로 가세요?) 통역 때문에. 한국 회사가 인도네시아 쪽에서 미팅 있으면 제가 같이 동행하고. (회사에서 의뢰하는 거예요?) 네. (이런 일은 어떻게 연결이 돼요?) 인터넷에서 하다 보니까 이렇게 나왔네요? (웃음). 연결에 연결에 이렇게 돼요. 친구들, 아니면 SNS 광고 보다가 그렇게. (회사광고? 아니면 따로 광고하신 거예요?) 회사. (매칭해주는 회사 통해서 하시는 거구나. 왕성하게 사회활동 하시는데 힘들지 않으세요?) 힘든데, 경험 돼요. 이것도 한번 해보고 싶고, 저것도 어떻게 한번 해보고 싶고. (호기심이 많으신가 봐요.) 네. 저도 학교 다닐 때 그랬어요. 고등학교 다닐 때 졸업하면 대학교 다녀야 하고, 욕심이 나요. 대학 다니는 동안 알바도 했어요. 알바하는 동안 저기 인제 졸업, 3년 다니다가 그때부터는 알바 가는 시간을 맞출 수 있으니까 알바하고 졸업하자마자 바로 회사 들어가고 일하고 그래요. 그리고 하고 싶은 거는 딱 생각하면 제가 할 수 있다 마음먹으면 제가, 이제 하는 거예요. (이게 선생님의 성격이랑 잘 맞는 말 같아요. 하고 싶으면 할 수 있다.) 맞아요. 다른 사람도 다 하는데 내가 왜 못하냐 이렇게 생각하는 거예요."

연구참여자는 남편과의 결혼으로 힘들기도 했지만, 그때의 시간이 오늘날의 삶에 밑거름이 됐다고 한다. 연구참여자가 인도네시아와 한국을 자유롭게 넘나들며 여러 사업을 할 수 있는 것은 남편과의 결혼생활로 얻은 대한민국 국적 덕분이다. 남편이 남긴 선물인 것이다. 연구참여자는 인도네시아에서는 현재 한국에서 살아가는 결혼이주여성으로서의 장점을 발휘하고, 한국에서는 자신이 가진 인도네시아 사람으로서의 장점을 발휘한다. 연구참여자는 두 나라의 문화와 특성의 차이를 직접 경험한 새로운 민간 외교의 선봉장으로서 인도네시아에서 인도네시아 사람이 할 수 없는 일을 하고, 한국에서 한국 사람이 할 수 없는 일을 한다. 이는 국가 간 활발한 교류가 필연적인 현 시대에 이주 경험의 장점을 십분 발휘하는 것이기도 하다.

(4) 문화 적응 전략 3: 자녀교육은 자녀의 때를 기다리는 것

연구참여자는 현재 초등학교 4학년인 아들과 함께 지내고 있다. 연구참여자 자신이 인도네시아와 한국을 활발하게 오가며 사회 활동을 하고 있는 것처럼 자녀에게도 두 나라 모두에서의 생활을 경험할 수 있도록 하고 있다. 학기 중에는 주로 한국에서 생활하고, 방학에는 인도네시아에서 외가 가족들과 지내며 생활하도록 한다. 연구참여자의 자녀는 한국어와 인도네시아어를 모두 사용한다. 이는 연구참여자의 자녀교육 전략이기도 하다.

"(인도네시아 왔다 갔다 하세요?) 네네. (지금도?) 네. 만약에 방학 동안, 학교 방학하면 우리 아들하고 같이 갔어요. 갔다 왔어요. (아, 같이. 그럼 가시면 얼마나 머무세요?) 제일 늦게도, 한 달 전에, 방학 끝나기 전에 다시 한국에 와요. (그럼 방학 기간 동안, 한 달 남짓한 기간 동안 인도네시아에 머무시고. 그럼 오빠 집에 머무시는 거예요?) 네. 오빠 집에 하고, 그래서 우리 아들도 가면 인니어, 인도네시아어 배울려구. (지금 인도네시아어 잘해요?) 네. 가능합니다. (선생님과는 어떤 언어 써요?) 저랑은 한국어 쓰는데, 저, 중간 중간 이야기할 때 인도네시아어 붙고 그러는데 잘 이해하고, 답변도 인도네시아어 답변하고, 애 마음이에요. 좀 그렇게 하면 한국어 답변하고. 그런데 우리 엄마랑 하면, 엄마가 일부러 시키는 거예요. 인도네시아어. 잘 기억하라고. (아무래도 한국에서는 인도네시아어 사용 관계가 엄마랑 외할머니밖에 없으니까 기억하라고.) 그리고 식당에서도 어쩌다 손님 오면 인도네시아 근로자 하니까. 아는 분들은, 우리 아들 아니까 어쩌다 같이 이야기하고, 일하는 사람도 같이 이야기하고. 그렇게."

연구참여자는 어머니와 외할머니가 경제 활동으로 바쁘기 때문에 자녀가 느낄 수 있는 외로움을 또래 친구들과 어울리며 극복하도록 하고 있다. 연구참여자는 현재까지 이혼 후 터를 잡은 지역에서 벗어나지 않았다. 이사를 해야 할 일이 생기더라도 자녀가 맺어온 친구들과의 관계가 지속될 수 있도록 고려한 결과이다. 또한 운영하는 식당도 거주하고 있는 집과 자녀의 학교가 가까운 지역에 마련했다. 연구참여자는 자신의 생활 동선을 일터와 거주지, 자녀의 학교를 중심으로 구성한 것이다. 이는 일을 하면서도 자녀를 잘 보살피기 위한 어머니로서의 묘책이었다.

> "(오래된 친구들이 많겠어요.) 그렇죠. 근처에 계속 살다보니까, 어릴 때부터 지금까지 같이 다니는 친구들이 있어요. (선생님은 이쪽 지역에 계속 사셨나 봐요.) 네. 옮겨도 가까이서 옮겼어요. 원래 저기 동부 아파트 그쪽이었는데, 식당하고 하니까 이쪽 가까이에 옮겼어요. 여기 바로 맞은편이에요. 그래서 아들도 학교 걸어서 갈 수 있어요. (일하시는데 이런 게 다 근처에.) 네, 그렇게 만들었어요. 제가 없는 동안에, 왜냐면 아침엔 제가 아들 학교까지 데려다줄 수 있는데, 제가 회사 다닐 때는 데려다줄 수가 없어요. 그래서 혼자 걸어가야 돼요. 아침에 그리고 끝나면 걸어와야 하는데, 엄마도 그래요. 만약에 제가 없으면 저랑 같이 저기 없으니까. 퇴근하면 저기 건너가면 되고. 어쩌다 제가 출장, 인도네시아 출장, 작년엔 자주 갔어요. 그래서 그것 때문에 집이 가까워야 돼요. 식당도 가까워야 하고, 학교도 가까워야 해요."

또한 연구참여자는 자녀가 맺고 있는 대인관계를 자녀 스스로 가꾸어나갈 수 있도록 거리를 두고 지켜보는 방식으로 자녀가 자신만의 원칙을 가지고 생활 영역을 구축할 수 있도록 돕고 있다. 자녀에게 사교육을 시키기는 하지만 자녀가 무리하지 않는 선을 지킨다. 국어나 수학 등 필수 교과목은 학습지로 부족한 부분을 보충하고, 태권도처럼 심신을 단련할 수 있는 스포츠를 가르친다. 연구참여자는 어떻게 하면 어머니로서 자녀의 성장을 잘 뒷받침해줄 수 있을지 고민한다.

연구참여자의 자녀는 어떤 문제에 맞닥뜨리게 되더라도 자신이 먼저 고민을 해본 후에 어머니에게 도움을 요청한다. 연구참여자는 자녀의 결정을 대신해주지 않지만 자녀가 도움을 청할 때는 언제든 도움을 줄 수 있는 존재로 곁에 있고자 한다.

> "(지금 선생님이 되게 바쁘게 살고 계신데, 지금 고민거리는 뭐예요?) 어떻게 사업 잘되고, 그렇게 하고 또 아들 교육도 잘 시키고 그런 거. 나중에 학교 가면 비용이 많이 들잖아요. 지금부터 조금씩 모으고 그래요. (아들은 공부를 좋아하는 편이에요?) 네. 근데 많이는 아직… 지금까지 시험 보고 그러면 직접, 아들이 모르는 거는 저한테 물어봐요. 그런데 자기 혼자 할 수 있는 거는 자기 혼자 해요. 숙제도 그렇고. 그래서 내가 같이 하면은 '아니, 엄마는 내가 혼자 할 수 있으니까 내가 모르면 엄마한테 물어볼게요' 그래요. (의젓하네요.) 괜찮아요. 시험 보고 그렇게 하니까. 그리고 학습지 저기 일주일에 한 번이잖아요. 선생님도 숙제 네 개 정도 주고. 자기가 직접 숙제하고. 아무튼 숙제나 뭐나 학교에서 저기 나오는 거 시키는 거 직접 하다가 못 하면 저한테 이야기하고 제가 같이 하고 그리고 뭐 준비물 있으면 저랑 같이 준비하고 그래요."

이처럼 연구참여자는 자녀가 부모의 결정에 좌우되는 일은 없어야 한다고 여긴다. 이와 같은 철학이 자녀의 생활 영역과 대인관계를 존중하고, 자신의 일은 스스로 결정할 수 있도록 하는 교육 방침을 통해 드러난다. 연구참여자는 자녀의 자율성을 보장하면서 자녀가 스스로 원하는 바를 밝힐 때까지 기다리는 것이 부모로서의 마땅한 역할이라고 보고 있는 것이다. 이는 자녀에 대한 신뢰에 기반한 것이기도 하다.

(5) 한국에 바라는 점: 동등한 사업 파트너로의 인정

연구참여자는 사업가로 왕성한 사회 활동을 하고 있다. 이와 관련하여 한국 사회에 정책적 차원의 사업 정보 지원과 인식적 차원의 차별적 태도 철폐를 바란다고 한다. 연구참여자는 처음 사업을 준비하면서 관련 정보를 얻을 수가 없어 어려움을 겪었다. 연구참여자는 이미 한국에서 7~8년 정도 생활을 했고, 한국어 구사도 자유자재로 할 수 있었는데도 불구하고 사업 관련 정책이나 제도 등은 어려운 단어로 되어있어 개인사업자 등록부터 진입장벽이 너무 높았다고 한다. 연구참여자는 자신과 같은 처지에 있는 이주여성의 경제적 자립을 지원하는 복지의 차원에서도, 다양한 개인사업자의 활동을 장려하는 차원에서도 관련 절차를 전담하는 기관 또는 부서가 개설되기를 바라고 있다.

인식적 차원에 대한 개선은 연구참여자가 사업을 해나가는 과정에서 발생하는 어려움과 밀접한 관련성이 있다. 한국에서 연구참여자는 여성이면서, 이주민이면서, 이혼 경험이 있는, 사회적 소수자로 불리한 점이 있다. 연구참여자 스스로는 이러한 점들이 자신의 약점이라고 인식하지 않으나 사업차 만나게 되는 한국 사람들에게 아무래도 같이 일하는 것을 꺼리는 듯한 인상을 종종 받곤 한다. 이러한 차별과 배제의 태도는 사업을 원활하게 진행해나가는 데에도 부정적인 영향을 미친다. 연구참여자는 자신의 사업 능력, 경험과 무관한 점이 사업 수행에 불리하게 작용하고 있는 현실을 지적하며 이러한 구태의연한 인식의 전환이 필요하다고 역설한다.

> "(선생님이 한국에서 살고 계신데, 한국에서 이런 게 바뀌었으면 좋겠다 혹은 이런 게 하고 싶다 이런 게 있을까요?) 보통 한국에서는 일을 하면은 어떤 한국인은 외국인이 하니까 같이 일하는 건 안 될 거 같다. 느낌이 와요, 어쩌다가. 근데 저는 지금까지는 그런 거는 없지만 다른 분들은 그런 걸 느낌이 많이 와요. 어짜피 외국인 하니까 못할 수 있고 이런 것도 있고. 저는 이태까지 그런 거 없어요. 왜냐하면 다 한국인하고 같이 지내고 이것저것도 같이 일할 수 있으니까 어려운 건 없는데, 다른 분들이 친구분들이 어려운 거 많이 있어요. 저는 사업도 하고 사업자등록증도 혼자 신청했어요. 근데 ○○(포털 사이트)에서 알아보고 그랬는데, 보통 다른 외국인들은 그런 거는 아직 몰라요. 그래서 누구한테 부탁하고 뭐하고 그렇게 하니까. (그런 거를 좀 도와줄 수 있는 제도가 있으면 좋겠다?) 네네."

연구참여자는 최근에 새로운 사업을 구상하고 있다. 인도네시아와 한국을 자주 오가다 보니 인도네시아 내에서 한국의 위상이 달라지고 있음을 체감하게 된다. 인도네시아에서 한국에 대한 관심이 높아지고 있는 만큼 한국만큼 맛있게 한국 음식을 만들어낼 수 있는 식당을 개업하면 사업성이 있을 것이라고 기대하고 있다. 또한 한국의 화장품이나 식품 등에 대한 선호도가 높아지고 있기 때문에 수출과 유통 경로를 확보하면 이 역시 사업성이 있을 것이라고 기대하고 있다. 이처럼 연구참여자는 민간 차원에서 인도네시아와 한국의 문화 교류에 앞장서며 사업가로서의 역량을 발휘하고 있다.

3) 연구참여자의 특성

연구참여자가 한국 사회 적응 과정에서 보이는 인지 · 정서적 특징을 정리하면 다음과 같다. 첫째, 연구참여자는 외향적이고, 대인관계를 중요하게 여기는 관계 지향적 성향을 가지고 있다. 연구참여자는 현재 식당을 운영하고 있는데, 식당을 운영하게 된 계기도 인도네시아 출신 사람들과 활발한 교류를 하며 지낸 덕분에 마련됐다. 이는 사업 수완과도 관련이 있는데, 사람들이 일상생활에서 원하는 것이 무엇인지 알아보는 감각이 수익을 창출하는 원동력이라 할 수 있다. 여기에 연구참여자의 사람에 대한 관심과 애정이 더해지면서 시너지 효과를 발휘한다. 연구참여자는 어려움에 처한 사람들을 지나치지 않고 자신이 할 수 있는 한 최선을 다해 도움을 주고자 한다. 이러한 진정성이 주위에 사람들을 모이게 하고, 커뮤니티의 허브로서 기능하게 한다고 볼 수 있다.

둘째, 연구참여자는 무엇이든 할 수 있다는 자신감으로 고난을 극복해왔다. 연구참여자는 아무리 어려운 상황이 발생해도 그에 압도당하기보다 이겨낼 수 있는 방법을 생각하고 행동으로 실천한다. 이러한 추진력으로 인해 고난에서 벗어날 수 있게 되는 것이다. 이는 자신에 대한 근본적인 믿음, 어떤 어려움이든 극복할 수 있는 힘이 자신에게 있다는 믿음을 기반으로 한다.

이를 종합해보면, 연구참여자는 한국에 거점을 두고 있지만 이를 중심으로 인도네시아에서도, 한국에서도 대인관계를 폭넓게 운영하며 두 나라 모두에서 단단하게 생활 기반을 다지고 있다. 또한 한국에서는 인도네시아 사람들을 돕고, 인도네시아에서는 한국 사람들을 도우며 상생의 관계를 추구하고 있다. 또한 연구참여자는 한국과 인도네시아에서 모두 서로의 생활 영역을 구분하고 배척하기보다 조화롭게 살아가는 방식에 대해 고민하고 실천하는 존재로 허브 역할을 하고 있다고 볼 수 있다.

마지막으로 연구참여자의 경험에서 한국 사회의 사회제도적 개선점을 찾아보면 다음과 같다. 첫째, 한국 내에서 이주민의 사업 허가 및 정보 제공 관련 제도를 정비할 필요가 있다. 연구참여자는 대한민국 국적을 가지고 있음에도 불구하고 개인사업 허가와 관련한 정보에 접근할 수 있는 경로가 복잡하고 제한적이었다. 한국이 생산적인 다문화 사회로 자리매김하기 위해서는 한국 출신 개인사업자를 보호하면서, 연구참여자와 같은 이주민도 신규 개인사업자로 활동할 수 있도록 하는 상생적 대안이 제시되어야 할 것이다. 이를 위해 우선적으로 한국인뿐 아니라 이주민도 알아보기 쉽도록 개인사업자 등록 및 허가와 관련한 정보에 접근할 수 있는 경로를 단일화하고 이해하기 쉬운 용어로 재정리하여 제공할 필요가 있다.

둘째, 생계를 위한 경제 활동 지원의 일환으로 자녀 돌봄 서비스의 시행이 필요하다. 연구참여자는 몇 년 동안 남편과의 불화로 생활비를 받지 못했고, 자녀와의 생계를 위해 경제 활동을 시작해야 했다. 연구참여자는 이를 위해 모국에서 어머니를 모셔와 어린 자녀를 양육하는 데 도움을 받았으나 어머니를 모셔올 수 없는 상황이었다면 생계 대책을 세우기 어려웠을 것이다. 이처럼 남편과의 이혼 조정기간에 생활고로 인한 어려움에서 벗어날 수 있도록 하기 위해서는 결혼이주여성이 경제 활동을 하는 동안 어린 자녀를 돌보아주는 돌봄 서비스가 시행되어야 할 것이다.

5.
연구참여자 5의 생애담

1) 생활세계 문화 적응 생애담 요약

연구참여자는 태국 출신의 45세 여성으로 현재 한국에서 남편, 초등학교 3학년인 딸과 함께 살고 있다. 현재 모국에는 어머니와 한 살 터울의 언니가 살고 있다. 연구참여자는 태국의 한 대학에서 법학을 전공하고 미국으로 건너가 3년 정도 유학하며 MBA를 취득했다. 그 후 태국으로 돌아와 한 캐피탈 회사에서 10년 동안 시니어 매니저로 일했다.

연구참여자는 30대 초반까지 일에 대한 욕심이 대단했다. 그래서 결혼에 대해 크게 관심이 없는 편이었는데, 아시아의 캐피탈 회사들 간의 교류를 위해 주최한 세미나에서 우연히 남편과 만나 장거리 연애 끝에 결혼했다. 결혼하고 2년 동안 연구참여자는 태국에서, 남편은 한국에서 각자 일을 하며 지냈다. 남편과 2~3주에 한 번씩 만나야 했으나 그런 생활을 감수할 만큼 일을 중요시했다. 그러다 태국에서 임신과 출산을 하면서 아무래도 남편과 함께 지내야겠다는 생각을 하게 되면서 한국으로 이주했다. 2010년에 한국으로 이주하여 한국에 거주한 지 8년 정도 됐다.

연구참여자는 최근에 대한민국 국적을 취득했다. 이름은 태국식을 그대로 유지했으나 성은 연구참여자가 결혼할 당시 태국에서 혼인신고를 할 때 남편의 성을 따라야 하는 법의 적용을 받아 남편의 성을 쓰게 된 것을 그대로 유지했다. 연구참여자는 대한민국 국적을 취득했지만 태국에서는 이중국적을 인정받고 있다.

연구참여자는 태국에서 쌓은 커리어가 한국에 오면서 단절됐고, 자녀 양육 스트레스도 심했던 탓에 한동안 우울증으로 고생했다. 연구참여자는 지금까지 잘해온 것처럼 앞으로도 잘할 수 있다고 스스로를 다독이면서 이 시기를 이겨냈다. 또한 집에서 남편과 각자의 영역에서 각자의 일을 하던 생활환경을 바꾸어 가족 간에 공유할 수 있는 생활공간을 마련하여 가족 간의 사랑을 확인하며 정서적 안정을 도모했다.

현재는 학위와 태국에서의 오랜 영업 노하우 등을 기반으로 프리랜서로 여러 기관에서 강의를 하거나 통 · 번역을 하며 지내고 있다. 최근의 가장 큰 고민거리는 한국에서 그동안의 경력을 인정받고 취업을 하는 것과 자녀교육이다. 자녀가 아직 엄마의 보살핌이 필요한 나이이기 때문에 사회 활동에 제약이 크다.

2) 생활세계 문화 적응의 내러티브

(1) 결혼 전의 삶: 엄마에게 착한 딸이 되기 위한 삶, 다시 나로 살아가기 위한 결단

연구참여자는 태국의 중산층 가정에서 자랐다. 부모님 모두 부유한 가정에서 자랐고, 공무원으로 일하다 물려받은 부동산으로 개인 사업을 시작했다. 연구참여자는 큰 집에서 살면서 집안일을 해주는 가정 도우미의 도움을 받는 등 부족함 없는 유년 시절을 보냈다.

연구참여자는 부모님, 특히 어머니의 전폭적인 지원으로 태국에서 가장 좋은 고등학교를 졸업했고, 대학도 태국에서 가장 좋은 대학교에 진학했다. 대학에서 법학을 전공한 연구참여자는 대학 졸업 후 미국으로 건너가 3년 반 동안 유학 생활을 했다. 그리고 MBA 취득 후 태국으로 돌아왔다.

연구참여자가 유학 생활을 마치고 태국으로 귀국할 무렵 태국은 IMF가 개입하는 등 경제 상황이 좋지 않았다. 연구참여자는 일자리가 없어서 1년 동안 취업을 준비하며 지내다 다국적 금융 기업의 태국 지부에 입사했다. 연구참여자는 일할 기회가 간절하기도 했고, 원체 일에 대한 욕심도 많았다. 그래서 회사 생활을 하는 10년 동안 다른 그 무엇보다 일을 중요시하며 살았다.

연구참여자가 회사 생활을 한 지 7년쯤 되던 무렵, 회사에서 아시아의 금융 회사들 간 교류를 위해 4박 5일간의 글로벌 세미나를 주최했다. 연구참여자는 주관기관의 담당자로 캠프를 기획하고 주도했다. 연구참여자는 그 캠프에서 한국의 대기업 금융회사 직원인 남편과 만났다.

연구참여자는 세미나에서 남편의 친구와 같은 그룹이었는데, 남편이 친구를 통해 연락처를 물어왔다. 남편은 캠프 내내 참여자들을 돌보며 세미나를 운영하는 연구참여자의 모습에 반했다고 했다. 그런데 연구참여자는 같은 그룹의 한국 남성들이 모두 유부남이어서 세미나에 참가한 한국 남성들 전부 유부남이라고 생각했다. 그래서 남편의 시간을 내달라는 요청에 처음에는 시간이 없다고 거절했다. 그러나 남편이 물러서지 않고 잠깐이어도 된다며 회사 앞에 있는 커피숍에서 만나자고 하기에 30분만 시간을 내겠다고 했다. 연구참여자는 대수롭지 않게 여겼던 남편과의 그때 그 약속으로 인해 운명적인 만남이 시작됐다고 한다. 남편(당시에는 회사 동료)에게 태국의 관광지를 추천해주다가 우연히 남편이 미혼이라는 사실을 알게 되면서 갑자기 남편을 달리 보게 됐기 때문이다.

연구참여자는 남편과 연락을 주고받으며 자연스럽게 연애를 시작했다. 남편은 매달 연구참여자를 보기 위해 태국에 방문했다. 연구참여자도 세 달에 한 번은 한국을 방문해서 남편을 만났다. 그렇게 연애를 한지 6개월 만에 남편이 프러포즈를 했다. 그때가 연구참여자의 나이 35세, 남편의 나이가 38세였다. 남편은 한국에서 결혼을 하라는 가족들의 성화에 못 이겨 태국에 좋아하는 여자가 있다고 밝히고 연구참여자에게 프러포즈를 한 것이었다. 연구참여자는 그전까지만 해도 한국에 대해 드라마 〈대장금〉 외에는 알고 있는 것이 없었다. 심지어는 한국이 어디에 있는 나라인지도 몰랐을 정도였다. 게다가 일에 대한 욕심도 컸던 연구참여자는 국제결혼은 감당하기 어렵다는 생각에 남편의 제안을 선뜻 받아들일 수 없었다. 그래서 첫 번째 프러포즈는 거절했다.

그런데 남편은 물러서지 않고 3개월 후 다시 프러포즈를 했다. 남편은 두 번째 프러포즈에서 결혼을 해서 떨어져 지내더라도 각자 하던 일을 그만두지 말고 계속하자고 제안했다. 연구참여자는 일과 남편 사이에서 둘 중 하나를 선택할 수밖에 없는 상황에 놓였다는 생각을 하며 큰 고민에 빠졌다. 연구참여자는 남편과 만나기 전까지 자기 자신과 일이 가장 소중하다고 생각하며 지냈는데, 남편을 만나고부터 그만큼 소중한 사람이 있을 수 있다는 것을 깨달았다고 한다. 남편은 연구참여자조차 그동안 자각하지 못했던 상처를 헤아리고 보듬어준 사람이었기 때문이다.

연구참여자는 살아오면서 어머니에게 최고의 딸이 되기 위해 노력해왔다. 학교에 다닐 때 공부를 열심히 한 것도 그 누구보다 어머니를 기쁘게 해드리기 위해서였다. 어머니는 딸이 자신처럼 부유하게 잘 살기를 바랐다. 연구참여자는 어머니의 기대에 부흥하기 위해 사회적으로 존경받는 일, 그러면서 돈을 많이 벌 수 있는 일을 찾았다.

그러나 연구참여자는 사실 미용 일을 하고 싶었다. 고등학교 때는 반 친구들이 머리 모양을 만져달라고 줄을 설 정도였다. 유학 중에도 이발을 할 돈이 여의치 않은 태국 유학생들이 찾아왔다. 연구참여자는 남편과의 대화로 그동안 어머니가 원하는 삶을 살아왔다는 것을 깨달았다. 사실 전혀 몰랐던 것은 아니었다. 집에서는 독실한 불교 신자였던 어머니에게 맞추어 채식 위주의 식사만 했으나 대학에 가서 친구들과 만나고 다양한 음식에 대해 알게 되면서 맛있는 고기를 먹기 위해 찾아다니기도 했다. 연구참여자는 어머니의 식대로가 아닌 자신의 식대로 살고자 하는 욕망이 늘 있었다.

"사실은 제가, 엄마도 법 전공했거든요. 엄마 가족, 엄마 부모님 위해서 제가 많이 노력을 했었고, 이 남자가 만나서. 처음에 제가 미용실 적어줬거든요. 엄마가, 미용실은 안 돼, 그래서 남편은 한국 오면 제가 좋아하는 거 공부해라. 자기가 서포트 해줄게. 이래서, 아, 듣기가 좋다. 엄마는 그냥 딸 수준 더 높이고 이거 해야 한다고 이런 식으로. 고등학교 들어가야겠다, 대학교 들어가야겠다, 이런 있기 때문에 제가 들어가는 거고. 하지만 제가 좋아하는 거, 진심으로는 책만 읽기보다는, 그러니까, 손 들어가는 거 좋아해요. 하지만 그거는 못 하고. 돈 벌지 않고 그런 엄마가 이야기하니까 그래서. 하지만 이 남자가, 예를 들면, 여러가지 많이 있는데, 제가 진심으로 원하는 거 진심으로 생각하는 거. 이 남자가 잘 챙겨주고."

그런 연구참여자에게 남편은 연구참여자가 무엇을 원하든 하고 싶은 일을 할 수 있도록 도와주고 싶다고 했다. 연구참여자는 남편에게 최초로 자신이 하고 싶은 일에 대한 지지를 받았다. 연구참여자는 이처럼 남편이 자신을 이해하기 위해, 또 원하는 것을 이루어주기 위해 노력하며 6개월 동안 선뜻 대답하지 못하는데도 올곧게 프러포즈를 하는 모습에 감동하여 결국 프러포즈를 받아들였다.

연구참여자의 부모님은 남편과의 결혼을 반대하지는 않았으나 남편을 싫어했다. 남편은 회사 세미나에 참석할 때 반팔 티셔츠와 반바지를 입고 오는 사람이었다. 태국에서 부모님 집을 방문했을 때도 마찬가지였다. 부모님은 그런 남편의 모습이 게을러 보여 싫다고 했다. 부모님은 성실함을 제일의 가치로 여겼다. 그러던 어느 날 어머니가 연구참여자가 남편과 찍은 사진을 보고 "웃음이 참 행복해 보이네"라고 말했고, 그때 이후로는 진심으로 허락해줬다. 연구참여자가 결혼한 지 10년이 지난 지금, 부모님은 사위가 게으르다는 오해를 풀고 열심히 살아가는 모습을 응원하고 있다.

결혼식은 한국과 태국에서 두 번 치렀다. 한국의 결혼식은 남편이, 태국의 결혼식은 연구참여자가 모두 준비했다. 그리고 결혼식은 각자 번 돈으로 치렀다. 태국에는 친정에서 신붓값을 받는 전통이 있으나 연구참여자는 부모님에게 자신의 돈으로 결혼식을 치르니 생략하자고 했다. 연구참여자는 남편이 약속한 대로 결혼 후에도 각자 해오던 일을 계속하기로 했다. 2주에 한 번, 한 달에 한 번인 남편과의 만남이 아쉽긴 했지만 이를 감수할 수 있을 만큼 연구참여자에게는 일이 중요했다.

(2) 이주 전의 삶: 사회적 성취와 가족에 대한 애정의 충돌

연구참여자는 한국 남성과 결혼을 했지만 한국어를 전혀 못했다. 일을 하며 3개월 정도 한국어 학원에 다녔지만 일과 병행하기 힘들어서 그만두었다. 당분간 한국에서 살 일은 없기 때문에 당장 필요하지 않다고 생각했고, 남편과도 영어로 대화하는 것이 더 편했다.

연구참여자는 그때 자신의 삶에 전혀 불만이 없었다. 그런데 그렇게 지내다 결혼한 지 7개월 만에 임신을 했다. 그때까지만 해도 연구참여자는 일을 그만둔다는 생각은 한 적이 없었다. 남편도 돌봐줄 사람이 많은 태국에서 출산까지 하는 것이 좋겠다고 했다. 30대 후반이었던 연구참여자는 출산까지 많은 우여곡절을 겪어야 했다. 조산기도 있었고, 전치태반이라 그대로 출산하면 아기의 생명이 위험했다. 연구참여자는 출산 직전 2개월 정도 병원에 입원해야 했는데, 그 직전까지 직장 생활을 했다. 그 정도로 일에 대한 욕심이 컸다. 이루고 싶은 목표도 있었다.

연구참여자는 고생 끝에 딸을 출산했다. 다행히 딸은 건강했으나 연구참여자가 출혈이 멈추지 않아 위험한 고비를 넘어야 했다. 연구참여자는 출산으로 큰 고생을 하고 출산 후 2주 만에 복직을 했다. 그러나 이번에는 일을 계속하기 위해서가 아닌 그만두기 위해서였다. 연구참여자는 딸을 출산한 후 2개월 만에 한국으로 이주했다.

> "(일을 그만둘 결심을 하시기 쉽지는 않으셨을 것 같아요.) 네. 쉽지 않아. 하지만, 아이 태어나고 나서 조금 우울증 걸리나 봐요. 가족 많이 생각하고. 그 허무한… 뭔가 자체가, 일보다는 아이가 중요해. 아이는 어떻게, 아빠 없으면 어떻게 키울까. 그런, 계속 생각해요. 반복. 다른 생각도 아니고. 또 저 또 뭔가 몸, 그 여자 몸이 음… 바뀌었어요. 제가 옛날엔 선생님, 슬림했는데, 지금은 10킬로, 지금은 10킬로 쪘는데, 가슴도 크고, 젖도 나오고. 옷도 아휴. 불편, 몸도 불편하고 머리도 스트레스 받고. 그때는 우울증 같은 거 걸렸어요. (그래서 더 남편이랑 아이랑 같이 있어야 되겠다.) 응. (결심을 하신 거구요?) 네. 그것 때문에 꿈을 버렸어요."

연구참여자는 출산 후 산후 우울증으로 고생했다. 연구참여자가 출산할 때 남편이 곁을 지켜주었지만, 다시 남편과 떨어져 지내야 하는 상황이 갑자기 막막해졌다. 임신과 출산을 겪으며 생긴 몸의 변화도 감당하기 어려웠다. 그런 상황에서 남편 없이 아기를 혼자 키워야 한다는 생각과 아이가 아빠 없는 아이로 자랄 것에 대한 걱정이 극심한 스트레스로 이어졌다.

연구참여자는 딸을 출산하기 전에는 한 번도 자신의 모든 삶을 송두리째 바꾸어놓을 것이 분명한 이주를 진지하게 생각해본 적이 없었으나 가족을 소중하게 여기는 남편의 곁에서 남편을 믿고 의지하며 살아가고 싶다는 생각을 하게 됐다. 이처럼 연구참여자는 출산 후 삶의 중요한 가치에 대한 생각이 바뀌게 됐다고 한다. 자기 자신에서 가족으로 생각의 중심이 자연스럽게 옮겨가게 된 것이다. 연구참여자는 남편, 딸과 가까운 거리에서 서로 의지하며 지내기를 원하게 되면서 한국행을 결심했고 한국에 가족을 위한 보금자리를 꾸리게 됐다.

(3) 문화 적응 전략 1: 남편과 자녀의 곁에서도 깊어지는 외로움, 다시 나로 돌아가 이겨내기

연구참여자는 초기의 한국 생활이 순탄치 않았다고 한다. 언어도 통하지 않는 낯선 나라에서 오롯이 혼자 감당해야 하는 육아는 상당한 정신적 스트레스를 야기했다. 누구보다 의지가 될 것이라고 기대했던 남편은 아침 일찍 출근하여 저녁 늦은 시간이나 되어야 집에 돌아와 제대로 대화조차 하기 힘들었다. 육아에 쫓기는 생활에 대화할 사람도 마땅치 않았던, 낯설기만 한 한국 생활은 모국으로 돌아가고 싶다는 생각을 부추겼다. 연구참여자는 아이가 어느 정도 자라 어린이집에 보낼 수 있게 되기 전까지 3년간 매일, 모두 그만두고 모국으로 돌아가고 싶다는 충동과 홀로 싸워야 했다.

"3년 동안은 계속 이혼을 생각해요. 진짜로… 여기 와서, 아, 옛날에 연애하는 거는 그냥 좋은 여행 오는 것처럼, 기분 좋은 일처럼. 만나잖아요. 하지만 여기 이사 와서 남편은 일하고, 늦게 끝나고. 나는 그냥 머리가 이렇게, 몸, 샤워도 못 하고 아이 키우고. 어떻게 하는지도 모르고 있고. 언어도 모르고. 남편만 기다리고 있고. 부모님도, 남편 가족도. 남편은 천안이 고향이잖아요. 서울말도 아니고 또 사투리. 힘들어요. 그래서. 남편도 스트레스 받은 거 같아요. 지금 생각해보니까. 남편도 어떻게 잘해주는지 그때는 자기도 몰랐을 걸? 어떻게, 결혼하고 나서 책임감 갖는 거 당연히, 누구나 알고 있는데, 이상은 어떻게 익히는지. 그 사람 있는 순간은 스트레스 받는 거죠. 남편이 나한테는 도움이 안 되고. 남편도 여자가 힘든 것 같아 하고. 그런 서로가 많이 생각을. 하지만 남편이 계속 책임감 내주고, 하지만 저는 계속 생각이 나가야겠다, 나가야겠다. 이거는 맞지 않는다. 그런, 계속 생각하고. 그래서 우울증도 더 심각했어요. 그때는 많이 힘들었어요."

그러나 연구참여자는 포기하고 싶은 마음에 지지 않고 이를 홀로 이겨냈다. 연구참여자는 부모님만큼 독실한 불교 신자는 아니었지만 어렸을 때부터 자연스럽게 익힌 종교가 정신적인 탈출구로 인도했다. 은연중에 부모님의 정신이 함께한 것이다. 연구참여자는 자신의 문제가 정신적인 문제라는 것을 잘 알고 있었고, 이를 다스릴 수 있는 사람은 어느 누구도 아닌 자기 자신이라는 것 또한 잘 알고 있었다. 연구참여자는 혼자 아이를 돌보아야 하는 상황에서 할 수 있는 최선의 방법을 생각하고, 실천했다.

연구참여자는 아이를 유모차에 태워 집 앞 공원으로 나가 매일 운동과 명상을 했다. 그리고 그동안 온갖 역경에도 굴하지 않고 당당하게 맞닥뜨리며 이겨내 온 자기 자신에 대한 믿음을 다시금 떠올렸다. 그러면서 낯선 생활환경이 무지에서 오는 두려움을 자극하고 있고, 이를 앎에의 의지로 이겨낼 수 있다는 생각에 도달하게 됐다고 한다.

"하지만 제가 당연히 불교라서, 이거 스트레스 받기보다는 제가 메디테이션 했어요. 매일. 하고, 하고. 뭐지 중앙공원에서 아이 유모차 태워서 걷고 운동하고 생각하고. 어떻게 하지. 이혼하면 태국 가서 뭐가 해야지. 이런 거. 하다가, 하지만 다른 여자도 결혼했잖아. 다른 사람 될 수 있잖아. 왜 나는 못해. 나도 일등, 이등 이렇게 갔잖아. 패스했잖아. 일도 십 년이나, 나도 일 시작한 데도 슈퍼바이저 했잖아. 매니저까지 올라갔잖아, 이것도 힘들게 해봤잖아요. 왜 이런 일 못 이겨내지? 그렇게 반복 생각하고. 평생… 우는 거는 거의 매일이요. 그래서 다른 후배들이 여기 와서 뭔가 힘든 상황… 아… 괜찮다…. 제가 해봤으니까. 나중에 시간의 흐름으로 익힐 수가 있다. 마음먹으면. 그래서 이렇게 뉴, 새로운 상황이지? 우린 모르는 거지. 하지만 모르는 건 배워야지. 배우면 되지. (중략) 뭔가 해야겠다. 모르는 거, 지금 시작하지 않았으면 나는 어디든지 누구 같이 살 수가 없다. 다른 사람 때문이 아니라, 나. 이 남자랑 결혼하는 거 나도 결정했잖아. 이렇게 반복 생각해서. 답은 나오는 거죠. 다른 사람이랑 같이 나누기, 이야기 나누기보다는. 시간은 흐를수록 투명하게 자기가 반복 생각하고. 진심으로 깨달았죠."

연구참여자는 아이를 어린이집에 보낼 수 있게 되면서 한국 생활에 적응하기 위해서는 무엇보다 우선적으로 한국어를 배워야겠다고 생각했다. 그래서 한 대학의 어학당과 다문화센터를 다니며 한국어와 관련된 다양한 프로그램을 수강했다. 이는 연구참여자만의 노하우였는데, 다양한 프로그램을 접해봐야 자신에게 맞는 한국어 학습 프로그램을 찾을 수 있다고 여겼기 때문이다. 과연 교육기관마다 한국어교육 프로그램의 특성이 달랐는데, 대학의 어학당은 생활이나 문화에 대해서는 가르쳐주지 않아 실제 한국어 회화를 구사하는 데 적용하기 어려운 한국어를 가르쳐주었다.

연구참여자는 다문화센터에서 하는 한국어교육 프로그램이 실질적인 생활에서의 소통에는 더 큰 도움이 됐다고 한다. 이처럼 연구참여자는 무엇이든 자신의 방식으로 해석해서 자신에게 맞는 방법을 찾는 자기주도적인 본래의 성향을 발휘하게 되면서 점차 안정을 되찾았다.

(4) 문화 적응 전략 2: 집 안에서는 이중언어 사용, 집 밖에서는 자녀의 원활한 사회 활동을 위한 한국어교육

연구참여자는 자녀를 18개월부터 어린이집에 보냈다. 자신과 자녀의 한국어 학습을 위해 필요하다고 판단했기 때문이다. 연구참여자는 한국어를, 남편은 태국어를 못했으나 영어는 서로 같은 레벨로 사용할 수 있었기 때문에 자녀가 태어나기 전까지는 남편과 영어로 대화했다. 연구참여자는 한국어를 전혀 못하는 상태에서 한국으로 이주했고, 남편은 아침 일찍 출근해서 밤늦게 퇴근했기 때문에 집에서는 자녀에게 한국어를 가르칠 만한 여건이 되지 않는다고 판단했다. 집에서 연구참여자는 자녀에게 태국어와 영어를 사용하고, 남편은 한국어를 사용하기로 하기는 했지만 한국에서 적응하는 데 영어나 태국어는 별 도움이 되지 않는다고 판단했다. 한국에서 사회적 소통이 가능한 언어는 한국어이기 때문에 한국어를 필수로 가르쳐야 한다고 생각하여 어린이집에 보내기로 한 것이다.

또 자녀가 어린이집에 다니게 되면서 외출이 가능해져 연구참여자도 그 시간 동안 한국어를 배울 수 있었다. 연구참여자는 자녀교육을 위해서라도, 자녀가 한국 생활에서 겪는 여러 어려움들에 대해 도움을 주기 위해서라도 한국어를 해야 한다고 생각했기 때문이다.

> "(한국에서 아이 키우기 조금 힘드시죠?) 제가, 제일, 이민자 고민하는 거 아이밖에 없어요. 왜냐하면 혼자 살면 편하게 살 수 있으니, 괜찮을 것 같았고. 어떤 가족 아이가 꼭 있어야 하는 그거는 문제가 지적해야죠. 왜냐하면, 이민자라고 하더라도 제가 타고난 가족, 가르치는 교육은 자연스러울 수 없어요. 왜냐하면, 깊이 가르치지도 못하고, 그래서 언어는 완벽하게 못하고. (중략) 그래서 엄마들이 학교에서 뭔가 보내도 못 읽어주죠. 아이에게 도움이 될 수가 없다. 아이가 문제가 생기는 점. 왕따 같은 거. 왜냐하면 자기 제일 중요한 사람, 엄마. 엄마도 항상, 어, 나 몰라. 할 수가 없다. 다른 사람한테 물어. 아직, 아이인데. 초등학생. 누구, 누구한테 도움받을 수 있어요. 그래서 ○○가 유치원 때 제가, 어린이집 때 제가 안 되겠다."

연구참여자는 자녀의 한국어 능력 향상을 위해 언어치료 프로그램도 받도록 했다. 연구참여자는 자신에게 자녀가 한국어를 잘하고 있는지 판단할 만한 능력이 없다고 생각하여 한국 사람에게 객관적인 검증을 받기 위해 언어치료 프로그램을 선택한 것이다. 언어치료 프로그램은 3~4년 동안 꾸준히 다문화가정센터에서 지원하는 프로그램을 이용하고 있다.

연구참여자는 결혼이주여성의 가장 큰 고민이 자녀교육이라고 생각한다. 연구참여자는 그중에서도 자녀의 학교생활 적응과 언어교육에 관심이 많다. 연구참여자는 자녀가 다양한 경험을 통해 태국어, 영어, 한국어를 학습할 수 있도록 환경을 조성해주고 있다. 한국어는 학교생활, 언어치료 등을 통해 학습할 수 있도록 하고, 영어는 집에서 가족끼리의 대화를 통해 학습할 수 있도록 한다. 또 태국어는 여름방학에 태국으로 보내 한 달 이상 머무르며 태국 외국인학교에서 진행하는 캠프에 보낸다. 또 겨울에는 친정 가족들이 몇 주 동안 한국을 방문한다. 그렇게 일 년에 적어도 두세 차례는 태국 가족들과 교류하며 태국어도 학습하고 있다.

연구참여자는 자녀의 학교생활 적응에 도움을 주기 위해 자신도 자녀가 다니는 학교의 학부모들과 친교를 맺어야 한다고 생각한다. 이는 자녀와 친구들의 관계도 친밀하게 하는 데 도움을 주고 학부모들끼리 공유해야 하는 정보를 얻는 데에도 도움을 준다. 연구참여자는 자신이 영어를 잘한다는 사실을 알려 자녀 친구들의 학부모에게 호감을 받았다. 그리고 가끔 학부모들과 대화할 때 영어를 사용하며 영어 연습 상대가 되어주기도 한다.

"특히 엄마들의 문제는 아이가 어떻게… 생활 잘 적응하는지. 친구들이랑. 먼저 다들 다, 그렇게 해요. 엄마 먼저 해야지. 엄마도 친구 만나야지. 엄마들이 또 어떻게 친구, 한국 친구는 어떻게 친구가 됐냐. 왜냐하면 사회에서 너 주고 나 받고 나도 주고 너도 받고. 하지만 어떤 사람이 나 주는 거 없어. 놀리지도 없고, 경험도 없고, 어떻게 정보가 바꿀 수 있냐. 저는 특히 제가 친구 엄마들이 좋아하는 거, 제가 영어 할 수 있다. 제가 가끔 그 엄마들도 영어 학습 받는 것처럼 저랑 같이 이야기하고. 제가 또 영어는 어떻게 잘 공부하는지 또 정보 알려드리고, 자기고 또 한국에서 학원 어떤 게 좋은 건지. 저에게 알려주고. 그것처럼 서로 받아주고, 이런 거 하는 거죠. 그러니까 그 릴레이션십 잘 돼요. 이런 한국에서 사회가 어렸을 때 사귀는 게 아니라, 커서 사귀는 거죠. 같이 목적. 아이 위해서. 하지만 이주민들이 다른 거. 공부도 못하고, 부족한 교육도 받고, 걷고 있고, 그렇게 하면, 사회, 얻을 수가 어렵고. 엄마 어려우면 아이도 어려운 느낌이 나요. 그래서 엄마는 두 배, 세 배 더, 해야죠."

이런 노력으로 자녀도 친구의 부모에게 호감을 얻고, 자신도 한국어로 되어있어 이해하기 어려운 가정통신문의 내용을 자녀 친구들의 학부모들에게 전달받기도 한다. 이처럼 연구참여자는 생활에서 다양한 언어를 사용할 수 있는 환경을 조성하여 자녀가 한국에서의 적응은 물론이고 친정 식구들과의 교류도 지속적으로 이루어질 수 있도록 하고 있다.

(5) 문화 적응 전략 3: 평가절하 되는 업무 능력, 꿋꿋하게 버텨내기

연구참여자의 남편은 가족에 대한 정이 유달리 애틋하다. 자녀에 대한 사랑도 크고 사랑을 중요하게 생각한다. 남편은 부모님에게 물려받은 유산도 있고 자신도 금융회사를 다니며 한국에서도 꽤 많은 연봉을 받고 있는 편이어서 연구참여자에게 돈을 벌기 위해 너무 애쓰지 말고 하고 싶은 일을 하라고 한다. 그러나 연구참여자는 일에 대한 욕심과 자기 성취에 대한 욕구가 워낙 크기 때문에 경제 활동에 나서지 않을 수 없다고 한다. 그래서 자녀가 초등학교에 들어가면서 한 대기업에 입사 지원을 했으나 떨어졌다. 이후 다른 기업을 찾아 몇 번 더 입사 지원을 했으나 계속 낙방했는데, 한국어가 능숙하지 않은 데다 나이가 많았기 때문이라고 생각하고 있다.

연구참여자는 기업 입사는 자신에게 맞지 않다고 판단해 포기하고 서울시에서 운영하는 일자리 교육 프로그램에 강사로 활동 중이다. 또 미국에서 취득한 학위와 태국에서 일한 경험을 살려 한 대학에서 대학생들에게 글로벌 마케팅에 대해 가르치기도 한다. 이뿐 아니라 법무법인 법률자문회사의 의뢰로 태국어와 영어 통 · 번역 일을 하고 있다. 이 일들은 대체로 연구참여자가 일할 수 있는 시간대를 지정해서 할 수 있다. 이는 연구참여자가 여러 기업에 입사 지원을 하면서 아직 자녀에게 엄마로서 해주어야 하는 역할이 있다는 생각을 하게 되면서 프리랜서로 할 수 있는 일을 찾은 결과이다.

> "만약에 경험 많지 않은 사람은 실패했을 걸요. 제가 생각에는. 또 그냥 실패하는 거는 더 무서워. 왜냐하면 실패해서 가고 싶지 않고, 가만 있잖아요. 하지만 이 사회는 가만히 있으면, 다른 쪽, 쪼달려요. 그냥 가만히 있으면 아무것도 생기지 않는 것 생각하지만, 아니잖아요. 가만있어도 그냥 뒤로… 가는 것처럼. 그래서 한국 사회에서는 무조건 자기계발, 계속 계발하고. 스탑 하면 그냥 뒤에 걷는 것처럼 생각 들어서. 힘들어하고. (중략) 그래서 계속 노력하는 거죠."

연구참여자는 자신이 가지고 있는 역량에 비해 할 수 있는 일의 비중이나 중요도가 제한적이라 서운할 때도 많지만 자녀를 돌보아야 하는 엄마로서 마땅히 감수해야 하는 일이라는 생각도 하고 있다. 또한 연구참여자는 멈추어있는 것보다 끊임없이 자기 발전하는 삶을 목표로 하고 있다. 어느 누구를 위해서가 아닌, 자기 자신을 위해 배우고 노력해야 한다고 생각한다. 그래서 제한적이라 할지라도 최선을 다해 지금 할 수 있는 일을 해나가고 있다.

(6) 한국에 바라는 점: 결혼이주여성의 생활교육 지원

연구참여자는 한국 남성과 결혼을 결정하면서도 한국으로의 이주는 전혀 고려하지 않았다. 그러다 오로지 남편과 자녀에 대한 사랑으로 한국으로의 이주를 감행하게 됐으나 여전히 한국의 문화나 언어 등에 대해서는 잘 몰랐다. 그래서 한국 생활에 적응하기까지 겪은 시행착오가 아주 많았다. 그런 시행착오의 기억이 연구참여자에게 자신과 같은 처지의 결혼이주여성을 돕고 싶다는 마음을 갖게 했다. 연구참여자는 현재 다문화가족지원센터에서 봉사활동을 하고 있다.

> "저는 봉사활동을 해요. 예를 들면 다문화센터에서 이주민들한테 은행에는 어떻게 가는지, 가서 어떻게 해야 하는지 같은 거 알려줘요. 왜냐면 힘들었던 마음이 있었으니까 그 마음 잘 알 수 있어요. 저도 도움이 될 수 있어서 자신감 생기고 그 사람들도 모르는 거 알 수 있으니까 좋고 해서 서로 좋은 일이에요."

그러나 이러한 지원은 연구참여자와 같은 선배 결혼이주여성의 무조건적 헌신에 기대고 있다. 연구참여자는 봉사활동을 할 수 있다는 것에 대해 만족하고 있기는 하지만 이러한 지원이 지속되기 위해서는 제도적 접근이 필요하다고 보고 있다. 한국어 외에도 이주 초기 기본적인 생활을 영위하는 데 반드시 알아야 할 필요가 있는 생활 정보에 대해서도 교육 지원이 이루어져야 한다는 것이다. 연구참여자는 결혼이주여성에게 한국에서의 정착은 일생일대의 도전이기 때문에 그에 대한 이해가 제도적 지원의 기반이 되어야 다문화 가정의 안정에 기여할 수 있다고 보고 있다.

3) 연구참여자의 특성

연구참여자가 한국 사회 적응 과정에서 보이는 인지 · 정서적 특징을 정리하면 다음과 같다. 첫째, 연구참여자는 자존감이 높고 자기주도적 성향이 강하다. 연구참여자는 노력을 통해 누구와의 경쟁에서도 지지 않으며 자신이 원하는 바를 성취해왔다. 연구참여자는 높은 자존감과 자기주도적 성향으로 인해 이러한 성향을 마음껏 발휘하기 힘들었던 이주 초기에는 생애 최초의 큰 좌절을 맛보기도 했다. 그러나 어떤 일이든 잘해온 자기 자신에 대한 믿음은 결국 도약과 자기 갱신의 밑거름이 됐다.

둘째, 연구참여자는 결혼 이전에는 자기중심적인 삶을 살았으나 남편과의 결혼, 자녀의 출산 등을 경험하며 가족 중심적인 삶으로 삶의 방식을 바꾸고 있다. 가족과 함께하는 삶을 위해 안정적인 생활 기반을 떠나는 결단을 보여주고 있다. 이주 초기의 심리적 어려움도 가족에 대한 애착으로 이겨내며 내면을 단단히 하는 힘으로 삼고 있는 점이 특징적이라 할 수 있다.

셋째, 연구참여자는 한국 생활의 적응을 위한 한국어 학습, 대인관계의 형성 등에 대해 이성적이고 전략적으로 접근한다. 한국어 교육기관마다 가지는 특징과 장단점을 분석하고 자신에게 맞는 학습방법을 탐색하고, 대인관계에서 자신의 장점을 십분 활용할 수 있는 방법을 찾아 이를 전략적으로 구사한다.

이를 종합해보면, 연구참여자는 한국에서 자신이 꾸린 가족을 중심으로 삶을 설계하면서도 모국에 살고 있는 가족과의 적극적인 교류를 도모하고 있다. 또한 자신이 가진 미국 유학 생활의 경험과 태국에서의 직장 생활의 경험을 한국 생활의 적응에 자양분으로 삼고 있는 면모를 가지고 있다고 볼 수 있다.

마지막으로 연구참여자의 경험에서 한국 사회의 사회제도적 개선점을 찾아보면 다음과 같다. 첫째, 결혼이주여성이 출산 직후 겪는 심리적 어려움에 대한 상담 서비스를 개선할 필요가 있다. 다문화가족지원센터를 중심으로 결혼이주여성이 출산 직후 여러 지원을 받을 수 있는 제도가 마련되어있지만 심리적인 상담에 초점을 맞춘 프로그램은 미비한 상황이다. 연구참여자처럼 적응 스트레스에 심한 산후 우울증이 더해져 심각한 심리적 어려움을 호소하는 경우, 이에 대한 심리상담 서비스가 지원되어야 한다.

둘째, 연구참여자의 경우처럼 석사 이상의 학위를 소지한 경우, 전문지식을 활용하여 경제 활동을 할 수 있도록 기업에 기본정보에 대한 목록을 제공하는 연계 프로그램을 운영할 필요가 있다. 연구참여자는 미국 유학 경험과 태국에서 금융 전문가로 활동한 경험이 있기 때문에 현지 사정을 누구보다 잘 알면서 전문적으로 판단할 수 있는 능력 또한 갖추고 있다고 볼 수 있다. 태국에 진출하기를 원하는 기업의 경영 컨설팅 등 현재 자신이 가지고 있는 역량을 한국 경제 성장에 도움이 될 수 있는 방향으로 발휘할 수 있도록 하는 제도적인 뒷받침이 필요하다.

6. 연구참여자 6의 생애담

1) 생활세계 문화 적응 생애담 요약

연구참여자는 베트남 출신의 30세 여성으로 현재 한국에서 남편과 함께 두 자녀를 키우며 살고 있다. 2008년에 지인의 소개로 한국 남성과 결혼하게 되면서 한국으로 이주하게 됐다.

연구참여자의 아버지는 베트남에서 농사를 짓고 어머니는 노점상을 하며 생계를 꾸려왔다. 연구참여자는 3남매 중 둘째인데, 오빠와 남동생이 있어 하나뿐인 딸로 사랑을 받았다.

현재의 남편을 만날 무렵 연구참여자는 고등학교를 갓 졸업하고 간호사가 되기 위해 공부를 하는 중이었다. 연구참여자의 나이가 20세일 때 30대 중반의 남편을 만난 것인데, 지인이 차이 나이가 너무 많이 나서 싫다는 연구참여자와 남편을 설득해서 만남을 성사시켰다. 연구참여자와 남편은 두 번째 만남에서 결혼을 결심했다.

연구참여자의 남편은 운송업에 종사하고 있는데, 일이 너무 바빠서 연구참여자가 이주 초기 한국 생활에 적응하는 데 거의 도움을 주지 못했다. 남편은 자신이 도와주지 못하는 대신 다니던 교회에 자신의 아내를 부탁했다. 교회 사람들은 연구참여자에게 마트에서 장보는 법, 버스 타는 법 등 생활의 기본적인 정보에 대해 알려주었다. 연구참여자는 이주 초기에 혼자 버스를 타는 데 거부감이 있어 독학으로 한국어를 공부했다. 연구참여자는 다문화가족지원센터가 집에서 멀리 떨어져 있다고 알고 있었는데, 우연히 만난 베트남 출신 결혼이주여성의 소개로 집 근처에 다문화가족지원센터가 있다는 사실을 알게 됐다. 그래서 다문화가족지원센터를 다니며 한국 음식을 만드는 법을 배웠다.

연구참여자는 한국에서 지낸 지 5년째 되던 해에 친정아버지의 죽음을 경험했으나 당시 5개월밖에 안 된 둘째 아들의 비자가 없어서 친정아버지의 장례에 참석하지 못했다. 시부모님과 관계가 좋은 편이지만 마침 그때 시부모님이 중국여행 중이었기 때문에 둘째를 돌봐줄 사람이 없었다. 연구참여자는 남편과의 결혼을 한 번도 후회한 적이 없었으나 가족의 부고에도 가보지 못하게 되자 후회하게 됐다.

연구참여자는 일 년에 한 번씩은 베트남에 가서 일주일에서 세 달까지 머물렀다가 돌아온다. 남편은 운송업을 하고 있는데, 일이 워낙 바빠서 함께 갈 수는 없지만 연구참여자의 친정행을 적극 지원하는 편이다.

연구참여자는 결혼 초에 일주일 중 6일이나 새벽까지 일하는 남편을 이해하기 어려웠으나 두 자녀를 어린이집에 보내고 남편의 일을 2년 정도 함께 하며 남편을 이해하고 더 깊이 사랑하게 됐다. 연구참여자는 두 아들을 키우고 있는데, 엄하게 교육을 시키는 편이라 그다지 힘들다는 생각은 들지 않는다고 한다.

연구참여자는 한국에서 종종 동남아시아계 여성에게 보내는 차별의 시선을 느끼게 되지만 그보다 더 남편과의 삶, 두 자녀와의 삶이 중요하기 때문에 개의치 않는다고 한다. 연구참여자는 현재 두 자녀를 돌보면서 돈을 벌 수 있는 일이 무엇일까 고민하며 소일거리로 인터넷 구매대행을 하고 있다. 연구참여자의 남편은 연구참여자에게 자신에게 맞는 경제 활동을 찾아보라고 권유하고 있는데, 이는 연구참여자의 자립심을 키워주기 위해서이다. 연구참여자에게 경제 활동은 나이 차이가 많이 나서 가족을 두고 먼저 떠나게 될 것을 걱정하는 남편에 대한 사랑의 증표이다. 연구참여자는 세상에서 가장 사랑하는 남편과 함께 행복하게 살아가기 위해 오늘도 열심히 노력하고 있다.

2) 생활세계 문화 적응의 내러티브

(1) 결혼 전의 삶: 베트남의 좋은 여자, 한국의 좋은 남자, 걱정 가득했던 천생연분과의 만남

연구참여자는 베트남의 평범한 가정에서 자랐다. 아버지는 농사를 짓고 어머니는 노점상을 하면서 생계를 꾸리느라 항상 바빴다. 연구참여자는 오빠와 남동생 사이에 하나뿐인 딸이었기 때문에 일을 하느라 집에 없는 어머니를 대신해서 어려서부터 집안일을 도맡아 했다. 연구참여자는 고등학교를 졸업하고 진로에 대해 고민하다 누군가를 돌보는 일이 적성에 맞는 것 같아 간호사가 되기 위한 공부를 시작했다.

그런데 뜻하지 않은 우연한 기회에 한 한국 남자에 대해 알게 됐다. 한 마을에 살던 아는 언니가 한국 남자와 결혼해서 한국에서 살고 있었는데, 그 언니가 한국에 좋은 남자가 있는데 만나보지 않겠느냐고 제안을 한 것이었다. 마침 연구참여자는 한국 남자와 만나보고 싶은 마음에 3개월 정도 한국어 학원을 다니고 있던 차였다. 언니는 그동안 열심히 일만 하며 사느라 연애나 결혼에 대해 한 번도 생각해본 적이 없는 성실하고 착한 남자라고 그 남자를 소개했다.

그러나 연구참여자는 남자의 나이가 35세라는 말을 듣고 큰 호감이 생기지 않았다. 언니는 그 남자도 20세인 연구참여자와 나이 차이가 너무 많이 난다며 한사코 거절했으나 자기 생각에 두 사람이 너무 잘 어울릴 것 같아 꼭 소개해주어야겠다고 마음먹었다고 했다. 언니는 기어코 남자를 베트남 고향 마을에 데리고 왔다. 남자는 베트남에 가본 적도 없고 하니 여행도 할 겸 지인을 따라 베트남에 와서 연구참여자를 만났다.

> "(지금 남편분은 어떻게 만나셨어요?) 저도 그냥 아는 사람을 통해 받아서, 그렇게 만났는데 처음에는 나이 차이도 있고 남편 저랑 되게, 둘이 되게 안 좋았어요. 남편도 너무 어리니깐 부담스럽고 저는 남편 너무 나이 차이 그래도 15살의 차이가 있거든요. 너무 부담스러워서, 서로 부담스러워서 그냥 안 하겠다고 했는데 근데 그분이 너무 남편 착하고 일도 잘하고 돈도 그니깐 돈보다 그니깐 일밖에 모른다고 막 그렇게 하거든요. 그런데 알겠다고 막 해가지고 저도 모르게 그냥 둘이 이렇게 오니깐 막 계속 이야기하고 막 설득하고 하니깐 그냥 그렇게 결혼하게 됐어요. (중략) 언니도 저희 동네 언니거든요. 그니깐 전에 먼저 결혼해가지고 저희 남편이랑 아는, 그니깐 남편 서로 아는 친구라서 그냥 남편

또 결혼도 안 하고 하니깐 그때 35살이 또 거의 노총각이잖아요. 자기는 결혼하고, 친구도 결혼하고 애도 낳고 살아, 잘살고 있는데 자기는 한국 여자도 안 만나고 그냥 일만 하니깐 만날 시간도 없고. 맨날 일 끝나면 등산 가고 하니깐 시간도, 여자랑 데이트하는 법 그냥 소개팅 그런 것도 없었고 그래서 그냥 언니가 계속 몇 번 만나고 하니깐 저희는 그냥 친구, 친구 사이니깐 그냥 몇 번 만나고 밥도 먹고 그래서 한번 베트남 여자 있으니깐, 한번 가서 한번 보고 오라고 그냥 처음 볼 때는 그냥 별로 이렇게 마음에 들지 않았는데 두 번째 만나보니깐 그냥 괜찮다고 해서 만났어요. 그래서 결혼하고 언니도 여기 산 지도 그때 4년인가 5년인가 여기 살았어요. 그래서 괜찮다고 하니깐 개인적으로 언니 그렇게 남편이랑."

연구참여자는 그 남자와 말도 통하지 않아 언니를 통해야만 대화를 할 수 있었던 데다 첫인상도 그저 그랬기 때문에 다시 만나볼 마음이 없었다고 한다. 그러나 언니가 한 번은 더 만나보라고 권유하여 한 번만 더 만나보자 하는 마음으로 만났는데, 남자가 몇 마디 배워온 베트남어로 서툴지만 대화하려고 노력하는 모습이 마음에 들었다. 게다가 이미 한국 남자와 결혼해서 잘 살고 있는 언니가 추천하는 사람이니 괜찮겠다는 생각이 들어 결혼을 결심했다.

연구참여자가 가족들에게 결혼 결심을 알리자, 특히 어머니가 몹시 반대했다. 하나뿐인 딸을 먼 타국으로 시집보내야 한다는 사실에 큰 낙심을 했기 때문이다. 그러나 어머니는 연구참여자가 한 번 결정한 일을 번복하지 않는 성격이라는 것 또한 잘 알고 있었기 때문에 연구참여자는 결국 어머니로부터 결혼 허락을 받았다.

"(두 번 만에 결혼 결정하고 결혼식은 그럼 베트남에서 하셨어요?) 네. 베트남에서는 그 약혼식만 했고요. 여기 와서는 한다고 해도 계속 미루고 있어요. (아직 식은 올리시지 않았고?) 네. (그럼 결혼 결정하고 혹시 부모님이나 가족들은 어떤, 어떤 반응을 보였어요?) 저희 엄마는 그냥 한 번 더 생각해보라고. 근데 저는 결정하면 그냥 바꾸지 않아서, 엄마도 안 된다고 해도 어차피 딸은, 혼자, 하나이니깐. 너무 멀어도 너무 머니깐. 그냥 어차피 결정했으니깐 바꿀 수 없다고."

연구참여자는 베트남에서 약혼식만 먼저 올리고 법적인 절차를 통해 혼인신고를 했다. 남편이 먼저 한국에 돌아와 서류를 작성해서 보내고 연구참여자는 베트남에서 서류를 받아 비자를 신청하느라 3개월 정도 남편과 떨어져 지냈다.

그렇게 연구참여자는 결혼과 동시에 한국으로 이주했다. 남편과 법적으로는 부부이지만 남편이 일하느라 워낙 바빠 아직까지 결혼식을 올리지 못했다. 그러나 연구참여자는 결혼식 자체에 큰 의미를 두지 않는다. 연구참여자는 남편과의 결혼으로 간호사 공부도 그만두었고 한국 생활에 적응하느라 우여곡절도 많았지만 남편, 두 아들과 함께하는 현재의 삶에 만족하기 때문에 남편과의 결혼을 결심한 과거의 선택도 참 잘했다고 생각하고 있다.

(2) 문화 적응 전략 1: 단계적 학습을 통한 한국의 언어와 문화 습득, 할 수 있는 방법으로 할 수 있는 만큼 노력하기

연구참여자는 베트남에서 몇 달간 학원을 다니며 한국어를 배운 경험이 있었지만 한국에서의 생활은 낯설기만 했다. 이주 초기에는 남편이 새벽에 출근하고 밤 12시가 다 되어 퇴근했기 때문에 집에서 혼자 우두커니 남편만 기다려야 했다. 기본적인 식재료를 사기 위해 밖으로 나가려고 해도 어디로 가서 어떻게 해야 할지 막막했다. 그래서 초기에는 삼시세끼를 라면으로만 때우기도 했다. 집에 있는 음식이 라면밖에 없었기 때문이었다.

> "그래도 처음에는 저는 처음에 한국에 오고 그때 6월이잖아요. 그때 또 남편이 그때 집은 서울이거든요. 그래서 출퇴근 시간이 거의 1시간이 걸려요. 6시에 나가, 나가고 원래 7시부터 시작하면 6시부터 나가야 돼요. 6시나 5시 반에 나가고. 그리고 1시, 2시에 들어오거든요. 제가, 제가 말도 못하고 대화도 잘 안 되잖아요. 아니 사람이 밖에 여자가 있는 거 아닌가 싶었어요. 왜냐하면, 베트남에 우체국 해도 5시, 6시, 7시만 해도 집에 돌아오거든요. 근데 새벽인데도 들어도 오지 않고 월요일부터 토요일까지 계속 그렇게 하니깐 막 싸우기도 하고 울기도 하고 무서워서 아니 내가 이 바람둥이랑 같이 사는 거 아닌가 싶었어요."

운송업을 하는 남편은 매일 바빴다. 일주일에 하루, 일요일에만 쉬었다. 남편은 자신이 일이 바빠서 아내에게 한국 생활에 대해 알려주기 어려우니 다니고 있는 교회 지인들에게 아내를 부탁했다. 연구참여자는 남편의 교회 지인들과 함께 다니며 버스 타는 법이나 마트에서 장보는 법 등을 배웠다. 그렇게 몇 달 동안 매일 교회에 다니면서 한국 생활에서 필요한 기본적인 정보들을 습득했다.

"(남편분이 항상 나가서.) 네. 나가서. (힘들지 않으셨어요?) 처음에 좀 힘들었어요. 길도 모르고 버스 어떻게 하는지도 모르고 남편이 알려줬는데도 몰라요. 그래서 처음에는 저희 남편은 교회를 잠깐을 다녔어요. 근데 그 분들을 좀 부탁을 해가지고 그니깐 처음에는 몇 개월 동안 같이 차 타면서 마트도 알려주고, 버스 가는 것도 알려주고, 지하철 가는 것도 알려주고, 길 조금씩 간단하게는 알려주고 그래도 빨리는 적응을 했었어요."

연구참여자는 베트남에서도 딱히 종교를 가지지 않았다. 그런데 한국에 와서 남편이 자신의 의사는 묻지 않고 교회에 다니라고 해서 어쩔 수 없이 다니기 시작했다. 처음에는 믿음도 없는데 교회에 나가야 한다는 것에 거부감이 커서 스트레스가 됐다. 그러나 교회에 다니면서 한국 사람들과 교류도 하고 대화도 하게 되면서 한국의 언어와 문화에 점점 익숙해질 수 있었다. 특히 한국 사람들과의 대화는 발음 교정에 큰 도움이 됐다. 연구참여자는 하기 싫은 일을 해야 해서 싫었던 것은 잠깐뿐이고 결국 남편의 조언으로 전보다 더 나아질 수 있었다고 생각한다.

남편은 아내가 한국어를 배울 수 있도록 다문화가족지원센터에 신청도 해주었다. 그러나 연구참여자는 다문화가족지원센터에 한 번 가보고 난 후로는 다시 가지 않았다. 다문화가족지원센터까지 버스를 타고 가는 길이 너무 멀었고, 이주 초기였기 때문에 혼자 버스 타는 것이 무섭기도 했다.

연구참여자는 인터넷을 사용할 수 있게 되면서 인터넷을 활용하여 한국어를 독학했다. 현재에는 없어졌지만 등급에 따라 선택해서 들을 수 있는 무료 강의가 큰 도움이 됐다. 인터넷 강의는 원하는 시간에 원하는 횟수만큼 반복해서 얼마든지 들을 수 있었다. 그렇게 인터넷 무료 강의로 한국어를 1년 이상 공부하니 한국어에 자신감이 많이 붙었다.

> "(한국어는 어떻게?) 저는 인터넷에서 그때 인터넷에서 배웠어요. (인터넷으로요?) 네. (인터넷으로 어떤 거 배우셨어요?) 지금은 없는 거 같은데요. 그때는 그 약간 한국어교실 그런 거 있었거든요. 프로그램가 있어요. 지금은 생각이 안 나지만 그니깐 가면, 들어가서 그 단계가 있어요. 별로 있는데 초기, 중, 고급 그렇게 해가지고 조금씩, 조금씩 하루는 하나씩 배우는 거예요. (인터넷 강의를 들으셨구나.) 예. 예. (인터넷으로 볼 수 있는. 그거 무료였어요?) 네. 그거 무료예요. (중략) (그거 말고는 뭐 다른 거는 하신 게.) 한번은 남편은 등록을 해주는데요. 딱 한 번 가고 그다음에는 안 갔어요. 학원, 그니깐 다문화센터 한국어… 그런 뭔가 있잖아요. 한국어 배우는 거 그니깐 과정이 있어요. 근데 저는 딱 한 번 가고 그다음은 안 갔어요. (왜 안 갔어요?) 버스도 무섭고 그냥 귀찮아서."

연구참여자는 독학으로 공부한 한국어를 교회 사람들과 대화하며 연습하다 보니 금세 한국어가 늘었다고 한다. 처음에는 하나도 안 들리던 한국어 대화가 그렇게 연습하다 보니 점점 들리게 됐고, 한국 사람들과 대화를 하다 보니 한국어 발음도 훨씬 나아졌다.

> "(한국어는 혼자서 하신 거고 인터넷으로.) 네. (인터넷 강의를 수강하신 거고.) 인

터넷 강의하고 한국 사람이랑 대화하는 거. (한국 사람이랑 대화하는 프로그램이 있었어요?) 아니요. 교회 언니들이랑 그냥. 몰라도 계속 듣고 하니, 하다 보니깐 귀가 열리면 더 말도 나오잖아요. 어, 저도 그냥 계속 교회 갔는데도 무슨 말인지도 모르고 대화도 뭔지도 모르는데 그냥 몇 달씩 계속 그렇게 듣다 보니깐 빨리 말을, 빨리 트게 되더라고요. 그런 거 좀 있어요. 만약에 계속 베트남 친구만 사귀면 조금 늦어지고 발음도. 아, 저는 그냥 발음도 언니들이랑 똑같다고 생각했는데 한국 사람이 발음이 괜찮다고 하거든요. 저는 그냥 발음은 아직까지는 그닥 그렇게 좋은 편은 아닌데."

연구참여자는 결혼하자마자 임신을 해서 한국 생활에 적응하면서 아이도 낳고 기르느라 정신없이 바쁜 날들을 보냈다. 연구참여자는 슬하에 세 살 터울의 형제를 두었다. 연구참여자는 두 자녀가 태어나고 두 자녀 모두 어린이집에 보내기 전까지 교회 지인들과 남편을 소개해준 베트남인 언니 외에는 알고 지내는 사람이 거의 없었다. 그러던 어느 날, 연구참여자는 두 자녀를 데리고 집 근처에 있는 놀이터에 나갔다가 베트남에서 온 언니를 마주쳤다. 연구참여자는 그 언니와 대화를 나누다 집 근처에 다문화가족지원센터가 있다는 사실을 알게 됐다.

연구참여자는 다문화가족지원센터에서 한국 요리를 배웠다. 수업이 한국어로 진행되더라도 이해할 수 있겠다는 자신감도 있었고, 남편에게 다양한 한국 요리를 해주고 싶기도 했다. 연구참여자는 베트남에서부터 집안일을 했기 때문에 요리에 자신이 있었지만 남편에게 매일 베트남 요리만 해주어 미안한 마음이 있었다. 인터넷으로 한국 음식 레시피를 찾아서 해주기도 했지만 남편은 늘 아내가 해주는 음식을 잘 먹었기 때문에 제대로 해주고 있는지 알 수가 없었다. 다문화가족지원센터에서 배운 덕분에 한국 요리에도 어느 정도 자신감이 생겼다.

"(다문화센터에서 다른 거 하셨어요?) 요리 교실을 했었어요. (요리 교실에서 어떤 것을 배우셨어요?) 기본 반찬이나 잡채, 수육이나 김치 담그는 거랑 그냥 몇 가지만 배웠어요. 음식. (주로 한국 음식을 가르쳐주셨네요?) 네. 왜냐하면, 한국에 오니깐 한국 음식도, 요리도 모르고 남편한테 해줘야 되는데 맨날 베트남 요리는 할 수 없잖아요. 그래서 그것도 배우고. (처음에는 베트남 요리 해주셨어요?) 네. (남편이 좋아했어요?) 저희 남편은 그냥 가리는 거는 없어서 그냥 다 잘 먹어요."

이처럼 연구참여자는 단계적으로 한국의 언어와 문화를 습득하며 한국 생활에서의 어려움을 극복해왔다. 이주 초기에는 남편과의 관계만이 전부였으나 남편이 맺어준 교회 사람들과의 관계로 확장해나가고, 누군가의 도움을 받지 않고도 주위 사람들과 새로운 관계를 형성할 수 있게 됐다. 한국어와 한국 음식 역시 자신의 실력과 여건에 맞추어 습득하는 방식을 통해 접근에 대한 스트레스를 경감시켰다. 연구참여자는 자신이 혼자 감당할 수 있는 부분에서 차근히 시작하여 자신감이 생긴 후에는 주위 사람들의 도움을 받아 활동 영역을 확장해나가고 있다.

연구참여자의 한국 생활 적응은 주위 사람들의 도움이 큰 몫을 했다. 주위 사람들은 베트남에서 온 친구들도 있지만 자녀를 어린이집, 학교에 보내며 자연스럽게 알게 된 한국인 엄마들도 포함된다. 연구참여자는 주위 사람들에게는 생활 등에서 잘 모르는 부분에 대해 솔직하게 인정한다. 그러면 주위 사람들은 연구참여자가 이해할 수 있도록 쉽게 설명해주고 같이 할 수 있도록 도와준다.

"유치원 아는 엄마랑 학교에서 같은 반 엄마랑 그렇게 하니깐 언니들은 옆에서 야, 오늘 이거, 내일 이거, 이거 챙겨야 된다고 너 있냐 없냐 하면서, 나 이거 없다. 내가 보내줄 테니깐 뭐 그렇게 막 도와주고 그래요. (어떻게 그렇게 좋은 분을 만나신 거예요?) 학부모 모임 대부분 일하는 엄마들은 못 오고 아니면 그거 그 자리가, 그 자리가 부담스러운 엄마들이 있어서 안 가죠. 대부분이 안 가요. 근데 저는 가가지고, 언니는 가야 된다. 그 아는 언니가, 유치원 언니가 너 그날은 가서 선생님을 뵙고, 얼굴 뵙고 그래도 얼굴은 한 번 뵈어야 그 선생님이 우리 애들을 조금 더 챙겨줄 수 있다. 막 그렇게 했죠. 다문화 가정이 있는 학생도 저희밖에 없거든요. (그 반에?) 네. 그래서 가서 선생님 인사하고 그리고 뭐, 그런 거 신청하는 거 있어요. 도우미, 도서 도우미나 아니면 뭐, 책… 학교 체험하는 날은 막 도움을, 그냥 같이 가서 도와주는 엄마들이 그런 거 신청해야 되는데, 저는 그냥 체험 신청을 했었어요. 그냥 하루, 그냥 일 년에 하루만 가서 애랑 같이 가서, 애들이랑 같이 가서 애들 봐주는 그런 날이에요. 그냥 막 이야기하고 거기서 제가, 제가 모르는 것도 많고 애가 잘 여기에 적응할 수 있는지도 모른다고 그냥 이야기하고 제가 어려운 거를 이야기해서 그냥 언니들은 그냥 도와주겠다고 그러니깐 몇 명이 나오는 엄마들이 있어요. 그냥 도와주겠다고 근데 그 이후부터는 계속 이어져 있어요."

연구참여자는 자신의 부족함에 대한 인정과 주위 사람들의 조언을 겸허하게 받아들이는 태도로 대인관계를 형성하고 있다. 이는 주위 사람들에 대한 신뢰를 드러내는 방식이기도 하다. 연구참여자는 이처럼 자신이 감당할 수 있는 범위 내에서 최선을 다하며 주위 사람들과 신뢰를 구축하여 돈독한 관계를 지속해나가고 있다.

(3) 문화 적응 전략 2: 남편과의 갈등, 남편에 대한 애정과 신뢰로 이겨내기

연구참여자는 자신이 가장 소중하게 생각하는 사람은 단연 남편이라고 한다. 두 자녀는 그 뒤를 잇는다.

> "아들은 어차피 나중에… 여자 친구 생기고, 결혼하면 남이 되잖아요. 그냥. 너무 애들한테 너무 기대가 많이 하면 나중에 상처를 받는 거 같아서 그냥 사랑하지만 제일 중요한 사람은 첫째는 남편."

연구참여자가 처음부터 남편에 대한 애정과 신뢰가 두터웠던 것은 아니었다. 연구참여자는 남편을 소개해준 언니가 일밖에 모르는 사람이라고 했을 때, 이 정도일 것이라고는 예상하지 못했다고 한다. 그런데 남편과 살아보니 남편의 생활은 일로 빼곡히 채워져 있었다. 남편은 새벽에 나가 늦은 밤이 되어서야 돌아왔기 때문에 연구참여자가 임신과 출산을 할 때도 거의 도움을 주지 못했다. 베트남에서는 우체국 업무가 남편과 하는 일이 비슷했는데, 우체국에서 일하는 사람들도 그렇게까지 바쁘게 일하지는 않았다. 결혼 초에는 남편이 하루 종일 집을 비우는 것도 못마땅했고 늦은 시간에 퇴근하면서 꼭 집에 와서 밥을 챙겨 먹는 것도 견디기 힘들었다.

"(한국에 오고 난 후에 가장 기억에 남는 일이 있으세요?) 남편이랑 싸운 거요. (어떤 거 때문에 싸우세요?) 애기 그때 애기 낳고 나서 몇 달 안 되거든요. 그때 100일도 안 됐는데 맨날 집에서 애기 보고 근데 20살인데 애기가, 갓난 애기가 어떻게 보는 거예요. 처음이라가지고 아무것도 모르고 근데 남편은 아침부터 저녁까지 일하고 들어오는데 자기도 지치고. 저도 애 때문에 지치고 그러니깐 싸우게 되는 거예요. 남편은, 저는 나 힘들다고 이야기하는데 남편이 아니 집에 애는, 집에서 놀고 애 보는 사람이 뭐가 힘드냐고. 속상하잖아요. 아무리 되게 말해도, 돌려서 말하면 되잖아요. 근데 제 남편이 약간 무뚝뚝한 스타일이거든요. 무뚝뚝하고 말도 그렇게 예쁘게 하는 스타일 아니에요. 그래서 그것 때문에 그냥 사소한 것도, 작은 것도 싸우고 그래요. 아니 그냥 일 끝나고 밖에서 먹고 오든가 1시에든 2시에든 집에 와서 먹거든요."

연구참여자는 누군가 곁에서 도와주는 사람 없이 오롯이 혼자 자녀 육아를 감당하며 늦게 돌아오는 남편의 식사도 챙기는 생활이 힘들어 예민했고, 남편도 하루 종일 밖에서 일하고 돌아와 예민했다. 일로 지친 남편은 아내를 배려할 여력이 없었고 말하는 방식도 서툴렀다. 연구참여자는 한국에 오로지 남편만 의지하며 왔는데 남편이 자신을 이해하거나 존중하려고 노력하지 않는다는 생각에 서운함을 표현했다.

연구참여자는 남편에게 집에서 자녀를 돌보는 생활의 고단함을 알게 하여 남편에게 이해받고 싶었다. 그래서 남편에게 100일 된 첫째를 맡기고 가출을 감행하기도 했다.

"오해는 계속 쌓이면 또 폭발이 될 수 있잖아요. 저 한번 폭발해가지고 애기 그때 큰애가 한 100일도 안 됐는데 그냥 친구 집에 가, 한 며칠을 가 있었어요. (남편한테 말 안 하고?) 남편은 애 보고, 보라고 한번, 한번 겪어보라고 한 이틀을 갔나? 첫날은 그냥 막 울고 힘든 것도 없는데 저희 애도 좀 얌전한 편이라 그래서 먹고 자고 하니깐. 근데 세 번째 네 번째, 셋째, 넷째 날부터 너무 힘든 거예요. 밤에 잠도 못 자고 애가 밤에 또 놀고 낮에는 자고, 밤에 놀고 너무 힘들다고 전화하면서 미안하다고 잘못했다고 그랬었어요. 근데 그 이후는, 원래 막 애가 기저귀나 못하는 사람이에요. 그래도 그 이후는 조금씩 조금씩 도와주고 근데 그거는 오래는 못 갔어요. 한 2주, 3주는 그렇게 잘해주고 그다음에는…. (중략) 그래도 자기 생활이 조금 바뀐 거죠. 집에서 애 보는 것도 힘든 것도 알고 저도 그 이후도 한 남편이랑 한 이틀 정도를 같이 일했어요. 아, 이 사람도 힘든 거, 서로 힘든 거는 서로 아니깐 터치도 안 하고 막 싸울 일도 별로 없었어요."

연구참여자의 남편이 이 경험을 통해 그전과 전혀 다른 행동을 하게 된 것은 아니었다. 그러나 집에서 어린 자녀를 돌보는 일이 쉽고 편하지 않느냐고 하며 아내의 입장을 전혀 고려하지 않았던 태도는 달라졌다. 연구참여자는 남편이 실질적인 도움은 주지 않더라도 남편에게 나름대로 최선을 다해 노력하며 살아가고 있다는 사실을 인정받은 것으로 심리적 위안을 받았다.

그리고 연구참여자도 남편의 입장을 이해할 수 있는 계기가 생겼다. 초기에 몇 년 동안 연구참여자는 남편의 말이나 행동을 이해할 수 없어 서운함이 쌓여갔다. 그런데 두 자녀를 어린이집에 보내고 남편과 함께 남편이 하는 일을 하게 되면서 남편이 얼마나 힘든 일을 하고 있는지 깨달았다.

"근데 나중에 알고 보니깐 애기 낳고 나서 한 돌도 안 되고 나서 어린이집 맡기고 제가 남편이랑 같이 한동안 같이 일했었거든요. 근데 같이 일을 하다 보니깐 어우, 장난 아니에요. (그렇죠. 너무 힘든 일이라는 걸 이제 아셨구나.) 예. (얼마나 같이 일하셨어요?) 저 그래도 몇 년 같이 일했어요."

이 경험을 통해 연구참여자는 남편이 늦은 시간에 꼭 집에 와서 식사를 하려고 하는 것도, 집에서는 잠만 자려고 하는 것도 왜 그러는지 이해하게 됐다. 그리고 남편의 근면하고 성실한 삶을 응원하는 동반자로 거듭나게 됐다.

또 연구참여자는 남편과의 갈등을 해결하고자 하는 의지를 가지고 다문화가족지원센터에서 지원하는 부부 상담을 신청했다. 이 경험으로 연구참여자는 자신도 남편을 이해하지 못하고 있었다는 사실을 깨달았다.

"그때 남편이랑 너무 많이 싸우고 하니깐 서로 세대 차이도 있지만. 그 사람이 이야기하면 옛날의 사람처럼, 그니깐 너무 성격 차이도 있고 막 하니깐… 그냥 그 사람이랑 이야기하면 또 싸우게 되고. 그 선생님이랑 상담받고 어떻게 어떻게 하면 좋을까, 그 선생님이 알려주시고 방법도 알려주시고 무조건 싸우는 거보다 같이 대화해라. 그렇게 해주시고. (그래서 남편분하고 같이 받으신 건데 좀 도움이 되셨어요?) 네. 저는 나름 도움 많이. (어떤 점에서 도움이?) 선생님은 그러니깐 선생님은 위로도 해주고 이 남편은 자기, 그 분석도 해주고 이 남자고 어떤 어떤 남자라고 그러니깐 자기는 표현은 못 하는데 자기, 나름 자기 좋은 사람인데 표현을 못 하니깐 그런, 그런 오해가 서로 오해를 받고 하니깐 이렇게 이렇게 하면 더 좋겠다고 조언도 해주고. 내가 여기서 한국 사람에도 그런 싸움 때문에 또 많이 일어난다. 너만 말고 그냥 이주 여성, 다문화 가정 외국 사람이 아니라, 한국 여자도 다 그런 일을 겪어봤다 그렇게 이야기해주니깐 (위안이 되셨다?) 네. (남편이 좀 바뀌던가요?) 바뀐 거는 별로 없지만 제가…. (이해하게 됐다? 남편을?) 네. (그러면 좀 마음이 편안해지셨어요?) 네."

지금은 남편이 표현은 서툴러도 많이 사랑해준다는 것을 알고 있다. 처음 만났을 때는 그래도 청년 같았던 남편은 가장으로서 삶의 무게를 견뎌내느라 점점 중년 남성으로 변해갔다. 연구참여자는 남편이 그토록 고단한 삶에도 한결같은 성실함으로 살아가는 이유가 누구보다 자신과 두 자녀를 사랑하기 때문이라는 사실을 잘 알고 있다고 한다. 남편은 자신이 건강을 잃게 돼도 아내와 두 자녀가 살아갈 수 있도록 경제적 대비를 해두기 위해 한 시도 쉬지 않고 일하고 있다. 연구참여자는 그런 남편이 너무 애틋하다.

남편은 연구참여자에게 경제활동을 하라고 적극적으로 권유한다. 남편은 자신이 곁에 있어줄 수 없게 되어도 아내가 살아갈 수 있도록 자립할 수 있는 능력을 갖추어주고 싶어 한다. 연구참여자는 자신이 할 수 있는 일이 무엇인지 탐색 중인데, 여러 일을 경험해보며 잘할 수 있는 일을 찾고 있다. 남편의 걱정을 덜어주기 위해서이다.

"저희 나이 차이가 많잖아요. 남편은 조금 있으면 일을 못 할 수 있는데 내가 여기서는 자리 잡아야 되는데 아직은 잡지 못하고 있는. 저는 하는 거 너무 많아서 되는 거 없어요. 그전에는 뭐 남편이랑 택배 잠깐 하다가 그만. 그냥 애들 때문에 안 하고, 안 하게 되고 그다음에는 미용실을 배웠거든요. 근데 미용실을 일하는데 시간이 너무 많이 걸려요. 너무 오래 하니깐 애들은 스트레스 받아가지고 저도 스트레스 받고 전 가족이 다 스트레스 받는 거니깐 또 그것도 안 하게 되고, 그만하게 되고 다음에는 인터넷 쇼핑몰 지금 하고 있어요."

연구참여자는 최근에 인터넷으로 의뢰를 받아 대형 마트에서 물건을 구매하여 택배로 배송해주는 일을 하고 있다. 자녀들이 학교나 어린이집에 가 있는 낮 시간 동안 할 수 있어 자녀들을 돌보아야 하는 연구참여자의 사정에 딱 맞는 일이다. 연구참여자는 택배 일을 경험해본 적도 있어 일에 대한 부담이 적고, 틈틈이 남편의 도움도 받을 수 있어 아직 주문이 많지 않아도 포기하지 않고 열심히 해보려고 노력하고 있다. 이처럼 연구참여자는 남편이 가족에 대한 사랑을 표현하는 방식을 이해하며 자신이 남편에게 지극한 사랑을 받고 있음을 깨달았다. 이는 연구참여자에게 어떤 길을 가더라도 믿음직한 남편과 함께 가고 있기 때문에 괜찮다는 삶의 안정감을 주고 있다.

(4) 문화 적응 전략 3: 내 가족과 그 밖의 가족, 거리두기로 극복하는 갈등

연구참여자는 현재 두 자녀의 엄마로, 남편의 든든한 동반자로, 한국생활에 적응해 불편함 없이 살아가고 있다. 연구참여자는 그 과정에서 다양한 대인관계를 맺어왔는데, 물론 그중에는 호의적이지 않은 사람들도 있었다.

연구참여자는 가끔 길거리에서 모르는 사람들로부터 따가운 눈총을 받았다. 연구참여자가 어린 자녀를 업고 밖에 나가면 들으라는 듯, 어린 애가 돈 때문에 한국에 와서 아기를 낳았다며 손가락질을 하기도 했다.

> "병원 가도 제가 애기 안고, 애기띠 해가지고… 소아과나 뭐 어디 가든 사람들이 되게 이상하게 쳐다보는 거예요. (이상하게요?) 예. 너무 어린, 그냥 20살인데 애가 애기 낳으니깐 막 이상해가지고 막 째려보고 막 속닥속닥 거리고 특히 할머니들은 길에다가 만나면 막… (뭐라고 하셔요?) 그냥 애가 애 낳았네. 그냥 이상하게 애는 어디서 왔다 뭐 이런 애들은 그냥 돈 보면서 여기 왔다 막 그런 말 되게 많이…. (그런 말을 좀 들으셨어요?) 예. (속상하셨겠다.) 그냥 뭐 할머니들이니깐 신경도 안 써요."

그러나 연구참여자는 그런 사람들의 말을 크게 신경 쓰지 않았다. 처음 몇 번은 자신을 두고 이런저런 말을 하는 것 같으면 위축되기도 했으나 그 사람들은 결국 길거리에서 마주치는 모르는 사람들일 뿐이었다. 연구참여자는 그 사람들의 비난이 자신의 삶에 아무런 영향도 주지 못한다는 사실을 잘 알고 있다.

연구참여자는 시댁 식구로부터도 '왜 한국에 왔느냐'는 말을 들은 적이 있다. 물론 시부모님이나 모든 시댁 식구가 그런 것은 아니고 아주버님 가족만 한 말이었다. 이 말은 한국에 온 자신의 선택에 대한 비난의 태도가 깔려 있었다. 이는 길거리에서 만난 사람에게 듣는 비난과는 다른 차원의 충격으로 다가왔다.

"(일상 생활하면서도 좀 불편하게 느껴지시나요?) 네. 왜냐하면 너무 많이 거의 나갈 때마다 막 그니깐 이상한 사람이 거의. 아이 저는 아예 왜 결혼 왜 하냐고 거기서 결혼하지 왜 여기 왜 오냐고. 저희 형님 딸도 아니 베트남 사람인데 한국에 왜 왔어요. 막. (형님 딸이요?) 네. (그러면 조카잖아요.) 네. (몇 살인데요?) 걔도 저희 아들이랑 동갑이거든요. 9살. 그때 7살, 저한테 그랬었어요. 아니 베트남 사람인데 왜 한국에 왔어요? 아니 삼촌은 결혼을 왜 했냐고 그런 말을 하니깐 되게 당황했었어요. 어른한테 들은 말이 있으니깐. 베트남 사람이라는 것도 모르잖아요. 모를 수 있고 근데 들은 말 있으니깐. 저한테 한국말은 어떻게 배웠어요? 어디서 배웠냐고 베트남 못하세요? 왜 베트남 말 안 하냐고 막 하고…. (그걸 다른 가족들이 아세요? 그 조카가 그런 이야기를 한 거를?) 네. (작은엄마한테 그런 거 말했어요?) 네. 그냥 작은아빠가 사랑해서 막 여기 왔다. 뭐 그냥 좋아하니깐 여기 왔다. 뭐 그렇게 말했는데 좀 되게 서운했었어요. 형님한테. 나름 저희는 사이는 좋아하지 않지만. (그러네요. 가까이서 다 가까이서 사시는데.) 잘 만나지 않아요."

연구참여자는 자신의 아들과 같은 나이인 조카에게 작은아빠를 사랑해서 왔다고 설명했지만 아주버님과 형님에 대한 서운함을 지울 수 없었다. 남편은 그런 연구참여자의 마음을 헤아리고 형님 가족과 가깝게 살면서도 거의 교류를 하지 않고 지내고 있다. 남편은 명절 때만 가끔 만나는 형의 가족보다 자신의 가족이 더 중요하다는 것을 보여주었다. 그리고 남편의 여동생은 자주 집을 찾아오며 조카들에게 아낌없는 사랑을 쏟아주고 있다. 연구참여자는 가족이라도 가깝게 지낼 수 있는 사람과 지낼 수 없는 사람을 구분하고 가깝게 지낼 수 없는 사람과는 굳이 잘 지내려고 노력하지 않는다. 이처럼 연구참여자는 서로를 이해하기 어려운 사람과는 일정한 거리를 두고 사는 편이 서로에게 좋은 일이라고 생각하고 있다.

(5) 한국에 바라는 점: '다문화'에 대한 정서적 · 제도적 구별 철폐

연구참여자는 최근에 첫째가 친구에게 '너는 다문화 가정 아이'라는 말을 들었다는 사실을 알게 됐다. 연구참여자는 친구에게 한국 사람이 아니라는 말을 듣고 집에 돌아와 우는 첫째를 보고 마음이 아팠다. 남편이 담임교사에게 전화해서 이런 사실을 알리고 주의 조치를 해달라고 부탁했지만 연구참여자는 한국에서 '다문화'라는 용어를 계속 사용하는 한 일상생활에서 그러한 구별은 사라지지 않을 것이라고 생각하고 있다.

"다문화 가정, 다문화 가정이나 뭐 다문화 그런 단어는 안 썼으면 좋겠어요. 우리는 그냥 똑같이 살고 있는데 그저 그렇게 다문화, 다문화 가정이나 그런 말을 하니깐. 학교에 가면 또 너는 다문화 가정이다. 뭐 다문화 애야, 그렇게 하니깐 또. 아니 똑같은 한국 사람인데 그렇게 나눌 필요 없다고 생각해요. 그런 단어 하나만 해도. 단어 하나도 애들이 되게 예민하게 막 받아들이고. 저번에는 학교 친구가 얘는 베트남 사람이라고 한국 사람 아니라고 얘는 다문화 가정, 다문화 가정이라서 한국 사람 아니라고 그렇게 이야기하니깐 얘가 되게 속상해가지고 많이 울었어요. 학교에서 친구가 좀 막 괴롭히고 얘는 베트남 사람이라고 한국 사람 아니라고. (뭐라고 말씀하셨어요?) 저는 그때는 말을 못 했어요. 남편은 걔한테 그런 말 하지 말라고 나도 한국 사람이라고. 나는 한국 사람이고 나는 뭐 하는데. 저는… 기분이 안 좋아서 그냥 이야기는 안 했어요. 그냥 아무 말 안 하고 남편한테…. 남편이 선생님한테 이야기해가지고 어떻게 좀 해달라고 해서 그 친구랑. 그런 말 안 하게끔 해달라고 전화를, 전화만 했었어요."

물론 자녀의 대다수의 친구들은 차별적 발언을 하지 않는다. 그러나 '다문화 가정'이라는 구분의 기저에는 외국인에 대한 무시와 차별이 내재해 있다. 연구참여자는 이 용어를 사용하는 한국 사람 모두가 이러한 사회적 편견으로부터 자유로울 수 없다고 지적한다. 다문화는 다양한 문화에 대한 존중이 선행되어야 한다고 하지만 다문화라는 용어가 오히려 한국 사람과 외국인을 구분하는 역설이 존재한다는 것이다. 연구참여자는 한국에서 '평범하게' 살고 싶다. 자녀들이 특출나게 뛰어나기를 바라지 않는다. 연구참여자는 평범하게 살 수 있으면 그것이 곧 행복이라고 생각한다.

"(앞으로 한국에서 이루고 싶은 목표가 있으시다면?) 그냥 가족… 그냥 평범하게 살 수 있는? (평범하게?) 네. 그거 제일 어려운 거잖아요. (애들은?) 애들은 그냥 저는 공부 욕심 그런 거는 별로 없어가지고 애들 그냥 평범하게. (평범하게.) 공부도 잘 못해도 상관없이 자기는 나름 행복하게 살 수 있는 그런 날이 오면 좋겠어요. 왜냐하면 너무 공부만 집중하면 나중에 또 공부도 안 되는데 맨날 공부, 공부하라고, 하라고 하면 애들 스트레스 받고 나도 받고 그냥. (그런 걱정 없이?) 네. 걱정 없이. (서로 그냥 마음 편하게.) 네."

연구참여자는 자녀들이 자신을 다문화 가정이라고 지칭하는 친구들에 맞서 '나도 한국 사람이야'라고 말하지 않아도 되는 사회가 오기를 바란다. 적어도 한국인의 정체성을 가지며 살아가고 있는 아이들에게 구별의 낙인을 찍어주고 싶지 않은 것이다. 연구참여자는 이를 위해서라도 자신의 모국인 베트남에 대해 사람들에게 더 많이 알려야 한다고 생각한다. 연구참여자는 한국 사람들이 베트남에 대해 잘 모르기 때문에 편견이 오히려 키워지고 있다고 본다. 연구참여자는 이 일을 하기 위해 시간 날 때마다 다문화 강사로 훈련을 받으며 준비하고 있다. 이처럼 연구참여자는 스스로의 노력으로 원하는 바를 쟁취하는 모습을 통해 결혼이주여성을 나약하고 의존적인 존재라고 보는 사회적 편견에 맞서기 위해 노력하고 있다.

3) 연구참여자의 특성

연구참여자가 한국 사회 적응 과정에서 보이는 인지 · 정서적 특징을 정리하면 다음과 같다. 첫째, 연구참여자는 대인관계에서 내 편인 사람과 내 편이 아닌 사람을 명확하게 구분하고 있다. 그리고 내 편에 대해서는 전폭적인 신뢰와 지지를 보내지만 내 편이 아닌 사람들에 대해서는 심리적인 영향을 받지 않는다.

둘째, 연구참여자는 자신이 할 수 있는 일은 잘하려고 노력하지만 자신이 할 수 없는 일은 신속하게 포기하며 시간과 노력을 효율적으로 운용한다. 연구참여자에게 한국 문화와 언어를 습득하는 일은 잘하려고 노력하면 할 수 있는 일이었기 때문에 자신에게 맞는 방식을 탐색하여 성취하고자 하는 목표를 이루고 있다. 연구참여자는 자신의 속도를 다른 사람과 비교하지 않으며 불굴의 의지로 목표하는 바를 해내고 만다. 그러나 미용 기술을 배우는 일과 같이 적성에 맞지 않아 노력해도 안 된다고 판단했을 때는 단호하게 그만두며 미련을 갖지 않는다.

셋째, 연구참여자는 배우자에 대한 무한한 애정과 신뢰를 기반으로 한국에서 자신이 살아가야만 하는 이유와 영역을 확고하게 구축하고 있다. 연구참여자는 배우자에 대한 사랑을 표현하여 전달하며 삶의 소박한 행복을 추구하고 있다.

이를 종합해보면, 연구참여자는 한국을 자신의 삶의 영역으로 인지하고 있고, 아내로서, 또 엄마로서, 현재의 삶을 지켜내기 위해 부단히 노력하고 있다. 또한 연구참여자는 베트남 여성으로의 자긍심을 기반으로 인정받는 주체가 됨과 동시에 인정하는 주체로 자리매김하며 상호 대등한 관계를 추구하고 있다.

마지막으로 연구참여자의 경험에서 한국 사회의 사회제도적 개선점을 찾아보면 다음과 같다. 첫째, 결혼이주여성의 경제적 자립을 위한 프로그램의 다양성이 확보되어야 할 필요가 있다. 연구참여자의 경우처럼 대다수의 결혼이주여성이 남편과 나이 차이가 많이 나기 때문에 시간이 지남에 따라 은퇴시기에 접어든 남편 대신 가장의 역할을 수행하게 되는 상황에 처하고 있다. 이는 한 가정의 생계와 직결되는 문제이기 때문에 관련 기관을 중심으로 결혼이주여성에 대한 직업 중심 교육이 체계적으로 이루어질 수 있도록 제도적 뒷받침이 필요하다.

둘째, 다문화 가정과 일반 가정 자녀들에 대한 인성교육이 체계적으로 이루어질 수 있도록 하는 프로그램이 개설될 필요가 있다. 이는 교사와 학생 모두를 대상으로 이루어져야 한다. 교사를 대상으로 학생들을 차별하는 태도나 인식에 대한 경각심을 일깨우는 교육이 이루어지는 한편,

학생을 대상으로 더불어 살아가는 사회를 가로막는 정서적 · 인지적 구분과 차별적 태도에 대해 인식하도록 하는 교육이 이루어져야 진정한 사회통합의 기틀을 마련해나갈 수 있을 것이다.

7.
연구참여자 7의 생애담

1) 생활세계 문화 적응 생애담 요약

연구참여자는 베트남 출신의 33세 여성으로 현재 한국에서 남편과 함께 아들딸을 키우며 살고 있다. 연구참여자는 한국 남성과 결혼해서 살고 있는 이모의 소개로 현재의 남편을 만나게 됐다. 연구참여자의 부모님은 베트남에서 양조장을 하며 생계를 꾸려왔다. 연구참여자는 5남매 중 둘째인데, 위의 언니는 일본 사람과 결혼해서 일본에 살고 있다. 여동생 두 명과 남동생 한 명은 베트남에서 살고 있다.

연구참여자는 베트남에서 고등학교를 졸업하고 결혼해서 한국에 오기 전까지 일식당에서 일을 했다. 일본으로 일을 하러 갈 계획을 가지고 있어서 일본어도 배우고 돈도 벌 겸 시작한 일이었다. 그런데 계획했던 바와 달리 한국 남성과 결혼하게 되면서 한국에 오기 전에 6개월 정도 학원을 다니며 한국어를 배웠다. 한국에 올 당시 간단한 회화가 가능했고, 한국에 와서 거주하며 독학으로 한국어를 학습했다.

연구참여자는 인터넷으로 한국어 강의를 듣거나 웹툰을 보며 한국어 공부를 해왔다. 웹툰은 재미가 있기 때문에 한국어 학습에 큰 도움이 됐다. 상황에 맞는 한국어 표현과 단어 습득에 특히 도움이 됐다. 또는 한국어로 된 소설을 읽기도 했는데, 《빨간머리 앤》과 《안네의 일기》를 가장 좋아한다.

연구참여자는 해보지 않은 일이라도 하면 된다는 생각을 가지고 있는데, 이러한 생각 덕분에 한국 생활의 적응에 큰 어려움이 없었다. 임신과 출산은 남편의 도움 없이 오롯이 혼자 해냈다. 혼자서 해내야 하는 일에 대한 고민은 없는 편이나 두 자녀에 대한 교육은 혼자서 열심히 해서 잘할 수 있는 일이 아니라 많은 고민을 하고 있다. 최근에 남편과 가장 많이 부딪히는 문제도 자녀교육과 관련된다. 연구참여자는 삶의 고민거리를 이모, 언니와 상담한다. 이모는 한국 남성과, 언니는 일본 남성과 결혼해서 베트남을 떠나 살고 있는 결혼이주여성이기 때문에 연구참여자가 고민하는 문제들을 잘 이해해준다.

연구참여자는 과거의 상처보다 현재와 미래의 긍정적 가치를 더 중요하게 생각하며 오늘을 충실히 살아가고 있다. 한국에서 받은 차별보다 배려를 더 많이 기억하며 미래를 희망과 기대로 채워가고 있다.

2) 생활세계 문화 적응의 내러티브

(1) 결혼 전의 삶: 현실과 낭만의 사이, 기대와 희망으로 준비한 이주

연구참여자의 부모님은 베트남에서 양조장을 운영했다. 연구참여자는 5남매 중 둘째로, 바로 위의 언니와 어렸을 때부터 서로 의지하며 지냈다. 연구참여자는 언니와 함께 학교가 끝나면 바로 집으로 돌아와 부모님의 양조장 일을 도왔다.

연구참여자는 학창 시절에 친구들도 많고 인기가 있는 편이어서 학급 반장을 도맡아 했다. 초등학교, 중학교 때는 공부도 곧잘 했으나 고등학교에 들어가 성적이 떨어지면서 공부에 대한 흥미도 사라졌다. 연구참여자는 고등학교 졸업 후, 먼저 도시에 나가 있던 언니, 이모와 함께 지내며 한 대학의 비서학과에 다녔다. 그러면서 일본으로 노동이주를 하기 위해 학비와 생활비를 벌면서 일본어도 배울 수 있는 일식당에서 일을 했다. 당시 연구참여자의 지인들 중에는 일본으로 노동이주를 준비하는 사람들이 많았다. 연구참여자는 일본으로 가고 싶은 마음이 점점 강해져서 다니던 대학을 그만두고 일본으로의 이주를 본격적으로 준비했다.

> "(중간에 학업을 포기하시게 된 이유가 있을까요?) 그때, 돈도 부족하고 일본 가고 싶어서. 일본 그때는, 일본 가서 일하는 거 유행이에요, 베트남에서. 사람들 말로는 거기서 돈 번다고 막 그래서 저도 일본말 배우고, 일본말 잘하기 위해서 거기 레스토랑에서 아르바이트하고 그렇게 하면서 살았어요."

연구참여자는 베트남에서 일을 하며 몇 번의 연애를 경험했다. 일본으로 몇 년 정도 머물면서 일을 하고 싶다는 생각은 하고 있었지만 그렇다고 일본 남자와 결혼해서 일본에 정착할 계획을 했던 것은 아니었다. 한국에 오기 전까지는 단 한 번도 외국 남자와 결혼하게 될 것이라고 예상하지 못했다.

"(전에 한국 남자랑 결혼해서 한국에 올 거라고 생각해본 적 있으세요? 꼭 한국이 아니더라도, 외국 남자랑 결혼을 해서 외국에 나가서 살 수도 있겠다.) 아니요. 그런 거 생각해본 적 없어요."

연구참여자가 한국에 오기 3년 전, 연구참여자보다 6살 많은 막내 이모가 한국 남자와 결혼해서 한국으로 떠났다. 그리고 3년 동안은 열심히 일을 하고 일본어를 배우며 지냈다. 연구참여자는 우연히 한국을 방문할 기회가 생겼는데, 그때 이모가 좋은 남자가 있다며 한 번 만나보지 않겠느냐고 제안을 해왔다. 이모부의 지인이 이모를 눈여겨보고 있다가 좋은 여자 있으면 소개시켜달라고 부탁하여 이모가 조카인 연구참여자를 소개하려고 한 것이다. 그 지인이 지금의 시어머니가 됐다. 막내 이모와는 고등학교 졸업 후 함께 살기도 했고, 나이 차이도 많이 나지 않아 가깝게 지내왔다. 연구참여자는 소개받을 남자의 사진을 받아보고 외모가 썩 마음에 들지는 않았으나 믿고 의지하는 이모가 재차 권유하여 만나보기로 마음먹었다.

"우리 이모는 엄마처럼 우리 잘 챙겨줘요. 어디 놀러 가면 저하고 언니랑 같이 꼭 데려가주고, 어디 회사에서 행사 있잖아요. 거기 가면 우리 데려가주고, 뭐 맛있는 거 있으면 또 사가지고 오고. 진짜 행복했어요. (그런 이모와의 관계가 선생님이 한국으로 오시는 데 많은 영향을 미쳤다고도 볼 수 있겠네요?) 네. 맞아요. 지금도 일주일 한 번 이모네 집에 놀러 가요."

그렇게 만나게 된 한국 남자는 처음 만나는 자리에서 연구참여자에게 베트남어로 인사를 건넸다. 연구참여자와 만나기 위해 베트남어를 배워온 것이었다. 연구참여자는 선한 인상의 남자에게 호감을 느꼈고, 한국에 지내는 동안 자주 만나면서 남자의 순애보를 알게 됐다. 연구참여자는 남자와 결혼을 결심했다.

"(지금 남편을 만나던 날이 기억나세요?) 네. 기억나요. (어떠셨는지?) 처음에 만났을 때는 키 커 보이는데 하는 거야. 키 커 보이고 약간 통통한 스타일. (그래서 느낌이 어떠셨어요?) 근데… 만나기 전에 메시지 좀… 사진 먼저 주고받고 했어요. 사진 속 안에는 그 사람이 완전 통통해 보이는 거예요. 그래서 제가 왜 저렇게 통통한 사람 소개해주냐 그런 거예요. 그래서 그냥 만나봐라. 괜찮다고 그냥 한번 만나봐라 그러는 거예요. 그러니까 첫인상은 괜찮았어요. 순애보예요. (중략) (내가 결혼을 해야 되겠다 이 남편분하고 결심하게 된 계기는 어떤 게 있을까요?) 계기는 그런 거 없고. 그냥 어차피 저한테는… 그때는 결혼은 약간 어른스럽게… 다른 거 중요한다고 생각하는 거 아니에요. 그냥 아, 제가 마음에 들었으니까, 그 사람도 마음에 들었으니까."

연구참여자는 베트남에서 한 번, 한국에서 한 번, 총 두 번 결혼식을 올렸다. 당시 베트남에는 국제결혼에 대해 긍정적인 인식이 있었기 때문에 친정 식구들은 연구참여자의 국제결혼을 축하하고 기뻐했다.

> "(결혼을 한다고 할 때 가족들 반응은 어땠나요?) 반응 없었어요. 한다고 그냥… 그런 말 하면 안 되는데… 베트남 사람들은 자기… 딸 시집을 외국으로 보내면 좋다고요. 그런 말 했어요. 거기다 여기 이모 있으니까 안심하고."

연구참여자가 바란 것은 일본행이었지만, 이는 일본이 유일한 대안이라고 생각했기 때문이었다. 연구참여자는 한국에 대해 알게 되면서 더 나은 삶에 대한 희망과 기대를 품고 지금 남편과의 결혼을 받아들이게 된 것이다.

(2) 문화 적응 전략 1: 일단 부딪혀보는 용기로 풀어내는 오해

연구참여자는 베트남에서 한국에 오기 전 6개월 정도 한국어 학원에 다니며 한국어를 배워 한국에 올 당시 간단한 회화가 가능했다. 한국에 와서 다문화가족지원센터에 대해 알기는 했지만 한국어나 문화를 배우기 위해 정기적으로 다니지는 않았다. 연구참여자는 필요한 정보가 있으면 대부분 혼자 인터넷을 통해 습득했다.

> "(다문화센터에서 한국어는 얼마나 배우셨어요, 기간은?) 그 기간은 정확하지 않아요. 왜냐하면 주말 가거나 2주일 한 번 가거나 그런 거… 근데 자기가 스스로… 노력해야 책 보고는 인터넷 보고… 그런 거 그리고 시험

보고… (그럼 선생님은 혼자서 독학으로도 한국어 많이 공부하셨어요?) 네. 집에서 책 보거나… 인터넷에서 많아요. 그리고 취미는 만화 보는 거예요."

연구참여자는 한국어 공부를 위해 아이들이 보는 동화책을 구해 읽거나 인터넷으로 웹툰을 찾아보았다. 동화책이나 웹툰은 재미가 있어서 한국어 학습에 좋은 동기 부여가 됐다. 그중에서도《빨간머리 앤》은 한국에 와서 처음 읽었는데, 온갖 역경에도 굴하지 않고 세상을 긍정적인 눈으로 바라보며 성장해나가는 앤의 모습에 큰 감동을 느꼈다. 웹툰은 완벽한 문장을 구사하는 데는 큰 도움이 되지 않지만 한국에서 자주 사용하는 단어를 습득하는 데는 좋은 학습자료가 된다. 또한 스트레스를 해소하는 정서적 효과도 있어 현재도 즐겨 찾아보고 있다.

"(웹툰이 한국어 공부가 많이 도움이 됐다고 생각하세요?) 네. 그렇게 많이는 아니고. 재밌게 보면서 그러니까 익숙한 단어들… 뭐 새로운 단어 나오면 아, 내가 이거 하나 기억해야 되겠다. 재밌는 말도 나오잖아요. 그때는 메모해놓고 그렇게 읽으면서… (재밌으니까 사실은 더 익히는 데 도움이 되겠어요?) 네. 맞아요."

연구참여자는 이러한 노력으로 한국어능력시험을 4급까지 취득했다. 한국어 실력이 점점 나아지고 자녀도 생기면서 매일 한국 뉴스도 챙겨 보고 있다. 특히 사건사고와 관련된 뉴스를 유심히 살펴본다. 한국에서 살면서 겪을 수 있는 위험에 대해 대비해야 하기 때문이다.

"웹툰하고 책 말고는 뉴스 보는 거나… (뉴스?) 네. 뉴스. 무슨 사건 같은 거. (어떤 사건을 주로 찾아보세요?) 잔인한 사건… 어디 지역에 무슨 사고 있다고. 사고 있다고 그런 거… 집중해 봐요. (요즘 최근에 기억에 남는 사건 어떤 거 있었어요?) 어린이집. (어린이집? 그게 아무래도 관심사니까….) 버스. 그런 거…. (어린이집에서 차 사고 난 거 말씀하시는 거예요?) 네. 차 사고 난 거. (애들 차에서 못 내리고.) 네. 그거예요. (그런 거 보시면 어떤 생각을 하시나요?) 제발 우리 딸은 안 시킨다고. 아니, 안 보낸다고. (절대 우리 딸은 저런 일 없게 해야겠다.) 만약에 어쩔 수 없이 보내야 되면은 그때는 꼭 보내고 나서 전화해, 담임선생님한테 전화해야 되겠다. 우리 딸 도착했나, 도착했나. 귀찮다 해도 또 메시지 보내야 되겠다. 제가 스스로. 조심해야지."

연구참여자는 성격상 새로운 일에 두려움을 가지기보다 용기를 가지는 편이라고 한다. 연구참여자는 어떤 일을 해보기 전에는 어려움을 생각하지 않고 일단 부딪혀가며 해결책을 찾아나가는 천성 덕에 한국에서 비교적 수월하게 적응했다고 보고 있다. 물론 이는 연구참여자가 사는 곳에서 30분 정도 거리에 살고 있는 이모의 도움도 컸다. 연구참여자는 현재까지 일주일에 적어도 한 번 이상은 이모와 만나며 교류하고 있다. 이모 덕분에 정서적 안정에 큰 도움이 됐다.

"제 성격 때문인가요? 뭐 어렵다거나 뭐 그런 거 없는 거 같아요. (어떤 성격을 말씀하시는 건가요?) 잘 해결하는 거. (잘 해결하는 거?) 스스로 괜찮다. 아무리 어려운 일도 괜찮다. 이렇게 생각해서 스스로 해결하니까 누구한테… 누군가는 뭐 어렵거나 한 것도 괜찮아요."

연구참여자는 현재 슬하에 5세인 딸과 3세인 아들을 두고 있다. 남편은 첫 번째 임신을 확인하러 가는 날, 그리고 출산하는 날에만 함께 병원에 가주었다. 나머지는 연구참여자가 혼자 병원에 다니며 출산을 준비했으나 그 과정에서 특별한 어려움은 없었다. 연구참여자는 일하느라 항상 바쁜 남편을 이해할 수 있었고, 한국 생활을 한 지 4년 정도 된 시점에서 임신을 했기 때문에 한국어도 이미 충분히 의사소통을 할 수 있을 만큼 숙달이 되어있었다. 그래서 남편이 곁에서 도움을 주지 않아도 충분히 혼자 해낼 수 있었다.

> "(출산할 때는 안 어려우셨어요? 애기 낳을 때.) 네. (낳을 때는 힘들진 않으셨어요?) 애기 낳을 때요? 아니요. 그때 힘들진 않았어요. 그때, 제가 한국말 충분히 알아들으니까 그 병원 갈 때도 저 혼자 다니고 그런. (병원 갈 때도 혼자 가셨어요?) 네. (진통할 때도?) 아니요. 아니요. 딱 남편 두 번. 처음에 임신 한 거랑, 아니 처음에 임신 아닌 거랑 그리고 마지막에 출산하는 날 두 번. 그 정도만 해도 괜찮아요."

그러나 모든 문제를 자신의 의지만으로 해결할 수 있는 것은 아니었다. 연구참여자는 주위 사람들과의 관계나 소통이 정말 중요하다는 사실을 새삼 느끼게 된 일이 있었다. 연구참여자가 자녀를 어린이집에 보냈는데, 어린이집 교사가 한국 아이의 부모에게는 아이가 어린이집에서 어떻게 생활하는지 자세하게 설명해주는 반면, 연구참여자에게는 아무 말도 해주지 않았다. 연구참여자는 자신과 자녀가 어린이집 교사로부터 차별을 받는다고 생각했다. 처음에 이 사실을 깨달았을 때는 심리적으로 위축이 되어 교사에게 아무 말도 하지 못했다. 그러나 연구참여자는 그래서는 아무 문제도 해결할 수 없다는 생각에 특유의 용기를 발휘하여 이유를 물어보았다. 그랬더니 교사는 의외의 대답을 했다. 한국 부모가 자신에게 자녀의 어린이집 생활에 대해 이것저것 물어보기에 대답을 해주느라 그랬다는 것이었다. 그리고 생각해보니 연구참여자는 선생님이 말해줄 때까지 기다렸지 먼저 물어볼 생각은 하지 못했다.

> "담임선생님이 외국 엄마한테 대하는 거 한국 엄마랑 대하는 거랑 다르냐 그런 부분도 있었어요. 그런데 이제는 그거 풀었어요. 저는 딸의 담임선생님이 전에 어느 날 한국 엄마한테는 어느 애는 밥 잘 먹는다, 어느 애는 잘 논다 했는데, 저한테는 아무 얘기 안 했어요. 그때 얼마나 속상했는데. 이제 보니까 그런 거 있어요. 한국 애 엄마가 자주 물어봐서 대답해준 거예요. 저는 전혀 안 물어봐서… 제가 안 물어보니까 대답 안 하는 거고… 얘기 안 해준 건데… (오해였다고요?) 네. 오해였어요."

연구참여자는 이 일로 큰 교훈을 얻었다고 한다. 상대방의 의도나 생각을 짐작만으로 단정할 수 없다는 것, 그리고 상대방에게 이를 물을 수 있는 용기가 필요하다는 것이다. 또한 살아가면서 실제로 차별을 겪기도 하지만, 때로는 자신의 심리적인 약함이 차별을 만들어낸다는 것이다. 그래서 연구참여자는 일단 상대방과 소통하려는 의지를 갖는 것이 중요하다고 생각하고 있다. 오해로 발생한 문제라면 그래야 풀 수 있다고 보기 때문이다.

(3) 문화 적응 전략 2: 소신껏 살아가며, 소신을 갖는 법 가르치기

연구참여자의 남편은 성품이 착하고 성실한 사람이다. 그러나 그럼에도 불구하고 갈등은 생긴다. 연구참여자는 넉넉하지 못한 가정형편 탓에 자라면서 늘 생활비와 학비를 걱정해야 했는데, 한국에서 살면 적어도 돈 때문에 걱정하는 일은 없겠다고 생각했다. 그러나 막상 와보니 돈은 여전히 걱정거리였다. 남편의 수입이 많은데 지출이 더 많아서 자꾸 빚을 지게 되기 때문이다. 연구참여자는 두 자녀의 육아로 아직 경제활동을 할 수 없는 상황에서 가계 빚이 늘어나는 것이 걱정되어 남편에게 이를 표현하게 되는데, 남편은 자꾸 걱정하지 않아도 된다고만 한다. 경제관념과 삶의 방식의 차이로 남편과 의견 충돌을 겪고 있는 것이다. 연구참여자는 두 자녀를 돌보는 문제가 해결되면 자신도 경제 활동에 나설 수 있게 되고, 그러면 경제 상황은 더 나아질 수 있다고 보고 있다. 그렇게 되기 전까지는 남편과 다투게 되더라도 가정의 경제 상황에 대해 대화를 통해 공유해나가려고 하고 있다.

연구참여자는 첫째 자녀의 교육에 대한 문제에서도 남편과 의견이 달라 갈등을 겪었다. 연구참여자는 첫째의 성격이 수줍음이 많고 내성적이어서 친구들과 잘 못 지내고 있는 것을 걱정하고 있다. 그런데 지금 다니고 있는 어린이집이 맞벌이 가정 자녀들만 종일반으로 맡아주고 있어서 외벌이 가정 자녀인 연구참여자의 자녀만 먼저 하원하고 있다. 연구참여자는 이런 상황으로 인해 연구참여자의 자녀만 고립되고 있다고 판단하고 자녀가 먼저 하원하지 않아도 되는 다른 어린이집으로 옮겨주려고 했다. 그런데 남편은 이를 '변덕'이라고 하며 반대했다. 한 번 보내기 시작한 곳에 계속 보내는 것도 교육의 일환이라고 주장하는 것이다. 그러나 연구참여자는 상황에 맞는 판단을 내리는 것을 '변덕'이라고 하는 남편의 주장에 동의할 수 없었다. 연구참여자는 이 문제에 대해서만큼은 자녀와 같이 보내는 시간이 많은 자신의 판단이 옳다고 확신했고, 그래서 결국 어린이집을 옮겨주었다.

> "(애들 때문에 어떤 이유로 싸우세요?) 애들 때문에는 전에는 어린이집. 뭐 어디… 어디 보내냐, 또 그것도 때문에 싸우고, 지금 유치원에 너무 시간이 짧으니까 다른 유치원에서 옮긴다고 하니까 남편은 왜 성격이 변동한다고, 자기 왜 그렇게 바꾸냐고, 어떻게 1년을 지내봐야 알지, 왜 이렇게 보낸 지 얼마 안 됐는데 왜 이렇게 급하게 딴 데 옮기냐고… 그것 때문에도 싸우고. (그거를 변덕스럽다고 하시는구나.) 네. (그렇게 변덕 부리면 안 된다.) 네. 그런데 저는 우리 딸 위해서 너무 지금… 다른 반에는 다 종일반 다니고 있어요. 저는 그 맞벌이 부부 아니라서 거기 종일반 못 다녀요. 그러고 거기다 딸은 친구들이랑 어울릴 시간이 없으니까 자기 너무 외로워 보이는 거예요. 그러니까 너무 속상해서 다른 유치원에 보내려고 했는데, 남편이 그거 하지 말라고 하니까 속상했어요. 그런데 다른 데 보냈어요."

연구참여자는 남편을 닮아 내성적인 첫째의 성격을 이해하기 어렵다고 한다. 첫째의 성격이 좀 더 외향적이 되기를 바라서 문화센터나 학원에도 데려가고 있는데, 첫째는 자신의 의사표현을 분명하게 하지 않고 엄마가 시키는 일은 싫은 일도 하는 편이라 주의 깊게 살피고 있다. 연구참여자는 자녀가 싫어하는 일은 시키지 말자는 교육방침을 가지고 있어 자녀가 원하지 않으면 그만두어야 한다고 생각한다. 그러나 그러면서도 자기 의견을 표현하는 방법은 가르치려고 한다. 연구참여자가 친구들에게 자기 물건을 양보하라고 가르쳤더니 자녀는 무조건 자기 물건을 양보하는 모습을 보였다. 연구참여자는 양보만 하는 아이에게 더 양보하라고 가르쳤다는 사실을 깨닫고 이제는 자기 물건을 지키라고 가르치고 있다. 자녀에게는 자기 의견을 표현하는 방법을 가르쳐야 한다는 사실을 깨달은 것이다.

> "너무 순해도 문제예요. 너무 순해서. 다른 친구한테도 뭐 당할까 봐. 요즘 제가 느끼는 거는 딸을 너무 순하게 키워도 안 된다는 것. (너무 순하게 키워도?) 네. 착하잖아, 양보해줘라, 그런 말은 이제 저도 안 하는 걸 제가 양보해주고 싶을 때 양보해줘라 그런 거예요. (지금 안 하고 싶으면 안 해도 돼. 이거를 더 가르치고 싶으시구나.) 네. (마음이 많이 아프신가 봐요. 딸이 너무 양보하고.) 네네네. 전에는 저도 뭐 놀이시간이거나, 친구 하고 싶어 하잖아 양보해줄까? 하고 양보할까? 자꾸 이런 말을 하니까 얘는 머리에 인식되는 거예요. 그러니까 자기 그걸 놀고 싶은데 계속 양보하니까, 자기도 스스로 하는 거예요. 그건 너무 순하잖아요. 그래서 이건 안 된다고 제가 다시 가르쳐요."

이처럼 연구참여자는 자녀에게 원하는 일을 시키지 않으면서 자기 의견을 주장하는 방법을 가르치기 위해 고민하고 있다. 그러나 이에 대해 정해진 정답은 없기 때문에 자녀의 특성을 잘 관찰하여 그에 맞는 교육을 하기 위해 노력하고 있다.

(4) 문화 적응 전략 3: 이해할 수 없는 며느리의 도리, 불합리한 문화 바꾸기

연구참여자의 시댁은 연구참여자의 집에서 두 시간 정도 떨어져 있는데, 한 달에 한 번 정도 가서 3일 정도 지내다 오고 있다. 어린 두 자녀를 데리고 매번 왕복하는 일이 쉬운 일은 아니지만 남편이 장남이기 때문에 시어머니와 자주 교류하며 지내고 있다. 시어머니는 며느리인 연구참여자를 아끼고 사랑해주는데, 그럼에도 불구하고 연구참여자에게는 관계 자체에서 오는 불편함이 있다.

연구참여자는 지금까지도 시어머니와의 관계에서 지켜야 하는 며느리의 도리에 대해 이해하기 어렵다. 연구참여자가 어린 자녀를 데리고 새벽까지 수유를 하다 겨우 잠들어서 피곤한데도 시어머니는 연구참여자에게 아침상을 요구했다.

> "진짜 불편한 거 하나 있어요. 어머님 밥 차리는 거요. (어머님 밥 차리는 거요?) 아침에. (아침에? 어머님 밥 차려드리는 거?) 네. 낮에는 괜찮은데 아침에 제가 애… 어리잖아요. 밤에… 또 일어나서 뭐 하고 수유하거나 오줌 뭐 그런 거 있어요…. 피곤했는데 아침에 밥 차려달라고 하는 거예요. 저는 그 부분이 이해가 안 가서…. 근데 제가 밥 안 차려줬어요…. 안 차려드렸어요. 왜냐면 어머님이 나이 드셨으니까 아침에 일찍 일어나잖아요. 저는 밤 또 새우고 아침 늦게 일어나서…. 시어머니가 배고파 죽을 것 같다고 해서 제가 좀 마음이 아팠는데, 매일 밥 차리는 거는 배고파 죽는 것도. (밥 차려줄 때까지 기다리면 배고파 죽을 거 같다고 그러셨어요?) 네네…. 그런 소리 들으니까 저는 엄청 마음이 아팠어요. (그러셨구나.) 근

데… 제가 한 귀로 듣고 한 귀로 흘려요."

시어머니는 식당 일을 해서 음식 솜씨가 좋고 아직 기력도 있어서 며느리가 있어도 대부분의 요리를 도맡아 하는데 유독 아침상만큼은 며느리에게 차려내라고 요구했다. 다른 때에는 연구참여자가 시어머니 곁에서 설거지만 거들면 되는데 아침에 일찍 일어나서 아침상을 차려야 하는 문화는 도무지 적응하기 어려웠다. 다행히 시어머니가 독실한 기독교 신자라 한국의 전통 문화를 지키는 가정에서처럼 차례상이나 제사상을 차려내지는 않아도 되는데, 다른 많은 부분에서 무리한 요구를 하지 않는 시어머니이기에 더욱 이해가 가지 않았다. 연구참여자는 이를 이해할 수 없었기 때문에 수긍하지 않기로 했다. 그래서 시어머니가 있더라도 무리해서까지 아침상을 차리는 일은 하지 않았다. 이처럼 연구참여자는 자신 또한 가족의 일원이기 때문에 자신이 수긍할 수 없는 한국 문화는 바꾸어야 한다고 생각하며 이를 실행해왔다.

(5) 문화 적응 전략 4: 모국의 커뮤니티를 중심으로 정서적 안정감 확보하기

연구참여자가 두 자녀를 키우며 아쉬운 점은 아직 두 자녀가 어려서 다문화가족지원센터에서 지원하는 프로그램에 참여를 하고 싶어도 못하고 있다는 것이다. 최근에 다문화가족지원센터를 통해 다문화 강사 훈련을 받고 있는데, 여러 사정들로 자주 출석을 할 수가 없어 진도가 더뎌 아직 보조강사에 머무르고 있다. 그러나 연구참여자는 모국 베트남의 문화에 대해 자긍심이 높아서 언젠가는 반드시 이 일을 해내려고 마음먹고 있다.

"베트남에 대해서 베트남 문화에 뭐 있는지… 강사로 초등학교 학생들한테 가르칠 거예요. (베트남 문화에 대해서 가르치시는 내용은 어떤 거예요?) 내용은 기본은 그냥 국가, 나라 어디 위치, 세계의 위치, 국기 뭔지, 전통 옷, 전통음식 뭐 그런 거. (중략) (학생들 반응은 어때요?) 저는 이제 시작하는, 보조하러 가는데요. 괜찮아요."

연구참여자는 최근에 있었던 설 명절에 가족과 함께 베트남에 다녀왔다. 베트남에 있는 친정에서 제사를 지내기 때문에 제사가 있을 때를 맞추어 친정을 방문하기도 했으나 설 명절에 방문한 것은 처음이라 부모님이 많이 반겼다. 연구참여자는 그런 친정 부모님의 모습을 보니 더 기뻤다.

"그때그때, 가고 싶을 때, 베트남에서 행사 제사회나 큰 제사나 그런 거 있으면 가고… 제 마음이에요. (베트남에 제사가 있으세요?) 네. 있어요. (어떤 제사가 있으신가요?) 제사는 할아버지 할머니한테… (중략) (베트남도 돌아가신 분한테 제사를 지내시는구나.) 네. (어떻게 지내세요?) 거기서 음식 차리고, 차려 먹고 절하고. 그러고 사람, 친척들, 많은 사람들 모여서 우리 집으로 모여서, 같이… 술 먹고 그러는 거. (중략) 올해 설에 갔어요. 오랜만에 베트남 가서… 남편도 같이 가니까… 우리 엄마가 너무 반갑다라고."

일본 남자와 결혼해서 일본에 살고 있는 언니와도 일 년에 세 번 정도 만나고 있다. 일본에서 육아만 하고 있는 언니는 자유롭게 한국에 와서 이모와 동생을 만나고 돌아간다. 가까운 데 살고 있는 이모와는 일주일에 한 번 만나며 어린이집은 어떻게 보내야 하는지, 무엇을 준비해야 하는지 등 생활에 대한 사소한 문제도 의논하고 있다. 물론 만나지 않아도 전화나 메신저로 소통하며 서로의 고민거리나 안부를 나눈다. 이처럼 연구참여자는 친정 식구들과 친밀하게 교류하며 정서적인 안정감을 확보하고 있다.

(6) 한국에 바라는 점: 결혼이주여성에 대한 진로교육 지원, 결혼이주여성의 경제활동을 위한 자녀 돌봄 서비스 지원

연구참여자는 하고 싶은 일이 많지만 아직 어린 두 자녀를 돌보아야 하기 때문에 실행에 옮길 시간을 내기 어려운 상황이다. 연구참여자는 자신이 육아를 전담하는 상황에서는 적어도 5~6년이 지나 두 자녀가 초등학생이 되어야 사회 활동이 가능하다고 보고 그 시기를 앞당기기 위해 조만간 친정어머니를 모셔올 계획을 하고 있다. 친정어머니의 도움 말고는 두 자녀의 양육을 부탁할 사람이 없기 때문이다. 연구참여자가 사회적으로 고립되지 않고 사회의 일원으로 자신이 원하는 바를 진취적으로 성취해나가기 위해서는 이러한 자녀 양육에 대한 문제가 해결되어야 한다. 이를 위해서는 자녀 돌봄 서비스의 확대 시행이 절실하게 필요하다.

> “(한국에서 선생님이 이루고 싶은 목표가 있으시다면?) 이루고 싶은 목표…. 저는 지금 애 봐주는 사람 없어서, 일하려면 엄마 모시고 와서 엄마 애 봐

달라고 하고, 또 아침에 9시 10시부터 저녁 6시까지 근무할 수 있는 시간에 거기서, 하려고 해요. (친정어머니가 그렇게 하실 수 있는 상황이신가 봐요?) 엄마는 지금 베트남에서 일하고 있는데, 부탁하면 해주실 수 있어요. 그러지 않으면 애 봐야 돼서 아무 일도 못해요."

연구참여자는 한국에 있는 대학의 사회복지학과에 진학해서 사회복지사로 일하고 싶다는 생각을 가지고 있다. 주위에서 여러 어려움에 처해 있는 결혼이주여성들을 보게 되는데, 사회복지사가 되면 이들에게 실질적인 도움을 줄 수 있는 일을 할 수 있기 때문이다. 연구참여자는 자신이 같은 이주 배경을 가진 사람으로서 아픔을 공유할 수 있어 사회복지사로 일할 수 있는 자질을 갖추고 있다고 생각한다.

"(요즘에 선생님, 고민거리 있으세요?) 취직하는 거요. 공부하는 거 제가 아까 대학교 다니는 거, 그거 고민하고 있어요. (그게 지금 제일 고민거리시고?) 대학교 다니고 싶은데. 고민하고 있어요…. 애기 때문에 대학교 못 가잖아요…. 그래서 집에서 방송통신이나 해야 되는데… 저는 외국인이잖아요. 그 부분이 어렵지 않나… 고민 많이 해요. (중략) 지금… 사회복지 하거나, 제가 외국인이니까 사회복지 맞는 거 같아요."

이처럼 연구참여자는 한국에서 가정을 꾸리고 있는 한 가정의 아내이자 어머니로서 그 역할을 다하면서도 자기 성취를 위해 노력할 수 있는 여건이 조성되기를 바라고 있다. 연구참여자는 자기 목소리를 낼 수 있는 한국 사회의 당당한 구성원으로서 거듭나고자 하는 바람을 가지고 있다고 볼 수 있다.

3) 연구참여자의 특성

연구참여자가 한국 사회 적응 과정에서 보이는 인지 · 정서적 특징을 정리하면 다음과 같다. 첫째, 연구참여자는 자신이 처한 상황에 만족하고 행복을 찾는 성향을 가지고 있다. 연구참여자는 자신보다 나은 처지에 있는 사람들과 스스로를 비교하거나, 지금보다 더 나은 삶을 살 수 있었을 것이라며 후회하지 않는다. 지금까지 시행착오를 겪으며 실패를 하기도 했지만 그 상황을 벗어난 현재에 감사하고 만족해야 한다고 생각한다. 연구참여자는 현재의 삶에 만족하며 현재의 삶을 더 나아지게 하기 위한 고민과 실천이 더 필요하다고 보는 긍정적 성향이 강하다.

둘째, 연구참여자는 주변 사람들의 요구에 맞추기 위해 노력하는 평화주의자이지만 그 요구가 부당하다고 판단되면 단호하게 거부한다. 특히 이해할 수 없는 한국 문화에 대해 한국 문화가 원래 그렇다며 받아들이라고 강요하는 것을 용납하지 않는다. 다른 나라 출신이지만 한국에 정착하기로 했기 때문에 한국 문화에 대해 모르는 부분은 배워야 한다고 생각하지만 자신의 상황과 맞지 않아 불편함을 초래하면 굳이 그대로 따라야 할 필요는 없다고 보고 있다. 연구참여자는 이성적으로 사고해야 합리적인 판단을 할 수 있다고 보고 이에 근거하여 행동하는 특성을 가지고 있다.

셋째, 연구참여자는 베트남인으로서의 정체성을 지켜나가야 한다고 생각한다. 자녀들에게도 베트남인 엄마의 언어와 문화적 배경 등을 가르쳐주기 위해 노력한다. 경제적 여건이 허락되면 자녀들을 데리고 자주 친정에 들러 엄마의 가족들과 끈끈한 정을 쌓을 수 있도록 하는 것도 이를 위해서라고 볼 수 있다. 연구참여자는 베트남인으로서의 자긍심을 굳이 내세울 필요도 없지만 숨기거나 지워서는 안 되는 소중한 자산이라고 생각한다. 자녀들에게도 이러한 신념이 전해지기를 바라고 있다.

이를 종합해보면, 한국에서 자녀를 키우는 엄마이자 베트남 출신 여성으로서 한국과 베트남의 언어와 문화를 자녀에게 전하기 위해 노력하고 있다. 또한 그 자신도 베트남인으로서의 정체성을 지키면서도 한국 사회의 구성원으로 살아가기 위한 방법을 고민하고 이를 위해 노력하고 있다고 볼 수 있다.

마지막으로 연구참여자의 경험에서 한국 사회의 사회제도적 개선점을 찾아보면 다음과 같다. 첫째, 결혼이주여성에 대한 진로교육 지원이 필요하다. 현재도 다문화가족지원센터를 중심으로 결혼이주여성에 대한 교육 프로그램이 시행되고 있으나 취미 활동에 편중되어있어 실질적인 경제활동을 계획하는 데는 큰 도움이 되지 못하고 있다. 기술교육이나 진학교육 등에 대한 다양한 프로그램이 개발되어 결혼이주여성들이 자신의 적성에 맞는 진로를 개발해나갈 수 있도록 지원하는 정책이 필요하다.

둘째, 결혼이주여성이 경제활동에 나설 수 있도록 자녀를 돌보아주는 서비스의 개발과 지원이 필요하다. 연구참여자는 궁여지책이지만 도움을 청할 수 있는 친정어머니가 계셔서 자구책을 마련할 수 있는 상황이다. 그러나 연구참여자와 달리 절실하게 경제활동이 필요한데도 불구하고 어린 자녀를 맡길 만한 사정이 안 되는 경우, 생활고로 인한 가정 파탄의 위기에서 벗어나기 어렵다. 이는 보호자의 부재로 인해 복지의 사각지대에 놓이게 될 위험에 처한 아동의 구제를 위해서도 반드시 해결책에 대한 고민이 필요한 문제라 할 수 있다.

8.
연구참여자 8의 생애담

1) 생활세계 문화 적응 생애담 요약

연구참여자는 베트남 출신의 28세 여성으로 현재 한국에서 남편과 함께 세 자녀를 키우며 살고 있다. 연구참여자는 세 자매 중 둘째인데, 언니가 먼저 한국 남성과 결혼하여 한국에서 살면서 지금의 남편을 소개했다.

연구참여자는 베트남에서 가족 갈등으로 오랫동안 고민을 했다. 남아선호사상이 있던 아버지가 딸만 셋인 데 불만을 품고 가정에 소홀했기 때문이다. 연구참여자는 언니가 한국으로 떠난 후, 십대 시절을 어머니의 가장 의지되는 딸로 살아왔다. 가정형편상 경제적 자립을 서둘러 중학교 졸업 후 절에서 숙식을 하며 어머니와 여동생을 돌보았다. 이후 신발 공장에서 일을 하기도 하고, 마사지 기술을 배워 마사지사로 일을 하기도 했다.

형부의 친구로 베트남에 여행 온 남편을 보고 연구참여자는 호감을 느꼈으나 먼저 다가가지는 않았다. 호남형에 사교적인 성격인 남편 역시 연구참여자를 마음에 들어 했으나 나이 차이 때문에 주저하면서 첫 만남에서는 호감을 표현하지 않았다. 첫 만남이 있고 몇 개월 후, 남편이 용기를 내어 언니에게 만나보고 싶다는 뜻을 전하면서 결혼이 추진됐다.

연구참여자는 남편과 결혼해서 한국에 오자마자 임신을 하여 현재 6살, 5살, 3살인 3남매를 키우고 있다. 연구참여자는 같은 아파트에 시부모, 시누이와 함께 살고 있는데, 가족끼리 활발하게 교류하며 지내는 편이다. 연구참여자는 활동적이고 부지런한 성격으로 일을 할 때 오히려 정서적 안정감을 느낀다. 일을 할 수 있다는 즐거움으로 새벽에 일어나 시어머니의 텃밭 일을 돕고, 집 근처의 식당에서 파트타임으로 일을 한다.

세 자녀의 임신과 출산으로 집에만 있어야 했던 연구참여자는 몇 년 동안 우울증으로 고생했다. 친언니가 파주에 살면서 자주 연구참여자를 찾아줬기 때문에 언니와 많은 대화를 했고 파트타임이지만 사회생활을 하게 되면서 우울증은 많이 완화됐다.

연구참여자는 현재 자녀교육과 가계의 빚 때문에 고민하고 있다. 첫째는 별 문제가 없으나 둘째와 셋째가 발달이 더뎌 치료와 상담을 받고 있다. 그러면서 이와 관련한 상담 등을 알아보게 됐는데 원활하게 도움을 받지 못하고 있다. 또 남편이 다니던 회사를 그만두고 개인 사업을 하게 되면서 얻게 된 빚이 가정 경제에 큰 타격이 되고 있다. 연구참여자는 자신이 할 수 있는 일을 찾아 나서며 이러한 어려움에 대응해나가고 있다.

2) 생활세계 문화 적응의 내러티브

(1) 결혼 전의 삶 1: 아버지와의 불화로 인한 결혼에 대한 불신, 그러나 다시 꿈을 꾸다

연구참여자는 베트남의 평범한 가정에서 세 자매 중 둘째로 자랐다. 부모님은 농사를 지으며 생계를 유지했다. 두 살 위인 언니가 고등학교를 졸업하자마자 한국 남자와 결혼하여 한국으로 떠나고 연구참여자는 집에서 맏딸의 역할을 대신했다. 연구참여자가 중학교에 다닐 때 실질적으로 가정의 가장 역할을 해야 하는 사건이 발생했다. 베트남에는 남아선호사상이 강하게 남아있는데, 슬하에 딸만 둔 아버지가 다른 여자에게서 아들을 낳아오겠다고 선언을 하고 집을 나간 것이었다.

> "딸 셋이라 아빠가 기분 되게 안 좋았더라고요. 저희 할아버지는 돌아가시고 나서는 일주일 후에 식구들 다 모이는 자리에서 저희 엄마 앞에서는 막 그렇게 얘기를 하더라고요. 아들은 있어야 된다고. 당신 나중에 죽으면 다른 사람한테 제사 원하고 싶다고. 그래서 바람피우겠다는 거를 얘기한 거예요. 저희 엄마 앞에서."

연구참여자는 그 일에 충격을 받아 자신도 집을 나와 집 근처에 있는 절에서 기거했다. 그렇게 1년 7개월 동안 절에서 일을 도우며 숙식을 해결했다. 연구참여자가 집을 나가자 어머니와 동생도 집을 나와 연구참여자가 지내는 절방에서 함께 지냈다. 아버지는 가끔 집을 찾았는데 그때마다 식구들이 없으니 반성을 했는지 결국 자신의 잘못을 인정하며 집으로 돌아왔다. 연구참여자도 1년 7개월의 방황 끝에 집으로 돌아왔고, 어머니와 동생도 연구참여자를 따라 집으로 돌아왔다.

"저희 동생은 학교도 좀 멀고 그랬는데, 저희 거기 절에 오면 그나마 학교도 더 가까워지거든요. 그래서 아빠 보기도 다 싫은 거예요. 그래서 저희 동생도 거기 옷 가지러 오고 자기 짐이 다 들어오고 저랑 같이 살게 몇 개월 같이 살았어요. 저희 동생도. 그래서 저희 아빠는 일이 끝나고 집에 들어왔는데, 사람 없는 거예요. 엄마도 와이프도 없고 자식도 없고 그러니까 점점 마음에는 좀 더 마음이 약해지는 건지 그래서 시간 지나면 지나도록 좀 후회되나 봐요. 그래서 미안하다고, 내가 잘못했다고. 그래서 뭐… 그냥 잘못했으니까 이제는 절에서 그만 살고 집에 와서 살으라고."

그러나 아버지는 여전히 집에 마음을 붙이지 못하는 것 같았다. 아버지는 집에 생활비를 거의 주지 않았고, 연구참여자는 어머니와 동생을 건사하기 위해 중학교 졸업 후부터 신발 공장에 다녔다. 연구참여자는 한동안 신발 공장에 다니며 돈을 벌었으나 몸이 화학약품을 견디지 못했는지 발진이 나기 시작하여 그만두었다. 연구참여자는 하노이로 가서 마사지 일을 배웠다. 그리고 한국에 오기 전까지 하노이에서 마사지사로 활동하며 가끔 집을 찾았다.

"(신발 공장에서 좀 다녔다고 하시고 그거 말고는 다른 일은 해보신 적 있어요?) 몇 개월을 하다가 몸이 갑자기 좀 안 좋고 얼굴에 대는 알레르기 좀 있거든요. 그래서 그거는 신발 만드는 자체 재료들이 그거 안 맞는 건지 얼굴에 되게 보기에는 뾸록뾸록한 거는 빨개지고 가렵고 그래서 그만뒀어요. 그래서 집에서는 진료도 병원 다니고 좀 진료받고 다음에 하노이 가서 마사지 거기서는 했었어요."

연구참여자는 아버지를 보며 저런 남자와 평생을 살아야 하는 것이 결혼이라면 굳이 하지 않아도 되겠다는 생각을 했다. 연구참여자는 아버지와 마주치고 싶지 않았으나 어머니와 동생을 돌보아야 했기 때문에 아주 멀리는 가지 못하고 고향집과 가까운 하노이에 거처를 정하고 집을 오가며 지냈다.

"나중에 (언니에게) 또 결혼하고 또 계속 여기에서 살면 좀 아닌 것 같다고 이런 얘기 저런 얘기도 막 하고 그래서 계속 아빠 보기에는 아직 마음이 좀 그래서. (중략) 어쨌든 아빠랑 이제 멀리 떨어져서 사는 건 좋아해서."

한국 남자와 결혼해서 한국으로 떠난 언니는 형부와 1~2년에 한 번 정도 베트남을 찾았다. 연구참여자는 가끔이긴 하지만 한국인인 형부를 만났을 때 형부와 대화를 하고 싶어 한국어 교재를 사다가 틈틈이 공부했다.

그러던 어느 날, 언니가 형부와 함께 베트남에 왔다. 그때 형부가 알고 지내는 한 한국 남자를 데리고 왔다. 언니는 그 남자를 같은 마을에 사는 처녀와 맺어주고 싶어 선을 보이려고 데리고 온 것이었다. 그런데 남자를 만나본 처녀가 너무 키도 크고 뚱뚱하고 무섭게 생겨서 싫다고 하여 일은 성사되지 않았다. 언니는 남자를 위로하려고 친정집에 초대했고, 연구참여자는 언니와 형부를 만나려고 집을 찾았다가 그 남자를 보게 됐다. 남자는 행동이 시원시원하고 어떤 음식을 주어도 맛있게 먹었으며 집에 계시던 부모님, 삼촌들과 처음 만난 사이라고 믿기지 않을 만큼 친근하게 다가가 잘 어울렸다. 연구참여자는 그런 남자의 모습이 마음에 꼭 들었으나 결혼에 대해 생각해본 적이 없었고, 나이 차이도 많이 났기 때문에 마음은 표현하지 않았다.

> "저희 언니 소개 말고 저희 언니 친구를 소개해줬는데, 저 말고 또 다른 사람. 베트남에 가면 만나자고 결혼은 하려고 그 다 약속하고 날짜 잡고 갔는데, 또 갑자기 그 여자는 또 마음에 안 든다고. 당신 키도 너무 크고 뚱뚱하다고 무섭대요. 저희 신랑보고. (그 여자분이 신랑 마음에 안 들어가지고?) 네. 갑자기 그랬대요. 저희 신랑을 그때 마음에도 좀 수줍은 것도 아프고 다 준비하고 왔는데 갑자기 또 안 된다고 그러니까 그래서 마음에는 너무 좀 서운하니까 그래서 저희 언니는 그냥 우리 집에 한번 놀러오자고 그때는 같이 갔었거든요. 그래서 저희 집에 놀러왔는데 뭐 낯설지도 않고 그냥 무슨 친척처럼 되게 잘 어울리더라고요. 저녁도 맛있게 먹고 술도 잘 먹고 저희 아빠랑 삼촌이랑 그냥 말은 안 통하는데 그래도 되게 한잔 드시면서 말을 되게 잘 하더라고요."

그렇게 남자가 다시 한국으로 떠나고 1년 후, 언니가 다시 그 남자와 함께 베트남 친정집에 왔다. 베트남 지인의 집에서 본 처녀를 잊지 못한 남자가 언니에게 소개를 부탁했기 때문이었다. 그러니까 첫 만남에서 연구참여자와 남편은 서로 마음에 들었음에도 표현을 하지 못해 1년 동안 마음에만 둔 것이었다. 남편은 나이 차이가 많이 나서 주저했고, 언니는 남자가 6남매 중 막내인데 위로 누나만 있어서 동생을 소개해주어도 되나 고민을 했다고 한다. 연구참여자와 남편의 만남에는 많은 머뭇거림이 있었다.

"다시 한국에 들어오고 그 1년 지나고 갑자기 그 얘기를 또다시 저 언니한테 얘기를 꺼내는 거예요. 너 동생 지금 뭐하고 있냐고. 결혼했냐고. 그래서 그것에 대해서 또 갑자기 막 동생이랑 또 사귀고 싶다고 그래요. 그래서 저희 언니 또 막 고민을 하거든요. 저희 남편은 괜찮긴 한데, 시누이는 많아서. (중략) (6남매인데 위로 다 시누이고 막내아들 한 분 계시는 거구나. 시누이도 많고 힘들지 않으세요?) 그래서 저희 언니는 보통 한국 여자들이 시누이 많은 집에는 시집을 안 간다고…. 그래서 그것을 약간 좀 걱정했는데, 그래도 저희 신랑은 베트남에 가면 가족들한테는 되게 잘해주시거든요. 이것저것도 막 챙겨주고 또 막 잘해주고 또 친척들한테 가면 또 인사도 잘하고, 그리고 누구 하면 저희 아빠 뭐 하면 그냥 얘기 없이 그냥 와서 같이 도와주더라고요. 또 너무 자상하니까, 저희 식구들이랑 이웃 사람들이 보니까 이 사람이 너무 착하다고 너랑 같이 살면 되게 행복하게 살 수 있는 거 같다고 그래가지고."

그럼에도 불구하고 연구참여자는 1년 후 다시 만난 그 남자의 좋은 모습만 보였다. 남자는 친정아버지나 이웃들이 일하는 모습을 보면 그냥 지나치지 않고 다가가 팔을 걷어붙이고 도왔다. 이웃들은 연구참여자에게 저런 남자와 결혼하면 정말 잘 살 수 있을 것이라고 했고, 연구참여자는 짧은 시간에 주위 사람들에게 긍정적인 평가를 받은 남편에게 더 큰 호감을 갖게 됐다. 게다가 그 남자와 결혼하면 믿고 의지하는 언니와 가까이 살 수 있었다. 베트남보다 한국이 살기 좋다는 언니의 말도 한국에서의 삶을 기대하게 했다.

> "저희 신랑은 한 번 두 번 놀러오니깐 뭐 동네 사람들 다 좋은 사람인 거 같다고. 다 착하다고 그러니깐 한번 결혼. 결혼해볼까. 어쨌든 결혼하면은 죽을 때까지 그 사람이랑 같이 살아야 되니깐. (근데 어떻게 베트남도 아니고 한국에서 같이.) 그때는 결혼하는 거보다 그냥 언니랑 뭐 가까이 사는 거는 좋아해서 그래서 온 거예요."

연구참여자가 경험한 베트남의 일반적인 가정에서 남편은 아내를 걸핏하면 폭행했다. 연구참여자는 왜 아내가 남편에게 맞아야 하는지 이해할 수 없었고, 이는 참을 수 없는 부당함으로 받아들여졌다. 그런데 언니가 한국 남자는 베트남 남자와 달라서 그러지 않는다고 했다. 남편도 연구참여자가 아내를 때릴 수도 있겠느냐고 묻자 절대 그럴 일은 없다고 했다. 연구참여자는 결혼에 대해 새로운 기대를 갖게 됐다.

> "저희 엄마는 참고… 살고 어쨌든 그전부터 그렇게 참고 살았으니깐 지금은 뭐 좋은, 다 그렇게 뭐 시집갔지만 막내 동생 아직 있잖아요? 동생은 시집보낼 때까지 같이 지내자고 지금은 저희 아빠도 잘못했다고 후회도 되고 또 그러니깐 모르겠어요. 앞으로 어떻게 될 건지. (예전에는 한국도 그랬어요.) 네. 자식들 때문에 참고 산 거죠. (그거 다 자식들 결혼하고 나면 뒤늦게 이혼하는 분들도 계시고 그런데 베트남은 그 정도까지는 아니죠?) 베트남은 그전에 거의 많이 맞고 해도 그래도 다 참고 살았거든요? 요즘은 안 그

래요. 한국 좀 비슷한 거 같아요. 너무 참을 수 없으면 다 이혼하고, 뭐 성격이 맞지 않으면 또 이혼하고, 그런 거 지금 되게 좀 많더라고요. 베트남 남자들 되게 폭력 좀 심해요. 거의 집집마다 좀 그런 것 있어요. 그래서 그전에는 결혼할 마음이 없었거든요. (중략) (근데 남편이 와가지고 결혼하자고 하는 바람에.) 막 그래도 저희 언니 말 듣기는 한국 사람이 그래도 베트남 사람보다 한국 사람이 좀 더 많이 착해 보인다고. 저희 형부도 저희 언니 막 때리고 그런 적도 없고, 때리는 사람 있겠지만 그런데 안 때리는 사람도 있으니까 그래서 믿고 결혼을 하라고 네 마음이 있으면. (남편이 때리지는 않잖아요?) 네. 그래서 그때는 와서 막 대화를 해보고 얘기도 해봤는데, 절대 안 때린다고 그래서 온 거예요."

연구참여자에게 베트남에서의 결혼은 포기하고 싶은 것이었다. 딸이 셋이나 되어도 아들이 없다는 이유로 가정에 소홀한 아버지가 미웠고, 그런 아버지를 떠나고 싶었다. 연구참여자에게 한국 남자와의 결혼은 아버지로부터 떠날 수 있는 좋은 계기를 만들어주었다. 또한 한국 남자와 결혼하면 가족 중에 가장 사랑하는 언니와 가까운 곳에서 살 수 있었다. 지금의 남편은 연구참여자를 베트남을 떠나고 싶어 하던 연구참여자에게 구명줄이 되어주었고, 포기하고 말았던 아내, 또 어머니로서의 삶을 꿈꾸게 해주었다.

(2) 문화 적응 전략 1: 안전에 대한 욕구를 충족시킬 수 있는 생활환경에 대한 만족

연구참여자는 남편과의 결혼으로 한국 땅을 처음 밟았다. 그러면서 한국이 베트남보다 살기 좋다는 언니의 말을 실감했다. 연구참여자가 첫 번째로 놀란 것은 교통이었다. 하노이에서는 횡단보도나 신호가 있어도 지키는 사람들이 드물었고, 도로에는 언제나 차와 사람들이 한데 뒤엉켜 있었고, 차들이 내는 경적 소리로 가득 차 있었다. 한국에서 운수업을 하고 있는 남편이 베트남에서는 운전대를 잡기 무섭다고 할 정도였다. 그런데 한국의 도로에서는 경적 소리를 내는 차를 찾아보기 어려웠고, 사람들은 횡단보도와 신호를 정확하게 지켰다. 도로는 잘 포장되어있었고, 사람과 차가 다니는 길이 달라 서로 먼저 가겠다고 뒤엉키는 일은 거의 없었다.

> "(어떤 점이 좀 베트남보다 낫다고 생각하셨을까요?) 교통이 한국은 되게 좋더라고요. 베트남에는 교통 되게 안 좋거든요. (교통이 좀 불편하고.) 되게 불편해요. 저희 신랑도 무섭대요. 베트남 가서 운전을 못 해요. 여기 운전 너무 잘하는데, 베트남 가서는 운전을 너무 무서워서 못 하겠다고 그랬대요. (무서워서?) 길도 좀 좁고 그래서 오토바이를 한번 화물차랑 다 같이 가는 거거든요. 그래서 신호등 같은 거 거의 없어요. 그래서 지나가다 중간에 차 없으면 그냥 바로 유턴을 하거든요. 횡단보도 같은 것도 그냥 잘 안 지켜요. 교통은 되게 불편해요. 사고도 많이 나고. 그래서 뭐 다니면서도 차들이 막 빵빵 소리는 다 내고 그래서 엄청 시끄러워요. 먼지도 많이 나고, 그래서 저희 신랑은 보니까 여기 교통은 너무 못한다고. 근데 한국에서는 교통 그래도 좋잖아요. 가면 맨날 조용하고. 저

여기 처음 올 때는 깜짝 놀랐어요. 자동차 빵빵 소리 그거 안 나는 건지, 고장 난 건지, 그거 안 한 건지. 사람이 그거는 안 해주는 건가? 했었거든요. 너무 조용하니까. 근데 저희는 너무 시끄럽잖아요. 그래서 그거는 진짜 깜짝 놀랐어요."

베트남은 겨울에도 기온이 5~6도 정도까지밖에 안 떨어지지만 집이 허술하게 지어져 있어서 집 안과 밖의 온도가 똑같다. 그래서 기온이 조금만 내려가도 엄청 춥게 느껴졌다. 그런데 한국은 난방시설이 잘 되어 있어서 겨울에도 실내에서 반팔을 입고 지내도 될 정도였다. 겨울에 베트남에 있는 식구들과 영상통화를 할 때면 식구들이 어떻게 겨울에 반팔을 입고 있느냐며 놀랐다. 그러나 전혀 추위를 느끼지 않을 정도로 집 안이 따뜻하다. 한국의 주거환경은 베트남의 주거환경과 비교할 수 없을 정도로 좋다.

"저희 북쪽에서 사는 거라 사계절은 있어요. 겨울에는 한국처럼 그렇게 막 춥지 않지만, 근데 여름이 엄청 덥거든요. 뭐 46도, 50도까지 오를 때도 있고, 겨울에는 막 온도 많이 내리면 5~6도까지 내리고, 거의 막 15~16도는 떨어지더라고요. 근데 베트남 사람들한테 그 정도면 엄청 추운 거죠. 그래서 근데 뭐 잘 때도 잠바 입고 자고 추우니까. 난방도 안 되고. 그래서 그거 약간 좀 불편하고 또 저희 여기 와서 사는데 가끔 동생이랑 엄마, 아빠 아니면 친구들이랑 영상통화 하면 눈도 오고 엄청 춥다며 왜 반팔 입고 다니냐고. 막 그런 얘기를 많이 하더라고요. 또 여기는 집 안에 있으면 그냥 옷 벗어도 따뜻하다고 그랬거든요, 제가."

연구참여자는 한국에서 살면서 국민이 국가로부터 보호를 받는다는 느낌이 얼마나 큰 안정감을 주는지 알게 됐다. 연구참여자는 현재 한국에서 세 자녀를 두고 있는 엄마인데, 임신과 출산 때마다 국가에서 주는 혜택에 놀랐다. 그리고 자녀를 출산하는 환경이 베트남보다 훨씬 위생적이어서 만족스러웠다. 베트남에서는 병원에서 아기를 낳아도 아기를 물로만 씻어주고 더러운 상태로 그대로 둔다.

> "(한국에서 좋았다는 점은?) 나라는 되게 잘해주시잖아요. 한국 사람은 무슨 생각인지 몰라도, 얼마나 불편한지 몰라도, 우리는 저희에 대해서는 나라가 되게 잘해주시더라고요. 임신 때에도 나라에서 또 산모들한테 어느 정도 막 지원은 해주시잖아요. 저희도 그때에 큰딸도 50만 원 주셨거든요? 임신 때 병원 좀 편하게 다닐 수 있게 둘째도 셋째도 그렇고 뭐 그런 거 대해서도 나라에서 되게 잘해주시고, 그래도 그 애 낳고 나서는 둘째, 셋째 낳고 좀 힘들긴 한데 그래도 내가 자식을 키워야 되니까 뭐 나라에서는 이것저것 막 해주는 건 바라지 않지만 그래도 혜택도 많이 받고 되게 괜찮았어요. 어린이집 가는 돈 내주시는 건 다 내주시고. (중략) 보통 여기는 애 낳고 나서 간호사들이 애기 목욕 다 깨끗하게 씻겨주는데 베트남에서는 돈을, 간호사한테 돈 주면 머리나 몸에 샴푸라든가 바디워시라든가 그걸로 좀 넣어주고 아니면 그냥 맨 물로 씻겨줘요. 신생아들한테. (신생아들한테 그냥 맨 물로?) 그래서 항상 애 낳고 나서 베트남은 애들이 머리에는 무슨 검은 것이 항상 좀 있거든요? (딱지 같은 거?) 네. 그런 거 처음부터는 잘 씻겨줘야 하는데 그런 거는 그냥 물로 씻겨주니까, 그런 거 다 묻더라고요. 뭐 한 달 있어야 다 떼지거든요. 집에서 잘 씻겨주면. 근데 여기 와서는 신기하게 저는 항상 그거 있다고

생각은 했거든요? 근데 여기 와서 첫째 낳고나서는 머리 그거 너무 깨끗한 거예요. 없는 거예요. 아, 왜 그러지? 나중에 크면 생기는 건가? 그랬거든요. 근데 없더라고요. 그래서 얘기하니까 저희 엄마는 베트남에서 그거는 되게 더럽게 씻겨주니까 그렇지, 여기는 안 그렇다고."

또한 베트남에서는 몸이 아파서 병원에 가서 진료를 받으려고 해도 돈이 없으면 진료를 받기 어렵다. 그에 비해 한국은 누구에게나 공평하게 의료 서비스를 제공하고 있어 의료기관을 신뢰할 수 있다. 어린 자녀를 둔 엄마로서 자녀가 아프면 얼른 병원에 데려가서 진료를 받을 수 있어서 안심이 된다.

"베트남에서는 병원에 가잖아요. 베트남에서는 진짜 돈이…. 만 동 주든 2만 동 주든 그러면 늦게 오는 사람 먼저 들어가고 순서대로는 안 돼요. 그런 건 불편하고, 그래서 보험이 있잖아요. 그거도 그냥 앉아서 기다리라고. 그런 거 있어요. 보험 대해서는 그런 거 잘 처리해주지 않고. (처리해줘야 할 건 잘 안 해주고.) 병원 가면 이 사람 저 사람 다 보험 있으면 금액 어느 정도 좀 낮잖아요. 좀 낮춰주고 저렴하게는 해주는데, 베트남에서는 그런 거 없어요. 보험 있는 사람은 되게 좀 안 주고 약 같은 거만 주고 그래서 그런 거 좀 안 좋고, 또 기다리는 시간도 많고, 복잡하고, 뭐 돈 있는 사람은 살고 돈 없는 사람은 또 못살고. 그때 베트남에서 되게 죽는 사람 많았어요. 병원에서. 이 사람은 사고 당하고 진짜 몸이 여기저기 부러지고 막 엄청 급한 환자이거든요. 근데 가서는 돈은 막 어느 정도 막 50만 동이나 100만 동쯤 넣어줘야 들어가거든요. 근데 빨리 안 넣어주니까, 죽게 되는 거예요. 막 뭐 치료를 안 해주면. (중략) 한국은 되게 좋잖아요. 병원 가면 뭐 일찍 오든 늦게 오든 순서대로 들어가고 돈 주면 돈도 안 받고 그래서 베트남에서 의사들이 진짜 자존심이 없는 건지 모르겠어요. 돈이 있어야 치료를 해주고 돈을 안 주면 치료 안 해주고."

연구참여자가 보기에 베트남에서 사회적 지위도, 돈도 없는 일반 사람들은 존중받기 어렵다. 그러나 한국은 사회적 지위가 높은 정치인이라도 잘못을 하면 스스로 이를 책임진다. 이처럼 연구참여자에게 한국은 지위 고하를 막론하고 국민에게 안전에 대한 권리와 누구에게나 생명을 보호받을 권리를 보장하는, 살기 좋은 나라이다.

"베트남은 안 그래요. 국민은 뭐 잘못하면 국민 벌 받는데, 대통령은 뭐 잘못하면 벌 안 받아요. 돈 있으면 살고 돈 없는 사람은 못 사는 거죠. 베트남에서는."

연구참여자는 새롭게 정착한 삶의 터전인 한국에서 모국 베트남의 국민으로 살아가는 동안에는 보장받지 못한 기본적인 권리를 보장받을 수 있게 됐다고 보고 있다. 이를 통해 한국으로의 이주를 결심한 자신의 선택이 더 나은 삶으로의 도약을 위해 필요한 선택이었음을 드러내고 있다고 볼 수 있다.

(3) 문화 적응 전략 2: 아내로서, 어머니로서, 나의 노력만으로 해결하기 어려운 문제라도 좌절하지 않고 실천적 행동으로 이겨내기

연구참여자는 한국의 주거 또는 생활환경에 대해 높은 만족도를 보여주고 있지만 개인적인 삶의 영역에서는 근심하고 있는 여러 가지 고민거리가 있다. 연구참여자는 슬하에 3남매를 두고 있는데, 세 자녀가 아직 어려서 어린이집에 보내고 있다. 그런데 세 자녀 중에 둘째와 셋째에게 발달장애 증상이 있다. 특히 막내의 증상이 심해서 전문 상담기관의 도움을 받고 있다.

> "얼마 전에 상담 받았는데 부모 상담, 어린이집에. 다 안 좋게 나와서 지금 되게 고민을 많이 하거든요. (안 좋게 나왔어요?) 지금 세 살인데, 두 돌은 됐는데 말을 안 해요. 그니까 막 이름을 부르면 좀 쳐다봐야 하는데, 쳐다보지도 않고, 시키는 거는 다 안 해요. 어린이집에 가서 수업 같은 거 있으면 그냥 참석하지 않고, 같이 하지도 않고, 혼자 막 장난감 들고 돌아다니면서 그렇게 혼자 놀아요. 근데 저희 둘째 아들도 그래요. 안 해주면 떼쓰고, 그래서 그거는 좀 지금 힘들거든요. (큰딸은 괜찮고요?) 큰딸은 걱정은 없어요. (큰딸은 과거에 그런, 그런 거는 없어요?) 머리가 되게 똑똑하거든요. 말도 잘하고. (근데 딸하고 아들이라 달라서 그럴 수도 있죠? 또 몰라요. 아이들은 지나면.) 지나면 좋아진다고 그랬었긴 한데. (예. 맞아요.) 네. 지금은 빨리 안 고쳐주면 나중에도 엄마도 힘들고 애도 고생하니까 지금은 좀 빨리 고쳐주라고, 그러고 저보고 그 발달센터 그런 데 좀 다녀서 진료 좀 받아보라고. 아들한테는 좀 진료받고 있어요."

연구참여자가 보기에도 둘째와 셋째는 첫째와 다르다. 주위 사람들과 소통하지 못하고 자기 주장만 하는 등 그 시기의 다른 아이들에 못 미치는 성장 속도를 보이고 있다. 연구참여자는 발달장애는 얼른 치료를 시작해야 한다는 주변 사람들의 권유를 받아들여 전문 상담기관의 상담을 받게 된 것이다. 그런데 연구참여자가 아내로서 살아가기 위해 노력하고 있음에도 상담사에게 엄마로서의 역할을 다하지 못하게 하고 있다는 지적을 받고 막막함을 느끼고 있다.

"원장님도 저보고 알바 좀 그만 다니시고 애만 좀 보라고. 어린이집에 보내는 건 중요한 건 아니다, 다니면서 애랑 같이 노는 시간 많이 하는 게 좋다고. 근데 저희 집이 상황이 알바 안 되면 신랑이 보통 고생 많이 해두거든요. 왜냐 지금 많이 바쁘고, 거의 집에도 안 돌아오고, 온다 해도 밤늦게 들어오고, 새벽에 일찍 나가니까 애랑 같이. (지금 한숨 쉰 거는.) 네네. 빚이 어마어마해요. (중략) 지금은 알바로 버는 거로 내주고, 애들 옷이라도 필요하면 뭐 제가 그거 사주고 그러니까 그나마 저희 신랑이 덜 힘들거든요."

또한 자녀의 발달장애 문제는 엄마가 대신 아파줄 수도, 책임져줄 수도 없는 문제이기 때문에 엄마로서 자녀에게 해줄 수 있는 일이 없다는 무기력함과 우울에 시달리고 있다. 심리적인 압박감에 주변 사람들에게 조언이라도 구하고 싶지만 집집마다 상황이 달라 연구참여자에게 적당한 조언을 해줄 수 있는 사람이 마땅히 없다.

"애 하나 있는 집이랑 애 셋 있는 집이랑 또 좀 틀리고, 지금은 제가 뭐 한국 사람 어쨌든 국적 취득했지만, 그래도 뭐 다 아는 것도 아니고, 누가 봐도 베트남 사람이니까. 또 애 키우는 것도 뭐 나라도 친구들도, 베트남 친구들도 다 애는 뭐 집집마다 둘씩 있는 집인데, 물어보는 사람들은 없어요. 저보다 거의 다 못하는 친구들이거든요. 어떻게 해야 하나."

연구참여자의 남편 또한 아침 일찍 출근해서 밤늦게야 집에 돌아오는 바쁜 일정을 소화하고 있어 자녀교육에 신경을 쓰지 못하고 있는 상황이다. 그 누구보다 성실하게 일하는 남편은 많은 돈을 벌고 있지만 빚이 많아 지출하는 돈이 상당해서 생활비가 빠듯하다. 남편은 마음같이 되지 않아도 가장으로서 가족들을 책임지기 위해 하루도 마음 편히 쉬지 못하고 일을 하느라 항상 신경이 예민해 있다. 남편은 두 자녀가 정서적 · 심리적으로 불안정하다는 사실을 받아들이기 어려워하여 통제가 불가능한 두 자녀와의 시간을 감당하지 못하고 화를 내고 만다. 연구참여자는 마음에 여유가 없는 남편에게 아버지로서 인내하며 두 자녀를 보듬어주어야 한다고 가르쳐주지만 남편은 이를 어려워하고 있다.

연구참여자는 상담사에게 파트타임으로 하는 일을 그만두고 두 자녀와 더 많은 시간을 함께하라고 조언했다. 연구참여자는 두 자녀를 위해서는 분명 필요한 일이겠지만 자신의 상황이 어머니로서의 역할에만 전념할 수 없다고 보고 있다. 연구참여자는 남편의 경제적 부담을 덜어주면서 자녀들도 부족함 없이 키우려면 짧게라도 일을 해야겠다는 생각에 두 자녀가 어린이집에 가 있는 낮 시간 동안 파트타임으로 식당 일을 하고 있다. 이 일은 또한 연구참여자에게 일을 할 수 있다는 만족감을 주어 어떤 도움되는 일도 할 수 없다는 절망과 무기력함을 이겨내는 심리 치유의 효과도 가져다주고 있다. 연구참여자에게 파트타임 일은 자기 자신을 위한 일이기도 하고, 남편을 위한 일이기도 한 것이다.

"그래도 애들이 다 어린이집 보내니까 알바는 몇 시간만 해요. (중략) 거의 매일 하고 주말만 빼고요. 애는 봐야 되니까. (주말은 어린이집 안 가니까. 일은 힘들지 않으세요?) 아니요. 재미있어요. 맨날 재미있으니까 감옥 가두는 것처럼 좀 안 좋거든요. 그때에도 우울증도 좀 있고. (중략) (그 우울한 게 아이들한테 힘이 들어서 더 우울할 수 있었을 거고, 그렇죠?) 보통은 좀 그래요. 그전에 작년이라도 참고, 이때도 우울증도 걸린 거 같았거든요. 근데 지금은 알바 다니니까 그나마 그거는 힘이 좀 돼주더라고요. (알바 다니는 게 우울증 가라앉은 이유가…) 몸을 아무 생각 없이 움직이니까 그거는 막 편해지는 거예요. 그냥 애들 때문에 알바도 안 다니고, 애들 보내고 가서 집에서 뭐 한다. 그러면은 힘이 없어요. 작년만 해도 그래요. 근데 올해는 조금이라도 알바 다니고 그러니까 확실하게 좀 좋더라고요. 아침에 일어나서 애들 때문에 정신없이 준비해주고 보내고 그랬는데, 막 되게 알바를 안 하면 막 귀찮아하거든요. 머리도 아프고 몸도 아프고 안 가면 죽겠다 생각했는데, 그래도 시간이 되면 나가야 하니까, 나가니까. 또 갔다가 오면 기분 되게 좋아지더라고요."

연구참여자는 혼자 집에 남아서 무료하게 보내는 시간을 낭비라고 생각한다. 몸이 조금 힘들더라도 일찍 일어나서 시어머니와 함께 밭을 매고, 식당에 나가서 부지런히 몸을 움직이면 머릿속에 잡념이 사라진다. 또한 자기 힘으로 경제 활동을 하게 되면서 남편의 태도도 달라졌다. 남편은 연구참여자가 버는 돈이 적어도 경제 주체로 자기 몫을 해내고 있다는 점을 인정해준다. 그 덕분에 연구참여자는 스스로에 대한 자신감도 가지게 됐다.

> "(그래도 엄마가 아르바이트하러 나가서 아주머니들이랑 이야기를 하면서 마음을 푸니까 견딜 수 있는.) 네. 그런 거 같아요. 그나마 그거는 힘이 좀 돼주는 거 같아요. (누가 옆에서 해결해줄 수 있는 일은 없잖아요.) 그렇죠. 저는 그렇게는 다니고 싶고, 막 음식 하는 것도 좋아야 하고, 또 막 그래도 지금은 저희 집 상황에서는 회사 다니고 더 많은 돈 벌고 싶은데 애들 때문에 그런 거는 못 하니까 조금이라도 알바 다니고, 애들 없을 때만. (중략) 그래서 지금 그냥 집에만 있으면은 살 수 없을 것 같아요. (마음도 아프고.) 네. (몸도 아프고.) 그니깐 그것 보면 자존심도 그때 좀 상했거든요, 제가? (왜요?) 그때 저는 집에만 있었어요. 애만 키우고. 저희 신랑이는 일도 피곤하게 왔는데 밥 바로 안 해주고 (중략) 밖에서 일하고 오는 사람한테 밥도 안 주고 이게 다 뭐냐고. 재네들한테 밥부터 좀 먹이고, 이런 것도 다 치우고, 정리 좀 하라고 막 그러고. 제가 그전에는 그런 생각을. 뭐 다른 사람이 뭐 그런 생각을 했지만 저는 그렇게까지 생각을 안 했거든요. 집에서만 애만 키우는 거 아니라고 한 거예요. 뭐 조금이라도 내가 내 힘으로 돈 버는 거는 최고라고. 남편도 무시하잖아요. 그런 걸로. 그때는 진짜 자존심 좀 상했거든요. (그렇죠.) 그래서 어떻게 해서 한 시간이든 두 시간이든 꼭 알바는 하겠다고. 그런데 갑자기 동네 그 사장님이 알바 필요한다고 그래서 나가게 되고. 그때부터는 뭐라고 안 하더라고요."

연구참여자는 할 수 없는 일에 절망하며 시간을 보내기보다 작은 일이라도 할 수 있는 일을 찾아 부지런히 움직인다. 상황이 저절로 바뀌기를 기다리지 않고 스스로 변화를 만들어내기 위해 노력하는 것이다.

(4) 한국에 바라는 점: 발달지연 자녀에 대한 복지 및 교육 지원, 다자녀 가구에 대한 혜택 확대

최근 연구참여자의 고민은 대부분 세 자녀의 교육에 대한 것이다. 특히 발달장애 증상이 있는 둘째와 셋째의 교육을 어떻게 해야 할 것인가가 가장 큰 문제이다. 의지할 데가 마땅히 없어 더욱 막막한 상황에서 다문화가족지원센터를 통해 부모교육을 신청할 수 있다는 말을 듣고 신청했는데 아직까지 연락을 받지 못했다. 연구참여자는 다문화 가정 자녀는 센터를 통해 교육 지도를 받을 수 있다는 것도 알고 있지만 실질적인 도움은 받고 있지 못하다. 교육 지도를 받을 수 있는 횟수가 정해져 있어서 가장 필요한 시기에 받고 싶은데 이를 결정하는 것이 쉽지 않다. 또 첫째에 대한 교육은 신청했는데 이 역시 신청한 데 대한 연락을 받지 못했다.

> "(그런데 상담을 받고 싶은데 상담을 받을 길이 없어요, 그렇죠?) 그런 거는 나라에서 더 지원해주면 좋겠다고 생각도 하거든요. (중략) 예전에는 동사무소에서 자녀교육. 10개월 해주는 막 애, 애들만 가르쳐주는 교육 있는데, 또 막 한글이든 수학이든 그런 거는 해준다고. 그래서 그전에 선생님한테 듣기론 막 7살 애 8살 되면 그때 신청해도 되고, 아니면 막 초등학교 들어가면 신청해도 되고, 한 번에 두 시간씩이니까 그 긴 시간에는 뭐 좀 애들 좀 커야 얌전하게 앉아서 두 시간 동안 공부를 하지. 지금 당장 신청해버리면 막 거의 5분, 10분이면 안 앉아있잖아요. 또 그 후에는 지치니까 막 돌아다니고, 그래서 그래도 혹시나 해서 지금 애들 상황이 그래서 그나마 선생님이 와서 같이 이야기해주고, 도서관 같은 데도 가준다고 그랬었거든요. 그래서 그렇게 막 다니고 그러면 좀 더 좋

아하지 않을까 생각했는데 신청을 했어요. 그런데. (큰애는 가능할 거 같긴 해요.) 큰애하고 둘째는 가능한다 그랬어요. 근데 다 신청했는데 그거는 안 되고, 연락 없고, 동사무소에 통해서 신청했는데 연락도 안 오고."

연구참여자는 베트남에서 나고 자랐기 때문에 한국의 교육 시스템에 대해 잘 모르는 부분에 대해서는 국가기관의 도움을 받고 싶다고 생각하고 있다. 그러나 관련 기관에 다문화 가정교육 프로그램이 있다는 정보를 알아내어 신청을 해도 잘 연결이 되지 않고 있다.

또한 연구참여자는 현재 세 자녀를 키우고 있어 다자녀 가구에 해당한다. 그런데 정부에서 출산율을 장려한다고 하며 내세운 공약들에 비해 체감하고 있는 혜택은 얼마 되지 않는다. 남편의 소득수준이 높아서 그런 것이기도 하겠으나 지출이 워낙 많아 실제 소득수준은 높지 않다. 이런 경제적 여건에서 세 자녀를 양육하는 일은 여간 만만치 않다.

"교육에서 더 지원해줬으면 좋겠고, 애 많은 식구는 혜택 더 많이 받을 수 있으면 좋겠어요. (지금도 세 자녀면 다자녀 혜택 있지 않아요?) 근데 보통 장려금 그런 거 있잖아요? 저희 신랑은 소득 명분도 없다고 그래서 못 받더라고요. (중략) 진짜 혜택에 대해서는 많이 받는 거는 모르겠어요. 그냥 셋째 낳고 나서는 그냥 동사무소에서 50만 원 그냥, 그렇게 해서. (처음에 한 번만?) 딱 한 번만. 그것도 그니깐 친정에 가면 수도라든가 전기? 그런 거는 할인 좀 되고. 뭐 다른 거는 받는 거는 없어요. 저희 집은."

연구참여자는 자신이 노력해서 해결할 수 있는 문제는 노력하면 된다고 생각한다. 그러나 자녀교육은 의지나 노력만으로 해결할 수 없는 문제이기 때문에 그 방법에 대한 가이드와 지원이 필요하다.

3) 연구참여자의 특성

연구참여자가 한국 사회 적응 과정에서 보이는 인지 · 정서적 특징을 정리하면 다음과 같다. 첫째, 연구참여자는 부지런하고 성실하여 몸을 움직여 일하는 것을 즐긴다. 연구참여자는 한국에서 구하기 어려운 베트남 작물이 있으면 종자를 구해 텃밭에서 키우기도 한다. 새벽같이 일어나서 텃밭을 가꾸는 일도 마다하지 않는다. 그렇게 수확한 작물의 양이 워낙 많아 다른 베트남 여성들과 나누어 먹기도 한다. 그러나 마음에서 우러나서 즐겁게 하는 일이기 때문에 대가를 바라거나 하지 않는다. 연구참여자는 잠시라도 가만히 앉아서 쉬는 법이 없다. 혼자 집에 남아 아무 일도 하지 않는 시간을 가장 힘들어한다. 연구참여자는 오히려 다른 사람보다 더 많은 일을 하게 되더라도 쉼 없이 몸을 움직이는 것을 더 선호한다.

둘째, 연구참여자는 새로운 것을 시도하는 데 대한 두려움이 없다. 해보지 않은 일을 하는 것보다 아무 일도 할 수 없는 상태를 더 힘들어한다. 새로운 것을 시도해서 자신에게 맞지 않으면 다음에 다시 하지 않으면 된다고 생각한다. 새로운 것에 기꺼이 도전하며 개척해나가는 진취적 성향을 가지고 있다고 할 수 있다.

셋째, 가까운 사람과 의견 충돌이 있으면 표현하지 못하고 속으로 삭이기보다 겉으로 드러내어 부딪힌다. 이러한 방식으로 문제가 당장 해결되는 것은 아니고 이로 인해 상처도 받지만 적어도 상처가 되는 상황으로부터는 벗어나 조금이라도 더 나은 상황으로 나아가는 추진력을 얻고 있다고 볼 수 있다.

이를 종합해보면, 연구참여자는 한국의 언어와 문화를 습득하여 그에 맞추어 살아가면서 그와 동시에 베트남인으로서 향유해온 음식과 문화도 계속해서 향유할 수 있는 방법을 개척해나가고 있다. 또한 베트남인과 한국인의 경계를 두지 않고 폭넓은 대인관계를 맺고 있다고 볼 수 있다.

마지막으로 연구참여자의 경험에서 한국 사회의 사회제도적 개선점을 찾아보면 다음과 같다. 첫째, 연구참여자의 경우처럼 언어나 행동 등에서 발달 지연의 문제를 겪고 있는 다문화 가정 자녀에 대해 체계적인 관리와 지원이 필요하다. 이는 아동의 기본적인 권리라 할 수 있는 교육권의 보장을 위해 필요하다. 또한 교정할 수 있는 적당한 시기를 놓쳐 사회에 적응이 어렵게 되면 이로 인한 사회적 비용의 발생도 감수해야 하기 때문에 이러한 문제를 미연에 방지하기 위해서도 필요하다.

둘째, 출산율의 재고를 위해 다자녀 가구에 대한 실질적 혜택의 확대가 필요하다. 특히 다자녀 가구에 부담이 되고 있는 문제가 무엇인지 파악하여 국가적 차원에서 이를 경감시켜줄 수 있는 지원 대책이 마련되어야 임신과 출산에 대한 긍정적 변화가 일어날 수 있을 것이다.

2장

이주노동자의 생애담 연구

1.
연구참여자 1의 생애담

1) 생활세계 문화 적응 생애담 요약

연구참여자는 스리랑카 국적을 가진 37세 남성이다. 한국에는 2008년에 처음 왔고, 현재는 아내, 남동생과 함께 거주하고 있다. 남동생은 연구참여자와 같은 지역에서 노동자로 일하고 있고, 아내는 한국의 한 대학에서 석사과정을 밟고 있다. 연구참여자는 사형제 중 맏형으로 한국에 오기 전까지 조모와 부모님과 함께 살았다.

스리랑카에서 대학을 졸업하고 연구참여자는 바로 한국행을 선택했다. 전공은 경제학이지만 한국에서 얻은 직업은 전공과는 무관하다. 스리랑카는 한국정부가 고용허가제를 실시하고 있는 국가이기 때문에 한국어능력시험을 통과하면 한국의 외국인 고용 관리 시스템에 등록할 수 있다. 연구참여자는 대학을 다니면서 한국어능력시험을 통과하여 대학 졸업과 동시에 시스템에 등록했는데, 한국의 한 선박 회사로부터 연락이 오기까지 1년 반 정도가 걸렸다.

연구참여자는 비전문취업비자(E-9)로 한국에 입국하여 한 선박 회사에서 4년 4개월 동안 일했다. 비전문취업비자는 한국에 체류할 수 있는 기간이 4년 10개월로 정해져 있기 때문에 기한이 만료되기 전에 스리랑카로 돌아간 것이다. 현재(2018년 기준)는 비전문취업비자도 기존 사업주의 허가가 있으면 한 번 더 연장(4년 10개월)할 수 있지만, 당시(2012)에는 이 제도가 없었기 때문에 한국으로 돌아오려면 다시 스리랑카로 돌아가서 절차를 밟아야 했다. 연구참여자는 한국에 오기 위한 절차를 다시 진행하며 1년 6개월 정도 스리랑카에 머물렀다.

연구참여자는 이 기간에 영상통화나 메신저 등으로 사랑을 키워온 연인과 결혼식을 치렀다. 아내를 소개한 것은 한 부부였다. 남편은 한국 사람이고, 아내는 스리랑카 사람인데, 부부가 알고 지내던 한국에 있는 연구참여자와 스리랑카에 있는 아내의 만남을 주선한 것이다. 연구참여자와 아내는 2년 동안 한 번도 만나지 못하고 SNS를 통해 교류하며 사랑을 키웠다. 그 기간 동안 상대가 '마음이 착하고 좋은 사람'이라는 확신을 하게 된 연구참여자는 결혼을 결심하고 있다가 스리랑카에 귀국한 참에 바로 결혼식을 올렸다. 또한 연구참여자는 결혼식을 올리고 난 후 그동안 번 돈으로 고향(콜롬보에서 남쪽으로 20~30km 떨어진 지역)에 커다란 집을 지었다. 맏아들인 연구참여자는 노령의 할머니와 부모님을 편하게 모실 수 있는 커다란 집을 짓기 위해 한국행을 선택한 것이었다.

연구참여자는 2015년 초에 한국의 한 식품가공 회사에 취업하게 되면서 다시 한국으로 오게 됐다. 연구참여자는 그 식품가공 회사에서 8개월 동안 일했으나 일에 적응하지 못하여 다른 제조 회사로 이직했고, 그 회사에서 3년째 근속 중이다.

연구참여자의 아내는 연구참여자가 한국에 재입국하고 6개월 만에 어학연수(D-4) 비자로 한국에 왔다. 연구참여자의 아내는 한국의 한 대학 어학당에서 반년 동안 어학연수를 마치고, 석사과정에 입학하여 유학(D-2) 비자로 변경했다.

또한 연구참여자의 세 동생 중 둘째 동생(사형제 중 셋째)이 2011년에 연구참여자와 마찬가지로 비전문취업(E-9) 비자로 입국하여 한국에서 일을 하고 있다. 연구참여자의 남동생도 연구참여자와 같은 지역에 있는 회사에 다니고 있기 때문에 연구참여자는 회사 인근에 아담한 월셋집을 얻어 아내, 남동생과 함께 거주하고 있다.

2) 생활세계 문화 적응의 내러티브

(1) 이주 전의 삶: 발전을 위해서는 교육보다 경제

연구참여자는 스리랑카의 수도, 콜롬보 인근에 있는 도시 출신이다. 어렸을 때부터 조부모와 부모, 세 남동생과 함께 3대가 모여 살았다. 할아버지는 연구참여자가 중학교에 다닐 즈음 세상을 떠났고, 현재는 90대인 할머니, 아버지와 어머니, 두 동생이 스리랑카에 남아있다.

연구참여자는 한국으로 치면 초등학교, 중학교, 고등학교를 우수한 성적으로 졸업했다. 그리고 한 대학에서 경제학을 전공했다. 대학을 다닐 때는 역사 교사 자격증을 취득하기도 했다. 그러면서 늘 가난한 조국 스리랑카를 위해 스리랑카의 청년으로서 어떤 일을 할 수 있을지 고민했다.

당장 해결해야 하는 삶의 문제도 있었다. 할머니와 부모님을 편안히 모시기 위해 돈을 벌어야 했다. 그러나 스리랑카에서는 좀처럼 가난에서 벗어날 길이 보이지 않았다.

연구참여자는 대학에 다니면서 한국행을 결심했다. 연구참여자가 대학에 다니던 2006~2007년 무렵부터 한국은 외국인 노동자에 대해 고용허가제를 실시하고 있다. 스리랑카에서 한국어능력시험(EPS)을 통과하고 노동자로 일할 수 있는 여건 및 자격이 되는지 심사를 받은 후 한국에 있는 기업으로부터 고용 허가가 날 때까지 기다리면 됐다.

연구참여자가 한국행을 결심한 가장 큰 이유는 돈을 벌기 위해서이다. 돈을 벌어야겠다고 마음먹은 이유는 첫째, 부모님과 함께 살 집을 짓기 위함이고, 둘째, 부동산 임대업을 해서 정기적인 수입을 확보하기 위함이다. 이 두 가지의 이유 모두 가장으로서 마땅히 짊어져야 할 책임과 관련된다.

> "(왜 한국에서 일해야겠다고 생각하셨어요?) 그때는 돈 벌고, 건물 만들고 싶었어요. 건물 만들어서 월세 받으며 나가서 일해서 돈버는 생활을 하고 싶었어요. 우리는 뭐… 가게도 만들 수 있어요. 임대요. 가게 임대. 짧은 기간 동안 돈을 많이 벌 수 있으니까. 다른 나라는 가기가 어려워요. 한국은 한국말 배우고 시험 있잖아요. 시험 합격하면 한국에 갈 수 있어요. EPS. (중략) 세계에서, 다른 나라는 없는 것 같아요. 좀 가기 어려워요."

스리랑카에서 부모님과 함께 살 집은 커야 했다. 그래서 특히 맏아들에게는 큰 집을 지어야 할 의무가 부가된다. 스리랑카의 가족 문화는 부모님이 사는 집을 중심으로 형제들이 모인다. 그리고 자주 가족 행사가 열린다. 집안의 누군가가 병에 걸리면 굿(한국식 표현으로 '굿'에 가깝다고 함)을 하기도 하고, 누구의 아들이나 딸을 위해 성인식도 열어야 한다. 1년에 몇 번은 절에서 스님을 초청해서 부처님 말씀도 청해 들어야 한다. 마당이 넓고 천장이 높은 집에 부모님을 모실수록 자식으로서 도리를 다한다고 생각한다. 연구참여자는 자식의 도리를 다하기 위해 한국행을 결심한 것이다.

연구참여자가 한국행을 준비하던 무렵에는 연구참여자 외에도 한국행을 준비하는 스리랑카 젊은이가 많았다. 연구참여자는 미국이나 일본 등 다른 국가보다 한국이 외국인 노동자를 맞이할 준비를 더 일찍부터 체계적으로 해왔기 때문에 스리랑카 젊은이들이 그때부터 지금까지 한국행을 선호하고 있다고 생각한다.

연구참여자는 이처럼 스리랑카 젊은이들에게 '돈을 벌어야 한다'는 동기가 생긴 것은 반길 만한 일이라고 한다. 스리랑카는 천혜 자연의 혜택이 있는, 축복받은 나라이다. 그러나 그래서 산에 가면, 들에 가면 특별히 노력하지 않아도 거둘 수 있는 먹을거리들이 가득하다. 배가 고프면 산에 올라가 과일을 따 먹으면 된다. 그래서 스리랑카 사람들은 일을 열심히 하지 않았다. 연구참여자는 스리랑카가 지금까지 가난한 이유가 여기에 있다고 생각한다.

연구참여자는 스리랑카 내에서 경제적 발전을 이루기 위한 노력에는 한계가 있다고 여겼다고 한다. 그래서 1960년대에는 스리랑카로부터 쌀 원조를 받을 만큼 가난했던 나라 한국이 채 반세기도 지나기 전에 전세를 역전시킨 노하우가 무엇인지도 알고 싶었다.

연구참여자는 한국행을 위한 서류를 모두 제출하고 한국의 회사로부터 연락이 오기까지 1년 반이 걸렸다. 언제 연락이 올지 몰라 오매불망 한국으로부터의 소식을 기다리던 1년 반은 결코 짧지 않은 시간이었다.

(2) 문화 적응 전략 1: 경제적 발전을 이룬 나라, 한국 배우기

연구참여자는 노동이주를 위한 국가로 왜 한국을 선택했는가에 대한 질문에 한국이 다른 나라에 비해 외국인 노동자에게 일할 기회를 주는 제도나 정책에 대한 합리적 시스템을 한 발 앞서 구축하고 있었기 때문이라고 강조한다. 또한 스리랑카가 오랜 기간 정치인들의 부정부패와 무능력, 그에 대한 젊은이들의 무기력감 등으로 인해 경제적으로 성장을 이루지 못했지만 개인은 세계 어디에 내놓아도 손색없을 정도로 뛰어나다고 하면서, 한국이 이러한 점을 다른 나라에 비해 빨리 간파하고 스리랑카 노동자들을 받아들이려고 했다고 보고 있다. 그만큼 한국은 혜안이 있는 나라라는 것이다. 다른 나라는 이를 지금에 와서야 깨닫고 스리랑카에 제조 공장을 짓기도 하고, 노동자를 영입하기 위한 시스템을 도입하고 있다고 하면서 이와 같은 사실이 역으로 스리랑카 사람들의 뛰어난 노동력과 한국의 합리적이고 선도적인 노동 정책의 타당성을 증명한다고 본다.

"(한국을 선택한 것은, 한국에서 먼저 시스템을 만들어놨기 때문일 수 있겠네요.) 네. 그렇게 만들어놨기 때문에 한국에 왔어요."

"한국처럼 일본도 많이 생기고 있어요. 한국은 먼저 그런 게 있었고, 아주 좋아해요. 우리나라도 대통령이나 국회, 그들이 잘못 계약한 일 때문에 나라 발전하지 않았어요. 그런데 일하는 분들은 다 대학 졸업하고 똑똑한 사람 엄청 많아요. 우리는 알고 있어요. 우리나라 일하는 사람들 아주 똑똑해요. 그리고 기술 배우는 사람들이 외국에서 많이 잡아요. 지금 우리나라에서 미국 간호사 새로운 계약했어요. 우리나라 간호사들이 똑똑하니까, 미국 바로 오라고 새로 계약했어요. 그래서, 똑똑한 사람들 많아서, 한국에서 스리랑카 많이 생각하고, 많이 계약했어요."

연구참여자는 1960년대에 스리랑카가 한국의 빈곤을 구제하기 위해 쌀을 지원한 적이 있다고 하며 스리랑카가 한국에 비해 경제력이 앞서던 시기가 있었다고 언급한다. 이는 크게 두 가지를 강조하는 언술로 볼 수 있다. 하나는 스리랑카가 현재는 개발도상국이지만 발전 가능성이 크다는 것을 강조하고, 다른 하나는 한국이 정치 · 경제적 측면에서 거둔 빠른 성장을 강조하는 것이다. 연구참여자는 그러면서 한국을 스리랑카가 배워야 한다는 점을 강조한다. 적어도 자신은 그러려고 노력하고 있다는 것이다. 이는 한국이 그랬던 것처럼 스리랑카도 할 수 있다는 스리랑카 사람으로서 자국에 대해 가지는 긍지이기도 하고, 국가 대 국가로서 한국과 스리랑카가 맺고 있는 힘의 우열관계(경제력으로 인해 구분되는)에 대한 명확한 인식이기도 하다.

"옛날에는 스리랑카에서 한국에 쌀 보내준 적도 있어요. 그런데 지금은, 한국은 빨리 좋은 나라 됐어요. 아마 저같이 일하는 사람들 있었어요. 나도 스리랑카에 돌아가면 한국처럼 좋은 나라 만들 수 있어요."

이처럼 연구참여자는 한국에 대해 긍정적인 인식이 강하고, 이는 한국에 대한 모든 것을 열린 자세로 받아들여야 한다는 태도를 형성한다.

그러나 살아온 환경과 문화의 차이는 체질의 차이로 이어진다. 의식적으로 어떻게 받아들여야겠다고 생각하기 전에 몸이 먼저 반응하는 것이다. 한국에 대한 긍정적 인식도 한국 음식에 대한 체질적 거부감을 상쇄시키지는 못했다. 그러나 연구참여자는 이 또한 자신이 받아들여야 하고, 바꾸어야 하는 것으로 인식하고 있다.

> "처음엔 냄새가 안 좋아요. 근데 나중에는 괜찮아요. 옛날에는 김치 같은 거 생각도 못 해요. 그런데 지금은 김치랑 밥 있으면 먹을 수 있어요. 얼마나 맛있는지 몰라요. 한국 음식 많이 이해됐어요. 아주 좋아해요. 여기 있는 사람들 다 그래요. 아주 좋아해요. (동생: 처음에 한국 올 땐, 한국 식당도 못 들어가고. 냄새가 너무 세요. 지금은 일주일마다 회식 가고. 김치 없어요? '김치 주세요' 하고.) 같은 회사 친구들도 아주 좋아해요. 식당 가서. 맛있어요. 우리도 세 명 모이면 계속 이야기해요. 우리 음식 그만두고 한국 음식 만들고 싶어서. 삼계탕, 감자탕 이런 건 조금 해요. 가끔 해 먹어요."

연구참여자는 자신이 얼마나 한국 문화에 잘 적응하고 있는지 강조한다. 그리고 한국에서 쓰임이 있는 노동자가 되기 위해서는 한국의 문화에 익숙해져야 할 뿐 아니라 언어도 능숙하게 구사할 수 있어야 한다고 본다. 스리랑카의 발전을 위해 한국과 지속적으로 교류해야 하는데 기본적으로 의사소통 능력이 필요하기 때문이다. 연구참여자는 여기에서 자신의 사명을 발견하기도 한다. 능숙한 한국어 실력을 갖추면 한국과 직접적인 소통을 담당하여 활발한 무역 등의 성과를 낼 수도 있고, 한국에 가서 일하기를 원하는 젊은이들의 활로를 열어주는 역할을 할 수도 있다는 것이다.

"(스리랑카와 한국 오가며 살고 싶으신 거네요.) 가장 중요한 건 한국말. 한국말 잘 배우면 한국에서 일할 수 있고, 우리나라 가서도, 무역도 할 수 있어요. 거기서도 일하고 여기서도 일하고. 또 그렇게 여러 가지 할 수 있어요. 왜냐면 그런 사람 많이 필요하니까. 한국말 잘 배우면 그 사람이 필요해요. 왜냐하면 다 잘할 수 있어요. 우리나라 요즘에는 대학교에서만 한국말 배울 수 있는데, 지금은 중학교, 고등학교도 생각하고 있어요. 선생님 400명 필요한데, 200명밖에 없어요. 하라 그럼 너무 어려워요. 한국 대학교에서 열심히 공부하면 여기도 일하고, 여러 가지 방법이 있어요. 학원도."

또한 연구참여자는 자신이 직접 한 경험은 아니라고 하면서 외국인 노동자의 열악한 노동환경에 대해 언급하기도 한다. 외국인 노동자는 필연적으로 한국에서 지낼 숙소가 있어야 하는데, 형편상 회사에서 제공하는 숙소에서 지내게 된다고 하면서 2010년 초만 해도 주거환경이 몹시 열악했다는 것이다. 그러나 연구참여자는 이를 언급하며 '자신의 직접적인 경험'이 아님을 부연한다. 가깝게 지내는 다른 외국인 노동자의 경험이라는 것이다. 또한 그러면서 최근에는 이러한 노동환경이 많이 개선됐음을 강조한다. 이를 통해 인권이 있는 존재로서 노동자의 열악한 주거환경이 반드시 개선되어야 할 현실임을 드러내는 한편, 최근에는 이와 같은 환경이 많이 개선됐다고 하며 외국인 노동자가 제기하는 문제에 대해 한국 사람들이 개방적이고 수용적인 태도를 가지고 있음을 강조한다. 한국은 불합리한 문제를 빠르게 개선한다는 것이다. 결국 이러한 경험에 대한 언술 또한 한국의 합리적 노동환경과 시스템을 드러내는 기능을 한다.

(3) 문화 적응 전략 2: 최선을 다하는, 최고의 일꾼으로 한국 경제 발전에 없어서는 안 될 존재 되기

연구참여자는 자신이 한국에 대해 아는 바가 거의 없는 상태에서 한국에 와서 얼마나 고생했는지에 대해 언급하며, 그럼에도 불구하고 빠르게 적응해서 심지어 회사에서 필요로 하는 노동자로 자리매김했다고 강조한다. 문화, 언어, 일하는 과정이나 방법 등 아무것도 모르는 상태였으나 뛰어난 관찰력과 습득력으로 무엇이든 아는 상태로 거듭난, 뛰어난 노동자라는 것이다.

> "우리는 한국에서 시험 보고 아무것도 모르고 그냥 와서 5년 동안 열심히 일해요. 문화도 아무것도 모르고. 그런데 빨리 나와요. 한국에서 뭐 6개월 일하면, 다 이런 게 나와요. 일하면 어떻고, 어떻게 일하는지, 기계, 다 이런 게 나와요. 나는 지금 다니는 회사, 내가 통역 일도 하며 혼자 해요. 사장님 5시에 나와요. 내가 뭘 하는지 아무도 몰라요. 그런데 기계 잘 알고, 잘하는지만 알아요. 문제가 안 나와요. 그래서 혼자 일해요. 아무도 사람이 없어요. 그런데 난 혼자 일해요. (그래서 회사에서 선생님을 꼭 필요한 사람이라고 생각하나 보네요.) 옛날에는, 지금 하는 일이 두 명이서 하는 일이었어요. 그런데 지금은 혼자 일해요. 전자 검사도, 깨끗하게 검사하고, 깨끗하게 해야 해요. 먼지가 들어가면 안 되고, 기름 들어가고 그러면, 절대 안 돼요. 아주 깨끗하게. 그래서 난 계속 손 씻고 장갑 끼고, 기계도 잘 보고 아주 잘 검사해요. 아니면 난리 나요. 열심히, 지금까지, 3년 동안 아주 열심히 했으니까 잘 알고 있어요. (회사에서 지금 비자 발급을 위한 신청서류를 다 지원해주신 거죠? 회사에서 필요한 일을, 두 명분 일

을 혼자 하시니까.) 만약 내가 회사일 안 하면, 한국 사람 혼자 일 못 해요. 왜냐하면 일도, 다 여기저기 보고 잘해야 해서 혼자 하면 너무 힘들어요. 그리고 새로 근로자 나오면 오자마자 (혼자) 일 못 해요. 둘이서 해야 해요. 그런데 만약에 종이 안에 물이 새면, 기름 들어가면 절대 안 돼요. 회사… 끝나요. 그러니까 좀 어려움이 있어요."

연구참여자는 자신이 하는 일이 몹시 섬세한 작업이라서 다른 노동자들은 혼자 할 수 없는 일인데 자신은 혼자 해내고 있다고 강조한다. 이와 같은 노동력을 제공하고 있다는 점을 드러내어 자신이 한국 사회에 얼마나 큰 도움이 되고 있는지 주장하고자 하는 것이다.

연구참여자는 한국 사회의 정치 · 사회 · 경제면의 뉴스에 대해서도 많은 관심을 기울인다. 그리고 이를 자신이 한국 사회에서 필요한 노동력이라는 점을 강조하는 근거로 활용하기도 한다. 한국 사회는 출생률 저하와 젊은이들의 특정 직업 기피로 인해 고질적인 제조 · 생산 직종 노동력 부족의 문제가 있는데, 자신과 같은 외국인 노동자의 존재가 이러한 한국 사회의 곤란을 해결해주는 역할을 담당하고 있다는 것이다.

"한국에서 그렇게 일하는 사람 많이 생각했어요. 한국에도 점점 애기가 많이 안 생겨요. 나이 많은 사람들 많아요. 사회복지를 위해 봉사활동 많이 해야 해요. 돈 많이 들어요. 그런데 일하는 사람은 적어요. 갑자기 애기 낳아도 안 돼요. 이야기했지만, 그렇게 안 나오고요. 그럼 그 문제에 대한 대답이 있어야 해요. 그 대답이 가령, 세계에서 다른 나라에서 똑똑한 사람이 한국에서 일하면 좋겠다 생각하고. (중략) 그렇기 때문에 한국에서 일하는 사람이, 열심히 일하는 사람들이 옛날에도

E-7 거주비자, 활동비자 있지만, 변경 너무 어려웠어요. 토픽 4급 5급 나와야 해요. 한국에서 대학 졸업할 때 필요한 4급 5급. 근데 일하는 사람들은 그렇게 공부 못 해요. 공부 시간이 없어요. 그런데 사장님들이 계속 이야기해요. 이 사람이 필요하다고, 내 회사 도와줄 수 있다, 한국에 더 살 수 있는지 없는지 확인하고, 이렇게 비자 있는데, 토픽시험 4급 있는데, 우리도 힘들어. 외국 사람이 4급 받을 수 있어요? 이거는 뭐 왜 이렇게 만들지? 물어봤어요. 그때 난리 났어요."

연구참여자는 한국에서 일하면서 두 번 회사를 옮겼다. 처음에 입사했던 선박 회사에서는 사장이 계속 자신과 함께 일하고 싶어 했으나 한국에서 선박산업이 몰락하면서 일감이 줄어들어 더 이상 일을 할 수 없게 됐다. 그래서 가게 된 것이 식품가공 회사였다. 그런데 연구참여자는 그 회사에서 일하던 8개월 동안에 대해서는 별다른 언급을 하지 않았다. 그다음으로 옮겨서 지금까지 다니고 있는 회사에서는 사장에게 일 잘하고 성실한 노동자로 신뢰받고 있다고 하며 첫 번째와 세 번째 회사에서의 경험에 큰 비중을 둔다. 그러면서 8개월 동안 다닌 회사에서의 경험은 하는 일이 힘들어서 얼마 다니지 못했다고 하며 축약한다. 일을 한 기간이 짧아서이기도 하지만, 짧을 수밖에 없었던 이유도 있다. 연구참여자가 이 일을 견디지 못한 것이다.

연구참여자는 식품가공 회사에서의 일이 힘들었다고 하는데, 이는 노동의 강도보다 일의 종류와 관련된다고 볼 수 있다. 식품가공 회사에서는 소, 돼지, 닭 등을 도살하고 해체하는 일을 맡았다. 연구참여자는 불교 신앙을 가지고 있어서 육식을 하지 않는 것은 아니지만 하루 종일 동물의 사체를 절단하는 일은 견디기 힘들었다고 한다. 연구참여자가 해야 했던 일이 자신이 가지고 있는 종교적 신념, 문화적 배경 등과 배치된 것이다. 이처럼 연구참여자는 자신이 이 일을 힘들어할 수밖에 없는 까닭이 있음에도 끝까지 견뎌내지 못했다는 데 방점을 찍으며 이를 감추고 싶어 하는 것으로 보인다. 이는 이 경험이 어떤 힘든 일도 잘 해낼 수 있는 노동자라는 자기 자신에 대한 의미화에 부정적인 영향을 미치기 때문으로 볼 수 있다.

연구참여자는 현재 비전문취업비자를 가지고 있는데 한국에서 장기적으로 체류하면서 일하는 것이 가능한 비자로의 변경을 준비하고 있다. 그리고 비자 취득은 자신을 위해서도 좋은 일이지만, 한국 사회의 입장에서도 좋은 일이라고 보고 있다. 특히 한국 사회, 한국인 관리자의 입장에서 자신처럼 숙련되고 뛰어난 노동자가 계속 한국에 남아야 할 필요가 있다는 것이다. 이에 대한 근거로 두 가지를 제시하고 있다.

첫째, 한국이 외국인 노동자의 비자 변경에 높은 언어 수준을 요구하다가 그 기준이 반드시 필요로 하는 노동자들을 체류하게 하는 데 부정적인 영향을 미친다는 판단으로 기준 완화를 결정했다는 것, 둘째, 이는 노동현장에서 실상을 토대로 한국인 관리자가 직접 문제제기를 했다는 것이다. 이처럼 한국인 관리자의 절실한 요구를 한국정부가 받아들인 결과이기 때문에 논란의 여지가 없는 사실이라는 것이다. 즉, 한국정부가 제도를 개선해서 외국인 노동자의 장기 거주가 가능하도록 한 것은 정부 차원에서도 그 필요를 인정했기 때문이고, 이는 외국인 노동자 입장에서의 주장이 아닌 한국인 관리자 입장에서의 주장을 수용한 결과라는 것이다.

연구참여자는 최근 두세 달 사이에 비자 변경 신청을 두 번이나 했다. 첫 번째 비자 변경 신청이 거부되어 연달아 한 번 더 신청을 한 것이다. 비자 신청이 거부된 이유는 심사 대상이 되는 기간 설정이 연구참여자에게 불리하게 됐기 때문이다. 비자 신청을 위해 갖추어야 하는 적격 요건이 여러 가지가 있는데, 첫 번째 비자 신청에서는 그 가운데 연봉 최소 기준이 60만 원 부족하게 책정됐으나 두 번째 비자 신청에서는 심사 대상 기간이 변경되며 연봉 최소 기준을 충족하게 된다. 담당 공무원도 이번에 재신청에 대해서는 승인될 가능성이 크다고 하며 연구참여자에게 좋은 결과가 있을 것이라고 했다고 한다. 연구참여자는 자신이 이처럼 복잡하고 까다로운 비자 신청을 거듭 시도할 수 있는 것은 회사의 도움이 있기 때문이라고 한다. 회사의 입장에서 자신처럼 '한국에서 필요로 하는 노동자'를 계속 일하게 하는 것이 유익하여 연구참여자의 비자 신청에 필요한 서류 증빙이나 절차 등을 적극 지원하고 있다는 것이다.

또한 연구참여자는 자신이 한국 사회의 수혜를 받기만 하는 존재가 아니라 도움을 주는 존재라는 것을 부각한다. 이는 봉사활동에 대한 언급을 덧붙이는 것을 통해 드러난다. 연구참여자는 인터뷰가 거의 끝날 무렵 꼭 봉사활동에 대해 말하고 싶다고 하면서 아직은 시작하지 못했지만 조만간 시작하려고 준비 중이라고 한다.

"내년엔 우리가 봉사활동 가기로 했거든요. 관내 경찰 가서 물어봐서 세 명 봉사활동 하기로 했어요. 진짜 하고 싶어서. (봉사활동이 왜 하고 싶으세요?) 봉사활동 하면 법도 더 잘 알게 되고, 많은 사람들이 잘못하는 거 알고 우리는 그 일 안 하고 한국에서 그대로 살 수 있어요. 우리도 잘못하는 생각이 안 나와요. 보니까. 그리고 비자 변경에도 도움이 되고. 여러 가지 도움이 많아요. 봉사활동은 꼭 하는 게 좋겠다고 생각해요. (중략) 이거는 우리 아니더라도 이런 다른 사람들도 봉사활동 하기로, 법 배우는 거 아주 좋아요. 왜냐하면 사람들이 몰라서 잘못하는 게 많아요. 음주운전은 많이 생각 안 해요. 1년에 50시간, 30시간 하라고 하면 꼭 해야 해요. 못 하면 그 사람이 알 수 있어요. 무단횡단, 음주운전 그런 거. 알고 있으면 그 사람이 안 해요. 계속 생각이 안 나와요. 아주 좋아요."

연구참여자는 봉사활동을 하면 비자 변경을 할 때 가산점이 있기 때문이기도 하지만 봉사활동을 통해 한국 사회에서 어떻게 살아가야 하는가를 배우기 위해서 한다고 한다. 연구참여자가 하려고 하는 봉사활동은 경찰서를 통해 경찰관들의 일을 돕는 것이다. 이 일을 하면 한국에서 살면서 하면 안 되는 일에 대해서도 배울 수 있고, 지역사회에 도움이 될 수도 있기 때문에 '한국 사람들의 일자리를 빼앗는 불필요하고 이기적인 존재'가 아니라는 것을 실천적으로 보여줄 수 있다고 보는 것이다.

(4) 문화 적응 전략 3: 한국인 관리자에게 각별한 대우를 받는 노동자

연구참여자는 자신의 한결같은 성실성과 일을 금방 배우는 뛰어난 학습 능력, 실수를 거의 하지 않는 꼼꼼함 등을 내세우는 한편, 한국인 관리자들과 맺고 있는 친분을 강조하기도 한다. 한국인 관리자가 자신의 인간성을 신뢰하고 회사에서 일하는 다른 노동자 이상으로 각별하게 자신을 대한다는 것이다. 이는 자신이 한국 사회에서 얼마나 특별한 존재인지를 드러내는 근거가 된다.

연구참여자는 첫 번째 회사를 그만둔 지 4년이 지났지만 그때 맺은 사장과의 돈독한 관계를 지금도 계속 유지하고 있다고 한다. 사장은 연구참여자에게 항상 존댓말을 하고, 다른 사람들에게도 함부로 말하면 안 된다고 주의를 주면서 연구참여자를 존중하려고 노력했다. 이는 지금 일하고 있는 회사의 사장도 마찬가지이다. 두 사장은 연구참여자가 비자 신청을 위한 심사를 받을 때 연구참여자가 유리한 판정을 받을 수 있도록 물심양면으로 도움을 주었다.

> "(회사에서 선생님이 하시는 일을 많이 인정을 해주시나 보네요. 한국에서 일하신 게 10년 정도 되는데 처음에도 그랬나요? 회사나 주변에서 호의적이었나요?) 나는 선박 회사에서도 열심히 일했어요. 근데 한국에 다시 와서 사장님께 연락했어요. 보고 싶다 이야기하고, 사장님은 우리 회사에 언제 나오는지 이야기하세요라고 이야기했어요. 그 회사에서 일했으면… 좋아하니까, 몇 번 가서 새로운 사람이 배에 있다가 신청도 했어요. 그리고 한번 만나러도 갔어요. 근데 지금은 선박 회사가 많이 감소하고 있기 때문에 사장님이 가만히 있었어요. 근데 우리가 일 열심히 했는지 잘 알고 있어요. 우리한테 우리 아들이라고 했어요. 사장님도 존댓말만 해요. 이랬습니까, 이렇게 존댓말만 해요. 그리고 다른 사람들한테 나쁜 말 절대 안 돼. 절대 안 됩니다라고. 그리고 이번에 비자 변경할 때 그 회사 그만둔 이유하고 여러 가지 배려 있었어요. 사장님한테 연락할 때 사장님이 아주 좋은 사람인데, 아들이라고 생각했던 사람인데 잘해주세요, 한국에 필요한 사람이라고 생각한다고 그 사람한테 이야기했어요. 새 사장님은 아주 좋아합니다. 그렇게 말해줬어요. 너무 잘해준다고 말해줬어요."

연구참여자는 두 사장에게 훌륭한 노동자로 인정받을 뿐 아니라 감정적으로도 지지를 받고 있다고 한다. 두 사장 모두 연구참여자를 좋아하며, 첫 번째 사장은 연구참여자를 '우리 아들'이라고 할 정도로 친밀감을 표현한다는 것이다. 이는 연구참여자가 해온 노력의 결과에 대한 인정이기 때문에 훌륭한 인성과 사회성을 드러내는 간접적 근거로 작용한다.

(5) 문화 적응 전략 4: 아들로, 남편으로, 가족의 삶의 무게 감당하기

연구참여자는 주위 사람들이 자신을 속이고 있다는 사실을 알아도 그 사람이 자신에게 도움을 청하는 사람이라면 도움을 주어야 한다고 한다. 이는 가난해서 헐벗은 사람을 돕는 것이 선(善)이라는 종교적 믿음에 기반한 것이다. 부모님을 공경하는 것 또한 마찬가지이다. 그렇게 선(善)한 일을 해나가야 자기 자신뿐 아니라 자기의 다음 세대도 지금과 같은 가난에서 벗어날 수 있다고 하며 이런 가르침이 불교의 근간이라고 한다.

> "(선생님 종교가 불교라고 하셨죠.) 우리나라 거의 불교예요. 근데 믿는 마음 별로 없어요. 부처님 하는 말 요즘에 별로 맞지 않아요. 기독교도 마찬가지잖아요. 그런데 불교 믿어서 마음 있어요. 불쌍한 사람들 도와줘야 해요. 돈 벌어서 불쌍한 사람들 도와줘야 해요. 그런 마음은 불교이지만 부처님 말 다 믿지는 않아요. 그래도 가난한 사람 도와야 돼요, 나쁜 일 하면 안 돼요. 아버지 공경해야 돼요. 근데 다시 태어나는 건 안 믿어요. 그래도 앞선 세대가 잘 해야 다음 세대 잘 살 수 있어요. 부모님이 잘 해서 나 잘 살 수 있어요."

이는 연구참여자가 자기 자신에게 요구하는 윤리이기도 하지만 자신이 속한 사회에 요구하는 윤리이기도 하다. 연구참여자는 경제적 부를 누리는 사람이 가난한 사람에게 부를 나누는 것을 선한 일이라고 한다. 그래서 자기 자신도 그런 믿음을 실천하며 살아간다. 그런데 연구참여자에게 자신의 조국 스리랑카는 가난한 나라이다. 그에 비해 한국은 경제적 부를 누리는 나라이다. 따라서 한국은 가난한 사람에게 선을 베푸는 차원에서 스리랑카 사람들의 노동이주를 받아들여야 한다고 보는 것이다. 물론 이를 위해 스리랑카 사람들은 한국 사회의 일원으로 경제적 성장의 밑거름이 되는 일을 묵묵히 해나가야 한다.

연구참여자는 한국에서 일하며 번 돈을 모두 스리랑카에서 살아가고 있는 가족을 위해 투자했다. 스리랑카에 크고 멋진 집을 지어 부모님이 남은 여생을 편안히 보낼 수 있도록 한 것이다. 이 집은 연구참여자가 지은 집이지만 부모님의 집이다. 그래서 자신은 한국에서 10평 남짓 되는 공간에서 아내, 남동생과 지내고 있지만 부모님이 편하게 지내면 된다는 생각으로 전혀 아쉬워하지 않는다.

> "(스리랑카에서 아내분 가족들하고 선생님 가족들이 같이 사신다고 들었어요.) 가까이 살아요. 왜냐면 내가 돈 벌어서 스리랑카에 2014년에 큰 집 지었어요. 스리랑카에서 큰 집 중요해요. 마당도 크고 방도 많고 거실도 커야 해요. 왜냐면 가족들하고 모여서 음식도 먹고 이야기도 하고 해야 해요. 스리랑카에서 한국에 오는 사람들 큰 집 짓고 싶어서 오는 거예요. (선생님이 한국에서 버신 돈으로 스리랑카에 큰 집을 지으신 거예요?) 네. 내 집 지었어요. 근데 방이 많아서 아내 아버지도 같이 살아요. 왜냐면 우리 할머니, 아버지, 어머니 나이 많아요. 돌봐줄 사람 필요해요. 둘째 동생, 막내 동생 같이 있지만 그래도 돌봐줄 사람 필요해서. 그리고 방도 많아

서. 큰 집이라. (그렇게 큰 집 두고 여기에서 사시기 불편하지 않으세요?) 불편해요. 스리랑카 사람들 집도 넓고, 마당도 넓고 그런 집 원해요. (선생님이 사실 수 없는데 벌써 큰 집을 지으셨어요?) 부모님 있어요."

연구참여자는 이미 스리랑카에 큰 집을 짓기 위해서라는 목표는 달성했지만, 그래도 한국에 계속 머무르며 일하기를 원한다. 이는 아내 때문이기도 하다. 아내는 한국에 있는 대학의 대학원에서 석사과정 중이다. 아내는 공부를 좋아하고, 잘하기 때문에 박사과정 입학도 고려하고 있다. 물론 학비에 대한 부담이 있고 아내가 다니고 싶어 하는 대학이 집에서 멀어서 고민하고 있다. 그러나 아내가 한국에서 계속 공부하고, 그 후에는 일하기를 원하기 때문에 아내를 위해 할 수 있다면 계속 한국에서 살아가려고 한다.

"(한국에서 될 수 있으면 오래 살고자 하시는데, 스리랑카에 집을 지으시는 건 나중에 스리랑카에서 가족과 행복하게 살고 싶다는 마음도 있으신 거 같아요. 스리랑카로 돌아가서 사는 것도 생각하시는 건가요?) 지금 목표는, 와이프도 잘 공부하고 국적까지. 하지만 쉽지 않아요. 국적 취득까지 갈 수도 있지만 못 갈 수도 있어요. 만약 못 가면 우리나라 가서 선생님 되고 그 집에 살 수 있어요. 그때는 이렇게 많이 생각 안 했어요. 와이프랑 공부하기 위해서 여러 가지 준비했어요. 나라 가자마자 계속 공부만 했어요. 대학에서도 공부하고. 그런데 한국에 다시 갈 수 있는지, 대학 졸업하고 갈 수 있는지 확실히 모르겠어요. 올 수 있는지도 모르겠어요. 그렇게 생각했어요. 만약에 영주권하고 국적 받으면 1~2년 있다가, 갔다가 다시 한국 와도 괜찮아요. 마찬가지로. 왜냐하면… 이상하지 않아요. 내 생각에는."

연구참여자가 계속 한국에서 일해야겠다고 결심하고, 비자 변경 신청을 한 것은 아내를 위해서이고, 스리랑카에 있는 가족을 위해서이다. 맏아들로서 나이든 부모님에 대한 책임감과 공부를 계속 하고 싶어 하는 아내에 대한 책임감이 연구참여자가 한국에서의 삶을 이어나가는 동력이 되고 있는 것이다.

(6) 한국에 바라는 점: 한국에서의 삶에 실질적인 도움이 되는 제도와 시스템에 대한 학습 지원, 부부 복지정책 확립

연구참여자는 한국의 법과 제도를 준수하고자 하는 의지가 있음에도 실생활에서 지켜야만 하는 것과 해서는 안 되는 것들에 대해 체계적으로 알려주는 기관이 없어서 어려움을 겪고 있다고 한다. 가령, 무단횡단을 하면 안 된다거나, 음주운전을 하면 안 된다거나 하는 법은 스리랑카와 달라서 알려주지 않으면 실수하기 쉽다. 또한 비자 변경을 신청할 때에도 담당 공무원이 알려주기는 하지만 담당 공무원에게 물어보기 전까지는 그 절차나 과정에 대한 정보가 부족하다고 느꼈다. 담당 공무원을 찾아가기 전까지는 정보를 알 수 없는데, 자주 담당 공무원을 찾아갈 형편도 되지 않는다. 이는 한국에서의 삶을 영위하는 데 직접적인 영향을 미치는 중요한 정보이기 때문에 개선이 필요한 부분이라고 생각한다.

“(한국에 바라는 점, 고쳐졌으면 좋겠다거나 정부에서 해줬으면 좋겠다, 혹은 한국 사람들에게 바라는 게 있을까요?) 한국에서, 한국 사람들이, 외국에서 왔으니까 우리 도움이 많이 필요해요. 왜냐하면 우리 알아가야 돼요. 알고 가야 돼요. 법이나 여러 가지. 나는 비자 변경할 때 확실히 모르는 게 많아. 그런데 쉽게 찾아가기 위해서는 도움이 많이 필요해요. 알고 있으면 편해요. (지금은 알 수 있는 경로가 별로 없나 봐요.) 알려주는 사람 있는데, 더 많이 있으면 좋아요. 부족해요. 그런데 난리 나는 경우도 많아요. 도움이 됐는데, 확실히 몰라서 난리 나는 것도 많아요. 잘 알고 말해야 해요. 비자는 잘 알아야 하니까."

또한 연구참여자는 외국인 노동자의 가족 초청에 관한 제도가 미흡하다고 생각하고 있다. 이는 특히 남자의 경우에 더욱 그러하다. 연구참여자는 현재 아내와 함께 지내고 있다. 거기에서 오는 심리적 안정감은 연구참여자가 일에 전념할 수 있게 하는 데 큰 도움이 된다.

"(제도가 잘 되어있으면 불법체류자가 되지 않을 수 있는데 미흡하다고 느끼시는 거네요.) 회사도 일하는 사람도 좋고, 기분도 좋고, 신분도 안정되고. 그런데 모든 사람이 그런 부분에서 아쉽게 생각해요. 그런데 절차가 복잡해서. 와이프가 가족들이 있으면 잘못하는 일도 안 해요. 혼자 있으니까 여기 놀러 가요, 저기 놀러 가요. 술 마시고, 음주운전하고. 혼자 있으면 스트레스 많이 받고. 가족 있으면 많이 생각해요. 그렇게 안 하고. 가족 있는 사람이 혼자 있는 사람보다 잘 살아요. 회사도, 여기 그만두고 저기 그만두고. 왜냐하면 사장님하고 기분이 나빠서. 조금 잘못해도 네, 알겠습니다, 죄송합니다 하는 말이 없어요. 계속 화가… 힘드니까. 와이프가 있으면 그런 생각 안 해요. 스리랑카 가고 싶어도 못 가게 하면 그것도 화가 나고. 가족이 있으면 이것저것 다 기분이 좋으니까."

연구참여자와 달리 연구참여자의 남동생은 결혼적령기임에도 아내가 없다. 연구참여자처럼 스리랑카에 있는 여자를 소개받아서 연애하고, 결혼에까지 이르는 경우는 드물다. 연구참여자의 남동생은 현재 비전문 취업비자를 가지고 있기 때문에 체류기간이 한정되어있는 등의 문제가 있어 스리랑카를 오가는 데 어려움이 있다. 연구참여자는 남동생을 통해 혼자 지내는 외국인 노동자의 외로움과 스트레스를 지켜보면서 이러한 문제를 해결하려면 부부가 함께 지낼 수 있도록 하는 정책이 필요하다는 것을 체감하고 있다.

3) 연구참여자의 특성

연구참여자가 한국 사회 적응 과정에서 보이는 인지 · 정서적 특징을 정리하면 다음과 같다. 첫째, 연구참여자는 자신이 본래 가지고 있는 정치적 신념, 문화적 배경 등을 중요하게 생각하면서 동시에 한국의 정치와 문화에 대해서도 관심을 기울이며 둘 모두를 동등하게 존중해야 한다고 여긴다. 연구참여자는 스리랑카의 현재 정치 상황뿐 아니라 한국의 현재 정치 상황에 대해서도 관심이 많다. 휴식을 취할 때면 어김없이 관련 뉴스를 검색하며 그와 관련한 생각들을 정리한다. 또한 스리랑카에서 스리랑카의 문화를 소중하게 생각했던 것처럼, 현재 삶을 살아가고 있는 한국의 문화도 지켜나가야 할 의무가 있다고 여긴다. 이 때문에 스리랑카에는 없는 한국의 문화에 관심을 기울이고, 배워서 익히기 위해 노력한다.

둘째, 연구참여자는 한국 사람들과 정서적인 유대감을 형성하는 것을 중요하게 생각한다. 이는 연구참여자가 한국 사장들과 친밀한 관계를 맺을 수 있는 비결이라 할 수 있다. 연구참여자는 회사의 일을 자신의 일처럼 책임감을 가지고 임한다. 그래서 과정에서의 오류를 줄이고 더 효율적으로 일을 하려면 어떻게 해야 하나 끊임없이 고민하고 개선한다. 이는 직업으로 하고 있는 일을 자신의 일처럼 생각하기 때문에 가능한 것이다. 또한 한국 사장이 연구참여자를 '우리 아들'이라고 부르며 친근감을 표시한 것도 원동력이 됐다.

이를 종합해보면, 연구참여자는 새롭게 관계를 맺는 한국 사회의 문화를 이해하고 수용하면서 자신이 본래 가지고 있던 문화적 정체성을 소중하게 지키며 유지하는 전략을 취하고 있다.

마지막으로 연구참여자의 경험에서 한국 사회의 사회제도적 개선점을 찾아보면 다음과 같다. 첫째, 외국인 노동자가 속한 문화 · 국가별 기피 업종을 파악하여 이를 회사와 매칭하는 데 반영하는 제도가 필요하다. 연구참여자의 경우, 노동자로서 장점이 많은데도 불구하고 한 회사에서 부적응을 경험한 적이 있다. 이는 연구참여자가 식품가공업에 종사하게 됐기 때문에 발생한 부적응이다. 연구참여자의 문화나 국가에 대한 기본정보와 기피 직종에 대한 정보를 데이터베이스로 구축하여 확인할 수 있도록 하면 회사 차원에서도 노동자의 부적응으로 인한 손해를 미연에 방지할 수 있다.

둘째, 외국인 노동자에게 한국에서 기본적으로 지켜야 하는 법과 제도를 교육하는 시스템의 개발이 필요하다. 외국인 노동자에게 한국어 못지않게 필요한 것은 한국에서 살아가기 위해 기본적으로 지켜야 하는 법과 제도가 무엇인가에 대해 아는 것이다. 법과 제도를 준수하고자 하는 마음이 있더라도 무엇을 어떻게 지켜야 하는지 모르는 무지의 상태에서는 지키기 어렵다. 그렇기 때문에 노동 복지의 차원에서 이러한 교육이 이루어져야 할 필요가 있다.

셋째, 외국인 노동자가 사회의 위험 요소가 되지 않고 자신의 일에 최선을 다하게 하기 위해서는 가족 단위로 이주가 가능하게 하는 제도를 마련할 필요가 있다. 노동자가 일에 전념하기 위해서는 무엇보다 심리적 안정감이 중요하다. 낯설고 먼 타국 땅에서 일을 하며 지내고 있는 외국인 노동자의 특수한 사정을 고려하면 가족과 함께할 수 있도록 하는 것이 심리적 안정감을 주는 데 효과적인 대책이 될 수 있기 때문이다.

2.
연구참여자 2의 생애담

1) 생활세계 문화 적응 생애담 요약

연구참여자는 스리랑카 출신의 33세 남성으로 2013년에 한국정부의 외국인 고용관리 시스템을 통해 한국에 왔다. 연구참여자는 스리랑카에서 고등학교를 졸업한 후 5년 정도 문구점을 운영했다. 그리고 다른 일로 이직하기 위해 한 사설 매니지먼트 학원에 다니다가 지금의 아내를 만나게 됐다.

연구참여자의 아내는 연구참여자보다 2살 아래로 대학에서 사회복지학과를 전공했다. 아내는 대학 졸업 후 한 NGO 단체에서 일하면서 연구참여자와 마찬가지로 이직을 고민하며 매니지먼트 학원에 등록했다고 한다. 연구참여자와 아내는 8개월 정도 연애를 하며 결혼을 결심했다. 그러나 연구참여자의 아버지가 결혼을 반대하여 두 사람은 부모님 몰래 결혼식을 올리고 함께 한국으로 떠나 돈을 벌어 돌아오기로 약속했다.

연구참여자와 아내는 순조롭게 한국어능력시험에 통과했으나 연구참여자가 건강검진에서 불합격 판정을 받으며 한국행이 지연됐다. 그 사이 아내는 모든 절차를 통과하여 한국의 외국인 고용관리 시스템에 등록됐고, 한국행이 일사천리로 진행됐다. 결국 아내가 먼저 한국으로 떠났고, 연구참여자는 스리랑카에 남아 건강검진 통과를 위해 꾸준히 건강관리를 했다. 부모님에게 결혼 소식을 알리고 바로 한국으로 떠날 예정이었는데 한국행이 지연되는 바람에 결혼을 반대했던 아버지로부터 많은 질타를 받았다. 아내가 먼저 한국으로 떠나고 연구참여자는 1년 반 후에 한국에 왔다.

한국에 먼저 도착한 연구참여자의 아내는 연구참여자가 한국에 올 당시 근무 중인 회사가 있었다. 연구참여자가 일하게 된 회사와 차로 2시간 반 정도 떨어진 거리에 있는 회사였다. 연구참여자와 아내는 현재 거주하고 있는 지역에 있는 회사로 옮기기 전까지 2년 동안 주말 부부로 지냈다.

연구참여자는 한 제조 공장에서 공업용 기계를 다루는 일부터 시작했다. 그 회사는 기숙사를 제공했지만 임시 가건물이었기 때문에 생활환경이 열악했다. 연구참여자는 그 회사에서 다른 나라 출신 노동자와 갈등이 있었고, 회사 사장과도 관계가 껄끄러웠다. 우여곡절 끝에 이직을 하고 아내와도 함께 살 수 있게 됐다. 이직한 회사는 노동 시간이 길고 노동강도도 강한 편이었지만 인간관계에 어려움이 없어 특별한 불만은 없다.

아내와 함께 살게 된 2015년부터 연구참여자는 자녀를 계획했다. 그래서 1년 만에 임신을 했으나 아내가 이를 모르고 생활하다가 중절 수술을 받게 됐다. 그 후에는 연구참여자의 오랜 노동 시간(하루 12시간)과 과도한 업무량으로 임신 계획에 차질이 있었다. 그래서 2년 만에 어렵게 다시 임신을 하게 됐다.

현재 연구참여자의 아내는 고혈압 등으로 건강이 좋지 않아 자연분만이 어렵고 반드시 제왕절개를 해야 하는 상황이다. 연구참여자의 아내는 임신하면서 경제 활동을 쉬고 있는데, 연구참여자보다 비자를 먼저 받았기 때문에 현재는 만료된 상태이다. 연구참여자의 비자도 만료기간이 임박했으나 아내의 출산과 건강 때문에 스리랑카로 돌아갈 엄두를 못 내고 있다. 그래서 아내가 출산을 하고 회복하는 동안 시간을 벌기 위해 난민 비자를 신청했다. 연구참여자는 현재 신분이 안정적이지 않기 때문에 여러 회사에서 임시로 아르바이트를 하며 생계를 이어가고 있다.

연구참여자는 스리랑카에서 노동자에게 시행하는 한국어능력시험에 통과하기는 했지만 한국에서 편하게 한국어를 사용할 수 있는 정도의 실력은 아니다. 연구참여자는 노동자를 대상으로 하는 사회통합 프로그램 1단계를 들었으나, 회사에서 한국어를 쓸 일이 거의 없기 때문에 한국어가 늘지 않았다. 연구참여자의 이웃에 한국어를 잘하는 노동자 부부가 살고 있어 그들의 도움을 받고 있다.

2) 생활세계 문화 적응의 내러티브

(1) 이주 전의 삶: 행복한 가정을 이루기 위한 고민과 노력

연구참여자는 스리랑카에서 고등학교를 졸업하고 5년 동안 문구점을 운영했다. 그러면서 문구점을 운영하는 수입만으로는 목표를 이룰 수 없다는 생각이 들었다고 한다. 스리랑카에서는 통상 결혼 적령기가 된 남자가 결혼을 하려면 새롭게 꾸릴 가정을 위해 거주공간을 마련해야 하는데, 문구점 운영 수입만으로는 이를 마련하기 어렵다고 판단한 것이다. 이는 행복한 가정을 이루어 살고 싶다는 평범하고 소박한 소망에서 비롯된 것이지만 그가 당면해 있는 현실적 상황에서는 어떻게 이루어야 할지 막막함이 앞서는 목표였다 할 수 있다. 이러한 고민 끝에 연구참여자는 이직을 결심하고 사설 매니지먼트 학원에 등록했다. 연구참여자는 그 매니지먼트 학원에서 그와 같은 고민을 가진 한 여자를 만나게 됐다.

아내를 학원에서 보고 연구참여자는 첫눈에 반하기도 했지만, 아내 역시 자신과 마찬가지로 행복한 가정을 이루고 싶다는 소망으로, 이를 위해 더 잘 살려면 어떻게 해야 하나 하는 고민으로 학원을 찾았다는 사실을 알고 더 끌렸다고 한다.

연구참여자는 아내와 연애 8개월 만에 결혼을 결심했지만 집안의 반대에 부딪혔다. 연구참여자의 아버지가 아내와의 결혼을 결사반대하셨다. 연구참여자와 아내는 부모님 몰래 결혼식을 올리고 한국으로 떠날 계획을 세웠다.

> "○○○(아내)가 부모님한테 우리, 우리 돈 더 벌어야 하니까, 우리 여기서는 못 한다고 해서, 한국에 가서 빨리 돈 벌고 그리고 우리 집을 지어야 해요, 미래계획 그런 것도 있으니까, 그거 잘 설명해주고, 그다음에는 괜찮다고 해서 여기 왔어요. (최종 목표는 스리랑카에 집을 짓는 거예요?) 집을 짓는 것하고, 살기 위해서? 건물? (임대사업이요?) 네. 임대요."

두 사람은 자신들의 목표를 이루기 위해서는 돈이 필요하고, 돈을 벌기 위해서는 몇 년 고생을 감수하더라도 한국에서 일을 하는 것이 더 낫다고 판단했다고 한다. 아내의 부모님은 아내가 돈을 벌어야 하는 이유에 대해서 설명하자 응원하고 격려해주었다. 그러나 연구참여자의 아버지는 아내의 집안도, 아내도 마음에 들지 않는다며 반대하셨다. 연구참여자는 한국에서 일하는 몇 년 동안 떨어져 지내다 보면 아버지가 자신의 결혼을 자연스럽게 받아들일 수 있겠다는 생각도 들었다고 한다.

그러나 한국행은 두 사람의 뜻대로 순조롭게 진행되지 않았다. 한국으로 오기 위해서는 한국정부가 시행하는 외국인 고용 시스템에 등록해야 했다. 그러려면 우선 한국어능력시험에 통과하고 건강검진에서 적격 판정을 받아야 한다. 그런데 아내는 모든 절차를 순조롭게 통과한 데 비해 연구참여자는 지병으로 건강검진에서 부적격 판정을 받게 됐다. 예상 밖의 결과였지만 아내의 절차가 이미 진행되어 취소할 수 없었기 때문에 아내가 먼저 한국으로 떠났다. 스리랑카에 남은 연구참여자는 건강검진에 통과하기 위해 관리를 시작하며 금방 통과될 것이라고 생각했지만 1년 반의 시간이 흘러버렸다.

연구참여자는 남았지만 연구참여자의 아내가 먼저 떠나게 되면서 아버지에게 결혼 사실을 알리게 됐다. 아버지는 결혼증서에 증인으로 이름을 올린 지인들을 찾아다니며 불같이 화를 냈다. 연구참여자는 시간이 흐르면 받아들여줄 것이라고 생각하며 아버지의 화를 오롯이 견뎌냈다. 결혼을 결심하면서부터 목표를 이루기 위해 참고 기다려야 하는 인내의 시간이 시작됐다. 그러나 아내와 함께 이루게 될 행복한 가정을 생각하면 기다림의 시간이 마냥 힘들지만은 않았다.

(2) 문화 적응 전략 1: 경쟁자는 다른 나라 출신 노동자

연구참여자는 2013년에 드디어 한국에 도착했다. 먼저 한국에 들어와서 일하고 있던 아내는 공항까지 남편을 마중 나왔다. 일 년 반 만의 재회에 얼싸안고 기쁨을 나눴다. 그러나 드디어 재회했다는 기쁨도 잠시, 연구참여자의 일터에서 아내의 일터까지 가려면 차를 타고 두 시간 반이나 이동해야 했기 때문에 주중에는 같은 하늘 아래 있어도 만날 수가 없었다. 연구참여자와 아내는 주중에는 각자 회사에서 제공하는 기숙사에서 지내면서 주말에만 만날 수밖에 없었다.

연구참여자의 아내는 순조롭게 회사 생활을 하고 있었다. 한국에서의 첫 직장에서는 한국인 관리자가 휴식시간도 없이, 심지어 식사시간에 식사도 못 하게 하며 일만 계속하게 하는 등 괴롭히기도 했다. 그런데 한국에서는 이로 인한 이직이 가능했고, 새로 옮긴 회사에서는 적응을 잘하고 있었다.

> "○○가 처음에 와서 대구 회사에서 같이 일하는 아줌마가 어느 날 계속 이거, 이렇게 해라 일 많이 시켜요. 그런데 너무 힘들다구요. 쉬는 시간도 없고. 점심, 저녁 먹을 시간도 없다고. 그래서 바로 밥 먹고 계속 일해야 되고. 안 하면 때리고. 아니면 이렇게 와! 이거 해라."

연구참여자도 첫 번째 회사에서는 아내와 마찬가지로 어려움을 겪었다. 한국인 관리자와 같이 하는 일을 맡았는데, 한국인 관리자는 담배만 피우러 다니고 자기가 할 일까지 연구참여자에게 미루었다. 연구참여자가 이에 대한 부당함을 주장하자 때리기까지 했다. 그러나 연구참여자는 감시카메라가 있다는 사실을 알고 있었기 때문에 반격도 하지 못했다. 또 한국의 법이 무섭기도 했다. 한국에 남아서 일을 하려면 참는 수밖에 없었다.

"(한국 사람이 괴롭히는 건 없어요?) 한 번. (언제?) 2014년. (오신 지 얼마 안 됐을 때네요?) 그 남자는 저를 때렸는데, 저는 바로 안 해, 안 해. 감시카메라도 있고, 법 때문에. (○○은 때리진 않고 맞기만 했고. 한국 사람은 왜 때렸어요?) 아, 그때, 그분이 일할 때, 같이 일했는데, 그분이 보통 담배만 피면서 쉬고만 있어요. 그분이 할 일을 저에게 맡겨요. 이거 이거 하라고 계속 해요. 그래서 계속 했는데, 너무 힘들어서. 어느 날 안 했다구요. 그 일을. 그래서 하라고, 이렇게 때렸어요. (때렸어요? 그다음에 어떻게 됐어요?) 그다음에는 제가 그냥 울지 않고, 그냥. (아무 일도 없었어요? 그 사람 처벌 안 받았어요?) 네."

또한 같은 회사에서 일하는 외국인 노동자와 갈등도 있었다. 작업반장은 외국인 노동자들을 관리하는 사람이었다. 그런데 작업반장은 관리자에게 다른 노동자들이 목표치를 다하지 못했다며 작업량을 누락하여 보고하는 등 한국인 관리자와 외국인 노동자들 사이를 이간질했다. 특히 연구참여자가 그에게 맞춰주지 않자 타깃으로 삼아 관리자에게 하지도 않은 일을 했다고 하거나, 충분히 일을 다 했는데도 안 했다고 하는 등 지속적으로 괴롭혔다.

"(그러면 한국 회사에서 일할 때, 근무시간이 긴 것 말고, 한국 사람들이 잘 못 해준다든지 그런 건 없으세요?) 그거는, 같이 일하는 다른 나라 사람 있잖아요. 베트남, 우즈베키스탄, 키르기스스탄. 그런 사람들하고 같이 일했는데, 야근… 사람 많으면 야근할 시간이 좀 이렇게 나눠서 하는데, 어떤 사람들이 자기만 돈 벌고 싶어서, 저희 부부 같은 회사에서 일할 때에는 230, 560. 큰돈이에요. 자기 혼자 일하면 230이에요. 그렇게 생각해서, 두 명은 야근도 하면 250~270 정도 더 올라가요. 그거 생각하면서 야근 주로 줘요. 그래서, 사장님한테 두 분한테는 일 그만 주고, 한 명한테만. 그런 일이 있어요. (그럼 ○○○○(외국인 노동자) 사람이 자기가 하겠다고 하는 거예요?) 아니요, 싸워요. 일할 때, 분량이 있잖아요. 그렇게 많이, 이 사람하고 그다음에 친구 한 다음에 이렇게 계속 하는데, 저희는 일이 다음 날에는 다른 사람이 해줘요. 근데 그다음에 저희한테 오면 큰일이에요. 그러니까 사장님한테 오늘 ○○ 일하니까 불량이 많아요. 이렇게 거짓말하고. 그만뒀어요, 회사를. 월급이 적다고 그만뒀어요."

연구참여자는 한국인 관리자와의 갈등은 자신이 한국어를 잘 못했기 때문에 오해가 생긴 것이었다며 의사소통이 잘 안 되어 발생한 문제였다고 판단하고 있다. 또 연구참여자는 한국에 온 지 얼마 안 된 시기였기 때문에 자신이 한국의 상황에 대해서 잘 몰라서 자기가 실수한 부분도 있었을 것이라고 이해한다. 그러나 외국인 작업반장에 대해서는 이해가 가지 않는다. 다른 외국인 노동자들이 잘해서 칭찬받는 꼴을 못 보고 관리자에게 자기만 돋보이기 위해 이간질과 거짓말도 서슴지 않는 사람이었다는 것이다. 그런데 이는 그 사람만 유독 그랬던 것은 아니라고 한다. 두세 군데의 회사에서 일을 하면서 그와 같은 나라 출신 노동자들을 겪어봤는데 모두 그와 같은 방식으로 행동했다는 것이다. 연구참여자는 지금도 다른 나라 출신 외국인 노동자들과 같이 일하는 것에 대해 거부감을 가지고 있다. 그들은 다른 사람을 시기하고 질투하며 상황을 자기에게 유리하게 하기 위해 곧잘 다른 사람들을 속이기 때문이다.

연구참여자는 여러 곤혹을 치렀던 그 회사에서 3년 정도 일을 했다. 한국에서 더 이상 일을 하지 못하게 될까 봐 참고, 또 참았다. 아내도 한 번 이직을 하기는 했지만 자신도 그럴 수 있는지 확신을 갖기 위해 시간이 걸렸다. 연구참여자는 신중하게 탐색한 끝에 아내와 함께 지내면서 일을 할 수 있는 조건의 회사를 알아내어 직장을 옮겼다. 한국에 온 지 2년 만에 드디어 아내와 함께 살 수 있게 된 것이다.

(3) 문화 적응 전략 2: 최선의 방법을 찾아내는 노동자 되기

연구참여자는 첫 회사에서 다른 나라 출신 노동자와 갈등이 있었던 이유에 대해 자신이 일을 금방 배우고, 또 잘했기 때문이라고 보고 있다. 연구참여자는 기존의 일하는 방식을 습득하는 속도가 빨랐고, 일을 더 효율적으로 할 수 있는 새로운 방식을 찾아냈다. 이로 인해 다른 나라 출신 노동자들의 시기와 질투의 대상이 됐다는 것이다. 여성 노동자들의 경우, 연구참여자가 결혼했다는 사실을 알고 있음에도 유혹하려고 하기도 했다.

> "보통 회사에서 일할 때, 먼저 이거 하고 이거 하고 이렇게 순서가 있잖아요. 보통 스리랑카 사람들이 일 잘해요. 사장님들도 다 좋아해요. 스리랑카 사람들을. 다른 나라에 비하면 보통, 베트남, 필리핀, 중국 사람보다는 남자들 힘이 있어서. 한국 사장님들이 스리랑카 남자들 좋아해요. 그리고 일할 때 꼼꼼하게 보고 일 잘해요. 거짓말도 안 하고. 자기

하는 일이 자기 받는 월급만큼 일 해줘요. 그러니까 사장님들이 좋아해요. 그런데… 일할 때는 순서 있잖아요. 이거 먼저 하고 이거 먼저 하고 이거 하고. 그런데 스리랑카 남자들이 머리가 좋아서, 바로, 빨리. 금방 할 수 있는 방법이, 금방 할 수 있는 방법으로 해도, 이렇게 안 하고, 이렇게 해라. 그러면 시간이 오래 걸리고, 일이 힘들고."

그러나 연구참여자는 아내에 대한 신의를 굳게 지키며 이런 유혹을 단호하게 떨쳐냈다. 연구참여자에게 거부당한 여성 노동자는 연구참여자를 곤란에 빠트리기 위해 더 교묘하고 집요하게 괴롭혔다. 이는 연구참여자가 성실하고 유능한 노동자라는 것을 다른 사람들도 알고 있었기 때문에 벌어진 일이었다고 한다. 그러나 연구참여자는 높은 도덕성으로 흔들림 없이 자신에게 주어진 일에 최선을 다하는 데만 전념해왔다.

(4) 문화 적응 전략 3: 스리랑카 노동자와 서로 도우며 살아가기

연구참여자와 아내는 스리랑카에서 노동자를 대상으로 하는 한국어능력시험에 통과했고 한국에서 지낸 지도 5년이 다 되어가지만 한국어로의 소통이 원활하지 않다. 어떻게 살아왔는지에 대해 한국어로 표현하는 데 어려움이 있을 정도였기 때문에 이에 대해 이웃에 사는 스리랑카 출신 유학생의 도움을 받았다.

이웃에는 스리랑카에서 온 부부가 살고 있는데, 남편은 연구참여자 부부와 마찬가지로 한국에서 노동자로 일을 하고 있고 아내는 석사과정에 재학 중인 학생이다. 그 부부는 연구참여자 부부에 비해 한국어 구사를 자유롭게 할 수 있다. 남편은 한국에 온 지 8년 정도 되어 체류기간도 길 뿐 아니라 사회통합 프로그램도 5단계까지 들었기 때문에 한국어를 잘한다. 아내는 한국의 대학원에서 한국어 관련 학과 공부를 하고 있기도 하고 스리랑카에서부터 한국어를 배우는 데 지속적인 관심을 갖고 있었기 때문에 한국어를 유창하게 구사한다. 연구참여자와 아내가 이사한 집 근처에 우연히 같은 나라에서 온 부부가 살고 있어 그 덕에 많은 도움을 받고 있다.

연구참여자와 아내는 한국에서 체류하며 주중에는 일을 하느라, 주말에는 떨어져 지내는 배우자를 만나러 가느라 따로 시간을 내서 한국어를 배우지 못했다. 일하는 곳에서도 거의 말을 할 필요가 없는 육체노동을 했기 때문에 한국어를 자주 사용하지 못했다. 그러면서 업무와 관련이 있는 단어나 표현 외에는 점점 잊어버리게 됐다.

> "그리고 ○○○(이웃 스리랑카 출신 유학생) 옆에 있어서 도와줄 수 있잖아요. 아니면 아내 혼자 있으면 위험해요. 아는 한국 사람도 없고, 밖에 나갈 수도 없고. 저 일하러, 알바하면서 생활하니까 갈 수도 없고. 조금 힘들어요. 한국 사람한테는 조금… 말도… (소통하는 거?) 소통하는 게 힘들어요."

한국어가 서툴러도 일만 하면서 지낼 때에는 큰 불편이 없었다. 그러나 연구참여자의 아내가 임신을 하고 정기적으로 병원 진료가 필요하게 되자 한국 사람들과 소통할 수 없다는 것이 몹시 불편해졌다. 이웃에 사는 부부는 연구참여자 부부의 이런 사정을 알고 적극적으로 도와주고 있다. 특히 한국에서 대학원 공부를 하고 있는 아내는 시간도 비교적 자유롭게 쓸 수 있어서 연구참여자의 아내가 병원에 가야 할 때 항상 동행해 주고 있다. 이 밖에도 비자 연장 등의 제도에 대한 정보, 절차에 대해서도 자세히 알려준다.

(5) 한국에 바라는 점: 아내의 출산을 위한 인도적 차원의 허가 및 지원

연구참여자와 아내는 출산을 앞두고 있다. 스리랑카에서 결혼을 하고 한국에서 함께 살게 되기까지 3년여의 시간이 걸렸다. 부부가 함께 지낼 수 있게 되면서 그동안 미루어온 임신과 출산을 본격적으로 준비했다. 그러나 부부가 모두 밤늦게까지 일을 했기 때문에 임신부터가 쉽지 않았다. 임신을 계획한 지 2년 만에 드디어 아기가 찾아왔으나 임신 계획을 세우고 한참 동안 소식이 없어 기대하지 않고 있었기 때문에 임신 중에 지켜야 하는 여러 주의사항을 지키지 못했다. 그렇게 첫 번째 임신이 잘못되고 한 동안 또 소식이 없다가 1년 만에 다시 임신이 됐다. 이번에는 놓치지 않기 위해 아내는 하던 일도 그만두었다.

아내는 건강이 좋지 않아 고위험군 임산부로 철저한 관리가 필요하다. 그래서 정기적으로 병원에 다니며 검진을 받아야 한다. 그런데 한국어가 서툴기 때문에 혼자서는 병원을 찾아가는 것도, 가서도 주치의가 무엇을 조심하라고 하는지 이해하기 어렵다. 이웃의 도움을 받고 있지만, 만약 이웃의 도움이 없었다면 연구참여자와 아내가 이 모든 과정을 순탄하게 지나기 힘들었을 것이다.

“한국에서 1년 전에, 2017년에 임신했어요. 그때 유산했어요. 그때 임신한 줄 몰라서 운동도 하고, 생리 안 나오기 때문에 약도 먹고. 두 달 체크 했는데, 그 표시 안 해줘서, 몰라서. 그래서 1년 정도 걱정하고 있어서, 그다음에, 어렵게. 처음에 임신. (그래서 지금 임신하셔서 일은 쉬시는 거예요?) 네. (조심하셔야겠네요. 그런 일도 있었고.) 네. (중략) (어떻게 난민 비자를 받게 되신 거예요?) 처음에는 E-9으로 들어오고, 4년 10개월 체류기간 만류 다음에 불법으로 있으면 너무 힘들어서 난민 비자 받겠다는 생각이. (이렇게 받게 되신 게 언제예요?) 지난달? 지난달에 난민 비자로 바꿨어요. (2010년 11월에 받게 되신 거고, 불법체류로 지내신 기간은?) 없었어요. 바로. (E-9에서 바로 난민 비자로 바꾸신 거예요?) 바로. 바로 난민 비자로. 네. 그럼 2018년 10월. 지난달에. (아내가 임신과 출산계획으로 이사를 갈 수 없으니까, 지금 선생님은 계속 계셔야 하는데 남은 비자기간은 없고….) 없고.”

또한 그 사이 연구참여자와 아내가 한국에 온 지 5년이 다 되어 비자가 만료됐다. 아내의 건강, 임신과 출산 등의 문제로 당장 스리랑카로 돌아가기 곤란한 상황이다. 연구참여자는 한국에서 더 머물러야 아내와 태어날 아기를 건강하게 돌볼 수 있다는 생각에 고심 끝에 난민 비자를 신청했다. 난민 비자를 신청하는 동안에는 한국에서 체류가 가능하기 때문이다. 그러나 아내의 병원 진료에 보험이 적용되지 않아 진료비에 부담이 크다. 또 출산 후에도 아내가 이웃의 도움만으로 산모인 자신과 아기의 건강을 돌봐야 한다. 한국정부가 인도주의적 차원에서 산모와 아기를 안정적으로 돌볼 수 있는 제도적 지원책을 마련해준다면 이 막막함을 해결하는 데 큰 도움이 될 것이라고 생각한다.

3) 연구참여자의 특성

연구참여자가 한국 사회 적응 과정에서 보이는 인지·정서적 특징을 정리하면 다음과 같다. 첫째, 연구참여자는 행복한 가정을 꾸리는 것을 최초의 목표이자 최고의 목표로 삼고 있다. 행복한 가정을 꾸리기 위해 경제력이 필요하다고 판단하여 한국으로의 이주를 결심했다. 이 목표는 인생의 행로를 정하는 데 결정적 동기가 될 정도로 연구참여자에게 가장 중요한 소망이라 할 수 있다. 한국으로 이주 후에 여러 어려움이 있었지만 이 고난의 시간을 견디고 나면 그 끝에는 아내와 행복한 가정을 이루어 사는 삶이 기다리고 있을 것이라는 확신과 기대로 꿋꿋하게 버텨왔다. 이처럼 연구참여자가 고난에 맞닥뜨려도 꺾이지 않고 불굴의 의지로 헤쳐나가고 있는 근간에는 자기 가정에 대한 애정이 자리하고 있다고 볼 수 있다.

둘째, 연구참여자는 한국에서의 적응을 위해 두 가지 전략을 취한다. 하나는 다른 나라 출신 노동자와의 차별화이고, 다른 하나는 그러한 자격을 갖추기 위해 부단한 노력을 기울이는 것이다. 이러한 적응 전략의 기저에는 일터에서 능력 있는 노동자로 인정받는 것이 중요하다고 여기는 인식이 자리하고 있다. 연구참여자는 다른 나라 출신 노동자와 스스로를 비교하며 자신의 성실성과 능률성이 비교 우위에 있음을 강조한다. 또한 이는 자신의 노동의 가치를 한층 드높이는 효과를 거두는 것이기도 하다. 자신은 맡겨진 업무의 효율성을 극대화하기 위한 노력에만 관심을 기울이기 때문에 자신과 달리 다른 사람을 깎아내려 자신의 이익을 취하려는 사람들의 표적이 되기 쉽다고 보는 것이다.

셋째, 연구참여자는 같은 나라 출신 노동자와 정서적 유대를 소중하게 생각하고 있다. 연구참여자와 아내는 이웃에 사는 같은 나라 출신 부부와 친밀한 관계를 유지하고 있다. 공통의 관심사가 있기 때문이기도 하고, 누구보다 서로의 처지에 대해 잘 알고 깊이 공감할 수 있기 때문이기도 하다. 연구참여자는 스리랑카나 한국의 정치에 대해 관심이 많은데, 마침 이웃에 사는 남자도 이에 대해 관심이 많아서 일이 끝나면 서로 모여 이에 대한 의견을 나눈다. 연구참여자는 이 토론을 몹시 즐겁게 생각하여 수면 시간을 줄이면서까지 참여하고 있다. 서로 견해 차이가 생겨도 공통의 관심사로 이야기를 나눌 수 있다는 것 자체에 감사하고 있다.

또한 연구참여자와 아내는 한국어로 의사소통이 자유롭지 않은 편인데, 이로 인한 문제는 개인적으로 해결해야 한다고 여기고 그에 대한 불편을 감수해왔다. 그러나 아내의 출산이 임박하면서 한국의 의료기관을 이용하지 않을 수 없는 상황이 되자 사회적 도움이 간절해졌다. 이웃은 이러한 연구참여자 부부의 어려움에 기꺼이 도움의 손길을 보태주었다. 연구참여자의 이웃은 사회적으로 고립되어있는 연구참여자 부부의 상황을 헤아리고 함께 고난을 헤쳐가는 동반자로 대하고 있다. 이는 이웃이 활협한 성품을 가졌기 때문이기도 하지만, 관계가 상호 교류를 통해 형성되는 속성을 가졌음을 감안하면 연구참여자도 그와 통하는 성품을 갖추고 있다고 짐작해볼 수 있다. 즉, 연구참여자가 그동안 정서적으로 연대할 수 있는 관계를 지속하기 위해 기울여온 노력이 현재의 어려움을 해결하는 데 큰 힘이 되고 있는 것이다.

이를 종합해보면, 연구참여자는 현재의 삶에 충실하기 위해 한국의 문화나 언어에는 다소 소홀하다. 한국의 문화나 언어가 당장의 삶의 질을 향상시키는 데 도움을 준다고 보지 않기 때문이다. 이에 비해 같은 나라 출신의 사람들과의 연대를 위해서는 아낌없는 노력과 시간을 투자한다.

연구참여자는 한국에 살고 있지만 한국 사회로부터는 다소 거리를 두고 출신국의 문화와 언어를 유지하며 살아가는 방식을 취하고 있다고 할 수 있다.

마지막으로 연구참여자의 경험에서 한국 사회의 사회제도적 개선점을 찾아보면 다음과 같다. 첫째, 연구참여자는 아내와 함께 한국에 거주하면서 임신과 출산을 계획하고 있기 때문에 이와 관련한 의료 및 복지의 지원이 필요하다. 특히 산모의 건강이 좋지 않아 태아도 그 영향을 받고 있기 때문에 의료적 관리와 주의가 필수적이다. 두 사람의 생명과 직결된 문제이기 때문에 인도주의적 차원에서 이와 관련한 제도와 정책이 보완되어야 한다.

둘째, 이주노동자 부부가 맞벌이를 하며 자녀를 양육하는 경우, 아동복지의 차원에서 자녀에 대한 돌봄 서비스 및 교육지원제도가 필요하다. 특히 부모가 사회적으로 고립되어있을 가능성이 크기 때문에 기본적인 자녀 양육방법에서부터 생활수칙 등에 대해 인지하지 못해 어려움을 겪을 수 있다. 아동의 기본권은 인권과 사회적 약자에 대한 보호로서 반드시 보장될 필요가 있기 때문에 관련 제도와 정책의 정비가 필요하다.

3.
연구참여자 3의 생애담

1) 생활세계 문화 적응 생애담 요약

연구참여자는 베트남 출신의 30세 남성으로 한국에는 2012년에 왔다. 고등학교 졸업 후 한 전문대에 진학해서 용접 기술을 배웠다. 연구참여자는 4남매 중 맏아들이었다. 부모님은 맞벌이를 하셨지만 가족은 늘 가난했다. 연구참여자는 얼른 돈을 벌고 싶었다. 그래서 대학 재학 중에도 아버지가 하시는 주택 건축 일을 함께 하며 학비와 생활비는 스스로 벌었다. 연구참여자의 두 동생은 고등학교 졸업 후 베트남에 있는 공장에 취업했다. 여동생은 한 한국 기업의 전자제품 생산공장에서 일을 하고 있다. 막내는 연구참여자처럼 전문대에 진학해서 공부 중이다.

연구참여자의 한국행은 사촌 형의 권유로 이루어졌다. 사촌 형은 자신도 한국행을 준비하며 연구참여자에게 한국에 가면 돈을 벌어올 수 있다고 알려주었다. 연구참여자는 사촌 형과 함께 한국어능력시험을 준비했는데, 사촌 형은 그 시험에 통과하지 못해 결국 한국에 오지 못했다. 연구참여자가 부모님에게 한국에 가서 돈을 벌어오겠다는 뜻을 밝히자 부모님은 응원과 격려를 해주셨다.

연구참여자는 한국어 시험 통과 후 한국정부의 외국인 고용관리 시스템에 등록하고 몇 개월 정도 대기하다 2012년 한국의 한 철강 회사에 취업하여 한국으로 왔다. 그 회사에서 비자 만료기간까지 4년 10개월 근속했다. 그리고 비자기간 연장을 위해 베트남으로 돌아가서 3개월간 체류하고 다시 그 회사로 돌아왔다. 그 회사에서 5개월 정도 더 근무했으나 열악한 근무환경에 대해 고민하던 끝에 현재의 회사로 이직했다.

그동안 한국에서 일한 돈으로 연구참여자는 베트남에 있는 고향에 4층짜리 건물 1채와 단층 주택 1층을 구매했다. 4층짜리 건물에서는 부모님과 막냇동생이 거주하고 있다. 단층 주택은 첫째 남동생을 위한 것이다. 아직 자신을 위한 집은 구매하지 못했기 때문에 한국에서 돈을 더 벌어야 한다고 생각하고 있다.

4개월 전에 사촌 동생도 한국에 들어와서 회사에 다니고 있다. 연구참여자가 사촌 동생에게 한국이 지내기도 괜찮고 돈도 많이 벌 수 있다고 한국 생활을 추천했다. 형제이기 때문에 함께 잘 살 수 있는 정보는 공유해야 한다고 생각했다.

최근에는 노동 시간이 줄어 여가 시간이 전보다 길어졌다. 여가 시간에는 절에 가거나 음악을 즐겨 듣는다. 또는 한국어 공부를 하기도 한다. 한국어 공부를 좋아해서 일주일에 적어도 한 번은 외국인노동자센터를 찾아 무료 강의를 듣고 있다. 연구참여자는 공부를 해두면 비자를 연장할 때 또는 이직을 할 때 등 머지않은 미래에 도움이 될 것이라고 생각하여 4년제 대학에 진학할 계획도 가지고 있다. 아직까지는 대학의 커리큘럼이나 학비 등에 대한 정보를 탐색하고 있다. 연구참여자는 한국에서 장기

체류가 가능한 거주 비자(F-2)로 변경할 계획도 가지고 있는데, 이를 위한 준비로 사회통합 프로그램도 5단계까지 통과해두었다.

연구참여자는 외국인노동자센터를 자주 이용하는 편이다. 이곳은 외국에서 외롭게 생활하는 사람들끼리 의지하며 서로 돕는 분위기가 형성되어있다. 연구참여자는 다른 노동자를 돕는 봉사활동에 자주 참여하고 있다.

연구참여자에게는 소원이 많다. 무엇이든 뜻하는 바를 이루기 위해서라도 신체적으로 건강해야 한다고 생각하고, 서로 사랑하는 사람을 만나 연애하고 결혼해서 행복한 가정을 이루었으면 좋겠고, 한국에서 장기체류가 가능한 비자를 취득하고 싶다. 또 여행과 한국어 공부를 좋아해서 가능하다면 베트남과 한국을 오가며 여행 가이드 일을 하고 싶다. 이를 위해서라도 한국의 대학에서 관련 전공 공부를 더 할 수 있으면 좋겠다고 생각한다. 그러나 건강 외에는 과연 소원을 이룰 수 있을지 도무지 희망이 보이지 않는다고 한다. 미래에 대한 기대보다 비관적 전망이 더 강하게 자리하고 있다. 연애와 결혼은 베트남 남자와 결혼하려고 하는 베트남 여자가 많지 않아서, 장기 체류가 가능한 비자는 워낙 취득 요건이 까다로워서 어려울 것이라고 생각한다. 또 대학에 진학하자니 시간과 비용의 부담이 너무 크다.

이처럼 연구참여자는 소원 가운데 무엇 하나 쉽게 이룰 수 있는 것이 없다고 생각한다. 그러나 한국에서 경험한 것들이 앞으로 베트남으로 돌아가 어떤 일을 하게 되더라도 큰 힘이 되어줄 것만큼은 분명하다고 믿고 있다.

2) 생활세계 문화 적응의 내러티브

(1) 이주 전의 삶: 실용적 기술 습득을 위한 노력으로 지켜내는 맏아들로서의 책임감

연구참여자는 가난한 집안의 장남이다. 아래로 여동생 한 명, 남동생 두 명이 있다. 연구참여자가 얼른 고등학교를 졸업해서 돈을 벌고 싶었던 것처럼 동생들도 마찬가지였던 것 같다. 여동생은 고등학교를 졸업하자마자 한 한국 기업의 현지 공장에 취업했다. 지금은 시집을 가서 자기 가정을 꾸리고 있기 때문에 전만큼 친밀하게 지내지는 못한다. 두 남동생도 고등학교를 졸업하고 각자 살길을 찾아 나섰다. 첫 번째 남동생은 현지 공장에 취업했고, 막내 남동생은 전문대에 다니고 있다. 연구참여자는 맏형으로 두 남동생을 잘 살게 해주는 것도 자신에게 주어진 역할이라고 생각한다.

연구참여자의 부모님은 맞벌이를 했다. 아버지는 주택 건축 일을 했고, 어머니는 시장에서 과일 소매업을 했다. 부모님은 항상 바빴지만 집안 형편은 좀처럼 나아지지 않았다.

연구참여자는 고등학교까지 공부에 큰 관심이 없었고 성적은 보통이었다. 고등학교를 졸업하고 진로를 결정할 때 어떻게 하면 더 많은 돈을 벌 수 있을까가 가장 큰 관심거리였다. 연구참여자가 고등학교를 졸업할 당시 학생들은 고등학교를 졸업하면 대개 대학에 진학하는 분위기였다. 연구참여자도 직업을 찾는 데 도움이 될까 싶어 한 전문대에 진학했다. 원래는 4년제 대학에 진학해서 자동차 관련 기술을 배우고 싶었으나 낙방해서 전문대로 진학해 용접 기술을 배웠다. 이런 기술을 배워야 생계를 안정적으로 유지할 수 있겠다고 생각했기 때문이다.

> "(대학을 그러면 고등학교 졸업하면 많은 분들이 바로 대학으로 진학하세요?) 네. 대학교하고 전문대학교 가는 사람도 있어요. (선생님은 고등학교 졸업하고 바로 전문대 가신 거예요?) 아니요. 저는 대학 시험 보고 떨어져서 전문대학 입학했어요. 그리고 저 맏형이라서, 가난한 가족이라서 돈 벌어야 돼요. (책임감이 있으셨네요.) 네네. (얼른 돈을 벌어서 가족들한테 도움을 줘야겠다 하는 마음이 있으셨고?) 네."

연구참여자는 전문대를 다니는 동안 아버지와 함께 주택 건축현장에서 일을 하며 생활비와 학비를 벌었다. 그러던 중 사촌 형으로부터 한국행에 대한 이야기를 듣게 됐다. 사촌 형은 자신도 한국으로 가기 위해 한국어를 공부하는 중이라며 한국에 가면 많은 돈을 벌 수 있다고 알려주었다. 연구참여자는 사촌 형을 따라 한국어 공부를 시작했다. 한국에서 일을 하려면 비자를 취득해야 하는데 이를 위해서는 한국어능력시험에 통과하고 한국정부가 운영하는 외국인 고용관리 시스템에 등록을 해야 했다. 연구참여자는 모든 절차가 순조롭게 진행되어 시스템에 등록한 지 3개월 만에 한국행이 결정됐다. 그 3개월 동안은 한 오토바이 부품 공장에서 용접 일을 하며 기다렸다. 그런데 정작 사촌 형은 한국어능력시험에 통과하지 못해서 결국 한국으로 오지 못했다.

> "(언제부터 외국에 나가서 돈을 벌어야지, 하고 생각하셨어요?) 한국어 공부할 때부터요. (한국어 공부를 시작할 때부터?) 네. (그러면 대학교 재학 중에? 대학 다닐

때?) 저 전문대학 끝나고 일하고, 다, 우리 형제, 삼촌이 한국 추천해주셔서. (삼촌이?) 삼촌 아니요, 큰형이요. (아, 사촌 형.) 네네. (사촌 형이 한국을 추천했어요?) 네. (그래서 이 집 짓는 일을 할 때 추천을 해주셨고. 그래서 한국으로 가야지 준비하기 시작하셨네요.) 네. (사촌 형은 어떻게 왜 한국을 추천하셨어요?) 그 사람도 한국도 가고 싶어서요. (아, 이분도 한국으로 오고 싶어 하셨어요?) 네. 하지만 시험 떨어졌어요. (아, 못 오셨어요? 이분은?) 네. (선생님만 오셨네요? 왜 한국으로 가자고 이 형분이 뭐라고 하면서 한국 가면….) 돈 벌어…. (돈 벌 수 있어. 이렇게? 오고 싶어 했는데 이분은 못 오셨고. 시험을 못 붙어가지고.) 네."

연구참여자의 사촌 누나도 한국에서 일하고 싶어 했으나 일본으로 갔다. 사촌 누나는 모든 절차를 통과했으나 한국으로 오지 못했다. 한국은 외국인 노동자를 받아들일 때 산업 노동자로 일할 사람을 선호하기 때문에 여성이 일할 수 있는 자리가 많지 않다. 연구참여자는 사촌 형과 사촌 누나가 오고 싶어도 오지 못한 한국에서 일을 시작했다. 연구참여자가 한국행을 결정하고 그 뜻을 부모님에게 밝히자 부모님은 잘 다녀오라고 응원했다.

"(처음에 한국 온다고 할 때 부모님이 반대 안 하셨어요?) 아니요. 응원해요. (응원하셨어요?) 지금도 응원해요. (왜 한국행을 선택하셨어요?) 왜냐하면 우리 집은 돈 없어서 가난한 가정이에요. (그런데 다른 나라도 있잖아요. 일본이나.) 일본에 가면 돈 많이 들어가요. (아, 거기서 체류하는, 머무는, 거주하는 비용이 많이 들어요?) 네. (그래서 일본은 안 가셨고.) 네. (비용이 많이 들어서?) 네. (한국은 그래도 적당한 편이어서?) 네. (처음부터 한국으로 와야지 딱 정해놓으셨어요?) 네."

연구참여자가 다른 나라보다 한국을 선호한 이유는 거주하는 데 들어가는 비용이 적다고 들었기 때문이다. 한국은 회사에서 기숙사를 제공하고 기숙사는 대부분 일하는 곳과 가까이에 있다. 베트남 사람들이 베트남에서 외국으로 일을 하러 나오려는 이유가 돈을 벌기 위해서인데 생활하는 데 너무 많은 비용이 들어가면 돈을 모을 수가 없다. 게다가 한국은 어디를 다치거나 아파서 병원에 가도 보험 혜택을 받을 수 있어 의료비도 적게 든다. 이런 점을 감안하면 다른 나라와 외국인 노동자 임금은 비슷하지만 기본적인 생활비와 복지 혜택이 더 나은 한국이 최선의 선택지가 된다.

연구참여자는 한국행을 위해 베트남에서 3개월 정도 준비해서 한국어능력시험에 통과하고 한국행 비자를 받는 데까지 다시 3개월을 기다렸다. 그리고 김포의 한 철강 공장에 취업하게 되며 한국에 왔다. 그때가 2012년이었다.

(2) 문화 적응 전략 1: 종교적 힘을 빌려 분노 극복하기

연구참여자는 첫 직장에서만 4년 10개월을 꽉 채워 일했다. 첫 직장이 좋았기 때문은 아니었다. 불편하고 힘든 점이 훨씬 많았다. 가장 힘들었던 점은 한국인 사장의 아들들의 횡포였다. 회사에서 일하는 사람들은 사장을 제외하면 모두 외국인 노동자였다. 사장에 대해서도 불만이 없었던 것은 아니지만 적어도 사장은 욕하거나 때리지는 않았다. 그런데 사장이 외국인 노동자 불법 고용 문제로 회사 경영 일선에서 물러나게 되면서 그 아들들이 회사를 물려받았다.

두 아들은 외국인 노동자들에게 수시로 욕을 했다. 그러다 폭력을 행사하기도 했다. 한 번은 연구참여자가 일을 하고 있는데 사장의 작은아들이 옆에 오더니 손을 움직이지 못하게 뒤로 묶어서 당기며 그렇게 밖에 일을 못하느냐고 윽박을 질렀다.

"(작은아들이 욕을 했어요?) 네. (왜 욕을 해요?) 일하는 것 때문에. (어떤 것 때문에?) 저 일하다가 그… 작은아들, 뒤에서 이렇게, 이렇게 해요. 손 잡고 빨리빨리, 빨리빨리 해요. 하라고 했어요. (선생님 일하시는데, 그 작은아들이 뒤에서 손을 잡았어요?) 네. (손을 묶고?) 저는 이렇게 하면 손 잡고 당겨, 손 잡고 당겨! (손을 잡고 당겨요? 이렇게 묶고 그다음에?) 네. 제 손 잡고 당겨, 이렇게. 그 아들 직접 해요. (자기가 직접 해요?) 네. (그리고 자기가 직접 해요?) 네. (선생님 일하고 계시면 와가지고 손 당기고.) 잡어. (내가 할게.) 응. 내가 할게. (왜 이렇게 늦게 해! 이러면서.) 네네. (자기가 직접 일을 하고 그랬어요?) 네. (일도 못하게 했네요, 그러면?) 네."

연구참여자가 겪은 한국인 고용주의 횡포는 이것이 다가 아니었다. 노동자에게 제공되는 기본적인 복지의 수준도 아주 낮았다. 기숙사는 가건물이어서 겨울에는 너무 춥고 여름에는 너무 더웠다. 청결은 기대할 수조차 없었다. 식사도 점심만 제공하고 아침, 저녁은 노동자들이 직접 만들어 먹어야 했다. 그나마 제공되는 점심도 부실해서 항상 허기가 졌고 야근이 많아서 저녁은 대충 챙겨 먹어야 할 때가 많았다. 또 초기에는 노동부에서 제시하는 최저임금에도 못 미치는 임금을 받았다. 사장은 일이 좀 익숙해지면 임금을 올려주겠다고 약속했으나 이것도 지키지 않아 몇 번을 항의해야 했다. 연구참여자가 항의를 하면 조금씩 올려주었다.

"그 회사 저 왔을 때 노동부보다 월급 작아요. 하지만 6개월 더 하면 저 월급 올라가요. 계속 했는데, 하지만 계속 안 지켜서. (6개월 뒤에 월급 올려준다고 했어요?) 네. (근데 그 약속을 안 지켰어요?) 네. (그래서 선생님이 항의하셨구나. 왜 약속 안 지켜요. 이렇게 말씀하셨고.) 네."

사장 일가는 심지어 급여를 지급하기로 한 날짜도 어기기 일쑤였다. 그나마 사장 아들들이 욕을 하거나 때릴 때 사장에게 항의를 하면 한동안 잠잠해졌다. 연구참여자는 심정적으로 이런 대우들은 그럭저럭 견딜 수 있었다고 한다. 임금도 나중에는 꽤 올라서 주위의 다른 회사들만큼 받거나 조금 더 잘 받을 때도 있었다. 정말 참기 어려운 것은 급여를 주기로 한 날짜를 자꾸 어기는 것이었다. 연구참여자가 그만둘 결심을 하기 직전이었던 몇 달은 급여 날짜가 제대로 지켜지지 않았다.

연구참여자는 그 회사에서 비자 기한이 만료되는 4년 10개월을 채웠다. 그리고 비자를 연장했다. 연구참여자는 E-9 비자를 가지고 있기 때문에 비자가 만료되기 직전에 일하고 있는 한국 회사에서 동의를 해주면 비자를 연장할 수 있었다. 안정적으로 비자를 연장하기 위해서라도 연장할 때까지는 참고 버텨야 한다고 생각했다고 한다.

그때 연구참여자는 3개월 정도 베트남으로 돌아가 가족들과 지낼 수 있었다. 생애 처음으로 어머니를 모시고 여행도 다녀왔다. 연구참여자가 원하면 더 오래 베트남에 머물 수도 있었으나 가능하면 빨리 다시 일을 시작하고 싶었다.

연구참여자는 그 회사로 다시 돌아왔으나 회사에 대한 불만을 더 이상 참기 힘들었다. 사장에게 4년 10개월 동안 일한 퇴직금을 정산받기로 했는데, 액수도, 받기로 한 기한도 어느 것 하나 지켜지지 않았다. 임금이 연구참여자가 일한 경력에 비해 오르지 않았고 계속 연체됐다. 연구참여자는 이에 대한 불만을 사장에게 말하고 임금을 올려달라고 요청했다. 사장은 그렇게 해줄 수 없다고 주장하며 연구참여자가 다른 회사로 옮길 수 있도록 동의해주었다. 연구참여자는 다시 한국에 온 지 5개월 만에 다른 회사로 자리를 옮겼다.

"(처음에 재입국하셨을 때 철 절단하는 회사로 일단 가셨잖아요?) 네. (그거는 비자 때문이셨네요?) 비자 때문에. (E-9 비자가 제가 알고 있기로는 전에 일하던 회사에서 이렇게 다시 불러줘야 되는 걸로 알고 있어요.) 네. (그래서 다시 이 회사로 가셨어요?) 네네. (옮기고 싶은 마음은 되게 크셨겠어요.) 원래, 4년 10개월 뒤에 그 사람, 그 사장님 저 퇴직금 안 줘서 저 그때 그만두었어요. 출근하고 싶지 않아요. (퇴직금도 안 줬어요?) 네. 근데 우리 친구 조언, 이야기해서, 다시 이야기해서 그 사장님한테 이야기했어요. (다시 주라고?) 그 사람 안 줘요. 다시 와서 줘요. (다시 오면 줘요?) 네. 오면. 와야 줘요. (근데 선생님은 못 받으셨잖아요.) 네. 못 받았어요. (다시 그 회사 갔는데 못 받으셨잖아요.) 네, 하지만 다 받았어요. (나중에는?) 네. (중략) 옛날 공장 그 회사한테 저 허락받아야 해요. (선생님이 허락을 받아야 해요?) 옛날 공장에요. (옛날 공장에? 무슨 허락을 받아야 해요?) 그만두고 싶으면 그, 그 사장님 허락해야 해요. (옛날 회사에서.) 허락하지 않으면 전 다른 공장 못 가요. (허락을 받아야 해요? 어떻게 허락을 받으셨어요?) 월급 안 올라가서. 저 월급 올라서 받고 싶어서 그 사람 허락하지 않아서 다른 공장 옮기는 거 주었어요. (옛날 회사 사장님이 월급 올려달라 그랬더니 그럼 다른 회사로 옮겨, 이렇게 하셨나 보다.) 네. (그래서 선생님이 허락을 받아서 옮기신 거구나.) 네."

연구참여자는 그때 옮긴 회사를 지금도 계속 다니고 있다. 새로운 회사는 노동자에게 기본적으로 제공되는 복지가 잘 되어있었다. 기숙사도 튼튼하게 지어진 건물에 있었고 청결했다. 식사도 세 끼가 모두 제공됐다. 그러나 현재 회사에도 불만이 없는 것은 아니다. 최근에 회사 사정이 어려워지자 식재료가 자주 떨어졌다. 한 번은 식재료가 떨어졌기에 퇴근한 관리자에게 전화를 걸어 항의를 했다. 관리자는 다음 날 출근해서 겨우 그런 문제로 전화를 했다고 연구참여자에게 크게 화를 냈다. 식사의 양이나 질이 점점 떨어지고 있었으나 이에 대해 이의를 제기하기 어렵게 됐다. 또 현재 재직 중인 회사는 가끔 야근이나 주말 근무를 하면 지급하는 수당도 다른 회사에 비해 적었다.

이처럼 연구참여자는 한국인 관리자에게 부당한 대우를 받고 있다는 생각이 들면 즉각 관리자에게 이의를 제기한다. 처음에 한국에 왔을 때는 관리자가 욕을 해도 무슨 말인지 몰라서 그냥 넘어갔다. 그러나 그 말이 욕이라는 것을 알고부터는 화가 나서 참을 수가 없었다. 폭력이나 임금 체불에 대해서도 마찬가지였다. 연구참여자는 한국에 와서 참을 수 없이 화가 나는 경험을 자주 하게 됐다.

연구참여자는 베트남에 있을 때 종교에 크게 관심이 없었다. 부모님이나 다른 이웃들처럼 불교를 믿고 있다고 생각했지만 절에는 한 번도 간 적이 없었다. 그런데 한국에 와서 생활하면서 마음속에서 일어나는 화를 참기 어려운 일이 많았다. 그때 베트남에서 온 친구가 절에 가보라고 연구참여자에게 권유했다. 연구참여자는 친구의 말대로 절에 가서 부처님의 말씀을 들으니 마음에 평안이 찾아왔다.

"(불교의 어떤 점이 좋으세요?) 사람 마음 편하게 살 수 있고, 생각도 복잡하지 않아요. (마음 편하게 해주고, 생각도 복잡하지 않게 해주고.) 그리고 부처님, 부처님 가르침? 말씀… 들을 때 마음 편해요. (부처님 가르침 중에 어떤 말을 제일 좋아하세요?) 저… 좋아하는 말… 물하고, 공기… 땅처럼 사세요. (이 말이 제일 좋으세요?) 네. (왜 이 말이 제일 좋으세요?) 물, 할 때 보통 떠오르는 것이나… 깨끗한 거? 그리고 던지면 물 다 받아요. 불도 똑같아. 공기도 똑같아요. 더러운 거…. (땅은?) 땅도 똑같아요. (자연… 이렇게… 더러운 거 깨끗하게 해주고?) 네. 사람도 화가 날 때 무슨 것 떨어져도 땅이나 땅, 물, 공기 다 받아요. (물, 불, 공기, 땅처럼 받아야 한다?) 네. (이렇게 생각하시는구나. 화가 나는 일이 있어도.) 네. (물처럼 공기처럼 땅처럼 이렇게.) 네. (살아야 되겠다. 이렇게 생각하시는가 봐요.) 네. (선생님 별로 화를 안 내실 거 같아요. 화나는 일 많으세요?) 조금요. (어떤 일이 제일 화나세요? 제일 화나는 일 하나만.) 저, 저한테 욕하면 화나요. 안 돼요. (그렇죠. 사실 누구나 화가 나죠.) 네. 하지만 요즘… 부처님 다른 사람 욕해도… 연습으로 대답해야 돼요. 다시 그 사람한테 욕하지 말고, 연습으로 대답해야 해요. 참아서. (참아야 한다?) 네. 참아서…. (부처님 말씀대로.) 네. (화는 나지만?) 네. 이렇게 하면 마음 좀 편해요."

연구참여자는 지금 회사로 옮기기 전에 울산의 ○○○에서 베트남 스님들을 초청해서 3일 동안 부처님의 말씀을 듣는 행사에 참여했다. 한국에 거주하고 있는 많은 베트남 사람들이 모였다. 연구참여자의 현재 휴대전화의 배경화면은 그때 받은 수료증 사진으로 되어있다. 그 화면을 보며 부처님의 말씀을 들었던 기억을 되새긴다. 연구참여자는 그때 베트남 스님으로부터 법명을 받았다. '선도'라는 법명인데, 어려운 사람들을 도우며 선하게 살아가라는 뜻이다. 그 뜻을 되새기며 살아가려고 노력하고 있다.

"(그럼 행사에는 전부 베트남 분들만? 베트남어로 진행된 건가요?) 베트남어로. 한국 분들도 계셨는데 그냥 근처에 계시고. (핸드폰 화면을 가리키며) 여기에 뭐라고 적혀 있는 거예요?) 그때 법명…? 이름 정해주셨어요. 베트남 스님이. (무슨 뜻이에요?) 어려운 사람 돕고 선… 착하게 살라는 뜻…. (그때 경험이 좋으셨나 보다.) 좋았어요. 정말 좋았어요."

연구참여자는 최근에는 화가 나는 일이 있어도 부처님의 말씀을 생각하며 참고 넘기려고 노력한다. 화가 나서 화를 내고 나면 마음이 더 힘들어지기 때문에 물처럼, 불처럼, 공기처럼, 땅처럼, 자연 만물과 같이 받아들이는 존재가 되고 싶다고 한다. 그러면서 오히려 마음이 편안해짐을 느낀다. 연구참여자는 여가 시간에 외출해서 주로 향하는 곳이 두 군데 있다. 지역 외국인노동자센터와 절이다. 절에 자주는 못 가지만 한번 가면 마음이 차분하게 가라앉고 큰 위로를 받는다.

(3) 문화 적응 전략 2: 더 나은 삶을 꿈꾸며 준비하는 자기계발

연구참여자는 한국에서 4년제 대학에 진학하고 싶어서 정보를 알아보고 있는 중이다. 아직 비자기간이 4년 정도 남았기 때문에 그동안 일을 하면서 4년제 대학을 마칠 수 있으면 좋겠다고 생각하고 있다. 앞으로 어떤 일을 해야 할지에 대한 고민과도 맞닿아있다.

"(쉬는 동안에는, 회사 안 갈 때는 기숙사에 계시잖아요? 기숙사에서 뭐하세요?) 저… 음악 감상하거나 한국어 공부해요. (한국어 공부 열심히 하신 것 같은데.

사회통합 프로그램 5단계까지 하신 거면.) 근데 통과는 못 했어요. 시험 너무 어려워요. 지금 좀 쉬고 있어요. (일도 바쁘실 텐데 틈날 때 쉬지 않고 공부하시는 것만도 대단하세요. 나중에 뭐하고 싶으셔서 공부하시는 거예요?) 나중에… 여행 좋아해서 가이드 할 수 있으면 좋겠다. 그런 거 대학에서 배울 수 있으면… (지금 한국에서 4년제 대학 갈 준비도 하고 계신 거예요?) 그러면 좋겠다고… 한국어 공부 더 하고 싶어요. 나중에 가이드도 하고. (나중에 어디에서?) 베트남에 가서도 좋고. 한국도 오고 베트남도 가고 하면 더 좋아요. 근데 어떤 대학에서 배울 수 있는지 잘 몰라요. 인터넷으로 보고 있는데."

연구참여자는 한국어 공부에도 관심이 많아서 지금까지 꾸준하게 공부해왔다. 주말에는 주로 지역 외국인노동자센터에 가서 한국어 수업을 들었다. 꾸준하게 공부를 하고 있는 이유는 현재 가지고 있는 비자가 만료된 이후를 준비하기 위해서이다. 최선은 한국과 베트남을 자유롭게 오갈 수 있는 한국 거주 비자(F-2)를 받는 것이다. 한국 거주 비자를 신청할 때 한국에서 받은 학사학위가 있으면 가산점을 받을 수 있다. 거주 비자를 받지 못해서 베트남으로 돌아가게 되면 한국 기업에서 영업 일을 해 보고 싶은데, 그때도 학사학위는 도움이 될 것이기 때문에 준비를 해두려는 것이다. 이처럼 연구참여자는 안정적인 미래를 위해 여러 가지 경우의 수를 예상하고 이를 대비할 수 있도록 계획을 세워 움직여야 한다고 생각하고 있다.

(4) 문화 적응 전략 3: 한국은 살기 좋은 나라, 한국 사람에 대한 한결같은 호감

연구참여자가 한국에 와서 가장 오랜 시간 함께한 한국 사람은 첫 회사의 사장과 두 아들이었다. 그들로부터 부당한 대우를 받았기 때문에 화도 많이 났다. 그러나 그들과의 갈등은 그들 개인의 한계에서 비롯된 것이라고 생각한다. 연구참여자가 회사 밖에서 만나게 되는 한국 사람들은 그들과 달랐다. 스쳐 지나가는 사람인데도 힘들어 보이면 위로를 건네는, 선한 사람들도 많았다.

연구참여자는 고된 노동으로 생긴 허리 통증 때문에 병원에 가는 길에 함께 버스를 기다리던 한 낯선 중년 여성으로부터 뜻밖의 선물을 받은 적이 있다. 중년 여성은 타국에서 온 청년의 고통을 참는 듯한 표정을 보고 아마도 자신이 먹으려고 샀을 비타민 C가 들어있는 음료수를 건넸다. 연구참여자가 이 기억을 오랫동안 간직하는 이유는 그 선물이 비싸고 좋은 물건이어서가 아니라 그 선물에 담긴 위로와 격려의 따뜻함 때문일 것이다.

연구참여자가 한국 사람에 대해 갖는 호감은 한국 사람들이 착하기 때문만은 아니다. 연구참여자는 베트남 사람들이 한국 사람들에 대해 갖는 호감은 한국 사람들이 미국 사람들에 대해 갖는 호감과 같은 종류라고 생각한다고 한다. 경제적으로 더 발전한 나라에 대해 갖는 선망이 그 나라 사람들에 대한 호감으로 전이되고 있다고 보는 것이다. 이로 인해 자신도 다른 베트남 사람들과 마찬가지로 한국 사람들에게 호감을 갖게 된다고 한다.

“(선생님이 느끼시기에 혹시 한국 사람들이 베트남 사람들을 차별하고 그런 거 있으세요?) 네. 있어요. 어딜 가도 차별 있어요. (이런 건 바뀌어야 할 텐데. 그죠?) 음… 바꿀 수 없어요. 왜냐면…. (바꿀 수 없다고 생각하세요? 왜요?) 네. 아마… 한국 사람 미국 가면 한국 사람 차별받아요. (그럼요.) 네. 하지만 미국 사람 한국 오면 괜찮아요. (그렇죠.) 왜냐하면 그 나라 발전, 한국보다 더 발전하잖아요. 우리나라 똑같아요. 한국 사람 우리나라 오면 괜찮아요. 우리나라 가난한 나라…. (중략) (대체적인 분위기로는 그래도 한국 사람들한테 좋은 인상을 갖고 계신 건가요?) 네. 한국 사람 칭찬해요. (근데 선생님, 사실 한국에 와서, 이렇게 사장 아들들처럼 별로 안 좋은 사람도 만났잖아요?) 네. (그래도 한국에 대해서 괜찮으세요?) 아우, 괜찮아요. 왜냐하면 밖에 나가면 좋은 사람 만났어요. (밖에서 만난 사람들? 좋은 기억이 있다면 기억나는 거 하나만.) 이모. 저 힘든 모습 보여서, 무슨 물… 줬어요. (힘든 모습 보여서? 어떤?) 아마… 비타민 C? (비타민 C를 어떤 이모가 사줬어요?) 네. 비타민 C 물. (힘든 모습 보이고 있는 선생님 보시고? 어디에서?) 정류장에서. 아마 저 병원 가서 정류장 버스 기다리고 있어서.”

최근 ‘박항서’ 베트남 국가대표 축구팀 감독의 활약 덕분에 베트남에서 한국의 국가 이미지가 크게 향상됐다. 국제대회에서 베트남 국가대표 축구팀이 사상 최고의 성적을 내고 있기 때문이다. 이는 베트남 사람들에게 국가에 대한 애국심과 자부심을 고취시켰고, 이를 가능케 한 박항서 감독에 대한 신뢰와 애정은 그의 출신 국가인 한국에도 투사되고 있다.

“(요즘 베트남 분들 한국 좋아하신다고 하던데.) 네. (어때요? 선생님도 그렇게 느끼세요?) 네. (축구 때문에 많이 좋아하신다고 하는데, 선생님이 느끼시기에는 어떠세요?

진짜 그런 거 같아요?) 네. 요즘 박항서? (선생님도 좋아하세요?) 네. (어떤 점이 좋으세요?) 그 사람 잘해요. 선수한테 조언하고 가르침은 칭찬해요. (그런 모습이 좋아 보이시는 거예요?) 네네. (축구에는 원래 관심이 있으세요?) 원래 저 베트남 축구 관심 있지 않아요. 왜냐하면, 우리나라 선수들이 축구 못해요. (관심 없었는데, 요즘 좀 생기셨어요?) 네. (중략) 안 좋은 사람 실망해요. 왜냐하면 사람들이 도박처럼? 뭐라 하지? 대, 대기? 내기? (아, 내기.) 네네. 내기. (내기 같은 거 한 사람들, 그 사람들은 안 좋아해요?) 네. 그 사람들이 우리 선수들이 져서, 돈. 아마 돈. 돈 내서. 욕해요. (선생님이 생각하시기에, 요즘에 베트남 축구 싫어하는 사람들은 내기에서 진 사람들이다.) 네."

연구참여자는 박항서 감독에 대한 무한 신뢰를 드러낸다. 최근에 있었던 경기에서 베트남 국가대표 축구팀이 좋은 성적을 거두지 못했지만, 당장의 성적보다 베트남 축구 대표 팀이 앞으로 더 좋은 성적을 거둘 수 있는 능력이 있다는 것을 입증했다는 것이 더 중요하다고 본다. 대표 팀의 성적을 질타하는 사람들이 있지만 그 사람들은 베트남 축구에 애정이 있어서가 아니라 경기 결과로 내기를 했기 때문일 것이라며 저속한 사람들이나 그런 의견을 가진다고 단정하고 있다.

(5) 문화 적응 전략 4: 같은 처지의 노동자를 위한 봉사, 외로움과 절망 함께 이겨내기

연구참여자는 한국에 온 후부터 계속 회사 기숙사에서 지내며 다른 외국인 노동자들과 합숙하고 있다. 함께 사는 외국인 노동자들은 베트남,

태국, 캄보디아, 중국 등 출신지가 다양했다. 문화와 언어가 서로 달라서 의사소통이 잘 안 될 때도 있지만 각자의 삶의 방식에 참견하거나 관여하려고 하지 않아 큰 어려움은 없다. 다르면 다른 그대로 살아가면 되기 때문이다.

> "(베트남에서 온 분 말고 다른 나라 사람은 없었어요?) 태국하고, 캄보디아 사람 1명 있었는데, 2개월 일하다가 다른 회사 옮겼어요. (캄보디아 분도 있었는데, 2개월 정도 일하고 이직하셨고.) 네. 지금 태국 사람 있어요. (태국 사람도 계시고. 이분도 계속 일하고 계세요?) 네. (사이는 괜찮은 편이세요?) 네. 그 동생이랑 저 같이 살았어요. (같이 잘 지내시는 편이고.) 네. 태국 사람하고. (그런데 태국하고 베트남도 문화도 조금 다르죠?) 네. (그러면 조금, 같이 지내는데 힘들거나 하시진 않았어요?) 어, 힘들지 않아요. 서로, 좋아요. (잘 지내셨어요?) 네네. 태국 사람."

연구참여자는 시간이 날 때마다 자주 지역 외국인노동자센터에 나간다. 센터에서 같은 베트남 출신 노동자들끼리 모임도 하고 있다. 가족을 떠나 타국에서 혼자 생활하다 보니 외로움이 가장 큰 난관이다. 아무래도 같은 나라에서 온 사람들끼리 모임을 하다 보니 혼자가 아니라는 데서 오는 마음의 위안이 크다. 만약 누군가 다치면 모임에서 찾아가 간병을 해주기도 한다. 의지할 데 없는 처지인 사람들끼리 서로 도우며 실질적으로도 힘이 되는 방법에 대해 함께 고민한다.

> "(한국어 공부 말고는 따로 배우는 거 없으세요?) 조금씩, 머리 자르는 거. (머리 자르는 거?) 네. 그리고 지금 우리 친구, 거기서 모아서… 어려운 사람 도와요. 도와주고 있어요. 모임처럼이요. 우리 돈 모으고, 어떤 사람 다치

거나 입원할 때 우리 그 돈 주어요. (다 베트남 분들?) 네. 베트남 사람. (베트남 사람끼리 서로 도와주는 모임인가 봐요?) 네. (그게 아마 이 외국인센터를 중심으로 이런 모임들이 생겨요?) 네."

연구참여자는 함께 고민하는 사람들이 있다는 것이 한국 생활에서 큰 의지가 되어주고 있다고 한다. 그리고 그 자신도 다른 사람들에게 힘이 되는 존재가 되고 싶다는 생각에 모임을 통해 어려운 처지에 있는 사람을 알게 되면 적극적으로 나서서 돕는 편이다. 연구참여자는 아무래도 혼자 지내게 되면 쉽게 흔들리고 꺾일 수 있기 때문에 같은 처지의 사람들끼리 연대할 필요가 있으며 서로가 서로에게 기댈 수 있는, 버틸 수 있는 힘이 되어주어야 한다고 보고 있는 것이다.

(6) 한국에 바라는 점: 정서적 안정을 위한 종교 활동의 보장과 자기계발을 위한 교육에 대한 지원

연구참여자는 한국 생활에서 가장 큰 어려움은 혼자 지내는 외로움, 다른 사람들과의 갈등으로 인한 분노 등 정서적 · 감정적 불안이라고 한다. 이를 안정화시키기 위해 연구참여자가 선택한 방법은 종교 활동과 자기계발이다. 지금도 이와 관련한 활동을 열심히 하고 있지만, 환경이 개선됐으면 좋겠다는 바람을 가지고 있다.

연구참여자는 절을 찾아가 부처님 말씀을 듣는 종교 활동으로 분노를 다스리고 있다. 그런데 한국의 절에 가면 외국인들이 많지 않고 기본적인 신앙생활 자체가 베트남과 많이 달라 어떻게 해야 할지 잘 몰라서 당황스러울 때가 있다. 처음 절에 다닐 때보다는 절에서의 종교 활동에 많이 익숙해졌지만 절의 위치나 찾아가는 방법, 예불하는 방법 등에 대한 안내가 있었으면 하고 바란다. 무엇보다 절에 자주 갈 수 없는 이유인 접근성 문제가 해결되기를 바란다. 연구참여자가 절에 가는 데 한나절이 꼬박 걸릴 만큼 시간이 많이 든다. 많은 시간이 소요되는 만큼 굳게 마음을 먹어야만 절에 갈 수 있기 때문에 자주 가기가 어렵다. 그래서 몇 개월 전에 울산 정광사에서 있었던 베트남 사람을 대상으로 이루어진 종교 활동이 소중하게 생각됐다고 한다. 이렇게 연구참여자처럼 외국에서 온 사람들도 참여할 수 있는 종교 활동이 더 많아졌으면 좋겠다는 바람을 가지고 있다.

또한 지역 외국인노동자센터에서 노동자를 대상으로 하는 수업이 보다 다양해지기를 바란다. 외국인 노동자들은 외국인노동자센터를 통해 많은 활동을 하고 있기 때문에 센터에서 보내는 시간이 한국 생활에서 큰 비중을 차지한다. 연구참여자는 현재도 센터에서 한국어 수업을 열심히 듣고 있는데, 이 밖에도 미용 기술이나 운전면허 관련 수업이 개설되면 더 다양한 봉사활동을 할 수 있을 텐데 하는 아쉬움이 있다. 물론 이는 그 자신의 한국 생활에도 큰 도움이 될 것이다.

3) 연구참여자의 특성

연구참여자가 한국 사회 적응 과정에서 보이는 인지 · 정서적 특징을 정리하면 다음과 같다. 첫째, 연구참여자는 현재 한국에서의 생활에 대해 어렵고 힘들지만 참고 견뎌야 한다고 인식하고 있다. 회사 밖에서 만나는 한국 사람들은 대체로 친절하지만 회사 안에서 매일 마주치는 한국 사람 중에는 좋은 사람이 없다. 한국인 관리자들은 대체로 외국인 노동자를 배려하지 않고 자기 편한 대로 행동하는 이기적인 성품을 가지고 있다. 그렇기 때문에 연구참여자는 매일 한국인 관리자들의 부당한 대우를 참고 견디는 생활을 하고 있다. 이로 인해 심리적으로 불안정해질 때가 많아서 이를 스스로 극복하기 위한 자구책으로 종교 활동을 하거나 공부를 하는 것이다. 연구참여자는 모든 문제를 혼자서 감당하려고 하기보다 도움을 받을 수 있는 상대를 찾아가 도움을 요청한다. 그러나 그렇다고 해서 그 도움을 당연하게 생각하지 않는다. 그러한 도움에 감사해하며 자신도 그 도움을 돌려줄 수 있는 사람이 되기 위해 노력한다. 자기계발은 그러한 노력의 일환이라고 할 수 있다.

둘째, 연구참여자는 공과 사를 구분하여 생각하려는 특성을 가지고 있다. 연구참여자에게 한국과 한국 사람은 감정적으로 분노를 유발하는 원인이기도 하고, 살아가는 데 실질적인 이익을 주는 상대이기도 하다. 어떤 한국 사람과 갈등이 있다고 해도 이를 '한국 사람은 전부 그래'와 같이 모든 한국 사람의 문제로 일반화하지 않는다. 다만 한 개인의 인성 문제에 국한하여 원인을 탐색하고자 한다. 또한 이는 그 사람과 자신의 사적인 영역에서 발생하는 문제이다. 이와 별개로 한국은 베트남의 경제 발전에 큰 힘이 되는 조력자의 역할을 하고 있고 그렇게 할 수 있는 능력도 있기 때문에 협조적인 관계를 유지하는 것이 실리를 취하는 데 도움이 된다고 생각한다.

이를 종합해보면, 연구참여자는 베트남 사람으로서의 정체성을 소중하게 생각하며 다른 베트남 사람에게 도움이 되는 존재가 되기 위해 노력한다. 그들과의 커뮤니티는 한국 생활에서 중요한 버팀목이 되고 있다. 그러면서 다른 한편으로 한국의 언어와 문화를 배우기 위한 교육에도 많은 관심과 노력을 기울인다. 이처럼 연구참여자는 한국에서 살아가는 베트남 사람으로서 한국과 베트남을 잇는 교두보 역할을 수행하기 위해 노력을 기울이고 있다고 할 수 있다.

마지막으로 연구참여자의 경험에서 한국 사회의 사회제도적 개선점을 찾아보면 다음과 같다. 첫째, 지역 기반 외국인노동자센터를 통해 외국인 노동자의 심리적 안정감 고양을 위한 교육 프로그램이 이루어질 필요가 있다. 한국 생활 적응에 필요한 한국어나 한국 문화, 제도에 대한 프로그램은 운영되고 있는 데 비해 심리적 안정을 위한 프로그램은 미비한 상황이다. 그러나 외국인 노동자는 사회적 지지 기반이 약하기 때문에 심리적 문제를 이겨내는 데 어려움을 겪고 있다. 정신 건강에 도움이 되는 프로그램이 개설되면 한국 생활 적응에 큰 힘이 될 것이다.

둘째, 외국인 노동자에게 노동 시간을 선택할 수 있도록 하는 제도가 운영될 필요가 있다. 외국인 노동자는 한국에서 체류할 수 있는 시간이 한정되어있어 될 수 있으면 더 많이 일하고 더 많은 임금을 받기를 원한다. 그런데 현재 한국에서 정해 놓은 노동 시간으로는 목표하는 임금을 받기 어렵다. 외국인 노동자에게 원하는 노동 시간을 선택할 수 있도록 하는 노동 시간 탄력선택제가 시행될 필요가 있다.

4.
연구참여자 4의 생애담

1) 생활세계 문화 적응 생애담 요약

연구참여자는 인도네시아 출신의 29세 남성으로 한국에는 2010년에 왔다. 한국에서 외국인 노동자로 4년 10개월을 머물 수 있는 E-9 비자를 보유하고 있는데, 한 번 연장하여 6년 정도 체류했다.

연구참여자는 고등학생 때까지 평범한 학생이었다. 인도네시아에서는 고등학교를 졸업하면 보통 경제 활동을 시작한다. 연구참여자는 고등학교를 졸업 후 쌀 도매상으로 2년 정도 일했다. 한국에서 일한 경험이 있는 아버지의 권유로 한국행을 결심하여 한 달 동안 한국어 학원에 다니며 한국어능력시험을 준비했다. 한국정부의 외국인 고용관리 시스템 등록에 필요한 한국어능력시험과 다른 절차에는 바로 통과했는데, 한국 기업에 고용 허가가 나기까지 2년 넘게 대기했다.

연구참여자는 한국에서 회사를 네 번 옮겼다. 그중 연구참여자가 이직을 원한 경우는 한 번이고, 두 번은 회사가 부도가 나는 바람에 옮길 수

밖에 없는 상황이었다. 나머지 한 번은 회사에서 제시한 계약기간이 1년이었기 때문에 1년을 채우고 다른 회사로 옮긴 것이다. 회사를 옮길 때마다 맡게 된 직무는 다양했다. 연구소에서 연구 보조로 일하기도 했고, 고무 사출 공장, 정밀 기공 공장, 배관용 파이프 용해 공장을 거쳐 현재는 플라스틱 사출 공장에서 일하고 있다.

연구참여자는 2010년에서 2015년까지 4년 10개월 동안 한국에서 머무르다 인도네시아로 돌아갔다. 그때 일하던 회사가 부도가 나서 다시 한국으로 오려면 처음부터 절차를 다시 밟아야 했다. 연구참여자는 1년 반 정도 인도네시아에서 한국으로 오기 위해 한국어능력시험을 준비하는 사람들을 대상으로 한국어를 가르치는 일을 했다. 그리고 2016년 다시 한국에 와서 현재까지 일을 하고 있다.

현재 일하고 있는 직장은 한국에 와서 취업한 다섯 번째 직장이다. 현재 직장에서는 모든 생활에 만족한다. 연구참여자는 한국으로의 재입국을 앞두고 인도네시아에서 어렸을 때부터 친구로 지내던 여자 친구와 결혼을 약속했다. 현재 직장에서는 1년 동안 일을 하면 1개월 정도 휴가를 쓸 수 있다. 그래서 1년 반을 근속하고 1개월 휴가를 받아 인도네시아로 돌아갔다. 그리고 여자 친구와 결혼식을 올린 후 다시 한국으로 돌아왔다.

연구참여자는 비자기간이 만료되는 2021년에 인도네시아로 영구귀국할 예정이다. 자녀 계획은 그 이후로 미루었다. 또한 아내와 함께 그동안 한국에서 모은 돈으로 카페 사업을 할 계획을 세우고 있다.

2) 생활세계 문화 적응의 내러티브

(1) 이주 전의 삶: 이주 노동의 대물림, 아버지로부터 계승된 선택

연구참여자는 평범한 인도네시아 가정에서 자랐다. 부모님은 연구참여자가 어렸을 때부터 지금까지 농사를 짓고 있다. 형제는 아래로만 여동생 2명과 남동생 1명이 있다. 연구참여자는 집안의 장남이다. 연구참여자는 인도네시아에서 고등학교까지 공부에 큰 관심이 없는 보통 학생이었다. 인도네시아에서는 고등학교 졸업 후 취업을 선택하는 학생이 많은데, 연구참여자도 그중 하나였다.

연구참여자는 쌀 도매업을 시작했다. 부모님이 농사를 짓고 있었기 때문에 관련한 일을 찾은 것이다. 그런데 쌀 재배를 하는 기업형 농가가 생기면서 쌀 가격이 요동쳤다. 기업형 농가가 시중에 많은 쌀을 내놓으면 쌀 가격이 폭락했다. 연구참여자는 2년 동안 쌀 도매업을 해보니 도무지 이윤이 남지 않았다.

그때 아버지가 한국행을 권유했다. 아버지는 10년 전쯤 한국에서 일한 경험이 있었다. 한국에 관광 비자로 입국해서 1년 정도 장기 체류하며 공장에 다녔다. 불법 체류 신분이었기 때문에 오래 일을 하진 못했다. 그래도 그때의 경험은 아버지에게 좋은 기억으로 남아있었다. 한국은 인도네시아에 비해 짧은 기간에 큰돈을 벌 수 있고 노동환경이나 조건도 더 낫다는 것이다. 게다가 연구참여자가 알아보니 최근에는 아버지가 일을 할 때보다 외국인 노동자에 대한 대우가 더 나아졌다고 했다.

"(한국행을 어떻게 결정하게 되셨어요?) 그때는 제가, 사업, 쌀 도매업 할 때, 어려워서 각 기업형 농가에서 가끔 올라가서 내려가서 그래가지고, 돈 많이 벌고 싶어요. 돈 많이 벌고 싶고, 옛날에도 저희… 저희 아버지는 여기서 벌었어요. 한국에. (아버지가, 한국에 오신 적이 있으세요?) 네. (무슨 일 하셨어요?) 공장에서 일했어요. (공장에서요.) 네. (몇 년 정도?) 1년 정도요. (1년 정도.) 네네. (근데 가서 일해보니까 괜찮더라.) 네. (권유하신 거예요?) 네."

인도네시아 내에서는 일자리가 점점 줄어들고 있어 구직난이 심각해지고 있다. 이런 자국 내 사정도 연구참여자가 한국행을 결심하는 데 영향을 미쳤다. 연구참여자는 몇 년만 고생하면 그 후에는 모아놓은 돈으로 사업을 하며 살아도 되겠다는 생각이 들었다. 연구참여자는 가난에서 벗어나기 위해 한국행을 선택했다.

연구참여자는 이를 위해 한국어를 배우기 시작했다. 그는 한국어를 배운 지 한 달 만에 한국어능력시험에 통과했다. 모든 절차가 순조롭게 진행되어 한국의 외국인 고용관리 시스템에 등록했다. 그런데 그 후로 한국 기업에서 허가가 날 때까지 거의 2년 가까이 기다렸다. 오랜 기다림 끝에 한국으로 올 수 있는 기회가 찾아왔다.

(2) 문화 적응 전략 1: 폭력은 도움을 청해 피해야 할 것, 행복은 사소한 만족에서 찾을 것

한국에서 자리 잡은 연구참여자의 첫 직장은 한 연구소였다. 그 연구소에서 연구참여자는 각종 화학약품을 다루는 연구 보조로 일을 시작했다. 하루에 12시간씩 고된 육체노동을 해야 했지만 그것보다 더 힘든 것은 따로 있었다. 연구참여자는 자신보다 열다섯 살 정도 많은 한국 남자와 함께 일을 했는데, 그로부터 지속적으로 괴롭힘을 당했다. 그 남자는 연구참여자가 마음에 안 드는지 수시로 욕을 했다. 같이 일하는 동료 중에 인도네시아에서 온 동료가 몇 명 더 있었지만 하는 일이 달라서 그 남자와 일하는 사람은 연구참여자뿐이었다. 점심식사 시간에 밥을 못 먹게 하기도 하고, 가끔은 때리기도 했다.

"(선생님은 한국 오셔서 회사를 굉장히 여러 번 옮기셨어요.) 네네. (혹시 그 이직하신 이유엔 뭐가 있을까요?) 처음 회사는, 아마… 동료들 안 좋아서. (동료들?) 네네, 동료들. (어떤 동료들? 한국 아니면 외국인?) 한국 아저씨. (한국 아저씨랑 사이가 안 좋아서?) 네네. 사이가 안 좋았어요. (어떻게 했어요? 한국 아저씨가?) 그냥… 욕해서. 계속. (욕이요?) 네. 욕이요. (같이 일하는 분인데 욕을 했어요?) 네네. (중략) (그러면 이것도 다른 그 회사로 옮기려면 회사 사장님이 허가해줘야 한다고 하던데.) 네. (해주셨어요?) 그때는 외국인지원센터 가서 거기서 도움을 받았어요. (선생님이 외국인지원센터 찾아가셨구나.) 네네. (많이 괴롭혔나 보다.) 많이 힘들었죠. (욕만 했어요? 아니면 다르게 괴롭혔어요?) 가끔은 폭행인데. (때렸어요?) 네. (중략) (그럼 밥도 못 먹게 하고?) 마지막 날. 그 마지막 날 제가 울어… 너무 못 참겠어서. 마지막 날에 너무 못 참겠어서 포기하고 싶어요. (못 참겠어서.) 네. (그래서 외국인센터 찾아가셨나 보다. 밥도 못 먹게 하고, 가끔 때리고, 욕은 계속하고.) 네네."

연구참여자는 한국어가 서툴렀기 때문에 그 남자에게 항의조차 제대로 할 수 없었다. 그 남자에게 일방적으로 괴롭힘을 당하면서도 그 남자와 매일 함께 일해야 했다. 연구참여자는 일을 시작한 지 5개월 만에 다시 인도네시아로 돌아가야 하나 심각하게 고민했다. 연구참여자는 일을 하다가 좌절감과 불안을 이기지 못하고 눈물을 흘리고 말았다. 연구참여자는 이 일이 있고 난 후 외국인노동자센터를 찾아갔다. 포기하고 싶은 마음이 간절했지만, 포기할 수 없었다. 다시 시작할 수 있는 기회를 한 번 더 얻고 싶었다. 외국인노동자센터는 연구참여자의 요청을 들어주었다. 연구참여자에게는 한국 생활에 중요한 기점이 되는 사건이었다.

연구참여자는 외국인노동자센터의 중재로 다른 회사로 옮길 수 있게 됐다. 그 후로도 순탄한 한국 생활은 아니었다. 그다음으로 옮긴 회사는 계약기간이 1년밖에 안 됐다. 계약기간이 끝나고 난 후 세 번째로 옮긴 회사에서 첫 번째 비자기간 만료일이 도래했다. 그런데 그 회사가 자금 사정이 안 좋아지면서 부도가 났다. 그 회사에서 비자기간 연장을 신청해주면 다른 절차를 밟지 않아도 다시 한국에서 일할 수 있는 기회가 주어졌지만 회사 사정이 여의치 않았다.

연구참여자는 인도네시아로 돌아가 1년 반을 기다려 다시 한국에 왔다. 그런데 네 번째 회사는 입사한 지 2개월 만에 부도가 났다. 그래서 또 다시 일자리를 구해야 했다. 그렇게 다섯 번째로 일자리를 구한 회사가 지금 다니고 있는 회사이다.

"저는 지금 다니는 회사, 힘든 일 없어요. (지금 다니는 회사 좋으신가 보다.) 네."

연구참여자는 지금 다니고 있는 회사에 몹시 만족하고 있다. 다른 외국인 노동자들은 노동 시간이 줄어들어서 힘들다고 하지만 연구참여자는 그래도 좋다고 생각한다. 줄어든 노동 시간에 대한 아쉬움을 길어진 여가 시간의 즐거움이 상쇄시켜주기 때문이다.

연구참여자는 돈을 적게 벌더라도 나머지 시간에 누구와 만나서 어디에 가볼까, 어떤 일을 할까를 고민하며 지내는 현재가 좋다. 물론 회사가 제공하는 노동환경이나 주거환경에 대해서도 충분히 만족하고 있다. 지금 회사가 다른 회사에 비해 더 좋은 환경이나 복지를 제공하기 때문이 아니다. 기본적인 조건이 다른 회사와 비슷하기 때문에 만족하는 것이다. 더할 나위 없이 좋은 점은 한국인 고용주가 기본적인 룰을 지켜주는 사람이라는 것이다. 연구참여자는 할 수 있는 만큼 일하고 쉬고 싶은 만큼 쉴 수 있는 현재에 만족하고 있다.

(3) 문화 적응 전략 2: 나다운 내가 되기 위해 어디에서 왔는가를 기억하기

연구참여자는 한국에서 생활한 지 6년 정도 지났으나 한국 음식에는 도무지 적응하기 어렵다고 한다. 처음에는 매운맛이 너무 강하다고 느껴졌다. 이제는 그 매운맛이 익숙해지기는 했으나 좋아하기는 어려웠다. 무엇보다 한국 음식에는 돼지고기가 많이 들어가는데, 돼지고기는 연구참여자가 가지고 있는 종교에서 금기시하는 음식이라 먹을 수가 없었다. 일을 해야 하는 평일에는 매 끼니마다 음식을 만들어 먹을 수가 없어서 회사에서 제공하는 음식을 먹고 있지만 입맛에 맞지 않아 고생하고 있다. 회사에서 먹을 수 있는 음식은 한식뿐이기 때문이다.

“(구내식당에서는 한식이에요?) 네. 한식이에요. (한식 어때요?) 음… 별로예요. (웃음) (그래서 가끔 친구 분하고 만나시면 인도네시아 식당 가시나 보다.) 네. (인도네시아 음식이 훨씬 좋으니까.) 네. 그래서 주말엔 인도네시아 식당 가요. (중략) (인도네시아 식당 가서 음식 드실 때 아니면 그럼 입맛에 안 맞아서 잘 못 드시겠어요. 한국 음식이요.) 처음엔 아예 못 먹어서. 요즘은 조금씩 조금씩. (그거 말고 한국 문화 힘든 거 있으세요?) 한국 문화는… 그 회식! (회식 힘드시고.) 회식이 그 술 때문에요. 저는 술 안 먹어서 좀 힘들었어요.”

연구참여자는 주말에는 인도네시아에서 온 친구들과 함께 인도네시아 음식을 먹을 수 있는 식당을 찾는다. 주말에만 먹고 싶은 음식을 맛있게 양껏 먹을 수 있다. 연구참여자가 한국 생활에서 적응이 어렵다고 생각하는 문화는 음식과 관련이 깊다. 연구참여자는 회사에서 때마다 반드시 참석해야 하는 회식도 술 때문에 꺼려진다. 한국 사람들은 회식에서 술을 마시며 친밀함을 표현하는데, 연구참여자는 종교적인 이유로 술을 마셔본 적이 없다. 그래서 회식을 해야 할 때면 매번 동료들이 권하는 술을 거절해야 하는 상황이 발생한다. 그런데 인도네시아에는 상대방의 권유를 거절하면 몹시 무례하다고 여기는 문화가 있어서 거절하면서도 마음이 몹시 불편해진다. 그렇다고 회식에 불참하기도 어려운데, 동료들과의 관계를 거부한다는 인상을 줄 수 있기 때문이다. 회식이 있을 때마다 이런 거북한 상황은 매번 반복된다.

“(음식은 어떻게 하세요?) 음식은 구내식당에서. 그리고 특히는 라마단 기간에는 식당에서 주문했어요. (라마단 기간에 먹는 게 달라요?) 네. 달라요. 저녁만 먹고 금식이에요. (저녁만 먹고. 이게 어느 정도 되나요? 라마단 기간이?)

한 달. 인도네시아 대명절 오기 전에 우리 라마단 기간을 먼저 해야 돼요. 금식을. 한 달 동안. 그거 이슬람 사람만 하는 거예요."

연구참여자는 독실한 이슬람 신자이다. 태어날 때부터 이슬람 신자가 될 운명이었다. 이슬람 신자로서 라마단 기간은 신성한 기간이다. 연구참여자는 한 달 동안 낮 동안 금식하는 라마단 기간을 지키는 것을 목숨만큼 귀하게 여긴다. 한국에서 생활하면서도 지키지 않은 적이 단 한 번도 없었다. 하루 종일 금식을 하면서 일을 한다는 것이 쉽지는 않았다.

연구참여자는 정해진 시간에 메카를 향해 하는 절도 거른 적이 없다. 이슬람교에 대한 이해가 거의 없는 한국 사람들은 일을 하다 말고 중간에 절을 하는 연구참여자에게 불만을 표시하기도 했다. 일을 하기 싫어서 그러는 것 아니냐고 의심을 하기도 했다. 그러나 연구참여자가 휴식 시간이라도 정해진 시간에는 어김없이 절을 하는 모습을 보고 점점 의혹의 시선을 거두었다. 지금은 연구참여자가 종교에 대해 가지는 진지하고 진실한 태도에 지지를 보내주고 있다. 연구참여자가 현재 다니는 회사에 만족하는 중요한 이유 가운데 하나이다.

(4) 한국에 바라는 점: 직계가족의 관혼상제 관련 휴가 보장 및 비자기간 연장, 배우자와 자녀에 대한 거주 보장

연구참여자는 만료 기간이 4년 10개월인 E-9 비자로 한국에서 일하고 있다. E-9 비자는 두 번 받을 수 있기 때문에 큰 문제가 없으면 10년 정도 한국에서 체류할 수 있게 되는 것이다. 연구참여자는 20대의 절반을 한국에서 보냈다. 그리고 추가로 4년 10개월의 비자기간을 허가받아 30대의 절반도 한국에서 보낼 예정이다. 젊은 시절의 10년을 한국에서 보내게 된 셈이다.

연구참여자는 첫 번째 비자기간이 만료되어 인도네시아로 돌아갔을 때, 연구참여자가 다시 한국에서 일할 수 있게 되면 결혼하자고 여자 친구와 약속했다. 어린 시절부터 알고 지낸 사이인 여자 친구와는 8년 정도 연애를 했다. 오랜 연애 기간을 거쳐 결혼을 약속하기까지 많은 고민이 있었다. 무엇보다 결혼해도 당분간은 함께 지낼 수가 없는 문제가 가장 큰 고민거리였다.

> "(비자가 만료돼서 인도네시아 가셨고. 그러면 이때 비자 만료돼서 인도네시아 가셨을 때 여자 친구랑 결혼을 약속하고 오셨어요?) 네. (연애는 어느 정도 하셨어요? 기간은?) 기간은… 8년 동안. (8년? 여자 친구가 기다려줬네요. 5년 정도… 한국에서 일 조금 더 한 다음에 인도네시아에서 결혼하자 이렇게 약속하고 다시 한국으로 오신 거예요?) 네."

연구참여자는 한국에서 다시 일을 시작하고 1년 반 만에 인도네시아로 돌아가 결혼식을 올렸다. 연구참여자의 회사는 노동자에게 1년 가운데 20일 정도 휴가를 쓸 수 있게 하고 있다. 연구참여자가 고용주에게 그 기간에 인도네시아로 돌아가 결혼식을 올릴 예정임을 말하니 고용주가 일주일 정도 더 휴가를 쓸 수 있게 해주었다. 연구참여자가 현재 회사에 대해 가장 만족하는 부분은 인간관계이다. 고용주와 함께 일하는 동료들은 연구참여자가 개인 사정을 털어놓으면 배려하려고 노력한다.

연구참여자는 운이 좋아서 한국에서 일하는 도중에 결혼식을 올릴 수 있었다고 한다. 다른 노동자들은 거의 한 달이나 되는 기간 동안 휴가를 쓸 엄두를 내지 못한다. 회사의 사정도 있거니와 체류기간이 정해져 있는데 한 달이나 돈을 벌지 못하면 금전적으로 큰 손해를 본다고 여기기 때문이다. 그래서 일반적으로는 휴가가 있어도 쓰지 못하는 것이다.

연구참여자는 그동안의 금전적 손해보다 여자 친구와의 신의를 지키는 것이 더 중요하다고 생각했다. 마침 기다려주는 여자 친구가 있었기에 가능한 일이었다. 또한 여자 친구는 연구참여자가 당분간 같이 지낼 수 없는 상황이라는 것도 이해하고 받아들여주었다. 결혼은 했지만 앞으로 3년은 떨어져 지내야 하기 때문에 그만한 각오가 필요했다.

연구참여자는 주위에 많은 외국인 노동자들이 자신의 결혼뿐 아니라 고향에 있는 직계가족에게 중요한 일이 생겨도 찾아갈 수 없는 상황이 발생하고 있는 데 대해 한국정부가 배려를 해주면 좋겠다는 바람을 가지고 있다. 잘살고 싶어서 한국에 온 외국인 노동자들에게 심리적으로 큰 상처를 줄 수 있는 문제라고 보기 때문이다. 이를 위해서는 자신이나 가족과 관련한 중대한 일이 발생했을 경우 고향으로 돌아갈 수 있도록 휴가기간을 보장하고 그만큼 비자기간을 연장해주는 제도가 필요하다고 보고 있다.

또한 연구참여자처럼 기혼자일 경우에는 배우자, 자녀와 함께 거주할 수 있도록 제도적으로 보장해주면 좋겠다는 바람을 가지고 있다. 배우자와 떨어져 지내야 하는 상황이 외국인 노동자의 심리적 불안을 초래할 가능성이 크기 때문이다. 연구참여자의 경우 아내와 이러한 상황에 대해 각오를 단단히 하고 결혼을 결정하기도 했고, 연구참여자가 비자기간이 만료되는 3년 후에는 인도네시아로 돌아가겠다는 의지도 분명히 하고 있어서 부부 모두에게 곧 다시 만날 것이라는 확고한 믿음이 있다. 연구참여자는 이로 인해 당장은 큰 문제가 없지만 한시적이라고 할지라도 배우자와 분리되어 사는 상황이 견디기 쉬운 것은 아니라고 토로한다. 노동자의 심리적 불안은 회사 차원에서도 일의 능률을 저해하는 요인이 되기 때문에 이에 대한 관리가 필요하다고 볼 수 있다.

3) 연구참여자의 특성

연구참여자가 한국 사회 적응 과정에서 보이는 인지 · 정서적 특징을 정리하면 다음과 같다. 첫째, 연구참여자는 현재 한국에서의 삶을 더 나은 미래를 위해 준비하는 기간으로 인식하고 있다. 한국은 자신이 변화를 주도해나가야 하는 삶의 터전이 아니라 손님으로 와서 잠시 머물다 가는 임시 거주처라고 여기는 것이다. 연구참여자는 인도네시아와 한국 문화의 분명한 차이를 인정하고 현재 자신이 겪는 어려움의 대부분은 그 차이로 인해 발생한다고 보고 있다. 그 자신도 한국 문화에서 수용할 수 없는 부분이 있기 때문에 한국 사람들도 마찬가지일 것이라고 여긴다. 서로 조정이 어려운 부분에서 발생하는 충돌은 어느 한쪽이 참아야 해결이 되는데, 한국은 한국 사람들 위주로 돌아가는 것이 당연하기 때문에 자신이 참아야 하는 쪽이 된다고 보는 것이다. 연구참여자는 한국 사회에서의 자신을 경제적 실리를 취하기 위해 잠시 머무는 이방인으로 자리매김하고 있다.

둘째, 연구참여자는 현재의 삶에서 포기해야 하는 것들에 집착하기보다 누릴 수 있는 것들을 충분히 누리는 만족을 중요하게 생각한다. 연구참여자는 평일에는 어쩔 수 없이 한식을 먹어야 하지만 주말에 맛있는 인도네시아 음식을 먹으러 가면 되니까 충분히 행복하다고 보고 있다. 또 마음 맞는 인도네시아 친구들과 가보고 싶은 곳을 정해 찾아가서 다양한 활동을 체험한다. 연구참여자는 활동적이고 외향적인 성격이다. 그래서 친구들을 모아서 모임을 조직하고 함께 할 수 있는 활동을 계획하며 즐거움을 느낀다.

셋째, 연구참여자는 인도네시아 사람으로서의 정체성과 종교적 신념을 몹시 중요하게 생각한다. 한국 사람들과 갈등이 없는 이유는 한국 사람들이 종교적 자유를 침해하지 않고 신념을 지키며 살아갈 수 있도록 배려하기 때문이다. 연구참여자에게 종교적 신념은 삶 그 자체이다. 삶의 양식 대부분을 종교적 신념에 따라 결정한다. 연구참여자의 경우 이러한 확고한 자기 정체성이 현재의 삶에서 심리적 안정감을 확보할 수 있는 힘으로 발휘되고 있다.

이를 종합해보면, 연구참여자는 한국에서 돈을 번 후 인도네시아로 돌아가겠다는 의지가 확고하여 한국어는 한국에서 생활하는 데 불편함이 없을 정도만 할 수 있으면 된다고 생각한다. 한국 문화에도 생활하는 데 불편함이 없을 정도만 적응하면 된다고 생각하는데, 특히 음식은 익숙해지지 않아서 주말에는 꼭 인도네시아 음식점을 찾는다. 연구참여자는 많은 시간과 노력을 들여 한국에서 인도네시아 문화를 지키며 살아가고 있다. 또한 인도네시아 출신 노동자들과 친밀한 관계를 유지하며 살아가는 데 비해 한국 사람과의 교류는 많지 않다. 이처럼 연구참여자는 한국의 문화를 받아들이기보다 자국의 문화를 지키며 살아가는 방식을 택하고 있는 것이다.

마지막으로 연구참여자의 경험에서 한국 사회의 사회제도적 개선점을 찾아보면 다음과 같다. 첫째, 개인의 삶에서 중요한 의미가 있는 사건과 관련해서는 장기간 휴가를 보장하고 그만큼 비자기간을 연장해주는 제도가 만들어질 필요가 있다. 대부분의 외국인 노동자는 결혼적령기에 고향을 떠나 한국에 온다. 한창 일을 하는 시기와 결혼적령기가 겹쳐지는 현상은 외국인 노동자에게만 해당되는 것이 아니다. 인류 보편적인 삶의 문제인 것이다. 많은 외국인 노동자가 한국에서 오랫동안 지내게 되면서 결혼할 상대를 찾지 못해 결혼을 포기하게 된다. 우여곡절 끝에 결혼을 결정하게 된다고 하더라도 한국에서 체류하는 기간 중에 고향으로 돌아가는 것은 거의 불가능하다. 회사에서 장기간의 휴가를 허가받아야 할 뿐 아니라 한정되어있는 비자기간의 일부를 할애해야 하는 어려움이 있기 때문이다. 또한 외국인 노동자 당사자의 결혼 외에도 직계가족의 결혼이나 장례 등은 외국인 노동자가 반드시 고향으로 돌아가야만 하는 중대한 일이라 할 수 있다. 이처럼 개인사에서 중요한 의미를 가지는 관혼상제에 대해 외국인 노동자가 부담 없이 참석할 수 있도록 하기 위해서는 충분한 기간 동안 휴가를 보장하고 그만큼 비자기간을 연장하는 제도가 필요하다.

둘째, 외국인 노동자가 한국에서 지내는 동안 배우자, 자녀와 함께 지낼 수 있도록 하는 제도의 정비가 필요하다. 기혼자의 경우, 한국에서 일하는 동안 배우자, 자녀에게 체류 자격을 주는 비자가 한정되어있다. 이로 인해 가족이 해체될 위험이 크고, 자녀가 있는 경우에는 부모님의 돌봄을 받을 수 없어 문제가 발생하기도 한다. 이러한 문제를 미연에 방지하고 개인에게 가족과 함께 지낼 수 있는 기본적인 권리를 보장하기 위해 관련 제도를 정비해야 할 것이다.

5.
연구참여자 5의 생애담

1) 생활세계 문화 적응 생애담 요약

연구참여자는 인도네시아 출신의 31세 여성이다. 인도네시아의 한 대학에서 법학을 전공했고, 대학 졸업 후에 로펌에 다닌 경험이 있다. 연구참여자는 2012년에 어학연수를 위해 한국에 왔다. 그러다 처음의 계획과는 다르게 대학원에 진학하게 되면서 한국에서의 체류가 길어져 현재 6년 차에 접어들었다. 연구참여자는 한국의 대학원에서 법학으로 석사학위를 받았고, 현재는 외국인을 대상으로 하는 금융 회사에서 근무 중이다.

연구참여자는 부모님이 인도네시아에서 호텔 사업을 하셔서 경제적으로 풍족하게 살아온 편이다. 2년 전에 아버지가 돌아가셔서 현재 인도네시아에는 어머니와 남동생이 거주하고 있다.

대학원에서 석사학위를 받은 후 연구참여자는 인도네시아로 돌아갈 예정이었으나 12년 동안 연인 관계였던 남자와 헤어지면서 한국에 더 머무르기로 결정했다. 연구참여자는 한국에 동남아시아 출신에 대한 사회적 편견이 존재하지만 자신은 운 좋게도 이로 인해 차별받은 경험은 없다고 한다. 대학원 재학 중에는 선 · 후배, 동기, 교수들과 관계가 좋은 편이었고, 석사 졸업과 동시에 취업이 됐기 때문이다.

연구참여자는 자신의 행운이 회사 생활에도 이어졌다고 하며 한국 생활에 대한 만족감을 표현했다. 현재 연구참여자가 다니고 있는 회사의 고용주는 한국 사람이지만 외국 생활을 오래 한 사람이어서 연구참여자가 문화의 차이로 인해 겪는 어려움을 이해하고 배려한다. 연구참여자는 현재 하고 있는 금융 컨설팅 일에 대해서도 만족하고 있다.

연구참여자는 현재 특정 활동의 전문성을 인정하는 E-7 비자를 가지고 있는데, 장차 한국에서의 거주가 가능한 F-2 비자로 변경을 원하고 있다. 연구참여자는 인도네시아와 한국을 오가며 무역을 하는 사업을 할 계획인데, 사업을 하는 데에는 E-7 비자보다 F-2 비자가 유리하기 때문이다.

2) 생활세계 문화 적응의 내러티브

(1) 이주 전의 삶: 부모로부터 물려받은 유복한 삶

연구참여자는 인도네시아에서 호텔 사업을 하시는 부모님 덕분에 유복하게 자랐다. 부모님은 맏딸인 연구참여자와 남동생을 공평하게 사랑해 주셨다. 연구참여자는 학창 시절 공부에만 전념할 수 있도록 아낌없이 지원해주시는 부모님 덕분에 공부를 곧잘 했다. 연구참여자는 꾸준히 노력하여 인도네시아에서 들어가기 어렵다는 국립대의 법학과에 진학했다.

연구참여자는 대학 시절 학비나 생활비 걱정을 해본 적이 없다. 쇼핑을 위해 싱가포르를 자주 오갔다. 한국이 인도네시아보다 살기 좋다고 하는데, 연구참여자는 이를 별로 실감하지 못한다. 인도네시아에서도 한국만큼 편안한 생활을 영위하며 살았기 때문이다.

연구참여자가 한국행을 결심한 이유는 진로에 대한 고민 때문이었다. 법학과를 졸업하고 2년 정도 로펌에 다녔지만 이는 연구참여자의 목표가 아니었다. 로펌에서 월급을 받으며 사는 삶은 연구참여자에게 너무 평범하게 느껴졌던 것이다. 연구참여자는 부모님의 부를 유지하면서 살 수 있는 능력을 갖추기 위해서는 다른 노력이 필요하다고 생각했다. 인도네시아는 취업난도 심해서 조건이 좋은 일자리를 찾을 수도 없었다. 그러던 차에 친구가 한국으로의 어학연수를 추천했다. 친구는 인도네시아에 한국 기업이 많이 진출해 있고 앞으로도 더 많은 기업이 진출할 것이라고 하며 한국 관련 사업에 비전이 있다고 생각했다고 한다.

"(로펌에서 계속 일하실 계획도 갖고 계신 거예요?) 네. 일단은 그냥 로펌에서. 한국어 공부 끝나면 인도네시아로 가서 다시 로펌에서 이거 하는 걸로 계획이 있는데, 그냥 뭔가 더 좀 깊게? 한국어 배우고 싶어서, 여기 한국어학과에 석사로 들어왔어요. 그리고 졸업 끝난 후, 사실 졸업했으면 인도네시아 다시 돌아가는 거예요. 근데 어쨌든 여기서 취직도 잘 돼서, 그냥 여기서 먼저 경험도 좀 쌓고 인도네시아 들어가면 좋겠다고 생각해요. 그래서 여기 그냥 먼저 일하고 아마 나중에 인도네시아 갔을 때는, 좀… 경험 많으면 일자리도 좀 쉽게 구할 수 있어요."

연구참여자는 친구에게 듣기 전까지 한국에 대해 잘 몰랐기 때문에 미래에 큰 도움이 될 것이라는 확신을 가지고 한국에 온 것은 아니었다고 한다. 그러나 한국이 살기 좋다는 말에 적어도 휴식은 될 것 같아 한국행을 결심했다. 막상 한국에 와서 살아보니 한국에 대해 더 알고 싶다는 생각이 들었다. 연구참여자는 한국 생활을 연장할 겸, 장차 사업을 하는 데에도 도움이 될 것이라는 기대로 대학원에 입학했다.

(2) 문화 적응 전략 1: 유복한 삶을 유지하기 위한 한국 생활, 온전한 나로서 인정받기 위해 노력

연구참여자는 2012년에 한국에 와서 2017년까지 유학생으로 지냈다. 한 대학의 어학당에서 1년 정도 어학연수를 하고 법학과 석사과정에 진학했다. 학교생활은 더할 나위 없이 만족스러웠다. 인도네시아와 한국의 문화가 워낙 다르기 때문에 어려움이 없었던 것은 아니다. 연구참여자가 경험한 문화적 갈등은 대부분 연구참여자의 종교적 신념에서 비롯됐다. 연구참여자는 이슬람교를 믿고 있는데, 한국에서는 이슬람교에 대한 이해가 부족하다.

한국 사람들과 좋은 관계를 유지하려면 술 문화에 익숙해져야 한다. 그런데 연구참여자는 종교적 신념으로 인해 술은 절대 마시지 않는다. 처음에는 자주 마주치는 한국 사람들에게 이에 대해 일일이 설명하고 양해를 구해야 했기 때문에 불편했다. 그러나 연구참여자가 만난 한국 사람들은 연구참여자의 종교적 삶의 방식을 낯설어했지만 금방 이해했다. 연구참여자의 말에 귀 기울여주었기 때문이다. 연구참여자는 이런 사람들과 관계를 맺을 수 있었던 데 감사하며 자신은 운이 좋은 사람이었다고 생각하고 있다.

> "(한국에서 머물면서 좀 힘들거나 하는 부분은 없으셨어요?) 아마 제가 운이 좋은 편이에요. 그래서 학교 갔을 때도, 그 수업 같이 듣거나 그런 거 친구들이 안 해요. 왜냐하면 친구들이 저 이슬람 종교인 거 알아서 그래서 그런 거 아예 없어요. 그리고 회사에서도, 사실 한국 회사는 좀 그러잖아요. 그, 뭐지? 회식. 그런 거 많이 하는데, 배려가 좀. 저한테는 많이 줘서, 그거 감사하게 생각해요. 그리고 우리 회사는 한국 회사와 좀 달라요. 왜냐하면 글로벌 회사이기 때문에, 그래서 한국 문화? 한국 회사 문화는 달라요. (중략) (선생님은 회사에서 일하시면서 힘든 일은 없으신가요?) 아 예, 없어요. 저희 친구도 그랬어요, 우리 회사는 좀… 아까도 말씀드렸다시피 저는 아마 운이 좀 좋은 편이라서, 회사가 잘 구해가지고, 그래서. 친구도 다른 회사, 한국 회사 다니는데, 저랑 완전히 달라요. 완전히 다르고, 힘들었대요. 근데 저는 괜찮은 거 같아요."

연구참여자는 학교를 졸업하고 바로 해외 송금 서비스를 주력으로 하는 금융 회사에 취업했다. 연구참여자의 행운은 이후에도 이어졌다. 회사의 고용주는 한국 사람이었지만 오랫동안 외국에서 생활한 경험이 있어 연구참여자의 처지를 잘 이해해주었다. 회사에서는 연구참여자가 라마단 기간에 하는 금식이나 정해진 시간에 메카에 절을 하는 등 종교 활동의 자유가 보장되고 있다.

연구참여자는 자신이 만난 대부분의 한국 사람들에게 감사하다고 한다. 그들은 연구참여자에게 한국 문화를 일방적으로 강요하지 않았고 낯선 인도네시아 문화를 이해하기 위해 노력했다. 이를 통해 연구참여자는 상대로부터 존중받고 있다는 느낌을 받을 수 있었다. 연구참여자가 이처럼 상대에게 이해받을 수 있었던 것은 인도네시아 사람으로서 자신의 문화와 충돌을 일으키는 한국 문화에 대해서는 수용하기 어렵다는 의사를 분명하게 전달했기 때문이라고 할 수 있다.

이는 연구참여자가 경험한 대학원이나 회사는 한국에서 높은 문화 감수성을 가진 집단이기 때문이기도 하다고 볼 수 있다. 연구참여자의 경우에는 오히려 회사 밖에서 보수적인 한국 문화를 경험하게 된다고 한다. 연구참여자는 일의 특성상 외국 사람들과 자주 만나고, 업무를 할 때는 주로 영어를 사용한다. 한 번은 미국 사람과 함께 카페에 갔는데, 카페 직원이 미국 사람에게는 친절하고 자신에게는 불친절하다는 인상을 받았다. 연구참여자는 워낙 가끔 있는 일이고, 자주 만나는 사람들로부터는 이런 인상을 받은 적이 없어 대수롭지 않게 넘어갔지만 한국 사회도 문화의 차이를 인정하기 위해 노력해야 한다고 보고 있다. 연구참여자는 한국 사람과의 관계에서 자신에게 서로 다름을 인정하라는 요구를 할 권리가 있다고 여기며 이에 대한 당당한 태도를 견지하고 있는 것이다.

(3) 문화 적응 전략 2: 자부심에 기반한 대등한 위치 인식

연구참여자는 지금까지 살아오며 부모님의 전폭적인 지원 아래 무엇을 원하든 노력만 하면 모두 이루어지는 환경에서 살아왔다. 인도네시아에서는 물론이거니와, 한국에서도 자신의 내면에서 들려오는 목소리에 귀 기울이며 이를 현실화하기 위해 필요한 노력이 무엇인지 고민했다.

지금까지의 삶을 자신은 무엇을 하고 싶어 하는 사람인지, 어떻게 해야 목표를 이룰 수 있는지 등과 관련한 자기실현에 대한 고민으로 채워온 것이다.

연구참여자는 노력해서 이루지 못한 것이 없다고 한다. 이는 자기 자신에 대한 자부심의 근간이 되어 어디서든, 누구에게든 자신이 그에 걸맞은, 또는 그와 대등한 존재로 인식하는 힘이 된다.

> "(선생님은 싱가포르도 가보시고… 홍콩이나 대만도….) 일본도. (일본도? 여러 곳에 가보셨네요. 지금은 한국에 살고 계시고. 어느 나라가 가장 좋으세요?) 저는 인도네시아요. (웃음) 인도네시아 자연경관도 아름답고. 살기도 좋고. 인도네시아 좋아요. 똑같아요. 인도네시아 사람들하고 말하는 거 좋아요."

연구참여자는 자기 자신에 대한 자부심만큼 조국, 인도네시아에 대한 자부심도 투철하다. 아시아의 여러 나라를 여행했지만 인도네시아만큼 좋은 나라는 없었다고 한다. 인도네시아보다 경제력이 있는 나라에서도 인도네시아보다 좋다는 인상은 받지 못했다고 한다. 인도네시아는 비교 불가한 인도네시아만의 장점이 있는데, 특히 자연경관의 아름다움이 그렇다고 한다.

연구참여자는 인도네시아에서의 삶이나 한국에서의 삶이 질적으로 크게 다르지 않다고 하며 인도네시아에서의 삶의 수준이 한국과 비슷하다는 점을 강조한다. 한국에서의 생활에서 장점으로 인터넷 속도와 대중교통을 꼽고 있는데, 이는 세계 어느 나라 사람이든 모두 인정하는 한국의 우수한 인프라라 할 수 있다.

"(계속 한국에 머물면서 지내봐야겠다 생각하신 거잖아요?) 네. (어떤 점이 좋으셨어요?) 여기는, 제가 생각할 때는, 한국에서 제일 편하게 살 수 있어요. 교통도 좋고 그리고 역시 인터넷이요. 저… 그거 빼고는 다 인도네시아랑 비슷해요. 생활 이런 거는 좀 비슷해요."

여기에서 주목할 점은 연구참여자가 인도네시아 상위 계급으로서 자부심을 보이고 있다는 것이다. 인도네시아 출신으로 함께 인터뷰를 하던 다른 연구참여자는 인도네시아에서의 삶이 한국과 비슷하다고 하는 연구참여자의 말에 어떤 점이 비슷하냐고 되물었다. 그리고 이내 자신도 그렇다고 말한다. 그러나 실제로는 차이가 있는 것으로 보인다.

연구참여자들 간의 경제력 차이는 삶의 환경과 수준에서 여러 차이로 나타난다. 인도네시아의 주거환경과 자연재해에 대한 주제로 나눈 대화를 통해서도 이러한 차이가 입증된다. 연구참여자는 자연재해가 일어나도 집이 자연재해의 영향을 크게 받지 않는 안전한 곳에 있다고 하며 전혀 걱정하지 않는다고 한다. 반면, 다른 연구참여자들은 지진과 쓰나미가 언제 집을 덮쳐올지 몰라 항상 걱정하고 있다고 한다. 이처럼 주거의 안정성에 대해서도 입장의 차이가 확연하게 드러난다. 연구참여자는 인도네시아에서 상위 계급의 생활을 영위하고 있고, 자신이 점하고 있는 사회적 위치를 인지하고 있다. 이는 연구참여자가 한국에서 자신의 사회적 위치를 판단하는 데도 영향을 미친다.

연구참여자는 현재 인도네시아와 한국이 국가 경쟁력 또는 경제적 측면에서 실력 차이가 존재한다는 점은 인정하지만 인도네시아가 가진 앞으로의 발전 가능성과 잠재력은 높이 평가해야 한다고 보고 있다. 연구참여자가 한국에서 일을 하는 이유는 장차 한국과의 교역이 인도네시아의 경제 성장에 도움이 될 것이라는 판단에 의한 것이다. 이는 한국과 인도네시아가 서로 도움을 주고받는 호혜적이고 대등한 국가 관계의 주체임을 강조하는 것이기도 하다. 즉, 현재 가지고 있는 경제력만으로 인도네시아와 한국의 우열 관계를 정할 수 없다는 것이 연구참여자의 확고한 신념이라 할 수 있다.

연구참여자의 인도네시아에 대한 자부심은 경제적 성장 가능성에 국한되어있지 않다. 연구참여자는 이슬람교의 독실한 신자로서 철저하게 교리에 기반한 삶을 살고 있다. 이슬람교 신자는 도덕적이고 금욕적인 삶을 추구한다고 한다. 이를 위해 이슬람교에서 금기시하는 행동이나 생각들은 최대한 하지 않으려고 노력한다. 그러나 인간은 세속적인 욕망에 쉽게 노출되기 때문에 이를 종교적으로 정화해야만 한다. 이것이 이슬람교에서 라마단 기간을 반드시 지키는 이유라고 한다. 이 기간을 잘 보내야 일 년 동안 몸과 마음이 깨끗한 상태로 지낼 수 있다는 것이다.

> "(한국에 사시면서도 라마단 기간을 잘 지키시는 것 같은데 신앙심이 대단하신 것 같아요. 보통 언제부터 이슬람교를 믿게 되나요?) 태어날 때부터. 부모님 다 이슬람교 믿어요. 어릴 때부터 이슬람식대로 살았어요. 라마단은 1년 중에 제일 중요해요. 몸이나 마음을 깨끗하게 해야 해요. 라마단이 끝나면 다시 깨끗해지는 거예요."

연구참여자는 특히 인도네시아의 문화에 높은 자긍심을 가지고 있다. 그리고 정신적인 가치가 물질적인 가치보다 중요시되어야 한다고 본다. 연구참여자는 현재 인도네시아가 경제적 측면에서 다소 어려움을 겪고 있지만 앞으로 충분히 만회할 수 있는 잠재력이 있기 때문에 굳이 움츠러들 필요가 없다고 보고 있다. 이를 통해 연구참여자가 한국에서 생활하며 누구와 대면하게 되더라도 대등한 관계를 맺으려는 태도를 견지하고 있다는 것을 확인할 수 있다.

(4) 한국에 바라는 점: 인도네시아와 한국의 문화 · 경제적 교류를 위한 민간사업 허가와 확대

연구참여자는 한국에서의 경제 활동 경험을 기반으로 장차 인도네시아와 한국의 문화 · 경제적 교류를 위한 사업을 구상하고 있다. 이를 위해 현재 한국에서 거주 비자(F-2)를 신청할 계획을 가지고 있다.

> "(선생님, 혹시 앞으로의 계획은, 인도네시아로 돌아가서?) 지금 계획은 제가 F-2 받으면, 무역회사 만들고 싶어요. (사장님?) 사장님. (웃음) 그래서 지금 제가 준비 중이어서, E-7은 안 되고, F-2는 되더라구요. 그래서 F-2가 되면, 제가 좀 뭔가, 자기 회사 만들고 싶어요. (아마 인도네시아랑 한국이랑 무역.) 무역하는. (인도네시아 한국, 무역하는 회사 만들고 싶으시고.) 네."

연구참여자는 인도네시아를 거점으로 활동 반경을 넓혀갈 예정이지만 이를 위해서라도 한국에서의 신분이 안정될 필요가 있다고 보고 있다. 한국에서 입지가 불안하면 사업에 지장을 초래할 가능성이 크다는 것이다. 연구참여자는 민간 차원에서 인도네시아와 한국의 무역을 활발하게 하기 위해서라도 한국정부가 개인 사업자에 대한 진입 장벽을 낮추고 한국 내 거주 및 사업 활동 허가 관련 제도를 정비해주기를 기대하고 있다.

3) 연구참여자의 특성

연구참여자가 한국 사회 적응 과정에서 보이는 인지 · 정서적 특징을 정리하면 다음과 같다. 첫째, 연구참여자는 문화적 차이를 적극적으로 드러내야 한다고 보고 이에 대한 한국 사회의 무지에 문제를 제기한다. 물론 이는 문화적 차이 그 자체에 대한 것이 아닌, 충돌이 일어나서 상호 간의 적극적인 이해의 노력이 필요한 부분에 대한 것이다. 문화 충돌은 주로 인도네시아에서 금기시하는 행동이나 생활양식을 한국에서는 허용하는 경우 발생한다. 연구참여자는 상대가 이러한 차이에 대해 인지할 수 있도록 알리고 이를 받아들여줄 것을 요구한다. 이를 통해 상대는 자신과 다른 문화를 수용할 수 있는 기회를 얻게 된다. 문화적 차이가 오히려 문화 다양성에 대한 감수성과 수용성 제고에 도움을 주고 있는 것이다. 연구참여자는 서로의 문화에 대한 무지의 상태에서 벗어나기 위해 차이를 적극적으로 알리는 과정이 필요하다고 본다.

둘째, 연구참여자는 자신에 대한 자긍심을 기반으로 대인관계에서 자기주도적이고 대등한 관계를 추구한다. 연구참여자는 한국 사회에서 인도네시아 출신인 자신은 낯선 존재이기 때문에 우호적인 시선보다 냉대의 시선을 더 많이 받게 된다고 한다. 그러나 이로 인해 주눅들 필요는 없다고 본다며 자신이 먼저 상대에게 자신을 알리고 이해를 구하는 것으로 극복할 수 있다고 한다. 이는 낯섦에 대한 경계가 거두어지면 자신의 인간적 매력과 능력을 충분히 인정받을 수 있다는 자신감에서 비롯되는 태도라 할 수 있다.

이를 종합해보면, 연구참여자는 한국 사람들과 적극적으로 교류하며 상호 문화의 차이에 대한 이해를 추구한다. 이는 호혜적 관계 맺기의 기반이 된다. 또한 연구참여자는 자기를 표현하는 적극성과 관계 지향적 태도를 보이고 있다.

마지막으로 연구참여자의 경험에서 한국 사회의 사회제도적 개선점을 찾아보면 다음과 같다. 첫째, 한국은 법으로 종교 활동의 자유를 보장하지만 이러한 법이 노동현장에서도 지켜질 수 있도록 제도가 뒷받침되어야 할 필요가 있다고 본다. 연구참여자가 근무하고 있는 회사는 문화의 차이에 대해 관용적인 분위기가 형성되어있다. 그래서 연구참여자가 특히 라마단 기간에 엄격한 종교적 규범에 따라 행동하는 데 대해 배려를 받고 있다. 그러나 연구참여자의 다른 인도네시아 출신 친구들의 말을 들어보면 이러한 종교 활동을 보장해주는 회사는 많지 않다. 이슬람교 신자에게 종교 활동은 기본적인 생활양식이기 때문에 이를 허용하지 않음으로 인해 감당하기 어려운 정신적 스트레스를 받기도 한다. 물론 근무 시간 내에 종교 활동을 하는 데 일정 정도 이상의 시간이 필요하게 되면 퇴근 시간을 늦추어 실제 노동 시간을 준수해야 할 것이다. 종교 활동과 관련한 기본권을 보장하는 차원에서 제도적 뒷받침이 필요해 보인다.

둘째, 외국인 노동자가 많이 근무하는 지역이나 회사에서는 구성원들에게 문화 다양성에 대한 교육을 진행하는 제도가 필요하다. 최근 한국의 많은 회사들이 구성원들에게 인성 또는 직무교육을 필수적으로 수행하고 있다. 국가적 차원에서 필수 인성교육의 일부로 문화 다양성에 대한 교육이 이루어진다면 문화적 갈등과 충돌로 인한 사회적 비용의 발생을 미연에 방지하고 노동자의 복지 증진에 기여할 수 있는 바가 클 것으로 기대된다.

3장

외국인 유학생의 생애담 연구

1.
연구참여자 1의 생애담

1) 생활세계 문화 적응 생애담 요약

연구참여자는 베트남 달랏 출신으로 30대 초반의 킨족 여성이다. 부모님은 달랏에서 커피농장을 운영하셨다. 달랏은 해발 1,500킬로미터인 고원지대로 시원한 곳이다. 3남매의 장녀로 태어난 그녀는 중학교 시절 〈첫사랑〉이라는 드라마를 통해 한국을 알게 됐다. 고등학교를 졸업하면서 그녀는 한국어교육이 유명한 달랏대학교 한국어과에 입학하면서 한국에 한 걸음 더 가까워졌다.

대학교 4학년 때 지도 교수의 추천으로 달랏에 있는 한국회사에 인턴으로 근무를 했다. 회사가 자금난으로 어려워지자 연구참여자는 함께 일하던 지인의 추천으로 호찌민에 있는 ○○자동차 회사에 입사하여 통역으로 근무했다. 2년 반 동안 호찌민에 있는 한국 회사에서의 생활은 그녀에게 굉장히 힘들었고 언어적으로 자신의 부족한 점을 많이 느낄 수 있게 한 경험이기도 했다.

그러던 어느 날 대학교 시절 교수님이 한국 유학을 권했고 한국어를 더 많이 배우고 싶은 욕심에 연구참여자는 한국의 대학원 진학을 결심하게 된다. 2013년 3월 한국에 첫발을 디딘 연구참여자는 외국어로서의 한국어교육 전공으로 석사과정을 마치고 현재는 박사과정에 재학하고 있다.

연구참여자는 3남매 중 장녀이다. 둘째 여동생은 지금 연구원인 남편을 따라 캐나다에서 살고 있다. 막내 남동생은 정부초청 장학생으로 마찬가지로 한국에서 유학 중이다. 부모님은 농장에서 일을 하셨지만 성실함과 부지런함으로 3남매를 모두 학자로 키워주셨다. 집안 대대로 책을 좋아하고 학문을 좋아하는 분위기가 오늘의 그녀를 있게 만든 것이다.

연구참여자는 현재 I 대학교 대학원에서 첫 번째 베트남 유학생으로 좋은 이미지를 쌓기 위해 노력하고 있다. 대학교 홍보대사로 활동도 하면서 많은 베트남 후배들에게 조언도 해주고 도움을 주는 역할을 하고 있다. 전액 장학금을 받고 입학했기에 등록금에 대한 부담은 없었지만 생활비에 대한 부담은 적지 않다. 베트남어 가르치기, 학교 TA, 동시통역, 번역 등의 일들로 조금씩 생활비를 충당하면서 알뜰하게 살아가고 있다. 외국인 유학생인 그녀는 수업에 대한 부담감을 떨칠 수가 없다. 이 악물고 열심히 공부해도 늘 과제 때문에 숨이 차다. 하지만 박사과정에 진학한 이후로 조금은 여유가 생겨서 과제 하나를 일주일 정도 밤을 새가면서 작업하여 제출하면 좋은 학점을 받을 수 있다고 한다.

학업으로 결혼이 늦춰졌지만 현재 사귀는 남자 친구가 있다. 남자친구는 베트남 출신으로 한국에서 만난 같은 대학교 출신이다. 디지털 공학과를 졸업한 남자 친구는 지금은 베트남에서 일한다. 연구참여자도 졸업하면 베트남으로 돌아가 대학교에서 일하고자 한다.

2) 생활세계 문화 적응의 내러티브

(1) 커피농장 소녀와 한국과의 연결고리들

어린 시절 연구참여자는 평범한 커피농장 소녀였다. 3남매의 장녀였기에 어려서부터 농사일로 잔뼈가 굵었다. 몸에 배인 부지런함은 그녀의 학업의 성실함에도 영향을 미쳤고, 이러한 성품은 그녀의 대인관계에도 영향을 미쳤다. 주변 지인들로부터 다양한 도움과 추천을 받을 수 있었고 좋은 기회를 얻을 수 있었다. 연구참여자는 한국에 오기 전인 대학교 시절부터 다양하게 한국 사람들과 접촉한 경험이 있었다. 이러한 경험들은 그녀의 한국에서의 생활문화 적응에 큰 도움을 주게 된다.

대학교 시절 코이카 강사로 알게 된 한국어 교사가 그녀가 만난 첫 한국 사람이었다. 친절하고 꼼꼼한 성격의 한국어 교사는 베트남 학생들을 잘 챙겨주고 수업이 없을 때는 집으로 초대하여 한국에 대한 이야기도 많이 해주고 한국어도 가르쳐주곤 했다. 그녀가 학교에서 만난 한국 사람들은 친절하기도 했지만 일처리에서는 신속함을 보여주고, 약속도 잘 지켰다.

> "선생님이 급한 성격 있었어요. 그래서 되게 밥 먹을 때에도 사모님도 같이 먹었는데 저희는 한 그릇 두 그릇만 먹었는데 선생님은 다 드셨어요. 저 깜짝 놀랐어요. 근데 그 사모님도 밥만 드시거든요. 그래서 반은 선생님께 주세요. 그래서 선생님, 교수님이 막 금방 드셨어요. 그걸 보고 되게 교수님이 얼마나 급하신지. (급해서 좋았어요? 뭐가 좋았어요, 그

러면?) 일할 때에요. 저는 베트남 사람이 그런 게 좀 있어요. 약속시간을 잘 안 지키고, 뭐 할 때에는 되게 빨리빨리 하지 못해요. 그래서 선생님을 보고 많이 배웠어요. 그런 성격을."

연구참여자는 드라마에서만 봤던 한국 사람들이 살아가는 모습을 대학 시절 만난 한국인 교수로부터 다시 한 번 체험하게 된다. 그러한 그녀는 직장생활을 하면서 한국 사람과 관련한 새로운 경험을 하게 된다.

교수의 추천으로 다니게 된 한국 회사 생활에서 그녀는 전공이 통역이었기에 사장 비서 또는 통역을 맡아서 한국 사람과 가까이에서 일을 하게 된다. 2년이라는 시간을 함께 일한 직장상사는 그녀의 인생 스승이기도 하다.

"그분은 회사에서 회사로부터 많이 스트레스를 받으셨거든요. 그래서 그럴 때마다 저희 특히 지사 사무실에 한국인이 별로 그분밖에 없었거든요. 그래서 화가 날 때 스트레스를 받았을 때 얘기할 대상이 없으면 저밖에 없어요. 저 맨날 듣기만 했어요. 네, 저는 그냥 네네, 듣기만 했어요. 그래서 그분이 나중에 헤어졌을 때 되게 고마웠다고 맨날 얘기 헛된 얘기 스트레스다. 그리고 어떻게 위안이라도 해보고 싶었는데 그때는 제 능력으로는 얘기를 할 수 없었던 것 같아요."

연구참여자는 회사생활을 통해서 한국인의 직장 스트레스를 알아갔다. 스트레스에 시달리는 직장상사를 위해 그녀가 할 수 있었던 건 들어주기였다. 2년간의 회사생활은 그녀가 한국 사람 그리고 한국 사회의 한 단면에 대해 이해할 수 있었던 좋은 경험이었다. 따라서 이러한 경험들은 그녀가 처음으로 경험하는 한국 유학생활에 많은 도움이 됐다.

(2) 문화 적응 전략 1: 노력은 결코 헛되지 않았다

젊음, 그리고 도전정신을 가지고 있었던 연구참여자에게 대학교 시절 지도교수의 한국 유학 제안은 좋은 기회로 다가왔다. 대학교를 졸업하면서 여러 가지 경제적 여건으로 인해 마음속으로만 바라던 한국 유학이었는데, 교수 추천을 통한 등록금 면제라는 조건은 한국 유학을 떠나오게 된 결정적 계기가 됐다. 새로운 세상, 새로운 미래에 대한 두근거림을 안고 흔쾌히 유학생활을 하기로 결정한다.

"저는 안 무서웠어요. 유학 가면 새로운 세상이잖아요. 새로운 장래? 새로운 전망. 그래서 그런 생각으로 유학 가기로 했어요. 처음에는 전혀 그럴 생각 없었어요. 그냥 가서 경험해보고 싶다고. 해외 생활이 어떻게 되는지. 그냥 그때에는 별 생각이 없었어요."

그렇게 좋은 마음으로 시작한 한국 유학 생활은 물론 첫 걸음부터 쉽지는 않았다. 대학생 때와는 전혀 다른 수업방식으로 수업이 진행됐고, 특히 베트남에서 한자를 배운 적이 없었던 연구참여자는 첫 학기에 신청한 고전문학 수업에서 가장 큰 어려움을 겪었다.

"석사 때에는 수업을 들었을 때 되게 힘들었어요. 소논문 읽는 것도 되게 힘들었어요. 학기 두 번째 학기 그때에는 많이 힘들었어요. 교수님의 말씀. 강의 내용을 거의 처음에는 못 따라 들었어요. 왜냐하면 제가 들어왔을 때 교수님 지도 교수님은 그때 연구년이라서 교수님의 기본 이론 수업이 없으셨거든요. 약간 그때 고전문학 수업을 듣게 됐어요. 저는 한자를 모르거든요. 근데 그분 ○○○ 교수님인가? 그 교수님의 수업 들을 때마다 되게 힘들었어요. 교수님은 맨날 한자만 쓰시고 저는 한자 그냥 그렸어요. 네, 한자를 대학교에서 좀 배웠긴 했는데, 별로 관심이 없었거든요. 그래서 되게 힘들었어요. 그거는 유일하게 A를 받았어요."

연구참여자가 유학생활에서 제일 먼저 부딪친 장벽은 학업적인 어려움이었다. 한국으로 유학을 온 외국인 학생에게는 다른 무엇보다도 학업 적응이 가장 중요한 문제이다. 외국인 유학생으로서 학업 적응을 하는 데에는 어려움이 뒤따른다. 한국 대학에서의 첫 학기에 많은 적응의 어려움 속에서 홀로 치열하게 살아남기 위한 터널을 지나야 했다. 지도교수가 연구년이라 학교에 거의 나오지 않았고, 같은 연구실에 있던 두 선배는 졸업논문을 쓰느라 바빴다. 도움을 요청할 사람이 없는 상황에서 할 수 있었던 유일한 대처는 혼자서 책과 씨름하기였다. 도서관, 연구실에서 밤샘작업은 일상이었고, 과제 제출 전에는 늘 일주일씩 밤을 새야만 했다. 이러한 노력으로 석사 · 박사과정 내내 상위권 성적을 유지했다. 첫 학기의 혹독한 독학의 시간들이 그녀의 학업에 밑거름이 되어주었다.

타고난 부지런함과 성실한 성품은 그녀의 수업에 대한 책임감에서 여실히 드러나고 있었다. 그녀는 석사 · 박사과정까지 학기마다 2~3과목을 수강하면서 수업 준비를 게을리하지 않았다. 치열한 노력으로 그녀는 대부분 'A+'라는 우수한 학점을 유지했고, 1학기에 한자 때문에 어려움을 겪은 수업만 'A'를 맞았다고 한다. 호된 석사과정을 거치고 박사과정에 들어오자 학업적인 어려움은 어느덧 좋아지게 됐다.

"(박사 들어오고는 수업이 좀 괜찮아졌어요? 좀 힘든 것 좀 나아졌어요?) 석사 때보다는 좀 나아진 것 같아요. 그때에는 어떻게 공부해야 할지, 논문 작성도 어떻게 해야 할지. 지금은 괜찮아졌어요. 오히려 더 재미있어졌어요. 신나서."

박사과정 7차에 재학 중인 그녀는 한국어도 능숙하게 구사하고 있었고, 과제에 대한 어려움도 많이 해소됐다. 단, 박사 졸업논문에 대한 고민 그리고 진로 문제가 현재 가장 큰 스트레스이다.

"저는 지금 고민 중인데, 베트남이 지금 한국어를 중학교, 아니 고등학교에 제2언어로 교육하는 계획이 있는 거 같아요. 그래서 그쪽에서 교육 체계라든가 교육과정, 교재 개발 그런 것을 해보고 싶어요. 할 수 있을지는 모르겠어요. 제가 혼자서. 교수님은 그쪽에 관심이 많이 있으신 거 같아요. 아마 지금은 교재가 없을 걸요. 제가 알기로는 베트남 학생을 위한 교재는 학습자를 위한 교재가 따로 없거든요. 그래서 그쪽에도 교재가 없을 거예요."

베트남 한국인 학습자를 위한 교재 개발을 하는 것이 그의 학위논문 대주제이다. 대량의 자료수집이 필요하고 정리 및 심화연구가 필요한 상황이라 벅차기만 하다. 그녀의 장래희망은 졸업한 다음 베트남에 돌아가 교수로서 자신의 역량을 발휘하는 것이다.

(3) 문화 적응 전략 2: 다양한 관계 속에서 성장하기

집안이 부유한 편이 아니었기에 유학생활에서 겪는 생활고는 당연한 일이었다. 등록금 전액 장학생으로 입학했기에 등록금에 대한 걱정은 없었지만 베트남과 한국과의 돈의 가치 차이 때문에 집에서 경제적 지원은 불가했다. 다행히 가끔 들어오는 아르바이트 수입으로 알뜰하게 생활하는 수밖에 없었다.

> "생활비는 되게 걱정 많이 했었어요. 왜냐하면 일자리도 없어서 알바자리도 없었는데. 다행히 그때 선생님이 베트남 여학생 ○○이 들어왔을 때 저한테 소개해줬어요. 거기 인천국제교류센터였나? 거기 베트남을 가르치는 인천 시민에게. 그런 프로그램이 있었어요. 그래서 거기에는 계속 1년 반 동안 거기에서 베트남어를 가르쳤어요. 일주일에 두 번? 한 번에 한 시간 반 그래서 그때 생활비를 거의 한 달에 30만 원 받았어요. 그냥 알뜰하게 생활했어요."

친구의 소개로 시작한 아르바이트, 이밖에도 학교 언어교육원 TA를 1년 반 동안 하면서 적게나마 생활비에 보탰다. 또 회사에서 베트남어를 가르치기도 하고, 교수님의 추천으로 시청에서 이주여성을 대상으로 한국어를 가르치기도 했다. 이러한 경험들은 한국 사회에 대해서 더 많이 알아갈 수 있는 기회가 됐고 한국어 능력 신장에도 도움이 됐다.

> "그때까지는 이주여성, 베트남 이주여성에 대한 그런 인식이 좀 모자랐어요. 어떻게 그분들이 살아왔는지, 어떻게 생활하는지 잘 몰랐어

요. 제가 거기서 일하기 시작한, 아니 그때 한국어를 가르쳤을 때, 그때 그 친구들이 거의 다 초창기에 들어와서 한국어도 모르는 상태에서 그래서 고생 많은 것을 알았어요. 그리고 어떤 친구는 들어오자마자 임신했어요. 근데 한국말을 몰랐어요. 어, 병원에 검사하러 갔을 때도 되게 힘들었고. 그때는 저도 몰랐어요. 그런 정도로 문제가 심각한 줄은 몰랐어요."

연구참여자는 베트남 결혼이주여성들과의 만남을 통해 한국 사회의 다문화 현상의 일각을 알아가게 됐고, 같은 베트남 출신으로 책임감을 가지고 그들을 돕고자 노력한다. 또한 이러한 경험을 살려서 석사학위 논문으로 자신이 가르치는 결혼이주여성을 대상으로 한 높임법 교육에 대한 논문을 썼다. 현재 박사과정을 밟고 있는 그녀는 KBS 국제방송에서 뉴스 번역 그리고 녹음도 하는 아르바이트를 지속하고 있다. 어려운 작업이지만 이 작업을 통해서 자신의 지식의 외연을 넓혀나갈 수 있었고, 배움의 즐거움도 있었기에 포기하지 않고 노력하고 있다.

유학생활에서 빼놓을 수 없는 것은 대인관계이다. 지도교수와의 관계, 동료 선후배와의 관계망 속에서 연구참여자는 많은 것을 배워갈 수 있었다. 그녀는 지도교수의 첫 번째 베트남 유학생 제자로 베트남 유학생들의 맏언니 역할을 담당하고 있었다.

연구참여자가 처음 학교에 왔을 때 연구실에는 중국에서 온 유학생 선배 2명이 있었다. 하지만 그들은 졸업 마지막 학기여서 학위논문 작성으로 바빴고, 그녀에게 실질적으로 학업이나 적응에 많은 도움을 주지는 못했다. 그녀는 베트남 유학생 커뮤니티를 이용하여 한국 사회에 대하여 점점 알아갔다. 1학기를 마치고 연구년이 끝나고 돌아온 지도교수가 따뜻하게 지도해줘서 그녀는 한국 생활에 더욱 자신감을 가지게 됐다.

학과의 특성상 외국인 유학생들이 많았기에 그녀는 학업적인 면에서 크게 뒤처지거나 하지 않았다. 마음먹고 열심히 노력하면 좋은 학점을 얻을 수 있었기에 이 또한 그녀의 자신감을 크게 키워주었다. 또한 연구실에 타국 출신 유학생이 많아서 차별이나 배제보다는 서로 같은 유학생 처지인지라 사이도 좋고 서로 돕는 편이다.

연구참여자는 같은 연구실을 사용하는 중국에서 온 휴학생 동료의 추천으로 학교 홍보대사에 지원했다. 2년간의 홍보대사 활동을 통해서 그녀는 베트남에 I 대학교를 알리고 많은 신입 베트남 유학생 후배들을 다독이는 멘토 역할을 담당했다. 멘토 역할을 통해서 자신감을 얻게 되고 주변의 긍정적인 반응들을 통해 한국 생활에서 활력을 얻었다. 3학기 동안의 홍보대사 활동은 그녀가 학교를 알아가고, 즐겁게 학교생활을 할 수 있는 좋은 기회였다.

대학원 연구실 구성원은 외국인 반, 한국인 반으로 나뉘어 구성됐고 학생 수가 많은 편인 만큼 큰 연구실을 사용하고 있다. 대학원생들은 한 달에 한 번씩 정기적으로 세미나를 개최하고, 가끔 해외세미나도 다녀온다. 연구실 구성원들은 서로 단합이 좋아서 한번 모이면 20명 가까이 모인다. 전공 특성상 외국인 유학생들이 과반수를 차지하고 있었고 한국인 강사들도 대부분 언어교육원에서 외국인을 상대로 한국어교육을 하기에 유학생에 대한 이해도가 높다.

> "(유학생들 사이는 어때요? 서로 다른 나라 이렇게 모이면 잘 지내는 편이에요?) 네, 저희 연구실은 되게 잘 지내요. (한국 사람들하고도 잘 지내는 편이에요?) 네. 저희는 세미나를 한 달에 한 번씩 하거든요. 그래서 그때에는 한국인

선생님들 되게 저희한테도 너무 친절하게 대해주셔서 저희 과는 좀 괜찮은 것 같아요. 좋아요. 가끔, 해외 세미나도 있거든요. 저희 이번에 몽골에 같이 갔다 왔어요. 되게 좋았어요. 가서 봉사활동도 하고, 저희는 1년에 한 번씩 가거든요. 작년에 베트남에 갔었고. 재작년에 인도네시아에 갔었어요. 요번에 몽골에 갔어요. 재재작년에 태국에 갔었거든요. 그래서 내년에 거기 인도나 우즈베키스탄 그쪽을 생각하고 계신대요. 잘 모르겠어요. 갈 수 있을지는."

외국인 유학생으로 연구참여자는 자신의 노력으로 연구실에서 인정받고 있었고, 원만한 대인관계를 유지하고 있었다. 또한 베트남 유학생들 사이에서도 다양한 활동을 통해 먼저 한국에 온 선배로서 좋은 모범을 보이고 있었다. 단, 지역사회에 만연하는 동남아시아 출신 외국인에 대한 편견으로부터는 자유로울 수가 없었다. 특히 그녀는 베트남에서 왔기에 한국 사회에서의 베트남 결혼이주여성에 대한 편견을 바라보면서 많은 생각을 하게 된다. 학교라는 울타리 안에서와 밖에 나갔을 때 사람들의 시선은 분명히 달랐다.

"학교에서는 괜찮았어요. 교수님들도 친절하시고 외국인도 많아서 좀 괜찮아요. 근데 시장이나 밖에 나갔을 때에는 그런 시선. 이상한 시선. 처음 시장에 갔을 때에도 약간 멸시를 당한 경우도 있고요. 나이 좀 있으신 분들이 외국인이라고 하면 동남아에서 왔다고 얘기를 하면 태도가 좀 달랐어요. 좀 그런 느낌이 있었어요. 지금은 다 익숙해졌어요. 괜찮아요. 그거 외에는 괜찮았던 것 같아요. 한국 생활이. 지금은 다 익숙해졌어요. 괜찮아요."

유학생으로 경험한 많은 일들은 어린 그녀를 성숙하게 만들고 있었고, 이러한 경험들을 통해 베트남 그리고 한국, 나아가 세계를 향한 세계관이 바뀌고 있었다. 연구참여자는 초기에는 베트남 유학생 네트워크를 활용하여 한국 사회에 적응을 시도했지만 시간이 흐르면서 교수, 그리고 한국인과의 관계를 통하여 적응을 다져가고 있었다. 또한 그녀는 유학생으로서 건강한 정체성의 소유자이며, 도전정신이 강하고, 끊임없는 노력과 유연한 대인관계를 통해 당면한 다양한 문제를 적극적으로 대처하고 있었다.

3) 연구참여자의 특징

연구참여자가 한국 사회 적응 과정에서 보이는 인지 · 정서적 특징을 정리하면 다음과 같다. 첫째, 유연한 적응력과 끊임없는 노력이다. 그녀는 넓은 마음으로 많은 것을 포용하고자 노력하고 어려움 속에서 목표를 완성하기 위해 노력한다. 강한 생활력으로 외국에서의 어려움을 극복하고자 노력하고 다양한 학업과 관련된 아르바이트 경험을 토대로 자신의 지식의 영역을 확장해나가고 있었다.

둘째, 적극적인 도전정신이다. 베트남 시골에서 태어나 한국으로의 유학과정까지 그는 자신의 목표를 끊임없이 수정하고 새로운 목표에 도전하고 변화하고 노력한다. 또한 원만한 성격으로 대인관계에서 인내하고 배려하는 온화한 성품으로 베트남 유학생들 사이에서도 좋은 선배로 호평을 받고 있고, 적응에 어려움을 겪는 후배들을 따뜻하게 감싸주고 있었다. 아울러 교수님들과의 관계에서도 늘 노력하고 성실한 모습으로 좋은 관계를 유지하고 있었으며, 교수님들의 추천으로 많은 새로운 기회를 얻고 이를 활용하여 자신의 진로를 개척해가고 있었다.

마지막으로 연구참여자의 경험에서 유학생들의 성공적인 사회통합을 위한 한국 사회의 사회제도적 시사점을 찾아보면 다음과 같다. 첫째, 유학생의 학교생활 적응을 위해 초기 적응교육에서 선배들의 좋은 모델링 사례를 성공사례로 소개하는 프로그램을 마련할 필요가 있다. 또한, 유학생들의 경제적 어려움을 해소해주기 위해 학교에서 다각적으로 조교, 근로장학금 등의 사업에 참여하여 다양한 사회적 경험을 쌓고, 적응에 대한 도움을 받을 수 있게 지지해주는 것이 중요하다.

둘째, 학업적인 어려움을 극복하기 위한 방안을 학교 차원에서 적극적으로 마련하여 유학생 스스로의 노력에만 맡기지 말고 학교 차원에서 도움을 주어야 한다. 즉 본국 학생을 연결한 멘토링 프로그램의 활성화, 그리고 미국 대학에 있는 '학업보충 프로그램' 등을 도입하는 것도 검토해봐야 한다. 또한 대학교 어학당에서 진행하는 한국어교육에서도 일상회화보다는 발표, 보고서 작성, 전공지식과 관련된 고급 한국어교육을 진행할 필요가 있다.

2.
연구참여자 2의 생애담

1) 생활세계 문화 적응 생애담 요약

연구참여자는 필리핀 파시그라에서 태어났다. 아버지는 스페인계 출신이고 어머니는 차이나계 출신이다. 아버지는 건축가이며, 어머니와는 재혼하여 연구참여자가 한 살 때 폐암으로 세상을 떠났다. 연구참여자는 편모 슬하에서 외동아들로 성장한다. 어머니는 부동산 사업을 하면서 이모와 함께 생활하고 있었다.

어린 시절 연구참여자는 공부를 별로 좋아하지 않았다. 초등학교는 2학년 때까지 사립학교를 다녔지만 경제적인 이유로 다시 공립학교로 옮겼다. 연구참여자의 초등학교 시절 꿈은 파일럿이었고, 고등학교 때는 배우가 꿈이었다. 따라서 대학교도 연극학과를 지원했다.

연구참여자는 고등학교 시절까지 한국을 별로 좋아하지 않았지만 케이팝(K-Pop)을 좋아하던 친구가 우연히 들려준 한국 노래에 빠지면서 한국이라는 나라에 관심을 가지게 됐다. 연구참여자는 필리핀에서 대학교 1학년 시절, 길거리에서 흉기를 든 강도를 만났다. 다행히도 다치지는 않았지만 소지하고 있었던 휴대폰, 지갑 등을 강도에게 모두 뺏겼다. 그 충격으로 대학교 생활이 힘들어 결국 중퇴하고, 이 사건을 계기로 필리핀에 대한 안 좋은 감정이 생겼다.

방황하던 그에게 한줄기 빛으로 다가온 것은 필리핀에서 우연히 본 한국 드라마 〈드림하이〉였다. 한국 드라마에 푹 빠진 그는 한국어를 배우고 싶어서 필리핀에 있는 한국문화원 세종학당을 등록하고 한국어 공부를 시작했다. 2014년 연구참여자는 필리핀 세종학당에서 한국어 우수학습자로 선발되어 한국관광의 기회를 잡을 수 있었다. 처음 와본 한국은 그에게 설렘과 두근거림을 주는 꿈 같은 곳이었다.

한국을 사랑하게 된 연구참여자는 필리핀에 있을 때에도 한글날, 개천절, 광복절 등의 한국 국경일이 되면 주변의 곱지 않은 시선들에도 아랑곳하지 않고 집 앞에 태극기를 게양하곤 했다. 그는 그렇게 한국의 역사, 문화, 정치 등의 모든 것에 관심을 가지기 시작했고, 2015년에는 한 달 동안 한국에서 자유여행을 했다. 그리고 2016년부터 한국의 S 대학교에서 어학당을 다녔다. 한국어능력시험 3급을 받고 한국 대학교의 입학 자격을 갖추자 그는 여러 대학교에 있는 언론정보학과에 지원했다. 그러다 현재 재학 중인 I 대학교 언론정보학과에 입학했다.

연구참여자는 한국의 정치, 뉴스 등에 관심이 많았고, 박근혜 대통령을 좋아했었다. 그러다가 세월호 사건, 최순실 사건 등을 뉴스를 통해서 보면서 손석희 아나운서의 모습에 반하게 됐고, 그 이후로 그를 롤 모델로 삼고 언론정보학과를 전공하며 꿈을 키우기 시작했다. 2016년 연구참여자는 한국에 와서 촛불집회에 참석하며 한국이라는 나라에 책임감을 가지게 됐다고 한다.

대학교에서 그는 같은 과 동기들보다는 나이가 4살 정도 많기에 동기들은 그를 형이라고 부른다. 그는 한국인 학생들과의 대인관계도 원만한 편이고, 대학교 생활에서 가장 재미있는 일은 MT에 가서 술을 마시면서 친구들과 어울리는 것이라고 한다. 대외활동도 열심히 하는 편이라 다양한 동아리 활동을 하고 있었다.

그는 한국어를 능숙하게 구사했지만 학과 수업에 있어서는 아직은 서툴러서 학점이 잘 나오는 편이 아니다. 등록금, 생활비는 모두 필리핀에서 어머니가 보내주고 있었고, 넉넉하지 않은 생활비로 인해 경제적 어려움을 겪고 있었다. 2학기에 글로벌 장학생에 선정되어서 등록금에 대한 부담은 줄었지만 대신 학점이 우수해야만 다음 학기에도 장학금을 받을 수 있었기에 학점에 대한 스트레스가 많다.

2) 생활세계 문화 적응의 내러티브

(1) 한국으로의 이주 계기: 한국과 사랑에 빠지기

연구참여자는 고등학교 시절부터 한국에 대해 알게 됐다. 먼저 친구를 통해서 케이팝을 알게 됐고, 대학교를 중퇴하고 방황하던 시절 보게 된 한국 드라마 〈드림하이〉는 그에게 큰 감동으로 다가왔다.

"그냥 드라마를 보면서 나중에 한국 가고 싶다. 아마 2012년 때. (선생님한텐 드라마가 계기가 된 거예요? 한국이랑 이어주는?) 네, 그런 것 같아요. (드라마에서 보는 한국하고 실제 와보니까 어때요? 똑같아요?) 처음에는 서울, 서울 처음 왔을 때, 꿈 같았어요."

그는 필리핀에 있는 대학교에 입학하여 재학하던 중 길거리에서 강도를 만났던 충격으로 한동안 바깥출입이 힘들었다. 결국 대학교를 자퇴하고 방황하던 시절에 감동으로 다가왔던 한국 드라마는 그의 인생의 터닝 포인트가 되어주었다. 그는 한국에 대한 관심으로 인해 주도적으로 한국어를 배우기 시작했고, 한국으로 오기 위한 다양한 기회를 활용했다. 그는 확고한 의지를 가지고 한국 자유여행을 선택하고, 한국에서의 대학교 진학을 위해 한국에서 S 대학교 어학당에서 어학코스를 밟으며 대학교를 수소문했다.

필리핀에 있을 때에도 방송에 관심이 많아서 연극학과에 입학했고, 한국에서도 언론정보학과를 선택했다. 언론정보학과를 선택하게 된 계기는 필리핀에서 대학교 수업을 마치고 집에 돌아가면 9시 KBS 뉴스방송 시간이었는데, 뉴스를 보면서 아나운서들을 좋아하게 됐고, 그렇게 아나운서의 꿈을 키우게 됐던 것이다. 연구참여자는 좋은 대학교를 다니고 싶은 욕심에 서울에 있는 대학교를 지원했지만 원서 접수 시기를 놓치거나 불합격됐다. 그는 다행히 I 대학교에 입학하면서 자신이 원하던 언론정보학과를 다닐 수 있었다. 그는 어학당에서 공부할 때 봉사활동에도 참여했고, 그렇게 친해진 한국인 친구가 대학교 입시원서를 낼 때 자소서를 쓰는 것 등을 많이 도와줬다. 친절한 한국인 친구들한테서 도움을 많이 받아왔기 때문에 한국에 대해 좋은 감정을 가지고 있다. 연구참여자는 좋아하는 가수의 이름을 따서 자신의 한국 이름도 지었고, 지인들한테 한국

이름으로 자신을 소개한다.

(2) 문화 적응 전략: 학교에서는 선배, 형 같은 모습으로

연구참여자는 다양한 경험을 통해 한국어를 능숙하게 구사하고 있었고, 한국의 정치, 역사, 문화에 관심이 많았다. 또한 나이가 동급생들보다 4살 정도 많았기에 학급에서 형 같은 역할을 주로 하고 있었다. 그는 나이 차이 때문에 동기들과 어울리는 데 있어 조금 거리가 있긴 하지만 오히려 형 대접을 받으며 동기들한테 수강신청에 대한 것을 알려주기도 한다.

그는 1학년 1학기 때 수강신청에 대해 잘 몰랐고, 공부를 많이 하고 싶은 욕심에 많은 강의를 수강신청 했다. 나중에 알고 보니 그가 수강신청 한 강의들은 4학년 때 신청하는 수업들이었다. 1학년 1학기에는 한국의 시험 방식을 잘 몰라서 시험을 잘 못 본 것이 아쉬웠다. 1학년 2학기가 시작되면서 복수전공으로 연극영화과 수업을 신청했다. 수강하는 과목이 늘어나면서 공부에 대한 부담은 더 커져만 갔다. 언론정보학과의 특성상 과제로는 뉴스 제작, 다큐 제작 등을 했다. 연구참여자는 외국인임에도 불구하고 뉴스 동영상의 내레이션을 자청하여 진행했다. 물론 어려운 방송용어, 아직은 부자연스러운 억양, 서투른 발음 때문에 2분짜리 동영상을 찍는데도 수많은 촬영의 반복이 필요했다.

"제가 나레이션 한 거예요. 그래서 친구들 이거 보여줄 때, 이거 너 목소리야? 연습 많이 했는데. 뉴스를 들으면서, 그냥 막, 아나운서들이 하는 거 따라서 혼자서. 근데 이거는 5분 자료라서, 한꺼번에 녹음할 수 없었어요. 그래서 교수님이 다른 학생이 녹음할 수 있냐. 왜냐면 원래는 아나운서들은 한꺼번에 다 읽어야 되잖아요. 근데 아주 어려운 단어가 많이 나오고. 제가 하고 싶었어요. 발음 연습 많이 해야 될 것 같아서요. 엄청 어려워요. 그래서 내가 이거 들었을 때 정말 소름끼쳐요. 첫 번째 시도했을 때, 소리가 계속 올라갔다가 왔다갔다가 그렇게 해서 다시 녹음했어요. 만족할 때까지…."

본인 스스로는 아직 많이 부족하다고 말하지만 그는 엄청난 노력을 기울인 덕분인지 한국 아나운서의 톤 그리고 발음을 근접하게 따라 하고 있었다. 그의 이런 능력은 팀원들에게도 인정받았고, 또 다른 프로젝트인 팀 과제에서도 팀원들은 그에게 뉴스 제작 내레이션을 맡겼다.

그의 대학교 등록금, 생활비는 모두 어머니가 필리핀에서 보내고 있다. 그의 어머니는 하나밖에 없는 아들이 필리핀에서 겪은 상처를 딛고 한국에서 대학교를 잘 다니고 있음을 다행으로 생각하면서, 빠듯한 살림에도 불구하고 유산으로 받은 땅을 팔아서 아들의 등록금을 보냈다. 연구참여자는 다행히 2학기 때 글로벌 국제장학생에 선발됐다. 하지만 장학금을 계속해서 받기 위해서는 학점관리가 필요했는데, 전 과목 A+가 이번 학기의 목표이다.

그는 수강신청을 할 때 자신이 듣고 싶은 강의를 선택했는데, 수강신청 방법을 잘 몰랐기 때문에 1학년인데도 4학년이 되어서야 수강하는 과목을 신청해버렸다. 과제 때문에 숨이 턱에 닿도록 노력하고 공부해도 외국인 유학생인 그에게는 여전히 벅차다. 또한 그는 생활비가 빠듯하여 아르바이트를 하고 싶지만 학업에 대한 부담 때문에 엄두조차 못 내고 있어 부족한 생활비는 어머니에게 손을 내밀 수밖에 없다. 어머니는 아들의 계속되는 금전적 요구가 버거워 가끔은 전화를 받지 않을 때도 있다. 연구참여자에게 지금 가장 중요한 것은 좋은 학점을 받아서 장학금을 유지하는 것이다.

한국인 대학생들과의 관계에서 유학생이기도 하고 나이가 동기들보다 많다 보니 어쩔 수 없이 소외감을 느끼고 외로움을 느낀다. 그래도 목표의식을 갖고 다양한 동아리에 가입하고 한국인 학생들과 어울리고자 노력하고 있다.

그에게 대학생활에서 가장 즐거운 것은 MT에서 술을 마시고 친구들과 어울리는 것이다. 그는 다양한 동아리 활동에 참여했기에 한 학기 동안 네 번의 MT를 갔다. MT를 통해 한국인 학생들과 가까워져 그들에게 속마음을 터놓을 수도 있었다.

> "근데 한국 대학교 생활도 재미있는 것 같아요. (뭐가 재밌어요?). MT! (술 잘 마셔요?). 이제는…. (연구자, 연구참여자 웃음) 원래는 술 잘 안 마시는데. 을왕리 MT는 네 번째 MT예요. 첫 번째는, 학과 MT, 그다음은 18 동기 MT, 세 번째는 학술제 뉴스팀 MT, 네 번째는 19기? MT. 약간 그렇게 왕따라는 느낌 그렇게 많이 얘기했는데, 친구들 그렇진 않대요. 그런 얘기하면 안 돼 이래요. 그때는 술 같이 먹으면서 얘기했어요."

연구참여자는 MT 등 술자리를 통해서 자신이 현재 외국인 유학생으로서 소외감을 느끼고 있음을 친구들한테 솔직하게 터놓고 이야기했고, 친구들과의 거리를 조금씩 좁혀갈 수 있었다. 한국인 학생들도 나이 때문에 처음에는 그를 많이 어려워했지만 그의 적극적이고 솔직한 태도

덕분에 조금씩 가까워질 수 있었다.

연구참여자는 어학당에서 공부하던 시절에 한국인 여자 친구도 사귀었지만 지금은 헤어졌다. 그녀는 그의 첫사랑이었다. 서툴렀던 첫사랑의 기억은 그에게 많은 아픔을 남겼다. 그는 자신의 불안한 체류신분, 불확실한 미래, 취업을 앞두고 예민한 상태였던 여자 친구에게 어떠한 미래도 제시할 수 없는 무력감에 헤어지게 됐다. 여자 친구와의 교제는 그에게 아픔만 남긴 것은 아니었다. 그가 한국에 더 잘 적응할 수 있게 해주었고, 한국어 능력 신장에 많은 도움을 주었다.

한국을 많이 사랑하고 한국인에 가까운 정체성을 지니고 있는 연구참여자이지만, 한국 사회에서 동남아인에 대한 편견이나 무시의 시선에서 자유롭지는 못하다.

> "박사님께서는 동남아시아 어떻게 생각하세요? 왜냐면 미디어에서 항상 나쁜 이미지만 보여주잖아요. 얼마 전에도, 어제 SBS에서 어떤 다큐 봤는데, 그것도 어떤 한국인 피살당했어요. 근데 원래는 사주한 사람 필리핀 사람도 아니고, 한국 사람이에요. 근데 그거 얘기 안 해요. 또 이것도 좀, 웃길 수도 있긴 하지만 근데 제 입장에서는 안 좋다고 생각해요. 혹시 영화나 드라마에서 어떤 범죄자가 도주할 때, 필리핀이라는 나라 항상 나오잖아요. 그래서 좀…. 왜냐면 저한테도 영향… 저도 아직까지도 편견이 아직 경험해본 적이 없지만 그래도 나중에 사회생활에서 있을 것 같아요."

언론정보학 전공이라 뉴스나 미디어에 대한 관심이 많았던 연구참여자는 미디어에서 필리핀 관련 뉴스가 나올 때마다 민감하게 반응하지 않을 수가 없었다. 한국이 좋아서 한국 유학을 선택했지만 한국 사회에서 필리핀에 대한 편견이나 고정관념에 대해서는 불편함과 불합리함을 느끼고 있었다. 또한 이러한 편견들이 그의 진로에 방해가 될까 걱정도 앞서고 다른 사람들이 자신을 바라보는 시선 또한 의식하지 않을 수가 없었다. 자신의 봉사하는 모습, 노력하는 좋은 모습으로 필리핀 사람들에 대한 한국 사람들의 편견이 해소되기를 바라고 있다.

(3) 희망하는 미래상: 한국 최초의 외국인 아나운서 되기

연구참여자가 가장 존경하는 사람은 한국의 손석희 아나운서이다. 연구참여자는 필리핀에서 한국어를 공부하던 시절 KBS 9시 뉴스를 시청하면서 뉴스를 좋아하게 됐고, 한국 아나운서들을 좋아하게 됐다. 한국을 사랑하게 된 연구참여자는 한글날, 개천절, 광복절 등 한국의 국경일이 되면 집 앞에 뭇사람의 눈총에도 아랑곳하지 않고 태극기를 게양하면서 자신의 한국 사랑을 표현했다. 그는 한국의 정치, 뉴스 등에 관심이 많았고 박근혜 대통령을 좋아했지만 '세월호 사건', '최순실 사건' 등을 뉴스를 통해서 접하면서 뉴스의 힘을 실감했고 손석희 아나운서를 롤 모델로 삼게 된다.

> "제가 한국어 공부하게 된 계기는 진짜, KBS에서 아나운서가 되고 싶다고 해서. 아나운서들이 하는 모습을 너무 멋있어 보였어요. 근데 솔직히 아직까지도… 박근혜 사건도 있고. 세월호 사건도 조작된 것도 그런 사실도 있고… 그래서 손석희 아나운서가 제 롤 모델이에요. (중략)

왜냐면 그때는 그, 최순실. 막 다 터뜨리고. 왜냐면 그때는 진짜 박근혜 전 대통령 존경을 많이 했었어요. 제가 박근혜 좋다고 얘기했는데 친구들이 다 쓰레기라고 얘기했거든요? 그때는 한국에서 사회 문제도 잘 몰라가지고 그래서. 그냥 방송에서만 처음, 처음 뵌 이미지만 알고 있어서. 근데, 세월호 사건에서 관련이 있다는 사실을 알게 돼서 좀 배신감 당했어요. 그래서 나중에 제가 한국에 와서 무조건 촛불 집회 한다고 했어요…. 저 혼자 갔어요. 근데. 불법이라서. 마스크 끼고… 외국인이니까. 그냥 약간 제가 그때는 박근혜를 외칠 때, 사람들은 제가 외국인인 거 모르잖아요. 그래서 다들 퇴진하라! 석방하라! 응답할 때. 뭔가 뿌듯한 느낌이었어요. 좀 감동도 받았구요. 세 시간 동안 그거 하다가 다음 날에 감기 걸렸어요. (연구자, 연구참여자 웃음) 추워서."

한국에 대한 그의 사랑은 한국의 사회적인 문제에 관심을 갖게 하고, 시민으로서의 정체성을 형성하게 하고, 책임감을 가지고 촛불집회에 참석하게까지 만들었다. 그의 아나운서에 대한 동경이, 그리고 변함없는 한국 사랑이 한국의 첫 외국인 아나운서가 되고 싶다는 꿈을 갖게 만들었다. 물론 그도 이 꿈을 실현하기란 '하늘의 별 따기'라고 말했지만 포기하지 않고 목표를 향해 꾸준히 한 걸음씩 나아가고 있었다.

"한국에서 필리핀 아마 외국인 아나운서 되는 게 아주 현실성이 없다고 생각하지만 근데 만약에 그 현실성이 없는 것은 진짜로 만들 수 있다면 그럼 언젠가는 바꿀 수 있어요. 내가 아나운서가 되어서 이제 필리핀에 대한 이런 인식이나 편견, 고정관념 다 깨주고 싶고 좋은 것만 보여주고 싶어요."

한국에서 필리핀인으로 살아가기, 더욱이 자신의 목표를 이루기까지의 길이 얼마나 어렵고 얼마나 험난한지는 연구참여자도 알고 있었다. 다행히 그의 노력은 주변의 긍정적인 반응을 얻어내고 있었고 교수님들도 그를 적극적으로 도와주고 있었다. 그는 교수의 추천으로 KBS3 라디오 〈공감코리아, 우리는 한국인〉에도 출연했고, MBC아카데미에서 아나운서 교육을 받으라는 연락이 오기도 했다. 그는 이렇게 자신의 꿈을 향해 한 발짝씩 나아가고 있었다.

3) 연구참여자의 특징

연구참여자가 한국 사회 적응과정에서 보이는 인지 · 정서적 특징을 정리하면 다음과 같다. 첫째, 자기주장이 강하고 목표의식이 뚜렷하다. 그는 자기주도적으로 한국을 선택하여 진로를 결정하고, 목표를 이루기 위해 다양한 관계망을 형성하고자 노력하고 있었다. 그는 한국인에 가까운 정체성을 가지고 있었고, 한국에서의 성공을 희망하고 있었다.

둘째, 대인관계에서 자신을 적극적으로 어필하고, 강한 도전정신과 열정으로 모든 기회를 활용하여 자신의 꿈에 가까이 가고자 노력한다. 연구참여자는 다양한 봉사활동, 동아리 활동을 통해 한국 학생과 인간관계를 맺고, 그들의 도움을 받아서 한국을 더 많이 알아가고자 노력하고, 한국의 사회 · 정치적인 문제에도 민감하게 반응한다. 또한, 자신의 진실된 노력과 성실한 모습으로 한국 사람들의 필리핀에 대한 편견들이 바뀌기를 희망하고 있었다. 즉 적극적으로 문제해결을 시도하는 긍정적인 정체성의 소유자였다.

마지막으로 연구참여자의 경험에서 한국 사회의 사회제도적 개선점을 찾아보면 다음과 같다. 첫째, 유학생들을 우수 외국인 인력으로 받아들이고, 국내에서 정주를 돕고 유치하는 방안이 필요하다. 유학생은 학업을 목적으로 한국으로 오기는 했지만 졸업과 동시에 한국에서의 정주를 희망하고 있기도 하다. 그들의 신분이 바뀌는 연계성에 주목하여 그들을 위한 취업의 기회가 확장되어야 한다.

둘째, 사회적으로 만연된 동남아시아 출신 외국인에 대한 편견에 대한 정부의 적극적인 개선의지가 필요하다. 즉, 미디어 등에서 아무렇지 않게 드러내는 편견이나 스테레오타입 현상들이 본국 출신 개개인에게는 낮은 자존감, 위축, 불편감 등 악영향을 끼치고 있으며 한국 사람에 대한 불만으로 이어지고 있다. 이런 현상을 개선하고 건강한 다문화 사회로 진입하기 위한 보편적인 인권교육이 병행되어야 한다. 우리 사회의 모든 구성원들이 서로 존중하고 소통하기 위해 인종, 민족, 종교나 국가를 뛰어넘어 인류의 보편적인 가치를 받아들일 수 있어야 한다. 건강한 다문화 사회로 진입하기 위해 대학교 내에서도 이문화 이해도와 수용도를 체계적으로 진단하고 이문화 이해 및 다양성에 대한 개방성을 높이기 위한 대학의 중재가 필요하다. 또한 타 문화에 대한 인식과 태도 변화를 위해 다문화 수용성 태도를 개선하기 위한 사회의 전반적인 노력이 중요하다.

3.
연구참여자 3의 생애담

1) 생활세계 문화 적응 생애담 요약

연구참여자는 20대 중반의 베트남 남성으로 2017년 9월에 한국으로 이주해왔다. 부모님은 베트남에서 커피농장을 운영하고 있었지만, 지금은 건강이 많이 안 좋아져서 커피농장을 팔고 꽃 화원을 운영하고 있다. 연구참여자는 3남매 중 막내아들이다.

어린 시절 연구참여자는 순한 아이였다고 한다. 초등학교 때 공부를 잘하는 두 누나처럼 그도 역시 공부를 잘하여 5년 연속 우수학생상을 받았다. 운동을 좋아하고 그중에서도 배드민턴을 잘 친다. 고등학교 시절에는 특별한 꿈은 없었고, 단지 친구를 좋아하고 기타 치고 노래하기를 좋아하는 고등학생이었다. 베트남에서도 교우관계가 좋아 친구들과의 재미있는 추억을 많이 지니고 있었다. 첫사랑은 고등학교 때 같은 반 여자 친구였다. 하지만 조금 늦은 고백에 짝사랑으로 끝났다.

그는 달랏대학교에 진학할 것을 결심한 뒤에 식물학과 한국언어문화학 중에서 어느 분야를 전공할지 고민했다. 달랏대학교는 이 두 전공이 가장 유명했기에 두 전공 사이에서 고민하다 결국 한국언어문화학과를 선택했다. 그는 대학교 2학년 시절에 친구들과 팀을 짜서 댄스동아리를 만들어 지역 축제, 행사를 다니면서 공연하기도 했다. 연구참여자는 대학교 4학년 때 하노이에 있는 삼성 전기 회사에서 인턴으로 일했다. 그는 대학교를 졸업하면서 한국 코이카에서 하는 새마을 봉사단체에서 통역 겸 코디네이터 일을 했다. 일을 하다 보니 농촌개발 사업에 관심을 가지게 됐고, 그 일이 적성에 맞음을 느끼게 됐다. 그는 대학교 교수의 추천으로 한국 S 대학교 농업경영개발 전공인 지도교수를 소개받고 2017년 정부 초청 장학생으로 선발되어 한국으로 유학을 온다.

연구참여자는 유학 초기단계이기에 아직은 학업적인 부분에서는 전공수업이 가장 어렵게 느껴진다. S 대학교의 수업은 달랏대학교에 재학할 때 수강한 전공수업과 전혀 다른 수업이기에 새롭게 배워야 하는 어려움이 있다. 그는 좋은 인상과 성격으로 언어와 관련된 문제는 선배들한테서 도움을 많이 받고 있고, 경제학 공부는 교수에게 물어보거나 비슷한 전공을 하는 사람을 찾아서 같이 공부하고 있다. 그는 스스로 대학원 문화에 잘 적응하는 편이라고 생각하고 있다. 지도교수는 현재 45세로, 미국에서 박사학위를 받아서 미국 스타일로 대학원생들을 조금은 방치하는 듯 하는 성향을 보였다. 그렇기 때문에 연구참여자는 공부를 본인이 스스로 알아서 하고 있다.

연구참여자의 일과는 연구실에서 아침 9시부터 저녁 11시까지 공부만 하는 것이다. 지금 그에게는 시험 보는 것이 가장 어렵고, 전공과목은 이해보다는 외우기를 앞세워서 시험을 보고 있다. 그는 정부초청 장학생이기에 생활비는 걱정하지 않으나 돈을 아껴서 생활하고 있다. 학교에 베트남 유학생은 혼자뿐이어서 외롭지만 한국인과 많이 부딪치기에 한국어를 잘할 수 있었다. 또한, 한국인 학생들과의 교우관계가 좋아 회식 자리도 함께 가고 잘 어울리고 있다. 학교가 위치한 평창은 산속에 위치해 있어서 고향인 달랏과 비슷해서 좋다. 그의 장래희망은 경영, 무역과 관련된 국제기관에서 일을 하는 것으로, 전공을 살려서 사회에 좋은 일을 하기를 바라고 있다.

2) 생활세계 문화 적응의 내러티브

(1) 한국으로의 이주 계기: 꿈을 이루기 위한 한국행

연구참여자가 한국으로 이주한 계기는 자신이 계획하는 진로와 관련이 깊다. 베트남에서 식물학과 한국어에 관심이 많았고, 대학교 전공으로 한국어문화학을 선택하면서 한국에 대한 관심은 더 커져갔다. 그가 한국 사람과 만난 것은 대학교 시절부터였다. 한국 코이카에서 베트남 달랏 대학교로 출장 가면서 베트남 학생들에게 한국어도 가르치고 한국 문화도 가르치기 시작한 것이다. 연구참여자는 그 강사들 중 한 사람과 인연이 닿았고 그로부터 많은 배움과 도움을 받을 수 있었다.

"그분들이 너무 부러웠죠. 마음이 따듯하고 우리한테 알려주기 위해서 여기서 왔다라는 그 생각을 들어요. 저기 코이카 단원 두 명이고, TF

보내준 사람이 한 명이고, 거기 계신 분이 두 분이고, 더 두 분이 있었는데 저는 최대한 한국 사람이랑 이야기하는 거를 통해 한국어를 배웠어요. 망설임 없이 물어보고, 모르면 물어보고. 학교 알려주신 분이 저를 좋아하세요. 그래서 같이 다녀요. 그분이 아, 약간 문화를 좋아하신 분이고 마음도 좋고, 그리고 진짜 우리 학생을 위해서. 고민하거나. 술 선생님이었어요. 저는 그분이랑 같이 술 마시면 좋아요."

대학교에서 만난 좋은 한국인 교사는 그의 인생에 많은 영향을 미쳤다. 그 교사의 소개로 현재 한국에 있는 대학교에 진학할 수도 있었다. 또한 큰누나가 몇 년 전부터 한국에서 유학을 하고 있었기에 그에게 한국 유학은 그리 낯선 길은 아니었다. 대학교 4학년 때 연구참여자는 하노이에 있는 ○○ 전기 회사에서 인턴으로 근무했다. 그때 만난 한국 사람들은 부산 사람으로 부산 사투리를 많이 썼다. 연구참여자 본인도 베트남 남부 사투리를 사용했기에 북방 사투리를 사용하는 하노이에서 근무할 당시 두 가지 사투리 사이에서 많이 혼란스러웠지만, 이를 통해 많은 배움을 얻을 수 있는 기회를 얻기도 했다.

"인턴 3학기 때, 아, 3학년 때, 3학년 때 인턴 하러 가니깐. 타잉위엔이라는 성이 있는데 하노이 북쪽에 한두 시간 정도 버스를 걸려서 갔어요. 그때는 저만 남자였어요. 그 인턴 사람들 중에서. ○○ 전기 회사에서 통역했어요. 근데 그때 부산 사람이, 부산 사람만 있어요. 그때. 처음에 저가 있으니깐 일이 더 복잡해진 거 같아요. 그 이유가 있어요. 제가 사투리가 있어요. 베트남에서도. 남쪽 사투리. 근데 거기 북쪽 사람들은 제 말을 알아듣기 힘들어요. 처음 첫째 주? 그때는 진짜 힘들었었어요.

제가 모르면 다시 물어보고, 표준어 어떻게 이거를 표준어가 뭐야 뭐, 뭐냐고 물어보면 다 알려주니깐. 배우러 오니깐 저한테는 좋은 경험이 었어요. 돈도 많이 주고."

2개월간의 한국회사에서의 인턴 생활은 그가 한국의 회사 문화에 대해 조금 더 이해할 수 있게 만들었다. 그리고 그가 다녔던 회사는 대기업이었기에 기업문화도 어느 정도 알 수 있었다. 연구참여자는 모든 힘들었던 경험들에 대해 '좋았다'라는 표현을 사용하며, 모든 어려움을 기회로 삼고 성장을 멈추지 않는 긍정적인 모습을 보여주고 있었다. 한국이 베트남 내 투자국 1위를 유지하고 있었기에 베트남 학생들은 베트남에 있는 한국 기업을 통해서 한국을 먼저 알아가게 된다. 그런데다 한류의 영향까지 겹쳐 베트남에서 한국에 대한 호감도가 높아져 베트남 대학생들의 한국 유학이 늘고 있다. 또한 급속한 경제성장과 상대적으로 열악한 대학교육 여건 등 베트남 내부의 상황도 유학생 증가에 한몫하고 있다.

대학교를 졸업한 연구참여자는 새마을운동 봉사단체에서 통역 겸 코디네이터로 한국인 담당자와 함께 베트남 시골마을 개발을 위한 프로젝트에 참여했다. 한국학과를 졸업하면 대부분 한국 기업으로 취직하지만 연구참여자는 대학교 시절부터 따르던 한국인 교수의 충고를 듣고 봉사단체 활동에 지원했다. 그는 한국어 능력도 향상시키고, 앞으로의 한국 유학의 가능성도 열어두고 싶었다. 새마을운동회 통역사 겸 코디네이터 일을 1년간 하면서 그는 그 일이 적성에 맞다는 것을 느껴 진로를 전환할 계획을 가지고 있다.

"선생님이 하시는 말이 대기업을 가면 한국어를 살릴 수 없다고, 여기를 가면 말도 많이 해야 되고 통역, 번역도 많이 해야 되니깐 한국어 실력이 늘어서 음, 나중에 기회가 되면 한국에 유학 갈 수 있다고 해서. 저는 그때부터 한국어 능력을 위해서 갔는데."

연구참여자는 이 봉사활동을 통해 농촌개발 사업에 관심을 갖게 됐고, 이 단체 봉사활동을 추천해줬던 한국인 교수의 소개로 관련 분야 서울대학교 교수와 연락이 닿게 된다. 연구참여자는 적극적으로 자신이 전공하고 싶은 분야에 대한 내용을 메일로 지도교수에게 전달했고 한국 지도교수는 흔쾌히 그를 제자로 받아주기로 약속했다. 지도교수는 그가 등록금에 대해서 걱정하자 같은 과 선배를 소개시켜주고 그에게 장학금을 받을 수 있는 방법을 알려주라고 부탁했다. 과 선배는 마침 여자 친구가 정부초청 장학금 신청을 준비하고 있던 참이어서 그에게 정부초청 장학금 신청절차를 알려줬다. 그는 학교의 한국인 교수 덕분에 좋은 기회를 잡을 수 있었고, 많은 까다로운 선발절차들을 통과해 최종 합격했다. 그는 현재 한국정부초청 장학생으로 S 대학교 농업경영개발 전공 대학원에서 공부하고 있다.

"제가 베트남에 있는데 어떻게 보면서 이 학교를 알게 된다고 뭐 공부하고 싶은데 받아들일 수 있느냐고 물어봤는데, 교수님이 '좋아, 근데 장학금이 없다'고 이야기해서 그, 그때 그 제가 데려준 선배한테, 그 평창까지 데려준 선배한테 '얘가 공부하고 싶은데 어, 너가 장학금을 알려주라'고 이야기했었어요. 그 당시에 그, 그 선배가 라오스 여자 친구 한 명 있어요. 그 선배가 지금 여자 친구 장학금 준비하고 있으니깐 그거 알아요. 정보를. 정부초청 장학금이라는 걸, 알고 있으니깐 모든 정보를 저한테, 넘겨줘요. 그 따라 해보고… 그래서 합격한 거예요."

대학교 졸업 후 다양한 경험들을 통해 자신의 진로를 찾게 된 연구참여자는 좋은 사람들의 도움으로 좋은 조건으로 한국에 유학을 올 수 있었다. 그의 유학 선택에는 자신의 자기주도적인 선택, 적극적인 기회 활용, 주변 한국인들의 도움이라는 요인들이 있었다.

(2) 문화 적응 전략: 나에게 친절한 한국인

2017년 연구참여자는 S 대학교 평창캠퍼스로 유학을 왔다. 공항에는 과 선배가 그를 차로 데리러 왔다. 한국 평창은 고향인 달랏과 기후나 풍경이 비슷해서 좋았다. 베트남에서부터 한국인과는 많이 만났었고, 다양한 한국 음식을 먹었기에 한국에서 음식 적응은 의외로 어렵지 않았다.

대학교에 입학하고 한 달이 지나 연구참여자는 처음으로 한국의 눈이 오는 경치를 볼 수 있었다. "한국에 와서 한 달이 지났는데 눈이 와요"라고 말하는 연구참여자의 얼굴은 환히 빛났다. 더운 지역에서 살고 있었던 연구참여자라 생애 처음으로 눈을 본 경험은 잊히지 않는 감동이었다. 그렇지만 한국 평창에서 지낸 첫 겨울은 몹시 추웠다. 다행히 먼저 한국에 와 있었던 큰누나가 두꺼운 겨울 패딩점퍼를 준비하여 보내주어서 잘 지낼 수 있었다. 주변에 있는 한국 친구들이나 교수들도 그에게 친절히 잘 대해줬기에 생활 적응의 어려움을 잘 이겨낼 수 있었다. 이러한 것은 그의 긍정적인 성격이 한몫을 하기도 했다. 하지만 유학생으로서 학업적인 어려움은 피할 수없는 난관이었다. 더욱이 대학교 전공과 대학원 전공이 전혀 다른지라 모든 것을 새롭게 배워야 하는 막막함에 부딪쳤다.

> "근데 더 힘들어져요. 많이 힘들죠. 전공이 바뀌면 엄청 힘들죠. 국제 기관에 데이터가 잘 정리해준 거 같거든요. 거기 데이터를 받아서 경제 통계학? 그러니깐 경제 이론이랑 통계학 방법을 사용해가지고 분석을 해서, 결과를 내서 그 결과를 통해서 뭐를 안에 담기는 이유가, 담기는 의미가 있다라는 걸 이야기해요. 경제학이랑 통계학. 경제 기반 지식도 없으니깐. 언어는 선배들이 많이 가르쳐주고. 통계학은 혼자서 공부하고. 공부하고 모르면 교수님이나 비슷한 전공을 하는 사람도 찾아보고 거기 관악에, S 대학교에서 비슷한 전공 여자 한 명을 알아요. 그래서 서로 연락해서 공부를 같이 하고. 기초는 다시 봐야 되요. 그거 학부 교재. 학부 교재를 봐야죠."

교우관계에 있어서 도움, 배타성, 인정, 자기표현이 높을수록 학교생활 적응 수준이 높을 수밖에 없다. 어려운 학업 적응을 위해 연구참여자는 다양한 전략을 구사하고 있었는데, 그중 특히 눈에 띈 것은 다양한 사람과의 관계를 활용하여 도움을 구하고 있다는 점이었다. 그는 한국 유학을 오기 1년 전에 베트남에서 한국어능력시험 5급을 받았고, 대학교 시절부터 여러 한국인과의 긍정적인 만남, 다양한 접촉 경험으로 한국어 의사소통이 능숙했기에 언어적인 부분보다 새로운 전공과목에 대한 습득이 어려웠다. 연구참여자는 어려움에 닥치면 다양한 주변인과의 관계 속에서 문제를 해결해나가는 모습을 보여주고 있었다.

우리는 이를 통해서 '유학생들은 대인관계가 어려울 것이다'라는 편견에서 벗어날 필요가 있음을 알 수 있었다. 한국인들의 편견과 고정관념도 대상에 따라 변화될 수 있기 때문이다. 연구참여자는 긍정적인 성격으로 적극적으로 주변 사람들과 관계 맺기를 하며 다양한 인맥을 활용하여 학업에 도움을 받고 적응을 주도해나가고 있었다. 물론 모든 상황 속에서는 그의 성실한 학습 태도와 피나는 노력이 뒷받침되고 있었다.

"(선생님은 어떻게 노력을 했길래 이렇게 한국어를 잘할 수 있어요?) 저는 최대한 한국 사람이랑 이야기하는 거를 했어요. 말을 못해도 말을 해야죠. 해야죠. 망설임 없이 물어보고 모르면, 모르면 물어보고. 그 학교 알려주신 분이 저를 좋아하세요. 그래서 같이 다녀요. 그분이 아, 약간 문화를 좋아하신 분이고. 문화랑 언어 좋아하시고. 마음도 좋고, 그리고 진짜 우리 학생을 위해서, 많이 고민하거나, 그 한분의, 한 사람의 영향력이 되게 크네요. 술 선생님이었어요. 저는 그분이랑 같이 술 마시면 좋아요. 연구실은 선배들이 잘 마셔요. 선배들이 다 가면은 저를, 저는 많이 마셔야 될 거 같다고 생각을 들어요. 그냥 일이 있을 때만 그렇고 저 맨날 먹는 거 아니에요. (웃음) 일주일 회식 두 번 가요."

연구참여자는 한국어를 한국 사람과의 접촉을 통해 배웠기에 언어뿐만 아니라 한국 사람에 대한 마음의 장벽도 많은 부분 해소되어있는 상태이다. 또한, 한국의 대표적인 술 문화를 긍정적으로 활용하여 술을 통한 교제를 즐긴다. 연구참여자는 연구실 모임에 빠지지 않았고 술자리를 통해 한국을 알아가고 한국어 능력도 신장시킬 수 있었다. 이러한 노력들은 그를 대인관계의 어려움에서도 조금씩 벗어나게 했다.

학교에서 학생들이 학교생활을 잘 적응하기 위해서는 긍정적이고 원만한 교우관계의 유지와 교우 간의 갈등을 서로 공평하게 해결하는 것이 무엇보다도 중요하다고 할 수 있다. 또한 학교에서 학생들이 얼마나 친밀하고 지지적인 교우관계를 형성했는가의 여부는 학교생활 적응에 결정적인 영향을 미친다고 할 수 있다. 연구참여자의 성실한 모습과 자신의 어려움을 적극 드러내고 먼저 다가가는 교우관계로 인해 그는 주변으로부터 다양한 도움을 받을 수 있었고, 이러한 도움을 활용하여 학업적인 어려움도 극복해가고 있었다.

연구참여자의 대학원 생활에서 빼놓을 수 없는 부분이 지도교수와의 관계이다. 연구참여자에게 좋은 기회를 제공한 지도교수는 미국에서 박사학위를 받은 45세의 젊고 유능한 교수이다. 아직은 석사과정생만 지도하고 있지만 내년부터는 박사과정생도 지도할 것이라고 한다. 지도교수는 해외유학파이기에 유학생에 대해서 오히려 이해해주고 공부에 대해 간섭보다는 자기주도적으로 배워나가길 바라는 편이다. 연구참여자가 바라본 교수는 존경할 만한 사람이었다.

"교수님은 미국 스타일. 알아서 해요. 알아서 해라. 그래서 좋은 점이 있어요. 처음에는 힘들어요. 저는 가는 길을 몰라서. 근데 알아서 하니깐. 나중에도 어떤 일을 하든 뭐, 도움이 되는 거예요. 어떻게 시작 단계에서 어떻게 해야 하는지를 스스로 배우게 되니깐. 힘들고 무서워요. 시간이랑 약간, 시간이랑 전투하는 거라서. 저는 한 9시부터 11시까지. 계속 연구실에 있어요. 중간에 운동하다가 푸쉬 업, 그냥 푸쉬 업 해요."

"교수님 머리가 되게 빨리 돌아가고 제가 봐도 똑똑하신 분. 학생을 보호해주는 게. 다른 교수님이 물어볼 때 우리가 답을 못하잖아요. 그럴 때가 교수님이 다 보호해줘요. (안 좋은 점은?) 그분이 많이 알고 계신데.

근데 우리가 혼자서 알아야 된다고 생각해서 많이 알려주지 않아요. 그것 없으면 우리한테 뭐 재미있는 거 많이 알려주고, 가는 길이 이렇게 된다, 너희가 이렇게 따라가거라 아니면 가서 뭐 바꾸거라 아니면 그런 거를 많이 해주면, 좋을 거 같아요."

연구참여자의 지도교수는 그가 존경할 만한 훌륭한 교수이지만 그래도 아쉬운 점이 있다면 학업에 대하여 좀 더 자세히 가르쳐줬으면 하는 바람이 있다. 지도교수의 자유로운 학생관리 스타일이 좋은 점도 있지만 아직은 어리고 전공지식에 부족한 연구참여자는 조금 더 치밀한 지도가 갈급하다. 아직은 한국어 그리고 바뀐 전공에 대하여 익숙하지 않은 부분들이 많아서 연구참여자는 통째로 외우는 방식으로 시험을 대처할 수밖에 없었다.

"두 명이 있는 수업이 진짜 좋아요. 근데 전공이 다른 수업이 있어요. 그런 수업이 진짜 힘들어요. 지금 제가 농업 개발 쪽으로 공부하고 있는데 다른 전공이 있어요. 일단 시험 족보를 정리가 잘 되어있어요. 그거를 보고 아, 이거 잘 외워서 그냥 외울 수밖에 없어요. 이해가 안 되니깐. 시험 볼 때가 제일 힘든 거예요."

정부초청 장학생 장학금은 2년간만 지원되기에 2년 안에 36학점을 수료하고 학위논문까지 써야 하는 상황에 놓인 그는 공부하는 시간만으로도 일분일초가 아깝다. 연구참여자는 세 명이 함께 공부하는 연구실에서 아침부터 저녁까지 공부로 하루일과를 시작하고 하루일과를 마친다. 연구실 대학원생들은 대부분 한국인이고, 외국인 유학생은 연구참여자만 베트남 출신이고 그밖에는 중국 유학생, 인도 유학생, 그리고 미얀마 유학생 등 다양한 국가의 유학생들이 함께 연구실에 소속되어 공부하고 있다. 연구참여자와 같은 연구실을 사용하고 있는 대학원생은 모두 한국 사람이다. 그렇기 때문에 연구참여자는 연구실에서 다른 외국인 유학생 보다는 한국인 대학원생들과 더 가깝게 지내고 있다.

월요일부터 토요일까지 매일 아침 9시부터 밤 11시까지 주로 연구실에서 학업에 몰두하고 일주일에 두 번 정도는 연구실 사람들과 함께 외식을 한다. 학교가 산속에 있기에 외식은 차를 몰고 도심으로 이동해야만 가능하다. 연구참여자는 술은 잘 못 하는 편이지만 술자리를 통해 사람들과 어울리는 것을 즐긴다. 지도교수도 학구열이 뛰어나서 아침 8시에 학교에 출근하면 주로 밤 10시에 퇴근한다. 대학원 선배 중에 공부를 좋아하는 선배가 한 사람 있어서 그는 그 선배를 많이 따르고 있다. 다른 선배들은 취업을 목적으로 공부하러 왔기에 공부에는 전념하지 않는다. 학업 때문에 매일 공부만 하지만 그래도 틈틈이 연구실 식구들과 여행을 다녀오면서 좋은 추억을 쌓기도 한다.

> "(놀러간 적은 없어요?) 강릉에 간 적 있어요. 바다에 가서 구경하고. 아, 맛있는 거 먹고 뭐 예쁜 경치를 보고 한번 산책을 해서 등산하고. 강릉이랑 전주. 한옥마을, 재밌었어요. 내일은 S 대학교 친구들이랑 설악산 가요. 새벽 4시에 차를 타고 친구가 차가 있어요. 남자 두 명, 여자 세 명, 이렇게 다섯 명이요. 설악산 가서 강릉까지 넘어가서 다시 와요."

연구참여자는 현재 재학 중인 대학원에서 유일한 베트남 유학생이다. 따라서 그는 베트남 유학생 커뮤니티가 없고, 대학원에서 연구실에 있는 한국인 대학원생들과의 교우관계를 통해 한국 생활에 적응하고, 유학 생활을 유지해나가고 있었다. 지금 그는 석사 3학기 차이며, 4학기에 학위논문 제출을 마치고 졸업하기 위해서 누구보다도 열심히 공부하고 있었다.

연구참여자는 학위논문 주제로 농업무역을 연구하고자 하고 있다. 한국과 베트남의 무역 활성화를 제고시키기 위한 방안을 찾고 싶었기 때문이다.

> "(그럼 선생님은 논문 주제는 어떤 쪽으로 잡고 계세요?) 저는 지금 무역 쪽으로 지금 농업 무역. 농업은 지금 한국이랑 베트남이 활발하지 않은 거 같다고. 베트남 제품이 거의 쌀, 커피 아마도요. 커피는 베트남 커피가 많은데 쌀은 한국이 관세가 너무 높아서 500%니깐. 그거 때문에 한국에 못 들어와요. 커피는 여기 가공 공장이 많잖아요. 가공 커피. 커피 공장. 한국에 커피 공장이 많이 있으니깐 거의 베트남 커피를 수입해서 갈아서 만들어요. 커피를."

연구참여자는 부모가 어려서부터 커피 농장을 했기에 베트남 농업에 대해 잘 알고 있었으며, 이러한 장점들을 현재 전공과 연결시켜 농업무역에 대한 주제로 학위논문을 구상하고 있었다.

(3) 희망하는 미래상: 국제기관에서 근무하기

연구참여자는 많은 장학금 혜택을 받고 한국에서 생활하고 있었기에 적응의 어려움은 당연하다고 여기며 감수하고 있었다. 그는 현실의 어려움에 대한 불만보다는 좋은 기회를 제공해준 정부나 학교에 대해 감사의 마음을 안고 살아가고 있었다. 학업에 대한 압력은 그를 숨 가쁘게 만들지만 시간을 선용하여 긍정적으로 살아가고자 노력하고 있었다. 졸업하면 자신의 전공을 바탕으로 국제적인 기관에서 일을 하고 싶다고 한다.

> "졸업하면 베트남에 갈 거예요. 웬만하면 국제기관에 들어가고 싶어요. 꿈이 제가 지금 농업을 공부하고 있잖아요. 나중에 전공을 살릴 수 있는 일을 되기를 들 수 있고, 그리고 사회에 좋은 일을 할 수 있게 되면 진짜 좋을 거 같아요."

한국에 온 지 1년, 평창의 연구실에서 공부만 했던 연구참여자는 자신의 꿈을 위해 젊음을 학업에 쏟아붓고 있었다. 그의 학업에 대한 중압감, 적응하려는 치열한 노력 속에는 아직 차별이나 미디어로써 베트남에 대한 인식을 감지하고 힘들어할 여유조차 없다. 가끔 한국으로 일하러 온 베트남 친구들한테서 차별이나 어려움을 듣기는 했지만, 자신이 몸담고 있는 대학원 내에서, 그리고 그가 만난 사람들 사이에서는 아직 특별한 차별을 느끼지 못하고 있었다. 즉 자신이 주체적으로 선택한 유학의 길이고 당연히 감수해야 하는 적응의 어려움 정도로 인지하고 있었다.

이러한 모습들은 그가 한국에 거주한 지 1년 하고도 조금 지난 시기이기에 아직 문화 적응 단계의 황홀기에서 벗어나지 않았음에 기인하기도 한다. 또한, 외적인 요인으로 지도교수가 해외 유학파이고 연구실에 외국인 유학생이 많기 때문일 수도 있고, 개인적인 요인으로는 그의 성실한 모습, 노력하는 근성, 긍정적인 성격이 많은 사람들에게 베트남 출신에 대한 편견의 색안경을 벗어버리게 만들었을 것으로 사료된다.

3) 연구참여자의 특징

연구참여자가 한국 사회 적응 과정에서 보이는 인지 · 정서적 특징을 정리하면 다음과 같다. 첫째, 연구참여자는 한국 사람 중심의 인간관계를 통해 한국에서의 적응을 이루어가고 있었다. 그는 한국에 오기 전부터 한국인 교수와 친하게 지냈고, 2개월의 한국회사에서의 인턴생활, 1년간의 새마을운동 단체에서의 코디네이터 경험은 한국에 대해 많이 알 수 있게 했다. 한국 유학생활에서도 생활 여건상 한국인 유학생들과 함께 어울리게 됐고, 주변의 다양한 교우관계를 활용하여 학업에서 도움을 받고 있었다. 즉 연구참여자는 관계 중심으로 적응 전략을 펼친 것이며, 이는 자신의 성실한 노력이 뒷받침됐기에 주변인으로부터 신뢰와 도움을 얻게 된 것이다. 이를 통해 대학교라는 환경은 편견을 가지거나 무시하기보다는 그 사람의 실력과 노력을 인정해주고 있음을 알 수 있고, 유학생의 조기적응 교육에서 해당 국가 유학생의 성공사례 소개 등을 통한 역할모델 활용 방안을 검토해볼 수 있다. 또한, 장학생 유치 시 그들의 자기소개서에서 한국과의 접촉경험들을 고려하는 것도 성공적인 유학생을 배출시킬 수 있는 전략임을 알 수 있다.

둘째, 연구참여자는 학부와 대학원 전공이 다름으로 인해 학업의 어려움을 겪고 있었다. 따라서 대학원생들에게 관련 학부 전공수업을 들을 수 있는 기회를 제공하는 것이 그들의 학업 스트레스를 줄여주는 효과적인 방법임을 알 수 있다. 자국과는 상이한 한국의 교육환경에서 갑자기 낯선 대학원의 수업을 들어야 하는 어려움들을 유학생 스스로에게만 짊어지게 하는 것이 아니라 대학교의 다양한 자원을 활용한 학업적인 지지가 중요하다. 따라서 어학당 코스만이 아닌 관심분야 학부 수업을 수강할 수 있는 유학생 교육 시스템이 장착되어야 할 것이다.

이를 종합해보면 연구참여자는 유학생으로 베트남과 한국 농업무역 관련 전공을 하고 있었기에 한국에서 자신의 있는 그대로의 모습으로 인정받고자 했다. 그는 한국에서 정주를 목적으로 하지 않고 있었고, 두 나라 사이에서 자신의 가능성을 발휘하고자 하는 목표를 지니고 있는 세계화시대 초국가적 지식, 자본, 기술을 이동시키는 주체로서의 유학생의 역할을 적극 감당하고 있다.

연구참여자의 사례를 통하여 한국과 근접지역의 유학생들은 어느 날 갑자기 낯선 곳으로 내던져진 것이 아니라 초국가적 시대 미디어를 통해서 한국의 정보를 다양하게 알고 있었고, 자국에서 한국 사람들과의 교류를 통하여 한국어와 한국 문화에 대하여 알고 있음을 알 수 있다. 따라서 그들의 한국 문화 적응단계는 한국에 와서부터 이루어진 것이 아니라 자국에서부터 시작됐고, 그들은 한국에 먼저 유학 온 다른 사람들의 경험을 통하여 자신이 감당할 어려움을 예상하고 감당할 준비를 하고 온 사람들임을 알 수 있다. 이는 그들의 문화 적응에 긍정적으로 작용하여 문화 적응 과정을 단축시키고 있다.

4.
연구참여자 4의 생애담

1) 생활세계 문화 적응 생애담 요약

연구참여자는 스리랑카에서 온 유학생이다. 그녀의 아버지는 소방서의 소방관이었으나 퇴직 후 대학에서 영어를 가르치는 일을 하고 있고, 어머니는 스리랑카 출입국관리사무소에서 공무원으로 일하고 있다. 연구참여자에게는 두 여동생이 있는데 둘째 여동생은 스리랑카에, 막내 여동생은 한국에 거주하고 있다. 막내 여동생(26세)은 스리랑카 남자와 결혼해서 임신 중인데 만삭이 다 되어 연구참여자의 집에서 함께 지내고 있다.

연구참여자는 2015년에 31살의 나이에 D-4 유학 비자로 한국에 온다. 다소 많은 나이 때문에 비자를 신청해서 받는 데 어려웠지만 운이 좋아서 유학비자를 받고 한국에 올 수 있었다. 결혼은 28살 때 스리랑카에서 스리랑카인과 했다. 그녀는 학창 시절에 공부를 매우 잘했으며 스리랑카에서 가장 유명하고 권위를 인정받는 대학교의 사회복지학과를 졸업했다. 그 대학은 해마다 성적이 우수한 학생 세 명을 선발하여 그 학생들이 박사학위를 취득하면 교수로 임용하는 제도를 운영하고 있는데, 연구참여자는 대학교 성적이 우수하여 이에 선발됐다.

스리랑카의 대학교에서는 한국어를 가르치지 않았지만 연구참여자는 스리랑카에서 세종학당의 문화행사에 참석한 경험이 있어서 한국에 대해서 알고 있었고, 한국인 친구도 있어서 한국에 대해 관심을 갖고 있었다. 한국에 대한 호기심으로 스리랑카의 켈로니아대학에서 한국어 수업(디플로마)도 들은 적이 있었다. 그녀는 30살 때 스리랑카의 세종학당에서 한국어를 배웠고 한국어능력시험을 4급까지 땄으며, 대학교를 졸업 후 고등학교에서 역사를 가르쳤다.

그녀는 친구를 통해 지금의 남편을 소개받았는데 남편은 한국에서 2008년부터 노동자로 일하고 있었다. 남편을 소개해준 친구는 한국 남자와 결혼한 스리랑카 여자 친구이다. 연구참여자는 남편을 소개받은 후에도 서로 거주지가 멀리 떨어져 있어서 실제로 만나지는 못했고, 계속 영상통화(skype)나 메신저 등으로 교제하다가 남편의 착한 성품에 반해서 결혼을 결심하게 됐다. 교제한 지 2년 뒤 그녀는 남편이 한국에서의 비자기간 만료로 스리랑카에 귀국했을 때 결혼식을 올렸다.

남편은 한국으로 재취업하기 위해 대기하다가 2015년에 한국으로 재입국했고 연구참여자는 남편과 함께 한국에서 지내기 위해 유학을 결심했다. 2015년에 연구참여자는 D-4 비자로 한국으로 입국하여 U 대학교의 어학당에 6개월 동안 다니다가 남편의 직장이 용인으로 옮겨지면서 K 대학교 어학당으로 다시 등록한다. 연구참여자는 어학당에서 1년 수학 후, 2017년에 용인의 한 대학에서 외국어로서의 한국어교육 석사과정을 시작했다. 연구참여자는 한국의 대학원에서 성적장학금을 받고 있다.

연구참여자의 종교는 불교이다. 한국에 와서는 경주 불국사, 평택과

안산의 스리랑카식 절에 간 적이 있다. 연구참여자는 지금 용인에 있는 한 주택에서 남편과 남편의 남동생, 자신의 여동생과 함께 지내고 있다. 집주인 노부부가 자신의 집 일부를 개조해서 작은 주방과 화장실, 방 두 개의 별채를 월세로 제공해주고 있기에 틈날 때마다 노부부의 농사일을 거들고 있다. 연구참여자는 현재 석사 졸업을 앞두고 있어서 진로와 비자에 관련된 고민이 있으며, 박사과정을 이수할 생각도 가지고 있다. 그녀는 원래 한국이라는 나라에 대해서 관심이 많았고, 한국에서 계속 살기를 원하고 있다.

2) 생활세계 문화 적응의 내러티브

(1) 한국으로의 이주 계기: 남편과의 동거를 위한 한국행

연구참여자 4의 이주계기는 한국에서 근로하고 있는 남편과 함께 살기 위해서이다. 스리랑카 고등학교에서 역사 선생님을 하던 연구참여자는 스리랑카 친구를 통해서 한국에서 일하고 있던 남편을 소개받는다. 남편은 한국에서 10년 가까이 일하고 있었다. 두 사람은 직접 만나지 못한 채 메신저를 통해서만 2년을 넘게 연애하고 결혼한 사이이다.

연구참여자는 한국어에 관심이 있었고 스리랑카 세종학당에서 한국어 공부를 했다. 대학교를 졸업한 그녀를 한국에 오게 하기 위해 남편은 직접 한국 울산에 있는 대학교에 입학 방법을 문의했고, 연구참여자는 관련 유학 서류를 준비하여 운 좋게 한국 유학의 길에 오르게 된다. 한국은 스리랑카 사람들이 굉장히 선호하는 나라로 연구참여자의 주변에는 스리랑카에서 일하는 사람들이 많다. 남편은 현재 울산의 종이컵 공장에서 일하고 있다.

> "우리 신랑은 울산에서 일했는데. 그때 그 사무실에 가서 물어보고 대학교 서류를 가져와서 나한테 보여주고 이렇게 신청하라고 해서 내가 직접 가서 신청한 다음에 여기 왔어요. (한국에서 필요한 신청 절차나 이런 거는 남편분이 해주신 거고?) 네."

스리랑카에서 한국 비자를 받는 것은 굉장한 행운이다. 스리랑카의 많은 사람들이 한국행을 선호하고 있었고, 대사관의 비자 신청절차 또한 까다롭다. 따라서 연구참여자는 굉장히 운 좋게 한국으로 오게 된 것이다. 남편은 한국에서 9년간 일했기에 연구참여자의 한국 적응에 많은 도움을 줬다. 또한, 경제적으로도 남편한테 의지할 수 있어서 연구참여자는 경제적 어려움은 다른 유학생에 비해 적은 편이다.

연구참여자는 U 대학교 어학당에서 한국어교육을 수강하다 남편의 이직으로 함께 거처를 옮겨 한국 K 대학교에서 어학당을 다녔다. 그녀는 한국어능력시험 4급을 받으면서 외국어로서의 한국어교육 석사과정에 입학했다. 지금은 석사과정 4학기이고 학위논문 때문에 바쁘게 생활하고 있다.

(2) 문화 적응 전략 1: 생활적응은 스리랑카인 네트워크를 중심으로

연구참여자는 남편과 함께 이주했고 남편은 오랜 한국 생활로 한국에 대하여 잘 알고 있었기에 한국에서의 생활 적응은 남편의 도움을 많이 받았다. 또한, 한국 사람과 결혼한 스리랑카 친구 부부, 남동생, 사촌 여동생들이 한국에 있었기 때문에 외국인으로서의 외로움은 덜했다. 연구참여자는 지금 용인에 있는 한 주택에서 남편과 남편의 남동생, 자신의 여동생과 함께 지내고 있다. 거주하고 있는 곳은 주인 노부부가 자신의 집 일부를 개조해서 작은 주방과 화장실, 방 두 개의 별채를 월세로 제공하는 주택이다. 남편의 남동생은 미혼, 자신의 여동생은 만삭이라 돌봄이 필요해서 모두 연구참여자와 함께 거주하고 있다. 옆집은 친구인 스리랑카 부부가 살고 있어서 서로 의지가 되어주고 있다. 연구참여자 가족은 노부부와 함께 지내기 위해서는 틈날 때마다 노부부의 농사일을 거들어야 해서 연구참여자는 주말은 거의 노부부의 농사일을 함께 하고 있다.

> "주인 할머니, 할아버지 보통 할머니, 할아버지랑 살기가 너무 힘들어요. 보통. 왜냐면 우리 주인 할머니, 할아버지는 농사짓고 살아요. 뒤에 밭이 있어요. 내가 보통 할머니랑 여유가 있을 때 할머니랑 밭에 나가서 배추도 심고, 고추도 심고, 시간 있을 때마다 도와줘요. 보통 하루 동안 할머니랑 같이 여기저기 다니면서 시장에도 다니면서 물건도 들어주고 그러면서 살아요. 안 그러면 못 살아요. 그래요. 우리나라도 그래요. 근데 보통 우리 신랑은 우리 신랑 집에서 일하고 집에 들어오면 핸드폰만 보고 있어요. 나 그거 싫어해요. 집에 오면 보통 이야기하면서 살아야지. 아니면 할머니 있으면 뭔가 할머니 있으면 음식 그런 거

만들고 할머니, 할아버지랑 이야기하면서 그거 먹고 TV도 보고 그러고 살아요. 근데 우리 남편은 핸드폰만 보고 살아요. 그러니까 '그렇게 하지 마세요. 저기 할머니 있잖아. 가서 이야기 좀 하세요.' 이렇게 말하면 그걸로도 또 싸워요."

연구참여자는 노부부와 잘 지내야 한다고 생각하기에 저녁을 먹고 휴식 시간이 되면 노부부가 지내는 집으로 건너가서 말동무를 해드리곤 했다. 그에 비해 남편은 스리랑카나 한국의 정치에 대해 관심이 많아서 남동생이나 스리랑카 사람들과 SNS로 교류하며 격론을 벌이는 것을 좋아한다. 연구참여자는 남편도 노부부에게 살갑게 대하기를 원하지만 그녀의 바람과는 달리 남편은 무뚝뚝하다.

연구참여자는 스리랑카 사람들은 가족관계를 중요시하며 가족들끼리 모여 사는 것을 좋아한다고 말했다. 그렇기 때문에 현재 여동생 둘과 함께 거주해도 불편함은 없으며 함께 사는 것이 당연하다고 생각한다. 오히려 외로운 타향살이에 서로 의지가 되어서 좋다고 여기고 있다.

연구참여자의 사촌 남동생은 한국의 부산 쪽 회사로 취업을 해서 입국했는데 그 회사는 알고 보니 배를 타고 바다에 나가서 생선을 잡는 일을 하는 곳이었다. 스리랑카 사람들은 어업에 종사하는 사람이 많지 않기 때문에 남동생은 낯선 직업을 갖게 되어 일이 서툴렀다. 사촌 남동생은 제대로 된 안전장치도 없이 조업을 하다가 일을 시작한 지 3개월 만에 바다로 추락하는 사고를 당한다. 그는 간신히 목숨은 부지했지만 더 이상 일을 하고 싶어 하지 않았다.

"(사촌동생 남자예요?) 남자. 저기 부산 쪽으로 들어왔는데 그… 사장님이 그 뭐 배도 아니고 그 조그만… 큰 배 아니고 작은 배. (고기 잡는 배 같은 거?) 아아, 네. 그거 타고 안전 그런 것도 없고. (안전장치도 없고?) 그런 것도 없고 그냥 그거 꼭 있어야 하는데 그것도 없고. 아침에 동생이 뭐 김밥, 하나만 먹고 3시에 출발하는데 가서 고기 잡고 다시 돌아올 때는 오후 7시까지. 점심도 김밥, 저녁도 김밥. 이렇게 3개월. 계속 일했어요. 근데 어느 날 바다에 떨어졌어요. (바다에 떨어졌어요?) 네. 그리고 수영도 못해. 이거 큰 그거 하고 올라왔고. (밧줄 같은 거 잡고?) 나한테 연락했어요. 누나. 나 이렇게 사고 났다고. 그래서 너무 놀래고 이런 일이 있어서 여기에서는 일 못해, 내가 그러니까 나랑 같이 왔어요. 근데 비자 이걸로 신청되어있어서 바꾸러 갔는데 고용노동부에서 안 된다고 해요. 그러니까 불법으로."

연구참여자는 사촌 남동생에게 연락을 받고 직접 내려가서 열악한 작업환경을 확인하고 바로 남동생을 데리고 나왔다. 하지만 남동생은 계속 한국에 있고 싶어 했고, 기존의 취업비자를 바꿀 수가 없는 처지가 됐다. 어쩔 수 없이 그는 남동생을 위해 난민비자를 신청했다. 이렇듯 연구참여자는 유학생이지만 다양한 스리랑카 친인척들의 상황을 통해서 한국 사회를 알아가고 책임감을 가지고 불합리한 상황에서 가족을 보호하고자 노력했다. 그녀는 또한 불합리함에 당당하게 목소리를 냈다. 자신에 대한 높은 자존감이 그녀로 하여금 불합리한 상황에서 적극적으로 대처하게 만들었다.

"제가 시내에, 어느 날 시장에 가는 날에 장날에 생선 파는 아줌마가, 나이 많은 아줌마가 있었는데 새우 그런 게 있었어요. '이거 얼마예요?'라고 물어봤더니 '아, 이게 만 원이에요.' 스물다섯 마리 만 원이라고 그랬어요. 근데 '아, 이거 주세요'라고 말해서 지갑 이렇게 열려고 봤을 때, 돈이 없었어요. 카드만 있었어요. 그래서 아줌마한테 '죄송한데 아주머니, 제가 돈 뽑아 올게요. 돈이 없어요.' 이러니까 '아, 왜!' 이렇게 화를 냈어요. 반말로. 그래서 내가 화가 났어요. 그래서 내가 '할머니, 나한테 반말하지 마요.' 이렇게. (웃음). (그래서 그 새우 사셨어요?) 안 샀어요. 나 그런 사람한테 보통 잘 안 사요."

외모가 이국적인 연구참여자는 시장에 나가거나 하면 가끔 이와 같이 대놓고 무시하는 사람들을 만날 수 있었다. 자존심이 강하고 직설적인 성격의 연구참여자는 자신의 불쾌한 감정을 솔직하게 드러내고 할 말은 하는 편이다.

한국 생활에서 어려운 것은 병원비에 대한 걱정이다. 외국인이라서 한국 의료보험에 가입을 안 했기 때문에 한번 병원을 갈 때마다 엄청난 금액의 병원비를 부담해야 했다. 연구참여자의 여동생은 미등록 외국인 신분으로 한국에 거주하고 있는데, 현재 임신 중이며 병원에 갈 때마다 수십만 원씩 검사비를 내고 있다.

"왜냐면 비자 없어요, 그 친구는. 신랑 오기 전에 한국에 왔어요. 그러고 2년 있다가 한국에 왔어요, 남편. 그래서 처음에 비자가 끝났고 나라에 돌아갈 수도 없고. 가면 다시 돌아올 수도 없어요. 그러니까 그냥 불법으로 살고 있어요. 나이가 많아서 아기도 낳아야 해요. 그러니까 아기 낳고 돌아와야 해요. 신랑이 월급이 210만 원 정도로만 나오는데 병원비하고 집 월세도 내면 생활비도 내고 그런 거 하면 빈손으로…. 그러니까 한 명만 맞벌이도…. 없어서. 그게 이제 조금 걱정이에요. 아무래도 아기 낳아야 해요. 그러니까 아기 낳고 생활하려고 하고 있어요."

이러한 상황들은 연구참여자에게도 많은 영향을 미친다. 연구참여자도 늦은 나이에 결혼했기에 아기를 빨리 출산해야 하는데 여러 가지 여건 때문에 망설이고 있었다. 현재 석사 졸업을 앞두고 있어서 진로 및 비자와 관련해서 고민이 많은데, 남편은 비자 변경(E-9에서 F-2로) 신청 중에 있다. 그녀는 오랜 한국 생활로 인해 한국을 좋아하게 됐으며 한국에서 정주하고 싶어 하고 있다. 이에 따라 연구참여자는 박사과정에 입학할 생각도 가지고 있다. 그녀도 원래 한국이라는 나라에 대해서 관심이 많았고, 한국에서 계속 살기를 원하기에 박사과정은 서울에 있는 대학에서 이수하고 싶은데 거주지와 거리가 너무 멀어서 고민 중에 있다.

(3) 문화 적응 전략 2: 학업 적응은 학교 네트워크를 활용하기

연구참여자에게 가장 어려운 것은 대학원 학업 적응이다. 한국어를 배운 시간이 길어서 한국어로의 의사소통은 많이 편해졌으나 학업 관련 전문용어는 한국-스리랑카 언어 사전도 없기에 스스로 공부를 해나가야 하는 어려움이 있다.

"(공부하는 게 힘들진 않으셨어요? 대학원 공부가?) 힘들어요. 힘들지만 내가 보통 한국 친구들이랑 친해지고 왔다 갔다 하면서 살았으니까 괜찮은 거 같아요. 사전도 없고. 우리나라 말로 사전도 없어서 더 힘들어요. 왜냐면 그 대학원 책이 있잖아요. 문학과 책 그런 거는 조금 어려웠고, 그거 바로 번역하면 영어로 번역할 수 있는 데, 우리 말로 번역하면 어떤 의미인지는 잘 안 나와요. 그러니까 영어로 번역한 다음에 그렇게 이해하고 그런 식으로 배우니까 조금 힘들지만 이제 익숙해졌어요. 괜찮아요."

학업적인 어려움은 연구참여자 스스로 헤쳐나가는 수밖에 없다. 연구참여자는 고향에서 살 때부터 자기주도적으로 공부해왔고 학교에서 계속해서 수석을 할 정도로 공부를 잘해왔다. 대학교도 스리랑카의 콜롬보대학에 2,200 대 3의 경쟁률을 뚫고 입학했다. 공부에 대한 타고난 근성이 있었기에 그녀는 눈앞에 당면한 학업적인 어려움을 노력으로 헤쳐나갈 수 있게 만든다. 그녀는 현재 재학하고 있는 대학원에서 성적장학금을 받고 있다. 연구참여자는 학업을 위해 다양한 외국인 대상 학업도우미 프로그램도 활용한다. 대학교에서는 외국인 학생들이 증가하면서 외국인 학생들의 학업을 도와주기 위한 다양한 프로그램들을 신설했다. 연구참여자는 그런 프로그램을 적극 활용하여 학업에 도움을 받고 있었다.

"글로벌센터. 외국 학생들한테 한국어 가르쳐주는 모임이 있어요. 그거 한국도우미라고 어떤 프로그램 있어요. 그거 제가 신청해서 그 한국친구 한 명 이렇게 뽑아서 그 친구랑 한 학기 동안 커피숍에 가서 자기 받는 문제 아니면 질문할 거 있으면 물어보고 그렇게 생활하면서 시간을 보낼 수 있어요. 그래서 문제 같은 거 있으면 친구한테 물어보고 언어? 그런 것도 많이 교환할 수 있고. (글로벌센터라는 곳을 통해서 한국 학생들과 매칭이 되고? 한국 학생들과 얼마나 자주 만나세요?) 일주일에 두 시간씩 두 번.

언어교환? 프로그램이에요."

연구참여자는 교우관계도 좋은 편이다. 대학원 석사과정이지만 선이수 과목으로 학부과목을 듣다 보니 학부생들하고 친해질 수 있었다.

"(한국에 어떤 친구들 많으세요?) 학부 친구들. 학부 같이 다니는 친구들이 많아요. (학부 친구들하고 친하게 지내시는구나.) 네. 왜냐면 제가 대학교 때 한국어 전공 안 했으니까 선이수 과목으로 학부과목도 들어야 되고 그러니까 자주 만나고 친해지고 이렇게 하고 그러고 행사 있으면 그것도 참여하고 그렇게 생활하고 있어요."

연구참여자는 스스로 자신을 고립시키지 않고 적극적으로 대인관계를 유지하고자 노력한다. 다양한 환경 속에서 다양한 관계망을 통해 한국 대학교를 알아가고 학업에 도움을 받는다. 연구참여자는 지금 석사 4학기차이다. 석사학위논문 주제는 '스리랑카 노동자들을 위한 한국어교육'이다. 스리랑카에서의 한국어를 배우기 위한 노력, 한국 어학당에서의 한국어 습득 등 다양한 경험들 속에서 한국에서 일하고 있는 스리랑카 노동자들이 쉽게 한국어를 습득하기 위한 교육 방안을 찾아 제시하고자 노력 중이다.

"나도 근로자를 위한 한국 교육에 관한 연구, 그게 주제예요. 한국어 교육…. 책이 없어요. 근로자. 여기 들어오는 근로자들이 너무 힘들게 공부하고 있어요. 우리말로 번역한 책이 없어요. 하나도 없어요. (스리랑카어로?) 사전도 없고. (스리랑카 말로 한국어 사전도 없고. 교재도 없고?) 네. 교재도 없고. (어떻게 배우시나요? 시험을 봐야 할 텐데.) 원래는 그냥 외워서. 그냥 뜻 몰라요. 어떤 내용인지 몰라요. 그냥 그림 있어서 아, 이 사람이 밥 먹는 그림이 사람이 밥 먹고 있는 그림이 있잖아요. 그거만 보고 '아, 이 사람 밥 먹고 있다.' 이렇게 이해하면서. (웃음). 시험 봐요. 이제는 학생들이 너무 잘해요. 왜냐하면, 한국어 배우는, 가르쳐주는 선생님들도 이제 조금 있고. 학생들도 요즘 하고 있어서 시험도 어렵고."

스리랑카에는 한국에 오고 싶어 하는 사람들이 많으나, 그들은 언어적인 어려움 때문에 한국행이 쉽지 않았다. 실제로 연구참여자 자신도 한국어를 배우면서 스리랑카언어로 된 한국어 교과서가 없어서 많은 애로사항이 있음에 문제의식을 가지고 자신의 언어적 장점을 이용하여 연구논문을 쓰고 있었다.

연구참여자는 석사학위를 마치면 한국에서 계속해서 박사과정 공부까지 하기를 원하고 있다. 남편의 비자는 아직 1년 반이 더 남아있다. 남편과 함께 있기 위해서라도 박사학위를 이수해야 했다.

(4) 희망하는 미래상: 박사과정으로 진학하기

연구참여자가 한국 사회에 거주하며 그리는 미래상은 남편의 비자가 좀 더 연기되고, 자신도 한국에서 박사과정까지 마치는 것이다. 남편의 월급이 많은 편이긴 하지만 한국에서 생활하면 남는 돈이 많지 않다. 연구참여자 그리고 남편은 모두 한국을 좋아하며 기회가 되면 한국에서 정착하고 싶다. 하지만 정주하기에는 스리랑카 출신으로서 아직 법적인 규제가 많고 쉽지 않다. 연구참여자는 스리랑카보다 한국이 안전하고 생활환경이 좋다고 생각한다. 학구열이 높은 그녀는 대학원 진학을 목표로 하고 있었고 한국에서의 취직은 생각해보지 못했다. 박사학위를 받으면 스리랑카에 돌아가서도 교수가 될 수 있기에 학업 완성이 그녀의 가장 큰 목표이다.

3) 연구참여자의 특징

연구참여자가 한국 사회 적응 과정에서 보이는 인지 · 정서적 특징을 정리하면 다음과 같다. 첫째, 연구참여자는 스리랑카 중심의 인간관계를 통해 한국에서의 적응을 이루어가고 있었다. 그녀는 한국에 살고 있던 스리랑카 친구의 소개로 남편을 알게 됐고 남편과 함께 살기 위해 적극적으로 노력했다. 한국에 온 뒤 그녀는 한국에서 10년을 넘게 살면서 한국의 많은 사정을 알고 있는 남편, 그리고 이웃으로 같은 스리랑카 출신인 친구 부부와 살기에 초기 적응에서 이들에게 많은 도움을 받았다. 또한 남편이 외국인 노동자로 일하기에 생활비 걱정은 별로 하지 않았다. 그녀는 한국에서 근로보다는 유학을 선택했고, 공부에 대해서는 자신감이 넘쳤다. 이러한 자신감은 한국어 공부에도 긍정적인 영향을 미치고 있었고, 석사과정의 공부를 마치고 박사로까지 진학을 계획하고 있다. 가족과 친구를 통해 한국 사회에서 적응해나갔기에 초기의 서투름과 어려움이 적고, 적응기간이 단축됐다.

둘째, 연구참여자는 다양한 정보에 민감하고, 이를 활용하는 적극적인 성격의 소유자였다. 스리랑카에서 그녀는 한국에 거주하던 남편을 선택하여 결혼에 이르고, 한국으로 오기 위해 자신이 주도적으로 노력하여 한국행 티켓을 따냈고, 한국에서 대학원 공부를 하면서 외국인 유학생을 위한 멘토링 프로그램을 활용하여 학업에 도움을 받고 있었다. 주변의 정보와 도움을 적극 활용하는 모습에서 유학생들은 수동적인 학습자가 아니라 능동적으로 자신의 자산을 활용하고, 사회적 지지를 활용하여 어려움을 해결해나가고 있음을 알 수 있었다.

이를 종합해보면 연구참여자는 국내 거주 이주민의 증가로 친구관계, 가족이 증가하면서 그들의 적응은 혼자만의 외로운 싸움이 아니라 다양한 관계망 속에서 적극적으로 적응해나가는 모습을 보여주고 있었다. 연구참여자는 한국을 좋아하고 한국에서 정주도 희망하고 있었다. 남편 역시 오랜 한국 생활로 한국에서의 생활이 익숙해져 있어서 그녀와 같이 한국에서의 장기거주를 희망하고 있다.

국내 이주민의 증가 그리고 그들의 거주의 장기화가 이루어지고 있으므로 외국인 정책도 외국인 정주를 방지하는 정책이 아닌 우수인력을 확보하기 위한 이민정책에 대해 검토해야 한다. 그리고 연구참여자는 한국에서 의료보험 혜택을 받을 수 없어서 병원비에 대한 부담 때문에 힘들어하고 있다. 다문화 사회로 발전하면서 외국인 근로자가 점점 많아지고 있는 현실에서 외국인을 위한 건강보험 제도의 갱신 및 새로운 제도의 도입이 필요하다.

5.
연구참여자 5의 생애담

1) 생활세계 문화 적응 생애담 요약

연구참여자는 캄보디아에서 유학 온 유학생으로 캄보디아 마탐봉이라는 소도시에서 태어났다. 그녀는 두 딸 중 장녀로, 아버지는 전문대학교 기계공학 교수이고 어머니는 간호사이다. 마탐봉은 농사를 주요 경제생활로 하는 도시이지만 프랑스 식민지 시절에 지은 프랑스식 건물들이 많아 유럽풍의 멋을 보여주는 아름다운 도시이다. 연구참여자는 어려서부터 이러한 건축물을 보고 성장하여 아름다운 건축물을 좋아하며 전공 또한 건축공학을 선택했다.

연구참여자의 여동생은 고등학교 3학년으로 미술을 좋아한다. 대학 진로는 그래픽디자인으로 정했다. 연구참여자는 부모님이 맞벌이라 어린 시절은 할머니의 돌봄으로 성장했다. 학교가 오전 11시에 마치기 때문에 학교를 마치면 동생과 함께 할머니 댁으로 가서 부모님이 데리러 올 때까지 기다렸다. 연구참여자는 초등학교 시절부터 공부를 잘했고 반에서 늘 1등을 했다. 아버지가 집에서 공부를 직접 가르쳤고, 학자적인 집안 분위기 때문에 어려서부터 공부를 좋아했다. 중 · 고등학교 시절에도 성적은 늘 상위권이었고 제일 좋아하는 과목은 물리학이었다.

연구참여자는 고등학교 시절부터 케이팝(K-Pop)을 통해서 한국을 알게 됐다. 드라마 속의 아름다운 한국 풍경, 그리고 건축물들은 연구참여자가 한국을 동경하게 만들었다. 또한 고등학교 시절, 미국에서 유학하는 선배들이 고등학교에 찾아와 전해주는 외국에서의 생활담들을 들으면서 그때부터 해외 유학에 대한 동경을 품었다.

연구참여자는 우수한 성적으로 캄보디아 공과대학교(Institute of Technology of Cambodia)에 입학했다. 유학의 꿈을 가지고 있었던 연구참여자는 다양한 경험을 할 수 있는 유학 기회를 놓치지 않고 적극 지원했다. 대학교 1학년 때에는 일본 정부초청 장학생, 한국 정부초청 장학생을 지원했지만 번번이 탈락했다. 하지만 그녀는 유학의 꿈을 접지 않았고, 대학교 2학년 시절 게시판에서 한국 대한항공 장학생 모집 공고를 보고 지원했다. 그녀는 까다로운 선발절차를 거쳐 장학생으로 선발됐는데, 대한항공 장학생은 등록금, 기숙사비 전액 무료에 월 50만 원의 생활비도 제공된다. 그렇게 연구참여자는 2015년에 한국에 왔고, I 대학교 언어교육원에서 한국어교육을 받았다. 비록 장학생으로 선발되긴 했지만 한국어능력시험 3급을 받아야만 입학이 허가됐기에 그녀는 1년간 언어교육원에서 한국어를 열심히 공부했다.

어학코스를 통과하고 입학한 그녀의 대학교 1학년 생활은 어려움의 연속이었다. 언어도 서툴고 1학년 수업은 모두 교양수업이었기에 외국인 유학생에게는 버거운 수업들뿐이었다. 그중 일부과목, 예를 들면, 물리학, 실험, 과학 등의 수업은 영어로 수업하기에 비교적 쉽게 학점을 받을 수 있었다. 나머지 다른 수업들은 모두 한국어로 진행됐기에 한국어 사전을 손에서 놓지 못하고 공부에 임했다. 학업의 치열함 때문에 한국에 온 지 3년이 되어가지만 아르바이트는 생각도 못 하고 학업에만 매진하고 있다.

현재 재학 중인 대학교는 캄보디아 유학생의 네트워크가 잘 구성되어있다. 한국에 처음 왔을 때 먼저 한국에 와있던 캄보디아 유학생들이 마중을 나왔고 친절하게 학교를 안내해주었다. 명절이면 캄보디아 유학생들과 함께 불교사원에 간다. 캄보디아도 쌀을 주식으로 하기에 한국 음식이 맵기는 하지만 그런대로 잘 먹는 편이고, 연구참여자가 가장 좋아하는 한국 음식은 삼겹살이다. 현재 그녀는 캄보디아에서 온 컴퓨터공학을 전공하는 한 살 연하 남자 친구와 사귀고 있다.

2) 생활세계 문화 적응의 내러티브

(1) 한국으로의 이주 계기: 장학생으로 외국 유학의 기회를 잡기

연구참여자가 한국으로 이주한 계기는 외국 유학에 대한 동경이었다. 선진국의 좋은 학업환경에서 공부를 하고 싶었던 연구참여자는 대학교에서 제공하는 다양한 유학의 기회를 이용하고 도전하여 해외 유학에 성공했다. 그녀는 어린 시절부터 한류의 영향으로 한국을 알게 됐고, 아름다운 건축물이 있는 나라로 한국을 동경했다. 또한, 경제적으로 캄보디아보다 선진국인 한국에서 유학 생활을 할 수 있다는 것은 그녀가 꿈을 향해 한 발짝 더 다가갈 수 있는 지름길이기도 했다. 집안이 부유한 편은 아니었기에 그녀는 장학생으로 해외 유학의 기회를 얻는 방법을 활용했다. 그녀는 자신의 의지로 유학을 선택했고, 유학을 통해 한층 더 성장하여 캄보디아로 돌아가서 성공적인 삶을 살고 싶어 했다.

> "그냥 유학하고 싶어요. 캄보디아에서 대학교 입학하다 한국에 인하대학교 장학금 받았어요. 그거 때문에 여기 왔어요. 원래는 우리 K-Pop 같은 거 진짜 유명해요. 그때부터 한국에 대한 정보를 좀 찾아봤어요. 드라마 안에서, 그리고 건축물이나…. 좋아서."

연구참여자는 고등학교 시절, 미국에서 유학 중이던 선배가 학교에 찾아와서 유학 경험에 대해 이야기하는 것을 들으면서 해외 유학에 대해 동경하게 됐다. 공부를 뛰어나게 잘했던 연구참여자에게 장학생으로 외국 유학을 가는 것은 큰 꿈으로 다가왔다. 그녀는 자신의 목표했던 대로 대학교 진학을 했고, 대학교에서 다양한 해외 유학의 기회를 찾아 도전했다. 연구참여자는 교육자 집안에서 반듯하게 공부만 하면서 성장한 모범생이다. 그녀는 학업적 성공으로 다양한 성취 경험을 했고, 이러한 경험을 바탕으로 유학을 성공의 발판으로 삼았다.

(2) 문화 적응 전략 1: 자국 출신 공동체와의 끈끈한 유대관계에 의지하기

연구참여자의 한국 유학생활에서 가장 두드러지게 나타나는 특징은 자국 출신 유학생 커뮤니티의 활성화였다. 다른 유학생들은 혼자 낯선 한국 땅에서 생활을 시작하거나 한두 명의 지인의 도움으로 유학생활을 하고 있었다. 하지만 캄보디아 출신 유학생들은 단체 톡방을 개설하여 신입생을 돕는 지원서비스가 전통이 되어 지속적으로 이어지고 있었다. 선배들은 후배가 한국에 오는 날 공항에 마중을 가서 기숙사까지 데려온다. 또한, 다양한 정보를 제공하고 주기적으로 모임을 조직하여 끈끈한 교제를 유지해오고 있다.

> "처음 갔어요. 전주에 갔어요. 한옥마을. 좋아요. 현대적인 건물도, 예를 들면, 송도 신도시 되게 좋아해요. (한국에 와서 어디 어디 가봤어요?) 전주, 제주도. 여행으로 갔어요. 속초도 두 번 정도 가봤어요. 산 좋아해요."

연구참여자는 현재 자신이 재학 중인 대학교에 16명 정도의 캄보디아 출신 유학생들이 있다고 한다. 그들은 방학 등을 이용하여 단체로 여행을 간다. 여행계획을 정하고 회비를 걷어서 대중교통을 이용하고, 숙박은 팬션을 빌려서 함께 다닌다. 먼저 유학 온 선배들이 이런 활동을 주도하는 편이다. 그들은 빠듯한 생활비를 아껴서 한번씩 같은 출신국 유학생들과 모임을 통해 친목도 다지고 스트레스도 해소한다. 이러한 단체 활동을 통해 연구참여자는 한국 사회에 대해 더 많이 알아갈 수 있었고 적응에도 많은 도움을 얻을 수 있었다. 연구참여자는 자신이 그랬던 것처럼 1년 뒤 후배들을 마중하러 공항에 갈 것이라고 한다. 유학생 네트워크를 통해 연구참여자는 같은 캄보디아 출신 남자 친구도 사귀고 있다. 먼저 유학 왔던 선배들은 졸업하여 일부는 한국 기업에서 일하고 있었고, 일부는 캄보디아로 돌아가 기업에서 일하는 등 대부분 좋은 직장을 잡는다.

연구참여자도 선배들처럼 졸업 후 좋은 직장에 다니고 싶다. 캄보디아 출신 유학생 모임에서는 명절이면 함께 모여서 전통놀이도 하고 식사도 하면서 향수를 달랜다.

"(캄보디아 대사관에서 지원 같은 거 해줘요? 명절 때?) 네. 대사관 따로 있고 우리 협회도 따로 있어요. 어떤 때는 같이 해도 돼요. (그러면 그런 날 뭐해요?) 밥도 같이 먹고 학생들이 많이 있어서 뭐 같이 놀고 놀아요. 전통놀이 많이 해요. (연구참여자가 동영상을 보여주며) 이렇게 춤을 추고 자리를 잡고 또는 그냥 놀이이기 때문에 그 자리 잡아야 해요."

연구참여자가 소속되어있는 대학교 유학생들은 해마다 같은 재단에서 지원하는 장학금으로 유학을 오기 때문에 자체 네트워크가 잘 형성되어있다. 초기 적응에서 유학생 동료들의 도움은 그들에게 적극적인 지지로 작용하여 긍정적인 영향을 미치는 것으로 보인다. 연구참여자는 초기에는 자국 네트워크를 활용하고 학교생활을 하면서 점차 관계망을 확장해나가는 모습을 보이고 있었다. 하지만 한국인과의 수업에서는 장벽도 있었다.

"친구 사귀는 것도 처음에는 제가 한국 학생들이 아마 외국 학생들에게 사귀고 싶지 않았지만… 아마 한국 학생들이 우리 사귀고 싶은데 한계가 있어서 좀 안 하려고 하는 것 같아요. (그러면 어떻게 해야 잘 사귈 것 같아요? 선생님이 먼저 다가가는 거?) 네. 먼저 하는 것도 좋아요. (선생님은 한국 친구 있어요?) 저 한 명 있어요. 남자 친구. 공대 다 남자예요. (웃음). 서로 공부하는 거 도와줘서. 수업시간에 팀 프로젝트 같이 했어요. 어려워요.

근데 괜찮아요. 우리 다 서로, 서로 맞춰줬어요. 그 친구는 조용해요. 열심히 공부하는 친구. 그 친구도 교실에서 같이 다닐 친구가 없어서 외로워요. (그 친구의 장점?) 마음만 좋으면 돼요."

연구참여자는 한국인과 함께 수업하면서 교제의 장벽을 느낄 수 있었다. 한국인 학생들도 마찬가지로 외국인 유학생과의 거리감을 느끼고 있음을 알 수 있었다. 다행히 한국인과의 팀티칭 수업에서 착한 친구를 만났고 그 친구의 배려로 한국인 친구와 잘 지낼 수 있었다. 즉, 긍정적인 접촉경험을 통해서 자국민 중심의 네트워크에서 점점 외연을 확장해 가고 있음을 볼 수 있다.

일부 연구에서는 외국인이 자국민 네트워크에 집착하게 되면 현지 적응이 지연된다는 결과들도 있었다. 하지만 연구참여자와의 인터뷰를 통해서 그녀가 자국민 네트워크를 통해 문화충격을 완화시키고, 적응에서의 스트레스를 해소하고 있었으며, 선배들의 경험들을 들으면서 거부감 없이 한국인과의 접촉도 시도하고 있음을 볼 수 있었다.

(3) 문화 적응 전략 2: 다양한 지원체계를 활용하기

21살 어린 나이에 시작한 외국 유학생활이지만 다행히 한국에는 캄보디아에서 먼저 유학 온 선배들이 있었다. 연구참여자는 한국에 오기 전부터 같은 대학교에 같은 장학금을 받고 다니는 선배들이 있는 단체 톡방에 가입했다. 한국에 처음 도착한 날 그녀는 혼자가 아니었다. 먼저 한국에 와있던 선배들이 공항에 마중 나와 있었다. 낯선 한국 땅에서 같은 캄보디아 출신 유학생 선배들은 큰 도움이 됐다. 공항에 마중 나온 선배들은 두 명은 같은 건축공학과였고, 나머지 두 명은 컴퓨터공학과였다. 그들의 돌봄으로 연구참여자의 유학생활의 첫발자국은 그리 어렵지 않았다. 하지만 학업적인 어려움은 혼자 감당해나가야 하는 부분이었다. 특히 대학교 1학년 수업은 전공과목보다 교양과목이 많고, 전부 한국어로 수업을 하기에 언어적인 어려움이 컸다.

> "제일 어려운 학년이에요. 1학년. (뭐가 제일 어려웠어요?) 한국어로 다 배워야 해서. 대부분. 그냥 사전을 잡고 또는 모든 수업에 미리 예습해야 해요. 네. 발표 어려워요. 그때 처음 1학년 때 대부분은 다 교양 수업이에요. 특히 전공 수업들이 한국어로 해야 하고 또는 수업도 수업 내용도 엄청 어려워요. 젤 어려운 거는 환경. 다…. 외우는 게 많이 있어요. 책도 너무 많이 있어요. 우리 한국어 책 읽는 게 힘들어요."

한국에 와서 어학원에서 대학교 입학을 위해 공부한 한국어 실력으로는 대학교 수업을 따라가기가 벅차기만 하다. 더욱이 첫 학기에 신청한 교양수업에서 힘든 경험을 했다. 철학 수업이었는데 토론도 있고 보고서 제출 과제도 있었다. 담당교수를 직접 찾아가서 사정을 전해 어려움을 호소했으나 교수의 대답은 "모든 것은 학생 책임"이라는 냉정한 대답이었다. 장학생으로서 학점관리가 중요했기에 감당할 수 없는 수업은 포기하는 방법밖에 없었다. 다행히 학과 교수들 중에 해외 유학경험이 있는 교수들이 많아서 배려해주기도 한다. 미리 과제를 내주고, 보고서는 영어로 제출하도록 해주는 교수들도 있었다.

"(수강 포기한 거예요?) 네. (그럴 때는 어떻게 해줬으면 좋겠어요?) 보고서는 영어로 쓰고 또는 수업 내용 미리 정리해주면 더 좋겠어요. 왜냐면 다른 수업 교수님들이 다 그렇게 해요. 수업 미리 주고 혹시 영어책 있으면 영어책 추천했어요. 또는 보고서 너무 어려우면 그냥 영어로 제출하면 돼요. (그러니까 한국어 보고서가 선생님이 힘드신 거죠?) 네. 아니면 보고서 시간 보고서 쓸 때 시간 더 주는 것도 좋을 것 같아요. 학교 교실에서 하지 않고 그… 과제로 주는 것도 좋겠지만. 교수님 수업에는 다른 학생들처럼 해야 해요. 그런데 다른 학생들 다 한국인이에요."

한국어 실력이 부족하기 때문에 수업시간에 즉석에서 해야 하는 과제 그리고 발표들은 유학생들에게는 어려운 과제이다. 특히 그녀는 장학생이었기에 학점관리가 굉장히 중요했다. 학점에서 3.0을 받아야 장학금이 유지되기에 연구참여자의 일상은 공부 스케줄로 꽉 차 있었다.

"(운동은 잘하는 것 있어요?) 운동은 별로 안 좋아해요. (웃음). (그러면 공부 안 할 때는 뭐 하고 놀아요? 아르바이트 같은 거는 해봤어요?) 한 번도 안 해봤어요. 남은 시간…. 여기는 남은 시간에 공부. 너무 어려워서 남은 시간에는 다 공부하고 그래야 해요."

다행히 연구참여자가 다니는 학교에는 외국인 유학생의 학업을 도와주기 위한 튜터링 프로그램이 있었다. 연구참여자는 3학기 동안 그 프로그램에 참여하여 학업에 도움을 받았다. 튜터링 프로그램은 같은 과 대학원 선배에게 지도를 받고 도움을 받는 프로그램이다. 연구참여자의 멘토들은 공부도 잘하고 친절했다. 일주일에 한 번 만나고 학기마다 멘토가 새롭게 배정되기에 그녀는 지금까지 세 명의 한국인 대학원생 멘토한테서 도움을 받았다. 멘토는 학업지도뿐만 아니라 한국문화에 대해서도 다양하게 조언을 해준다.

차분한 성격의 연구참여자는 취미가 독서라 학교에서 하는 북클럽 동아리에 가입했다. 영어책을 읽는 독서모임인 북클럽에서 그녀는 다른 유럽권 유학생들도 만날 수 있는 좋은 기회를 가졌다. 한국인 학생들도 참여하지만 영어서적을 다루었기에 언어적인 위축감에서 벗어나 동등한 만남과 진솔한 대화를 즐길 수 있는 동아리 활동이었다. 이는 연구참여자가 한국 대학교 생활에서 가장 즐거웠던 활동이기도 하다. 그녀는 1년간 지속된 북클럽 활동을 통해 좋은 사람도 많이 만날 수 있었다.

> "(어떤 일이 제일 재미있어요?) 북클럽 하는 게. 북클럽은 학생 여러 명 모아서 그 책 하나 읽고 토론해요. 영어책이요. 유럽 학생도 있고 한국 학생도 있어요. 다 영어로 그냥 이야기해도 돼요. 일주일에 한 번 두 학기 동안 일주일에 한 번씩 계속 만났어요. 도움이 좀 됐어요. 재미있어서."

다양한 학업적 스트레스 속에서 영어로 진행된 동아리 활동은 연구참여자가 자존감을 회복하고 자신의 목소리도 내볼 수 있는 힐링 공간이었다. 그녀는 남자 친구와 함께 이 활동에 참여했으며 그 속에서 즐거움을 찾고 자신감도 회복됐다.

(4) 희망하는 미래상: 좋은 경험, 좋은 추억으로 한국을 기억하기

연구참여자가 한국 사회에 거주하며 그리는 미래상은 성공적으로 졸업하여 캄보디아에 돌아가 좋은 직장을 다니는 것이다. 해외유학을 통해 성장하고 좋은 경험을 하고 싶어서 한국에 온 연구참여자는 긍정적인 마인드로 해외 유학의 어려움을 극복하고자 노력하고 있다. 따라서 적응의 어려움을 극복해나가는 팁은 극복하고, 노력하고, 경험하고, 성장하는 것이라고 말한다.

> "(한국으로 유학 온 학생한테 선생님은 어떤 말을 해주고 싶어요?) 한국어 꼭 잘해야 해요. 그리고 취미가 있어야 해요. 없으면 속상해요. 혼자서 하는 게. 근데 공부만 집중하지 말고. 생활 경험도 쌓는 것도 중요해요. 만약에 학교만 집중하면 다른 경험 쌓지 못하면 그 유학 생활은 좀 부족해요. 제 생각에. 여행하고. 구경하고. 다른 한국인들의 삶이라는 거? 또 다른 것만 하지 마세요. 예를 들면… 생활 너무 달라요. 근데 생활 다른 거. 다른 것에만 너무 집중하면 우리는 더 앞으로 생활하기에 힘들어요. 그래서 달라서 적응하는 게 좋고 아니면 그냥 너무 집중하지 마세요. 음식도 그렇고. 처음에는 음식이나 생활 조금 어렵게 생각하지만. 고향에 가고 싶어요. 근데 생각해보면 여기 새로운 경험 쌓고 싶어서 여기 왔는데 좋은 경험 왜 안 해요."

어린 나이에 경험한 유학생활, 고등학교 시절부터 동경해왔고 목표를 가지고 꾸준히 노력하여 취득한 해외 유학의 기회를 연구참여자는 소중하게 여긴다. 따라서 유학생으로 겪게 되는 다양한 어려움에 대하여 긍정적으로 바라보고자 노력한다. 또한 치열한 학업 스트레스 속에서도 취미를 가지고 삶을 즐겁게 가꾸어나가야 한다는 긍정적인 마인드를 가지고 있다. 자신의 전공에 맞게 여행, 독서 등 다양한 취미 생활을 통해 경험을 쌓고 지식의 외연을 확장해나가며, 한국 사회 그리고 한국에 대해서도 좋은 마음을 가지고 있다. 유학생활의 어려움이 그녀를 한층 성장시켰다. 연구참여자는 자신의 성실함과 노력으로 하나씩 극복해나가고 있으며, 한국어도 열심히 공부하여 졸업요건인 한국어능력시험 4급을 통과했다. 졸업하면 캄보디아로 돌아가서 좋은 직장에 취직하고 싶다는 그녀에게 한국 유학은 소중한 경험을 할 수 있게 해준 귀한 기회였다.

3) 연구참여자의 특징

연구참여자가 한국 사회 적응 과정에서 보이는 인지 · 정서적 특징을 정리하면 다음과 같다. 첫째, 자국민 네트워크를 활용하여 초기적응의 어려움을 극복한다. 연구참여자는 한국 유학생 중 적은 비율을 차지하고 있는 캄보디아 출신으로, 재학 중인 학교에 전통적으로 내려온 신입생 돌봄 서비스의 혜택을 많이 받고 있다. 이는 초기 적응의 충격을 해소해주고, 유학생활에서 겪게 될 어려움을 선배들로부터 듣고 미리 예상할 수 있어서 적응에 도움이 된다. 단, 지나친 자국민 네트워크에의 의존은 한국인들과의 소통 단절로 이어질 수 있고, 한국에서 주변화가 되어 조기의 유학 목적을 달성 할 수 없게 만들 수도 있다. 따라서 유학생을 위한 다양한 소통 프로그램을 대학교에서 진행하거나 한국 학생과 유학생이 함께 어울릴 수 있는 봉사활동 등 유학생들이 다양한 활동에 참여하도록 유도하여야 할 것이다.

둘째, 연구참여자는 긍정적인 성격의 소유자로, 문제가 있으면 해결하려고 적극적으로 행동을 취하는 편이다. 이는 그녀가 본국에 있을 때부터 학업에 대한 성취 경험 때문에 높은 자존감을 가지고 있었고, 학업에 대한 열정을 가지고 있기 때문이다. 그녀는 자기주도적으로 유학을 선택했고, 노력을 통해서 인정을 받고 있다. 또한 유학 초기 수업에서 자신의 어려움에 대하여 교수를 직접 찾아가서 전하는 적극적인 행동을 보여준다. 이 밖에도 다양한 지원체계를 활용하여 적극적으로 적응해나가려고 하는 모습을 보여준다. 그녀는 유학생활의 어려움을 긍정적인 경험으로 승화시키고 이를 발판으로 자신의 성장을 이루어 낸다.

이를 종합해 보면, 연구참여자는 캄보디아인으로서의 건강한 정체성을 가지고 있었고, 유학생으로 바람직한 학업 위주의 유학생활을 하고 있었다. 또한 다양한 기회를 활용하여 학업 적응에 도움을 받고 있었다. 그녀는 건강한 자국민 네트워크를 갖고 있었고, 한국인과의 관계에서도 긍정적으로 접근을 시도했다. 인터뷰를 통해서 그녀의 성실한 성품과 바른 생활태도들이 한국인들의 호감을 얻게 된 주요 요인임도 알 수 있었다.

마지막으로 연구참여자의 경험에서 한국 사회의 사회제도적 개선점을 찾아보면 다음과 같다. 첫째, 소수의 유학생이 있는 대학교에서는 그들의 자조모임을 통해 신입생 케어 서비스 프로그램들을 활성화시킬 필요가 있다. 이는 유학생들이 낯선 이국땅에서 겪는 문화충격을 해소하고, 사전 교육의 효과를 볼 수 있기 때문이다. 따라서 유학생 선배들을 활용한 유학생 조기적응 프로그램의 도입을 검토할 필요가 있다.

둘째, 유학생을 위한 1대1 멘토링 프로그램을 더욱 활성화시킴으로 한국인과의 접촉경험을 높이는 것이다. 이는 그들의 한국어 구사에 대한 어려움과 전공수업에 대한 학업적인 어려움을 도울 수 있는 긍정적인 방법이다. 이때 유학생 지도 멘토는 같은 전공자이고, 외국인 학생에 대한 스테레오 타입이 없어야하며 긍정적으로 바라볼 수 있는 멘토여야 할 것이다. 따라서 대학교 내 일반 학생들을 위한 이문화 커뮤티케이션, 이문화 이해 교육 등의 과정을 개설하는 방법과 커리큘럼 내에서 다양한 이문화 학습 기회를 부여하는 방법을 도입해야 한다.

4장

난민의 생애담 연구

1.
연구참여자 1의 생애담

1) 생활세계 문화 적응 생애담 요약

연구참여자는 미얀마에서 1971년에 가난한 집의 5형제 중 둘째로 태어났다. 그가 어렸을 때 일찍이 어머니가 돌아가셨다. 그래서 학교에 다니지 못하고 동생들을 돌보며 농사를 지었다. 힘들고 어려웠지만 주어진 대로 받아들이고 열심히 일했다. 하지만 여전히 먹고사는 것조차 힘들었다. 게다가 카렌군과 미얀마군은 날마다 싸웠다. 연구참여자도 낮에는 논에서 일하고, 밤에는 동네 청년들과 같이 카렌군을 도와 싸웠다. 그러다가 미얀마군에게 잡혀 교도소에 일주일 정도 갇혀 있다가 풀려나면 또 다시 카렌군을 도와 또 잡혀가기를 반복했지만 카렌군을 돕지 않을 수가 없었다. 카렌의 독립을 위해서 국민이면 반드시 해야 하지만 누구도 선뜻 나서려 하지 않는 독립군의 삶을 받아들이게 된 것은 그들이 곧 나 자신이었기 때문이다.

그가 카렌군을 돕다가 걸핏하면 교도소에 들어가자 그의 아버지는 그를 전쟁이 없는 태국으로 보냈다. 연구참여자는 가족과 헤어지는 것이 두려웠지만 전쟁으로 인해 어쩔 수 없이 정든 고향을 뒤로 하고 쌀과 소금을 가지고 이웃집 아저씨를 따라 미얀마 국경을 넘었다. 미얀마 국경을 넘는 것은 험난한 길이었다. 사람들의 눈을 피하기 위해 낮에는 산으로 걸었다. 그리고 밤이 되면 들로 내려와 가축을 기르기 위해 지어놓은 움막에서 잠을 자는 생활을 반복한 끝에 태국에 도착했다.

태국의 난민이 된 연구참여자는 태국에서도 어렵기는 마찬가지였다. 난민캠프에서 배급되는 쌀과 기름, 소금은 목숨을 연명하는 데는 충분했지만 돈이 필요했던 난민들은 법을 어기며 돈을 벌 수 있는 곳으로 내몰렸다. 그러다가 아내를 만나 결혼을 하고, 자녀를 낳고, 가난하지만 웃으며 살았다. 하지만 자녀가 성장할수록 자녀의 미래가 없다는 것을 깨닫게 되어 자녀에게만은 더 큰 꿈을 꾸게 하고 싶어 또다시 태국의 국경을 넘어 한국으로 오게 됐다. 그는 미얀마에서 카렌군을 도와 독립운동을 했던 것처럼 한국에서도 카렌족의 족장이 되어 카렌족의 삶을 대변하고 권리를 찾기 위해 지역사회와 카렌족의 가교 역할을 하고 있다.

2) 생활세계 문화 적응의 내러티브

(1) 미얀마: 가시밭길이지만 그 길이 나의 길, 독립운동

연구참여자는 미얀마 파안에서 둘째로 태어났다. 겨우 3살 되던 해에 동생이 태어나서 어머니의 품을 동생한테 양보해야 했다. 그리고 5살 때부터 동생을 돌보며 아버지를 도와 논에 모를 심었다. 부모님을 위해, 그리고 어린 동생을 위해서 학교에는 갈 엄두도 못 냈다. 연구참여자는 공부도 하고 싶었지만 가난한 현실은 그를 일터로 내몰았다. 일찍이 부모를 도와 시작한 농사는 그의 일상이 됐다. 그래서 꿈이라는 것을 생각할 겨를이 없이 하루하루가 너무 벅찬 삶이었다.

> "엄마가 일찍 돌아가셨어요. 학교는 안 가고 아버지 도와 농사지었어요. 동생 이렇게 업고 다녔어요. 학교 안 가. 절에 갔어요. 절에서 밥 먹어. 배 안 고파요."

연구참여자의 집은 가난하여 항상 배가 고팠다. 그래서 절에 가는 날이 가장 즐거웠다. 절에 가면 청소도 해야 하고 음식도 만들어야 하지만 농사일을 하지 않아도 되고 특히 절에 가면 친구들과 뛰어놀면서 배불리 음식도 먹을 수 있었기 때문이다. 노력만으로 가난을 극복하기에는 자꾸 발목을 잡는 것이 있었다. 그것은 바로 카렌군과 미얀마군의 전쟁이었다.

> "매일 싸워. 카렌군하고 미얀마군하고. 낮에는 농사해야지. 밤에는 카렌군을 도와 전쟁했어요. 그러다가 잡히면 감옥 가요. 일주일. 일주일 지나 집에 와. 또 농사 돕고, 또 잡히면 감옥 가고."

연구참여자는 낮에는 논에서 일하고 밤에는 동네 청년들과 같이 카렌군을 도와 싸웠다. 그러다가 미얀마군에 잡혀 교도소에 일주일 정도 갇혀 있다가 풀려나면 다시 돕고, 또 잡혀가기를 반복했지만 카렌군을 돕지 않을 수가 없었다. 카렌의 독립을 위한 운동은 힘이 없는 연구참여자에게는 가시밭길이었지만 유일한 희망이었기 때문이다. 그러한 희망은 교도소에 가는 어려움도 감수할 수 있게 만들었다. 교도소에 있을 때 아버지는 아들에게 창문 너머 세상 밖으로 나갈 수 있게 힘이 되어줄 수 없다는 것을 안타깝게 여겼다. 아들이 풀려났을 때 연구참여자의 아버지는 연구참여자에게 자유를 찾아 태국으로 갈 것을 권유했다.

연구참여자는 가족과 헤어져 낯선 곳에서 사는 것이 두려웠다. 그리고 정든 고향을 떠난다는 생각을 하니 슬펐다. 그러나 아버지는 늙었고, 아들은 앞길이 창창하니 연구참여자 혼자 떠나라는 아버지의 권유에 정든 고향을 뒤로 하고 혼자 갈 수밖에 없었다. 연구참여자는 태국의 난민캠프에 가기 위해 약간의 쌀과 소금을 가지고 이웃집 아저씨를 따라나섰다. 낮에는 사람들의 눈을 피해 산을 타고 이동하다 밤이 되면 들로 내려와 가축을 기르기 위해 지어놓은 움막에서 잠을 자는 생활을 반복한 끝에 미얀마 국경을 넘어 태국의 난민캠프로 들어갔다.

(2) 태국으로의 이주: 살기 위한 도전

16살 청년은 산을 넘어 들을 건너기를 사흘이 되어서야 태국의 난민캠프에 도착했다. 난민캠프에 도착한 순간부터 모든 것을 스스로 자급자족해야 했다. 대나무로 집을 짓고 아는 아저씨와 같이 살았다. 태국의 난민캠프도 어렵기는 미얀마와 마찬가지였다. 다만 밤낮으로 들리던 전쟁의 총성과 긴장이 없을 뿐이었다.

"태국에서는 내가 집을 지었어요. 대나무로 만들어요. 쌀 조금, 소금, 기름 줘요. 하지만 고기 없어. 돈도 없어서 몰래 가서 일해. 걸리면 돈 내야 해요. 그래도 밖에 나가서 일해야지. 자유 없어요."

난민캠프에서는 밥과 소금, 기름을 배급해주어 먹는 것은 해결했지만 여전히 돈이 필요했다. 난민캠프는 난민들의 신체적 이동을 제약하여 캠프 밖을 벗어나는 것이 금지되어 있었다. 하지만 돈이 필요한 사람들은 몰래 밖으로 나가 일을 하곤 했다. 그러다가 들키면 벌금을 내야 했다. 그러나 농사일을 해서는 저축을 할 수 없었을 뿐만 아니라 미얀마에 있는 아버지한테 용돈도 보낼 수 없었다. 그저 근근이 그날그날 먹고 사는 것을 해결할 뿐이었다. 그래서 연구참여자는 몰래 밖으로 나가 일하곤 했다. 연구참여자의 그러한 열정에도 불구하고 잘살 수 있다는 희망은 점점 약해지기만 했다.

"아버지가 결혼하라고 해서 만났어. 처음 만났을 때 좋았어요. 그냥 잘 웃어서 좋았어요. 프로포즈 없어요. 결혼하고 난민캠프 아니고 밖에서 살아서 좋았어요."

연구참여자의 나이 21살 때 그에게도 새로운 희망이 생겼다. 미얀마에 사는 아버지한테서 결혼을 하라는 연락이 왔다. 아버지는 농사일을 하다가 부인의 아버지와 만나 서로의 아들, 딸을 결혼시키기로 약속했다고 한다. 그래서 부인의 얼굴을 한 번도 보지 않은 상태에서 결혼을 했다. 부인은 통통하고 복스러운 얼굴에 잘 웃는 착한 사람이었다. 부인은 원래 미얀마 사람이지만 부모님이 일찍이 태국으로 와서 태국에서 태어났다.

부인 덕분에 결혼 후 난민캠프가 아닌 밖에서 살면서 다니고 싶은 곳에 자유롭게 다닐 수 있다는 것이 행복했다.

그리고 연구참여자는 자신을 닮은 딸이 태어나 기뻤다. 카렌족은 아들을 낳으면 군대에 보내야 했기 때문에 위험한 군에 보내지 않아도 된다는 기쁨도 컸다. 아이가 하나둘 늘어 2남 3녀가 되면서 연구참여자의 어깨는 더 무거워졌다. 허리 펼 시간도 없이 농사를 지었지만 아이들은 언제나 배가 고팠다. 태국에서도 일이 없기는 마찬가지였다. 특히 농사를 지어서는 아이들에게 우유를 사 먹일 수 없었다.

> "애기 많아요. 돈 많이 필요해요. 농사일하면 오늘 일해서 오늘 먹으면 없어요. 그래서 카렌 사람들하고 태국하고 미얀마 국경에 있는 산에 나무하러 갔다가 길 잃어버렸어요. 길을 찾다가 내가 지뢰 밟아서 내 다리 없어졌어요. 다른 사람은 다 괜찮아. 난 장애인으로 살았어요."

연구참여자는 카렌 사람 5명과 함께 미얀마와 태국의 국경 지역에 있는 산으로 나무 베는 일을 하러 갔다. 당시에 나무를 베어 팔면 그래도 농사를 짓는 것보다 돈을 더 받을 수 있었기 때문이다. 그들은 나무를 베고 집에 오는 길에 산에서 길을 잃었다. 연구참여자는 맨 앞에서 길을 찾다가 그만 지뢰를 밟아 다리를 잃었다. 연구참여자는 비록 자신은 다리를 잃었지만 함께 간 나머지 네 사람은 다친 곳 없이 무사히 돌아온 것을 다행으로 생각했다.

태국으로 돌아온 그는 다리를 절단하고 의족을 했다. 태국에서도 장애인에게는 약간의 쌀과 옷을 준다. 그러나 그 쌀과 옷만으로는 커가는 자녀들의 학비를 감당할 수도 없었고, 이렇게 살다가는 자녀들 또한 연구참여자와 같은 삶을 살 수밖에 없는 운명이라는 생각이 들었다. 자녀들이 자신보다는 좀 더 성공적인 삶을 살게 하기 위해 더 좋은 학교에 보내야만 한다고 생각했다. 그러한 그의 마음은 자녀의 삶도 조금씩 변하게 만들었다.

> "큰딸이 대학생인데 간호사 공부하고, 작은딸은 고등학생, 중학생, 초등학생. 하지만 태국은 꿈 없어요. 어떻게 해요. 나처럼 배고프면 안 돼요. 그래서 미국에 가고 싶었어요. 그런데 인터뷰할 때 가족 모두 가야 인터뷰할 수 있어요. 우리 가족 인터뷰하는 날 아들이 아파서 못 갔어요. 그래서 미국 갈 수 없었어요. 그렇다고 포기할 수 없잖아. 그런데 한국에서 난민 받는다고 소리 들었어요. 그래서 신청했는데 합격했어요. 그래서 한국에 왔어요."

첫째 딸이 간호 대학을 다니고, 둘째 딸은 고등학교, 셋째 딸은 중학교를 다닐 무렵 먹고사는 것보다 자녀들의 교육이 우선이라고 생각한 연구참여자는 미국으로 난민 신청을 했다. 그러나 미국과 인연이 아니었는지 인터뷰가 있는 날마다 식구 중의 한 명이 아파서 가족 모두 참석해야 하는 인터뷰를 할 수 없었다. 그렇다고 포기할 수는 없었다. 계속 도전하고 있을 때 한국에서 난민을 받는다는 소식을 듣고 바로 신청했다. 신청 6개월 후에 한국 난민 허가서가 와서 2015년 12월에 재정착 난민으로 한국에 입국했다. 그는 아이들이 아이답게 살게 하는 것이 부모의 몫이라고 생각했다. 가난에서 벗어나야 한다는 간절함과 자녀만큼은 맘껏 공부하게 해주어야 한다는 소망이 연구참여자의 발길을 한국으로 향하게 했다.

(3) 한국으로의 재이주: 자녀에게 새로운 세상 열어주기

연구참여자가 자녀의 꿈을 이루기 위해 한국행 비행기를 타겠다고 했을 때 주위에서 반대가 심했다. 하지만 그는 노력하면 꿈을 이루는 데 한 발짝 더 나아간다는 것을 알고 있었기 때문에 두 번째 난민행을 선택했다. 그는 비행기가 한국의 땅을 밟았다는 사실만으로 반은 성공했다고 생각했다.

> "비행기 처음 타서 불안했어요. 친구들이 한국으로 가면 북한하고 싸워서 죽는다고 가지 말라고 했어요. 그런데 공항에 내려서 여기저기에서 번쩍번쩍해서 아, 이제 죽는구나 하고 생각했어요. 하지만 꽃 받았어요. 환영한다고, 그래서 살았다는 것을 알았어요."

그는 공항에 내리자 사방에서 정신없이 터지는 플래시를 보고 놀라 가슴이 뛰었다. '아, 친구들이 한국은 전쟁이 있는 나라이기 때문에 가다가 죽을 거니까 가지 말라고 한 말이 바로 이 말이었구나. 나는 이제 죽는구나' 하고 생각했다. 그는 나이도 많고 가족도 많아 압도적으로 사람들의 시선을 끌어 인터뷰 요청을 많이 받았는데 무슨 말을 어떻게 했는지 하나도 기억이 나질 않았다. 그 불빛은 죽음이 아니라 환영이라는 것을 버스를 타고서야 알았다. 버스를 타고 난민 시설에 도착했는데 모든 것이 깨끗하고 사람들도 친절하여 또 한 번 놀랐다. 그의 가족은 다른 가족보다 식구가 많아 방도 여러 개를 배정받았다. 가족들은 각자의 방에 가지 않고 연구참여자의 방에 모두 모여 다짐부터 했다. 가족 모두 건강하고 재미있게 학교에 다니기로 약속했다. 이 약속이 연구참여자 가족이 미얀마에서 태국으로, 태국에서 다시 한국으로 이주를 한 이유이기 때문이다.

> "한국에서 첫날, 아침에 눈을 떴을 때 죽지 않고 살아있다는 것이 꿈 같았어요. 그리고 행복했어요. 아침을 먹고 공부하고, 점심을 먹고 공부하고. 그런데 음식이 입에 맞지 않아서 밥만 먹었어요. 그리고 우리는 손으로 밥을 먹는데 여기는 숟가락으로 밥을 먹어야 해서 불편했어요. 하지만 다 친절하고 깨끗해요. 한국어 너무 어려워서 머리 아팠어요. 하지만 한국 문화는 재미있었어요. 그리고 돈도 받았어요. 그 돈을 받고 너무 행복해서 소리 질렀어요."

연구참여자는 아침에 눈을 뜬 순간 믿어지지 않았다. 죽지 않고 살아있다는 것이, 그리고 안전하다는 것이 행복해서 연구참여자뿐만 아니라 가족 모두 꿈이라면 깨고 싶지 않다고 생각했다. 아침에 일어나 밥을 먹고 한국어를 공부했다. 태국에서 한국으로 난민행이 결정됐을 때 한국어를 배워야 한다는 생각은 있었지만 배울 길이 없었기 때문에 처음 접하는 한국어가 정말 어려웠다. 쉬는 시간에는 커피도 마시고 과자도 먹었는데 처음 먹어보는 간식이 너무 달콤하고 맛있었다. 점심시간이 되어 점심을 먹으러 식당에 갔는데 식당에 차려진 한국 음식은 입에 맞지 않았다. 그래서 밥을 먹을 수 없었는데, 라면은 먹은 순간 너무 맛있어서 그 이후 라면만 먹었다. 그래서 지금도 라면을 제일 맛있는 음식으로 꼽는다. 오후에는 한국 문화를 배웠다. 한국 문화와 카렌의 문화는 다르지만 어른을 공경한다는 점은 똑같았다. 하루가 어떻게 가는지 모르게 갔고, 센터에서 지급하는 돈을 받고 주말이 되기를 기다렸다. 주말에는 센터에 허락을 받고 근처에 있는 마트에 가서 이것저것 구경하고 라면도 샀다. 모든 것이 꿈 같았다. 그렇게 6개월이 지나고, 9개월이 지나 한국 사회에 어느 정도 적응이 되자 센터에서 독립을 해야 했다.

(4) 희망하는 미래상: 한국 속 카렌족 뿌리 내리기

연구참여자는 다른 1기 난민들과 지원센터를 떠나 I 시의 P 구에 둥지를 틀고 카렌족의 뿌리를 내리기 위해 자신들의 삶을 주체적으로 꾸려나갔다.

> "센터에서 나와서 집을 얻었어요. 월세요. 혼자 할 수 없어서 멘토 선생님이 도와주었어요. 부동산에 가서 이 집도 가보고, 저 집도 가보고, 우리한테 좋은 집 얻어주었어요. 너무 좋았는데 애들 교육비, 월세, 전기 요금… 너무 힘들어요. 회사에 가서 하루 종일 일해도 월급 조금이에요. 잔업 많이 하면 좋아요. 일요일에 사회통합 프로그램 공부해요. 졸려요."

연구참여자는 이사한 첫날, 한국에 온 첫날처럼 기뻤다. 난민 전문기관에서 9개월의 적응 기간을 거쳤지만 독립은 새장에 갇힌 새가 세상 밖으로 나온 것처럼 두려웠다. 처음으로 둥지를 튼 아파트는 방도 세 개이고, 거실에 화장실도 있었다. 무엇보다도 가족끼리만 산다는 것이 믿어지지 않았다. 그렇게 새로운 집을 구해 독립했지만 마냥 행복하지만은 않았다. 모든 것을 멘토 선생님들의 도움을 받아야 했다. 부동산에 가서 잔금을 주고, 주민센터에 가서 전입신고를 하는 것은 물론이고 밥솥은 어떻게 사용하는지, 세탁기는 어떻게 작동시키는지 하나하나 설명을 들었다.

연구참여자는 장애인이기 때문에 일을 찾기도 쉽지 않았다. 그와 아내는 기관에서 소개해준 공장에서 일하게 됐다. 그들은 공장에서 힘든 일을 했지만 일을 얻었다는 기쁨이 더 커서 힘들지 않았다. 월세에 자녀 다섯 명을 교육시켜야 하는 등 짊어진 삶의 무게가 버겁지만 일한 만큼 돈을 벌 수 있다는 즐거움에 하루하루 살아갈 힘이 난다.

> "저는 카렌족의 대표예요. 여기 카렌족 86명 살아요. 카렌족 한국에 와서 아기 많이 낳으면 카렌족 더 많아져요. 아이들한테 카렌 언어도 가르치고, 카렌 명절도 지키고, 카렌 사람이라는 거 잊지 않게 자주 만나요."

연구참여자는 카렌족의 족장이었다. 나이가 많고 카렌에서도 카렌군을 도와 전쟁에도 참여한 경험이 있어 같은 지역에 거주하는 카렌 재정착 난민 80여 명의 지도자가 됐다. 연구참여자는 한국에 카렌족의 뿌리를 내리기 위해 끊임없이 바깥 세계와 관계를 맺으며 살아가고 있다. 카렌 센터는 재정 문제로 운영할 수 없는 상황에 이르러 지역사회의 비영리단체에서 모임을 갖곤 한다. 모임이 있는 날에는 카렌 음식을 나누어 먹으며 태국과 미얀마에 거주하는 카렌족의 소식을 서로 공유한다. 그리고 한국에 거주하는 카렌 사람들의 현황 등을 공유하며 카렌족의 정체성을 확인하고, 어려움이 있는 가정을 도울 수 있는 방안을 도출한다. 카렌어와 카렌 음식은 카렌 사람들을 한데 모이게 하는 원동력이 되고 있다.

3) 연구참여자의 특성

연구참여자가 미얀마에서 태국으로, 태국에서 한국으로 이주한 뒤에 한국 사회 적응 과정의 특징을 정리하면 다음과 같다. 첫째, 연구참여자는 난민의 신분으로 미얀마에서 태국으로 이주하여 난민캠프에서 생활하다 아내와 결혼하여 난민캠프를 벗어났다. 그는 난민캠프를 벗어난 것에 안주하지 않고 외부 세계와 끊임없이 소통하고 네트워크를 구축하는 전략을 사용했다. 특히 자녀의 미래를 위해 한국으로 재이주를 시도하는 새로운 전략카드를 사용했다.

둘째, 연구참여자는 카렌족의 족장으로, 한국의 사회문화에 완전 동화를 선택한 것이 아니라 일부 한국 사회 문화를 수용하며, 또한 자국의 문화를 지키고 전수하기 위해 노력했다. 연구참여자는 자신이 선택한 현재의 삶은 자녀의 미래를 보장해줄 것이라 확신하면서 더 나아가 모국과의 연대도 꿈꾸고 있다.

셋째, 카렌족의 목소리를 드러내기 위해 다양한 활동을 하고 있다. 특히 1개월에 한 번씩 여는 카렌족의 회의는 카렌족의 정체성을 공고히 하는 데 기여하고 있다. 이때 이들이 공유한 언어와 이들이 소통하는 문화는 카렌족 정체성 확인의 도구가 되고, 집단의 일원이라는 소속감을 주어 친밀감을 더욱 공고히 하는 전략이 되고 있다.

이를 종합해보면, 연구참여자는 미얀마에서 태국으로 이주하여 난민캠프에 안주하지 않고 계속 외부 세계와 소통하기 위해 노력했다. 그리고 한국으로 재이주하여 한국 사회와 새롭게 관계를 맺고, 한국의 사회문화를 이해하고 수용하면서 자신이 본래 가지고 있던 카렌의 문화적 정체성을 유지하려는 전략을 취하고 있다.

연구참여자의 한국 사회 적응 경험을 통해 한국 사회의 사회제도적 개선점을 찾아보면 다음과 같다. 첫째, 난민이 자신의 목소리를 드러낼 수 있도록 사회 참여 기회를 주어 그들의 목소리를 청취하고 우리 사회의 구성원으로 받아들여야 한다. 또한 카렌 재정착 난민의 커뮤니티가 활성화될 수 있도록 지지해주어야 한다.

둘째, 연구참여자는 난민 전문기관에서 적응 훈련을 거쳐 사회로 독립했지만 사회에 적응하기에는 갓난아기에 불과했다고 느껴진다. 그뿐만 아니라 경제적으로 매우 빈곤하기 때문에 6개월의 적응 기간에 체계적인 생존 훈련이 필요하다. 자립한 후에도 일정 기간 인큐베이터 역할이 필요하기 때문에 이를 위해서는 전환교육이 이루어져야 한다.

2.
연구참여자 2의 생애담

1) 생활세계 문화 적응 생애담 요약

연구참여자는 올해 29살로 5살 된 아들과 8개월 된 딸이 있다. 그는 2남 1녀 중 둘째로 미얀마에서 태어났다. 그의 아버지는 그가 5살 때 사망하여 8살 때 절로 들어가 초등학교를 다녔다. 그러나 미얀마군과 카렌군의 전쟁으로 안전하지 않았다. 연구참여자의 어머니는 아들을 전쟁으로부터 구하기 위해 연구참여자를 태국으로 보냈다. 그가 14살 때 일이다. 어린 나이에 미얀마의 국경을 넘어 태국으로 가는 길은 험난했다. 그는 태국의 난민캠프에서 학교에 다니면서 홀로 미얀마에 남겨진 어머니가 걱정되고 그리워 얼른 돈을 벌어 어머니를 도와주고 싶었다. 그러나 난민캠프는 신체적으로 이동을 제약했고, 그는 난민캠프에서 이탈하여 다른 지역으로 농사일을 가서 한 달 정도 후에 돌아오곤 했다. 그러나 손에 들린 것은 없었다. 그런 생활이 반복되면서 다른 친구들은 결혼하여 가정을 꾸리고 살았는데 연구참여자는 여자 친구조차 사귈 여력이 없었다.

하루는 이웃집 아저씨가 친구의 집으로 놀러 간다고 하여 따라갔다가 아저씨의 딸, 지금의 부인을 만나 18살 때 결혼했다. 부인은 난민캠프에서 교사로 있었고, 처갓집은 가족도 많고 친척들이 옹기종기 모여 살았기 때문에 늘 웃음이 끊이지 않는 행복한 가정이었다. 연구참여자는 결혼한 후 처갓집에서 살면서 아이를 낳았다. 장인은 특별한 직업이 없는 연구참여자를 아들처럼 따뜻하게 대해주었다. 연구참여자는 열심히 일해도 희망이 보이지 않자 아이의 교육을 위해 제3국으로의 이주를 생각했다. 다른 나라로 갈 수 있는 방법은 오로지 난민 신청뿐이었다. 한국에서 재정착 난민을 받는다는 얘기를 듣고 신청했다. 한국에서의 생활은 꿈만 같았다. 잘 갖추어져 있는 복지, 한국어, 한국 문화 모두 신기하기만 했다.

아내가 둘째를 임신했다. 그러나 임신 6개월쯤 됐을 때 뱃속의 아기가 딸이라는 것과 태어날 딸이 언청이라는 것을 알았다. 하지만 포기할 수 없었다. 딸은 1.8kg의 미숙아로 태어났다. 언청이였을 뿐만 아니라 심장도 항문도 모두 안 좋은 상태로 인큐베이터에 일주일 동안 있다가 퇴원했다. 딸은 미숙아라 수술도 할 수 없었다. 딸의 몸무게가 5kg이 되면 코 수술을 하고, 1년 뒤에 혀 수술을 하기로 했다. 아내는 딸을 양육하느라 우울증에 시달렸고, 연구참여자는 일에 양육에 고단했다. 그의 꿈은 큰딸이 건강하게 자라 대학을 졸업하여 좋은 회사에 취직하고 결혼하여 아름답게 사는 것이다. 그리고 반지 만드는 기공사가 되는 것이라고 한다. 그는 열심히 일해서 돈을 벌면 자녀의 꿈뿐만 아니라 자신의 꿈도 이룰 수 있다고 믿는 성실한 가장이다.

2) 생활세계 문화 적응의 내러티브

(1) 미얀마: 끼니를 때우기 위해 절에 들어가다

연구참여자는 2남 1녀 중 둘째로 미얀마에서 태어났다. 그는 5살 때 부친을 잃었다. 아버지를 잃고 어머니 혼자 자녀를 키우면서 다른 사람의 집에 가서 농사일을 하여 돈을 벌었지만 언제나 궁핍했다.

> "아버지가 어떻게 생기셨는지 정확하게 몰라요. 생각 안 나요. 하지만 엄마가 말했어요. 내가 5살 때 돌아가셨다고요. 나는 매일 배고프다고 울었대요. 그래서 밥만 먹여달라고 절에 보냈어요. 절에서도 힘들어. 청소하고 빨래하고 수련하고, 혼자서 다 해야 돼."

가난은 연구참여자의 유년 시절을 빼앗아갔다. 연구참여자는 친구들과 땅에 그림을 그리며 땅따먹기를 하면서 지낸 기억이 선명하다. 그러나 아버지에 대한 기억이 없다. 너무 일찍 세상을 떠났고 그로 인해 연구참여자가 학교에 들어갈 나이가 됐을 때 학교에 보낼 돈도 없어 어머니는 연구참여자를 절로 보냈다. 절에서 초등학교를 다니면서 빨래도 빨고 청소도 해야 했다. 하지만 배는 고프지 않아 좋았다.

> "초등학교 끝났어요. 중학교에 가서 공부했어요. 그런데 매일 총소리 듣고 불안해. 공부 안 돼요. 언제 죽을 수 있다고 생각해요. 그리고 남자는 군대 가야 해요. 싸워야 해요. 그래서 엄마가 태국으로 가라고 했어

요. 무서웠어요. 미얀마 국경을 넘을 때는 산으로 가는데 미얀마 군인한테 잡히면 죽어요. 그래서 말도 하지 않고 계속 걸었어요. 배가 고파도 먹을 수 없어요. 엄마가 싸준 밥을 먹을 때 엄마가 보고 싶어서 울었어요. 하지만 크게 울 수 없어요."

연구참여자는 우여곡절 끝에 초등학교 과정을 마치고 중학교에 입학했다. 학교에서 공부하면서도 언제나 전쟁 걱정이 앞섰다. 누구나 마찬가지지만 연구참여자도 나이가 들수록 불안해졌다. 여전히 미얀마군과 카렌군이 전쟁 중이었고, 그로 인해 카렌의 남성은 결코 전쟁에서 자유로울 수 없었기 때문이다. 전쟁이 끝날 기미가 보이지 않고 연구참여자가 군에 가야 하는 상황에 놓이게 되자 어머니는 아들을 살리기 위해 그가 14살이 되던 해에 태국으로 보냈다. 미얀마 국경을 넘는 순간 연구참여자는 어머니가 그리웠다. 그리고 학교를 졸업하면 어머니를 모시고 살기로 다짐했다.

(2) 태국으로 이주: 정치적 압박에서 벗어나기 위한 월경

연구참여자는 14살 때 정치적 압박을 피해 미얀마의 국경을 넘어 어머니와 이별해야 했다. 그는 태국의 난민캠프로 들어가 중학교를 다녔다. 연구참여자는 미얀마에서 살 때도 어린 나이에 어머니와 헤어져 절에 살았고, 청소년기에는 살기 위해 미얀마 국경을 넘어 낯선 환경에 적응해야만 했다. 어머니가 보고 싶어도, 절에서 함께 뛰어놀던 친구가 그리워도 참아야 했다.

"중학교를 마치고 고등학교에 들어갔어요. 카렌어도 배우고 주말이면 친구 집에 가서 놀았어요. 그런데 하루는 이웃집 아저씨가 친구 집에 간다고 하면서 가자고 했어요. 거기서 아내를 만났어요."

그가 고등학교에 다닐 때 하루는 이웃집 아저씨가 친구의 집으로 놀러 간다고 하여 따라갔다가 아저씨의 딸을 만났다. 그녀가 바로 지금의 부인이다. 그녀는 난민캠프에서 교사를 하고 있었다. 그녀는 착하고 예쁜데다가 직업도 없는 연구참여자를 아저씨라 부르면서 잘 따랐다. 연구참여자는 점점 그녀가 좋아졌고, 둘은 자주 만났다. 그 사실을 안 장인이 서둘러 결혼을 시켰다.

연구참여자가 태국에 가족이 없는 것을 안 장인은 처갓집에 들어와 살 것을 권했다. 그리고 특별한 기술이 없는 연구참여자를 아들처럼 잘 대해주었다. 부인은 바로 애기가 생겨 아들을 낳았다. 아이를 낳은 이후 아내는 학교로 출근하고 연구참여자는 일용직으로 농사일을 하며 시간을 보냈다. 교사라는 안정적인 직업을 가지고 있는 아내 덕에 넉넉한 살림은 아니었지만 그래도 살 만했다.

"부모 마음은 똑같아요. 우리 엄마가 나를 위해 태국으로 보냈어요. 나도 아들 생각해요. 태국에 일도 없고 아들 미래 없어요. 그래서 한국에 오게 됐어요. 하지만 아내도 친구도 다 반대해요. 한국도 미얀마처럼 전쟁 있다고요. 하지만 태국에서 죽으나 한국에서 죽으나 마찬가지니 한국에 가서 죽는다고 설득했어요."

연구참여자는 언제나 자녀에게 미래가 없다는 것이 안타까웠다. 그는 자녀만큼은 자유를 누리며 좋은 환경에서 성장하길 바랐다. 연구참여자의 어머니가 연구참여자를 살리기 위해 태국으로 보낸 것처럼 말이다. 그는 자녀를 교육시키기 위해서 제3국으로 이주하는 길을 선택했다. 자녀의 미래를 위해 난민행을 결정하고 한국으로 들어오기 위해 재정착 난민을 신청한 것이다. 한국으로 난민을 신청했다는 말을 들은 부인은 펄쩍 뛰며 반대했다. 게다가 지인들 또한 한국과 북한은 전쟁이 날 위험 요소가 있는 곳이니 가면 안 된다고 말렸다. 그러나 그는 난민캠프에서 죽으나 한국에 가서 죽으나 죽는 것은 마찬가지니 차라리 한국에 가서 죽자고 설득했다. 그리고 한국행 비행기에 올랐다.

(3) 한국으로 재이주: 자녀를 위한 도전

연구참여자는 자녀를 위해 한국행을 선택했으나 막상 살던 곳을 정리하고 떠난다 생각하니 두렵기도 했다. 그의 가족은 두려움 반, 호기심 반으로 비행기에 탑승했다. 처음 타보는 비행기가 그저 신기하기만 했다. 비행기가 무사히 인천공항에 착륙했는데, 트랩을 내리는 순간 추운 날씨에 놀랐고, 너무 깨끗한데다가 사람들이 친절하여 놀랐다. 그의 한국 생활은 이렇게 시작됐다.

> "너무 신기했어요. 아들은 비행기 타는 것이 무섭기도 하지만 신기해했고, 아내의 눈은 점점 커졌어요. 우리는 비행기에서 손을 꼭 잡고 있었어요. 공항에 내렸는데 너무 크고, 너무 깨끗해서 놀랐어요. 그런데 너무 추워서 또 놀랐어요."

연구참여자 가족이 인천공항에 내렸을 때는 겨울이었다. 무더운 동남아시아에서 살다가 한국 땅에 발을 딛는 순간 너무 추워 소스라치게 놀랐다. 두툼한 겨울 방한복을 준비했지만 처음 느끼는 추위와 낯섦에서 오는 긴장으로 몸이 자동으로 움츠러들었다. 게다가 연구참여자 일행을 향해 번쩍번쩍 터지는 사진 기자들의 플래시에 주눅이 들었다. 하지만 반갑게 맞아주는 한국 사람들의 환한 얼굴을 보고 안심이 됐다.

> "버스를 타고 센터 갔어요. 센터에는 깨끗한 숙소가 있었고, 세탁실, 교실, 어린이집, 진료소, 탁구장, 컴퓨터 등이 있었어요. 어떻게 잠을 잤는지 몰라요. 아침에 일어나서 밥을 먹었는데 한국 음식 맛이 없었어요. 밥을 먹고 우리는 한국어 공부하고 애기는 옆에 선생님하고 놀았어요. 오전에 하는 한국어 공부는 너무 어려웠어요. 공부가 끝나고 점심먹고는 한국 문화 배웠어요. 한국 문화는 재미있었어요. 그리고 처음으로 돈을 받았어요. 아내 20만 원, 저 20만 원. 너무 놀라고 신기했어요. 라면도 사고 처음으로 아들 옷과 장난감도 사주었어요. 봄에는 공부 끝나면 야채 가꾸었어요. 상추 맛있어요."

연구참여자 가족은 방을 배정받고 놀랐다. 깨끗한 방에 정돈된 가구를 보며 꿈만 같아 잠을 잘 수 없었다. 연구참여자는 아침에 일어나서 식당으로 갔는데 처음 먹어보는 불고기와 김치가 입에 맞지 않았다. 하지만 모든 것이 신기하고 호기심을 불러일으켜 이것저것 맛을 보았다. 지금은 없어서 못 먹을 정도로 한국 음식을 맛있게 먹게 됐다.

아침을 먹은 후 아들은 어린이집 선생님한테 보내고 부부는 한국어를 공부했다. 선생님을 따라 책을 읽다 보면 오전 시간이 금방 갔다. 수업

중 쉬는 시간에는 커피도 마셨다. 점심을 먹고 오후에는 한국 문화를 배웠다. 인사할 때, 처음 만났을 때. 상대방에게 인사하는 방법에 관한 내용이었는데, 카렌 문화와 좀 다르지만 웃어른을 존경하는 마음은 똑같았다.

한 달이 지나고 처음으로 생활비를 받았다. 연구참여자는 아내와 같이 마트에 가서 이것저것 구경도 하고 아들의 옷과 장난감, 그리고 라면을 샀다. 처음 먹어본 라면은 한국 음식 중에서 가장 맛있었다. 봄이 되면 한국 문화 수업이 끝난 후 연구참여자 동료들과 텃밭에 나가 밭을 일구었다. 상추, 토마토, 가지, 고추 등을 심었는데 물만 주어도 무럭무럭 잘 자랐다. 그리고 직접 심은 상추는 더욱 풍성한 식탁을 만들어주었다.

(4) 희망하는 미래상: 자녀의 완치와 보석 세공사 되기

연구참여자는 센터에서 6개월의 적응 과정을 마치고 집을 얻어 자립했다. 새집을 얻어 네 식구가 행복하게 사는 꿈을 꾸었다.

> "아내가 임신을 해서 너무 기뻤어요. 그런데 애기가 너무 일찍 나왔어요. 작아서 인큐베이터에 있었어요. 우리 딸 많이 아파요. 수술 많이 해야 해요. 그런데 지금 할 수 없어요. 돈도 많이 필요해요. 그냥 기도해요. 딸 빨리 낳게 해달라고요."

연구참여자는 아내가 둘째를 임신하여 너무 기뻤다. 그러나 임신 6개월째에 뱃속에 있는 아기가 장애가 있다는 것을 알았을 때 하늘이 무너지는 것처럼 슬펐다. 아내는 장애를 가진 아이라 할지라도 낳아야 한다고 연구참여자를 설득했다. 임신한 지 8개월이 됐을 때 몸무게 1.8kg의 미숙아일 뿐 아니라 중증 구순개열(입술과 입천장 갈림증) 장애를 가진 딸을 출산했다. 딸은 윗입술이 없고, 입천장과 콧구멍이 크게 열려 젖을 빨 힘이 없었다. 그래서 일반적인 것보다 3배 정도 긴 특수 젖병 꼭지를 목구멍 안쪽까지 넣어 우유를 먹인다. 앉은 자세로 수유를 해야 하는데, 목이 막혀 우유를 자주 토해냈다. 게다가 이물질이 귀 쪽으로 흘러가 신경을 손상시키면 자칫 청각장애로 이어질 수도 있었다. 병원 검진 결과 딸은 심장에도 작은 구멍이 나 있고 항문과 여성 생식기가 거의 붙은 이소항문이 발견됐다. 병원에서는 심장에 이상이 없다면 3개월 이내에 입술, 코에 대한 성형수술을 한 뒤 구강과 비강을 연결하는 2차 외과수술, 잇몸 뼈 이식 등 3차 치과 수술을 해야 한다고 말했다. 그 외에도 혀 근육이 발달하지 못해 언어치료도 병행해야 하는 숙제를 안고 있다. 연구참여자는 딸의 치료를 위해 돈을 벌어야 하지만 일이 많지 않아 잔업이 없어 조급해진 마음을 기도로 달래고 있다.

> "아내가 우울증이 왔어요. 애기 보기 힘들어서요. 제 소원은 우리 딸이 건강하게 낳아서 좋은 대학에도 가고, 저도 반지 만드는 세공사가 되는 거예요. 반지 만드는 것은 유튜브에서 봤어요. 나도 할 수 있을 것 같아요. 딸 때문에 돈이 많이 필요해요."

아픈 딸을 양육하고 있는 아내는 치료를 감당하기가 어렵게 되자 우울증이 왔다. 천진난만한 딸의 미소는 가끔 장애를 잊어버리게 하지만 딸이 자라면서 미소를 잃게 될까 봐 두렵다. 아내는 딸이 건강해지면 미용기술을 배워 자격증을 따서 미용실을 차리고 싶어 한다. 연구참여자의 꿈은 큰딸이 건강하게 자라 대학을 졸업하여 좋은 회사에 취직하고 결혼하여 아름답게 사는 것이다. 또한 유튜브에서 우연히 반지를 만드는 것을 접하고부터 그에게도 반지 만드는 세공사가 되는 꿈이 생겼다. 그는 열심히 일해서 돈을 벌면 자녀의 꿈뿐만 아니라 자신의 꿈도 이룰 수 있다고 믿는 성실한 가장이다.

3) 연구참여자의 특성

연구참여자가 미얀마에서 태국으로, 다시 태국에서 한국으로 이주하는 과정에서 보인 인지 · 정서적 특징을 정리하면 다음과 같다. 첫째, 연구참여자는 전쟁을 피해 태국으로 이주하고, 비록 난민의 신분이지만 동창과 결혼하고, 자녀를 낳고, 부인은 학교에서 교사로, 연구참여자는 농사를 지으며 열심히 살았다. 하지만 장래가 없는 어두운 터널은 계속됐다. 연구참여자는 이를 극복하기 위해 몸부림쳤지만 제3국으로 이주하는 것 외에는 해결할 방법이 없었다. 그래서 한국의 재정착 난민 신청을 하는 전략을 사용했다.

둘째, 연구참여자가 한국으로 이주한 순간 길고 긴 어두운 터널은 사라지고 연구참여자가 꿈꾸던 희망이 환한 빛으로 다가왔다. 아내가 둘째를 임신했기 때문이다. 아내에게는 태어날 아기가 희망이었다. 하지만 그러한 달콤한 꿈도 오래가지 못했다. 딸이 장애를 가진 미숙아로 태어났기 때문이다. 하지만 연구참여자는 포기하지 않았다. 어려움을 동족과 같이 나누고, 주위의 인적 네트워크를 통해 극복하는 전략을 사용하고 있다.

하지만 경제적인 어려움으로 제대로 된 치료를 받거나 질 좋은 약을 사용할 수 없이 어려움을 겪고 있다.

연구참여자의 경험을 통해 한국 사회의 사회제도적 개선점을 찾아보면 다음과 같다. 첫째, 장애를 가진 난민 가정을 위한 지원체계가 확장되어야 한다. 재정착 난민은 우리나라에 영주할 대상이고, 경우에 따라서는 국적을 부여할 수 있는 잠재적 대상이다. 난민 장애인 가정에는 비록 난민이라 할지라도 다문화가족지원법에 적용될 수 있도록 다문화가족지원법 지원 대상의 폭을 확장하여 장애인를 양육하는 부모를 위해 찾아가는 복지 서비스를 지원해야 한다. 장애인 난민 가정을 위해 전문기관을 통한 돌봄 서비스가 이루어져야 한다. 또한 장애인 부모를 위한 찾아가는 심리상담 프로그램과 교육 프로그램을 제공하여야 한다.

둘째, 현재 우리나라에서 시행하고 있는 근로기준법 중 근로시간을 탄력근무제로 개정할 필요가 있다. 연구참여자뿐만 아니라 많은 외국인 노동자들은 일을 더 많이 하여 더 많은 임금을 받고자 하기도 한다. 특히 연구참여자처럼 장애를 가진 자녀의 치료를 위해 돈이 필요한 경우도 있기 때문이다.

3.
연구참여자 3의 생애담

1) 생활세계 문화 적응 생애담 요약

연구참여자는 2016년 11월에 재정착 난민 2기로 입국했다. 올해 26살로 초등학교 1학년 딸과 4개월 된 아들이 있다. 그녀는 1남 4녀 중 둘째로 태국의 난민캠프에서 태어났다. 그녀의 부모는 미얀마와 카렌족이 전쟁을 할 때 위험을 느끼자 민족의 탄압을 피해 태국의 난민캠프로 갔다. 그녀가 8살 때 아버지가 세상을 떠나고, 10살 때 어머니가 재혼을 했다. 새아버지는 술을 마시고 걸핏하면 어머니에게 손을 댔을 뿐만 아니라 연구참여자와 어린 형제들에게도 손을 댔다. 연구참여자는 그런 새아버지와 같이 사는 것이 죽기보다 더 싫었다. 그래서 남들은 다 전쟁을 피해서 태국으로 가는데 연구참여자는 사선을 넘어 전쟁 속에 있는 미얀마의 카렌족 군부대로 들어갔다.

연구참여자는 미얀마의 카렌 군부대에서 초·중학교를 다녔다. 어린 나이에 새아버지한테 받은 상처가 치유되기도 전에 고등학교 1학년 때 같은 학년의 남편을 만나 결혼했다. 결혼할 때도 태국의 어머니가 보고 싶었지만 연락하지 않았다. 결혼 후 시댁에 살면서 딸을 낳았다. 부부는 딸이 2살 때 딸을 시어머니한테 맡기고 다시 미얀마의 국경을 넘어 태국의 노동자로 돈을 벌러 갔다. 부부가 서로 의지하는 마음이 커 공장의 일은 그다지 어렵지 않았지만 딸이 보고 싶을 때면 하늘 아래에 있는 어머니도 보고 싶었다. 그러나 술주정뱅이 새아버지를 생각하면 도저히 만날 용기가 나지 않아서 포기했다.

연구참여자는 공장에서 일하는 태국 친구들과 태국의 축제인 송끄란에 참가하고, 태국 음식도 먹으며 잘 지내고 있었다. 그러던 어느 날 한국의 재정착 난민으로 와 있던 이모의 연락을 받았다. 연구참여자는 딸의 미래를 생각하여 길게 고민하지 않고 한국으로 이주했다. 한국 생활이 고되고 힘들지만 딸이 건강하게 자라는 것을 보면 행복하다. 딸은 카렌족의 홍보 모델로 활동하고 있다. 그녀는 한국어를 공부하면서 자녀를 양육하느라 경제활동을 못 하고 있다. 그녀의 희망은 가족이 모두 건강하고 딸이 멋진 모델을 하면서 의사가 되는 것이다. 또한 돈을 벌어 태국의 난민캠프에 있는 어머니와 미얀마에 있는 시부모에게 집을 지어주는 것이다.

2) 생활세계 문화 적응의 내러티브

(1) 태국: 새아버지로부터 도피

연구참여자는 1남 4녀 중 둘째로 태국의 난민캠프에서 태어났다. 그녀의 부모는 미얀마와 카렌족이 전쟁을 할 때 위험을 느끼자 아들을 데리고 태국의 난민캠프로 갔다. 난민캠프의 아이들은 고무줄놀이도 하고 땅따먹기도 하면서 시간을 보냈고 그녀 또한 유년기를 그렇게 보냈다. 그런데 그녀가 8살 때 아버지가 돌아가셨고, 어머니 혼자 농사일을 하여 받은 품삯으로는 생계를 유지하기 어려웠다. 그래서 어린 연구참여자는 항상 배가 고팠다. 그녀가 10살이 됐을 때 어머니는 이웃에 사는 카렌족 아저씨를 만나 재혼했다.

> "새아버지는 술을 자주 마셨어요. 술을 마시면 엄마를 때리고, 때리지 말라고 말리는 저도 때렸어요. 너무 싫어서 집을 나왔어요. 그냥 울면서 걸어서 걸어서 미얀마에 갔어요. 미얀마에는 카렌군이 있어요. 다른 사람들은 살기 위해서 다 태국으로 가는데 저는 살기 위해서 미얀마로 왔어요. 새아버지의 폭행으로 살 수 없었어요."

연구참여자의 불행의 시작은 어머니가 재혼을 한 것이다. 연구참여자는 새아버지를 아버지로 인정할 수 없었다. 새아버지는 술을 마시면 어머니를 구타했고, 그것도 모자라 걸핏하면 연구참여자에게까지 손을 댔기 때문이다. 새아버지가 술을 마시는 날에는 친구의 집에 가서 숨고 집에 돌아가지 않았다. 그러면 새아버지는 어머니의 머리채를 잡아끌며 딸을 데려오라 소리소리 질렀고, 어린 연구참여자는 겁에 질려 집으로 돌아가서 맞곤 했다. 그런 생활이 일상처럼 되어버렸을 때쯤 연구참여자는 새아버지를 피할 수 있는 방법을 찾았다. 매일 새아버지의 구타를 피해서 친구의 집에 도망가자 이를 불쌍히 여긴 친구의 어머니가 미얀마에 가면 카렌족의 군부대가 있다는 것을 알려주며 밥과 소금을 주었다. 그래서 연구참여자는 8살, 어린 나이에 국경을 넘었다. 이는 죽음을 각오하지 않고는 어려운 일이었다. 하지만 새아버지를 피할 수 있는 방법은 이 길밖에 없었다. 다른 사람들은 다 전쟁을 피해 태국으로 가는데, 어린 연구참여자는 오히려 전쟁 속으로 걸어 들어간 셈이다. 연구참여자는 탈진 상태로 미얀마에 도착하자마자 카렌 군부대로 갔다.

> "부대 안은 안전해요. 거기에 가서 학교 다녔어요. 학교 다닐 때 애들은 부모 있어요. 하지만 나는 엄마 없어요. 친구들하고 줄넘기도 하고 땅따먹기 하면서 놀았어요. 제일 기억에 남는 것은 글쓰기 대회에서 1등 했어요. 우리 대통령에 대해서 썼는데 1등을 해서 상금을 받았어요. 태어나서 처음으로 과자를 사서 친구들과 먹었어요."

연구참여자는 카렌 부대 내에 있는 학교에 다녔다. 학교에서 공부하고 청소하고 밥도 지어 먹으면서 초등학교, 중학교를 다녔다. 마땅히 놀이시설이 없지만 친구들과 땅따먹기를 하고, 고무줄놀이를 하면서 지냈다. 가끔은 힘들고 엄마가 그리워 숨죽여 울었지만 매질을 하는 새아버지를 생각하면서 어려움을 견뎠다.

고등학교 1학년 때의 일이다. 학교에서 글쓰기 대회가 열려 그녀는 자기가 존경하는 카렌 대통령을 주제로 글을 썼다. 왜 그 대통령을 존경하게 됐는지, 그리고 자신도 그 대통령처럼 훌륭한 지도자가 되고 싶고, 대통령이 되려면 어떻게 해야 하는지 등의 내용이었다. 그녀는 글쓰기 대회에서 1등을 하여 상금을 탔다. 난생 처음 만져보는 돈이었다. 그 돈으로 과자를 사서 친구들과 나누어 먹었다. 그때 먹은 과자의 맛은 세상의 무엇하고 비교가 안 될 만큼 맛있었다. 그녀는 고등학교 1학년 때 미얀마 군부대에서 같은 학년의 남자 친구를 만났다.

(2) 미얀마로 이주: 결혼과 태국의 공장 노동자

연구참여자는 고등학교 1학년 때 지금의 남편과 결혼했다. 그녀는 늘 가족이 그립고 외로워서 고등학교 1학년 때 만난 남자 친구한테 의지를 많이 했다. 학교에서도 학교 밖에서도 자주 만나며 둘은 점점 가까워졌다. 하루는 남자 친구를 따라 그의 집에 갔다가 남자 친구의 아버지를 만났다. 남자 친구의 아버지는 카렌군 부대에서 근무하는 군인이었는데 그녀를 상당히 마음에 들어 했다. 아버지의 사랑이 그리웠던 그녀는 남자 친구의 아버지가 싫지 않았고 친아버지한테서 받지 못한 사랑을 받으며 남자 친구와 결혼했다.

> "고등학교 1학년을 마치고 결혼했어요. 시아버지가 너무 좋아요. 아버지처럼 친절했어요. 딸 맡기고 태국에 있는 공장에 가서 일했어요. 태국에 가려고 미얀마 국경 넘을 때, 내가 10살 때 국경을 넘을 때처럼 힘들지 않았어요. 남편이 있어서요."

연구참여자는 결혼 후 시부모님을 모시고 살면서 딸을 낳았고, 딸을 키우면서 남편과 농사를 지었다. 하루하루가 버거웠고, 전쟁으로 희망이 없었다. 연구참여자뿐만 아니라 딸에게도 미래가 없어 보였다. 그래서 남편과 상의하여 딸을 시어머니한테 맡기고 남편과 함께 태국으로 일하러 가기로 했다. 공장에서 돈을 벌어 딸에게 제대로 된 교육을 시키는 방법은 그 길밖에 없다고 생각했기 때문이다. 연구참여자는 딸을 맡기고 남편과 같이 8살 때 태국의 국경을 넘어 미얀마에 온 것처럼 이번에는 버스를 타고 미얀마의 국경을 넘어 태국으로 갔다. 연구참여자는 버스가 국경을 통과할 때 8살 때의 자신을 떠올렸다. 어린 나이에 국경을 넘다 죽더라도 새아버지한테 맞고 사는 것보다 낫다고 울며 국경을 넘던 8살 연구참여자였다. 하지만 태국으로 가는 길은 그리 힘들지만은 않았다. 곁에서 힘이 되어주는 남편과 딸이 있었기 때문이다.

> "태국의 공장에서 물품 검사를 했어요. 돈 벌어서 딸 옷도 사고 좋았는데 항상 딸이 보고 싶었어요. 태국에 엄마가 살고 있어서 만날 수 있었는데 새아버지를 생각하면 너무 무서워서 만날 수 없었어요. 엄마가 너무 불쌍해요."

연구참여자는 태국의 외국인 노동자로 제조공장에서 물품을 검사하는 일을 했다. 연구참여자는 어렸을 때는 난민의 신분이었지만 결혼한 후에는 난민의 신분이 아니었기 때문에 일이 가능했다. 부부는 건강하게 돈을 벌 수 있다는 것에 너무 행복했다. 월급을 받으면 우선 미얀마에 있는 딸을 위해 썼다. 그리고 주말이면 일하면서 사귄 동료들과 운동도 하고 외식도 하면서 태국의 문화를 배웠다. 특히 송끄란이라는 축제에 참여하여 그동안 힘들었던 기억을 모두 쏟아 냈다. 태국에서 유년 시절을 보냈음에도 불구하고 태국의 문화를 즐겨본 적이 없는 연구참여자로서는 매우 색다른 체험이었다. 연구참여자는 생활이 즐거우면 즐거울수록 힘이 들면 들수록 미얀마에 있는 딸이 더욱 보고 싶었다. 하지만 전화도 없어 목소리조차 들을 수 없었다. 또한 가끔은 엄마의 안부가 궁금했다. 그러나 새아버지의 술주정과 매질이 먼저 떠올랐기 때문에 연락하거나 만나지 않았다.

> "한국 재정착 난민으로 간 이모한테 연락이 왔어요. 페이스북에서 가끔 만났어요. 한국에 대해 조금 알아요. 이모는 딸을 생각하면 아무 생각하지 말고 한국으로 오라고 했어요. 하지만 주위에서 다 반대했어요. 한국도 전쟁이 있어서 안전하지 않다고요."

태국에서 보낸 세월이 2년쯤 되던 어느 날, 한국에 재정착 난민으로 이민 간 이모한테서 연락이 왔다. 한국은 매우 살기 좋은 나라이고 전쟁이 없는 안전한 나라이니 딸을 위한다면 한국으로 오라는 것이었다. 연구참여자는 남편을 설득했다. 하지만 남편은 난민의 생활이 얼마나 힘이 드는지 이미 알고 있기 때문에 동의하지 않았다. 그러나 시부모들은 연구참여자를 지지해주었다. 어린 나이에 부모와 이별하여 외롭게 지낸 며느리에게 이모와 가까이 살게 하는 것도 나쁘지 않다는 생각을 했다. 결국 남편은 딸의 미래를 위하는 연구참여자의 마음을 막지 못하고 다시 재이주를 결정했다.

(3) 한국으로의 재이주: 가난의 굴레 벗어나기와 자녀의 교육

연구참여자는 가난의 굴레를 벗고 자녀의 교육을 위해 2016년 11월에 재정착 난민 2기로 입국하기로 했다. 한국으로 간다고 했을 때 시아버지의 전폭적인 지지가 있었다.

> "시아버지는 좋은 사람이에요. 시아버지는 군부대에서 일하는데 UN 사람들하고 같이 일해요. 저는 한국으로 오기 전에 8살 때 헤어진 엄마 만났어요. 헤어진 이후에 처음으로 만났는데 엄마도 많이 늙었어요. 많이 울었어요."

시아버지는 카렌군 부대에서 일하면서 영국의 영향을 받았고, 아들과 손녀의 장래를 위해 제3국을 선택한 연구참여자를 칭찬하며 격려해주었다. 하지만 연구참여자는 한국으로 재이주를 결정하고도 공장 일을 그만둘 수 없었다. 한 푼이라도 더 벌어야 했기 때문이다. 한국으로 오기 일주일 전 외롭고 모진 태국 생활을 접고 미얀마에 돌아왔다. 연구참여자가 한국으로 떠난다는 소식을 들은 친척들이 찾아와서 송별회를 했다. 특히 8살 때 헤어진 어머니가 미얀마로 찾아와 만났다. 연구참여자는 매우 수척하여 더 늙어보이는 어머니가 낯설었다. 하지만 연구참여자도 딸을 낳은 터라 자신을 버리고 새아버지와 결혼한 어머니를 이해하기로 하고 어머니 품에 안겨 한없이 울었다. 만나는 사람마다 연구참여자가 무사히 한국에 도착할 수 있을지 걱정했다. 하지만 이미 한국에서 자리 잡은 이모가 있었기 때문에 안전하다는 것을 확신한 연구참여자는 딸의 장래만을 생각하기로 하고 비행기에 올랐다.

"센터는 너무 좋아요. 아침에 일어나서 밥 먹어요. 밥은 맛있지만 반찬은 못 먹었어요. 우리 딸은 어린이집에서 선생님하고 노는 거 좋아해요. 아주 잘 적응했어요. 선생님도 너무 좋고 재미있는 프로그램도 많아요. 카렌 음식이 먹고 싶으면 주말에 허락받고 이모 집에 가서 카렌 음식 먹었어요. 너무 좋았어요."

딸은 어린이집에서 착한 교사 덕분에 잘 적응했다. 오히려 연구참여자와 있는 것보다 어린이집 교사와 있는 것을 더 좋아했다. 딸이 잘 적응하는 것을 보고 남편도 마음을 놓았다. 연구참여자도 딸에 대한 걱정 없이 마음 놓고 공부할 수 있었다. 한국어와 한국 문화, 그리고 컴퓨터 교육을 받았다. 한국어는 어렵지만 재미있었다. 저녁에 늦게까지 그날 배운 내용을 복습하고 숙제도 열심히 했다. 그뿐만 아니라 오늘 배운 내용으로 다음 날 식당의 아주머니와 이야기했다. 식당 이모는 한국어 연습을 도와주는 훌륭한 교사가 되어주었다. 그리고 컴퓨터 교육을 받고 태국에 있는 친구들과 페이스북으로 소통하고, 인터넷으로 모의 쇼핑도 해보았다. 모든 것이 신기하고 신비로웠다.

한국 생활이 즐겁고 편안했지만 카렌 음식이 그리웠다. 카렌 음식이 먹고 싶으면 주말을 이용하여 먼저 한국으로 온 이모 집에 가서 카렌 음식을 먹었다. 센터에서는 외출 허락을 받고 주말에 정해진 시간 동안 외출을 할 수 있었다. 연구참여자는 한국으로 오기를 잘했다고 스스로에게 칭찬해주었다.

(4) 희망하는 미래상: 멋진 모델의 엄마

연구참여자의 하루는 남편을 공장으로 보내고 딸을 어린이집에 데려다주는 것으로 시작된다. 그리고 집으로 돌아와 텔레비전을 켠다. 텔레비전을 보면서 아침을 먹고 일주일에 두 번 다문화가족지원센터에 가서 한국어를 배운다.

> "남편은 공장에 가고, 딸은 어린이집에 가요. 저는 일주일에 두 번 한국어를 배워요. 다문화가족지원센터에서요. 한국어를 배울 때 모르는 단어가 많아서 이해하기 어려웠어요. 사전도 없고요. 센터에는 중국 사람, 베트남 사람, 필리핀 사람, 미얀마 사람도 있고 태국 사람도 있어요. 하지만 그 사람들은 다 남편이 한국 사람이에요. 태국 사람이나 미얀마 사람들은 제가 어떻게 살았는지 알아서 속상한 일도 많고 도움이 안 됐어요. 난민이라고 하면 그 사람들도 나를 이상하게 생각했어요. 집에 와서 텔레비전 봐요. 심심해요. 돈 벌고 싶어요."

난민센터에는 결혼해서 온 태국 사람도 있고, 미얀마 사람도 있다. 하지만 연구참여자가 센터를 이용하는 데는 전혀 도움이 안 됐다. 오히려 연구참여자의 사회적 배경을 알기 때문에 걸림돌이 됐다. 공부가 끝나면 집에 들어서자마자 텔레비전을 켠다. 텔레비전에서 무슨 말을 하는지는 중요하지 않다. 그저 조용한 것이 싫어서 켜는 것이다. 텔레비전은 너무 조용하여 불안할 때 마음을 달래주는 좋은 친구이다. 그래서 화면을 보지는 않지만 텔레비전을 켜둔다. 이렇게 할일 없이 보내는 오후 시간이 너무 아까워 일을 하고 싶지만 딸이 너무 어려 아직은 일을 할 수 없다. 그녀가 일하고 싶어 하는 이유는 돈을 벌어 태국의 난민캠프에 있는 어머니와 미얀마에 있는 시부모에게 집을 지어주고 싶어서이다.

> "저의 꿈은 딸이 건강하게 자라는 거예요. 그리고 의사가 되는 거예요. 지금은 카렌 홍보대사와 같이 사진도 찍고, 텔레비전에도 나왔어요. 딸이 예쁘게 커서 모델도 됐으면 좋겠어요."

연구참여자는 예쁘게 자라는 딸을 보면서 또 다른 꿈을 꾸게 됐다. 가족이 모두 건강한 것, 그리고 딸이 의사가 되는 것이다. 그리고 탈이 멋진 모델이 되어 카렌이 전쟁이 없는 평화롭고 민주적인 나라가 될 수 있도록 돕는 홍보대사가 되는 것이다. 딸은 지금 겨우 세 살이지만 카렌의 홍보 모델이다. 딸 덕에 연구참여자 세 가족도 카렌의 모델이 됐다. 서울에 있는 방송국에 가서 TV에도 출연하고 유명한 배우와 같이 사진도 찍었다. 방송국은 집에만 갇혀 있던 연구참여자에게 새로운 세상을 만나게 해주었다. 그리고 새로운 꿈도 안겨주었다.

3) 연구참여자의 특성

태국에서 미얀마로, 다시 미얀마에서 태국으로, 그리고 또다시 태국에서 한국으로 이주에 이주를 거듭한 그녀의 종착지는 과연 한국일까? 그녀가 선택한 이동 과정에서 보이는 특징과 한국 사회에의 적응 과정을 정리하면 다음과 같다. 첫째, 그녀는 태국에서 태어났으나 주정뱅이 새아버지를 피해 남들이 다 버리고 떠나는 미얀마의 전쟁 속으로 들어가 적응하기 위해 노력했다. 그러다 남편을 만나 결혼하고 아이도 낳았다. 연구참여자는 시부모의 사랑을 받으며 지냈지만 가난의 굴레를 벗어날 수 없었고, 그녀가 바라는 삶과는 거리가 멀어 다시 태국으로 이주를 결심했다.

둘째, 연구참여자는 자신의 꿈을 위해, 그리고 자녀에게 더 좋은 교육을 시키기 위해 미얀마의 국경을 넘어 다시 태국에서 이주노동자의 삶을 선택했다. 연구참여자 부부는 태국에서 적응하기 위해 태국의 문화를 적극 활용하며 노동자의 삶으로 융화되기 위해 노력한 결과 공장의 동료들과 친밀한 관계를 형성했다. 그녀에게 태국은 그녀의 꿈뿐만 아니라 자녀의 꿈을 실현시키는 발판이 되어주었다.

셋째, 연구참여자는 꿈을 이루기 위해 선택한 태국의 노동자 신분을 포기하고 좀 더 넓은 세상으로 도약하기 위해 또 다른 나라인 한국으로의 재이주를 선택했다. 한국은 연구참여자가 그동안 경험한 나라들과는 사뭇 달라 꿈을 실현시킬 수 있다고 믿기에 충분한 기회의 땅이 됐다. 카렌족의 홍보 모델이 된 예쁜 딸 덕분에 한국에 대한 기대는 더욱 커져 있고, 꿈은 반드시 이루어질 것이라 믿고 있다. 하지만 태국에서 주정뱅이 남편한테 시달리는 어머니와 전쟁 속에서 위험하게 지내는 시댁을 생각하면 마음이 조급해진다.

이를 종합해보면, 연구참여자는 종착지라 생각하는 한국에서도 완전 동화를 선택하기보다는 비판적 수용과 자국의 정체성을 유지하기 위해 노력하고 있다.

연구참여자의 거듭되는 이주의 경험과 사회문화적 적응 과정을 통해 한국의 사회제도적 개선점을 찾아보면 다음과 같다. 첫째, 사회복지 차원에서 어린 자녀를 양육하는 난민 가정이 건강한 가족으로 성장할 수 있도록 다양한 프로그램이 제공되어야 한다. 특히 부모가 마음 놓고 경제 활동을 할 수 있도록 아동 복지의 차원에서 돌봄 서비스가 이루어져야 한다. 이때 부모를 대상으로 자녀 양육과 정착 관련 교육이 병행될 필요가 있다.

둘째, 평생 교육 차원에서 난민들에게 다양한 교육의 기회가 보장되어야 할 것이다. 그 대안으로 이주 초기부터 자립하여 취업할 때까지 교육과 취업 알선이 보장되어야 하며, 취업 후에도 재교육과 보수교육을 지원하여 취업 활동이 지속될 수 있도록 하여야 한다. 또한 이들이 한국 사회의 건강한 구성원이 될 수 있도록 사회의 장이 마련되어야 한다.

4.
연구참여자 4의 생애담

1) 생활세계 문화 적응 생애담 요약

연구참여자는 올해 34세로 세 아들을 둔 가장이다. 연구참여자는 어렸을 때부터 부모님을 도와 농사일을 하면서 학교에 다녔다. 미얀마에는 카렌군을 돕는 영국군이 상주하고 있었다. 그가 청소년이 됐을 때 친구들은 영국군을 도와 안내자 역할을 하기도 했다. 그러나 매우 위험한 일이었다. 미얀마군과 카렌족의 전쟁이 치열한 만큼 전장에는 젊은이가 필요했다. 아들이 전쟁 참여를 피할 수 없게 되자 연구참여자의 아버지는 아들을 살리기 위해 태국으로 갈 것을 권유했다. 때는 그가 16살 때이다.

이미 많은 카렌족은 정치적 압박을 피해 태국의 난민캠프로 갔다. 이곳에는 이미 연구참여자의 이웃집 아저씨가 거주하고 있었다. 태국의 난민캠프는 전쟁에 대한 위험으로부터 벗어나게 해주는 안전지대였다. 연구참여자는 캠프에 있는 고등학교를 졸업하면 미얀마로 가서 부모님을 모시고 농사를 짓고 행복하게 살겠다는 꿈을 꾸었다. 그러나 시간이 지남에 따라 불가능한 꿈에 불과하다는 것을 알았다. 그러던 어느 날 학교를 마치고 친구들과 놀다가 우연히 여자 동창생을 만났다. 둘은 졸업하고 그가 20살 때 바로 결혼했다. 아내는 잘 웃는 착한 여자였다.

그는 결혼 후 아들 셋을 낳고 농사일을 하면서 행복하게 살았다. 하지만 가난을 벗어나지는 못했다. 그러던 어느 날 옆에 사는 카렌족 아주머니의 도움으로 UN캠프 안에 있는 병원에서 홈비지트(Home Visit)로 일하게 됐다. 연구참여자는 고등학교 때 배운 영어 덕에 큰 어려움 없이 일할 수 있었다. 그리고 난민캠프가 아닌 더 넓은 세계에 눈을 돌리게 됐다. 또한 자녀의 미래에 대한 걱정이 생겼다. 난민캠프에 있으면 자녀들도 발전이 없이 연구참여자처럼 살게 될 것이라는 생각이 들었다. 자신이 희생해서라도 자녀들에게만은 좀 더 민주적이고 평화로운 나라에서 좀 더 나은 교육을 받게 하고 싶었다. 이는 그가 한국의 재정착 난민을 신청하게 된 이유이다.

연구참여자는 2015년 12월에 한국에 입국했다. 12월 한국의 날씨는 매서웠지만 하늘에서 내리는 눈은 신기하기만 했다. 그는 난민센터에서 9개월의 적응 훈련을 마치고 자립했다. 그는 현재 공장에서 힘들게 일하지만 일한 만큼 돈을 받을 수 있어 행복하다. 부부의 꿈은 카렌이 더 이상 전쟁으로 인해 고통받지 않는 것과 가족과 함께 인권이 보장되는 한국에서 화목하게 사는 것이다. 그리고 멋진 아빠, 멋진 남편이 되는 것이다.

2) 생활세계 문화 적응의 내러티브

(1) 미얀마: 유년기를 앗아간 전쟁

연구참여자는 매우 가난한 집에서 6남매 중 막내로 태어났다. 어려서부터 할아버지, 할머니, 아버지, 어머니, 누나 4명 그리고 형과 같이 살았다. 대가족인 집은 먹을 것이 없어 늘 배가 고팠지만 서로 챙겨주는 행복한 집이었다.

> "부모님은 바빴어요. 그래서 부모님하고는 얘기할 시간 없었어요. 나는 어려서부터 할아버지가 예뻐했어요. 할아버지는 친구 집에 갈 때도 데리고 갔어요. 누나가 4명, 형, 저는 막내예요. 우리 형, 누나는 싸우지 않고 다 잘 지냈어요. 내가 초등학교를 다닐 때 미얀마군과 카렌족이 전쟁이 전쟁했어요. 머릿속은 온통 전쟁 때문에 공부 머리에 없어요. 나는 매일 무서워서 울었어요. 할아버지가 말했어요. 태국으로 가라고요. 할아버지하고 헤어지는 거 무서워서 같이 가자고 했는데 할아버지는 나이가 많아 여기에서 죽어도 좋으니 너는 전쟁이 없는 태국의 난민으로 가라고 했어요. 안전한 곳에 가서 공부하라고요."

카렌군에 대한 미얀마군의 정치적 압박은 연구참여자의 유년기를 앗아갔다. 연구참여자의 형제들은 우애가 좋아 늘 서로 도왔기 때문에 일 때문에 힘든 부모에게 힘이 됐다. 특히 할아버지는 가는 곳마다 연구참여자를 데리고 다니며 든든한 버팀목으로, 동무가 되어주었다. 할아버지와 잠시라도 떨어지면 불안해할 만큼 할아버지와 늘 함께했다. 연구참여자가 초등학교를 다닐 때 교실에 앉아 공부를 하면서도 머릿속이 온통 전쟁에 대한 공포뿐이었다. 할아버지는 연구참여자에게 전쟁이 없는 태국으로 가라고 했다. 할아버지는 가족과 떨어져 사는 것을 두려워하는 연구참여자에게 태국은 안전하니 태국에서 고등학교를 졸업하면 고향으로 오라고 했다. 연구참여자는 그 말만 믿고 태국으로 가기로 했다. 연구참여자의 어머니는 먼 길을 떠나는 아들을 위해 냄비와 쌀, 소금, 그리고 약간의 기름을 싸주었다.

(2) 태국으로 이주: 대안적 장소의 선택

연구참여자는 정치적 압박을 피해 대안적 장소로 태국의 난민캠프로 이주했다. 태국의 난민캠프에 도착한 연구참여자는 옆집 아저씨와 대나무를 이용하여 집을 지었다. 두 칸짜리 집을 지어 한 칸은 연구참여자, 그리고 다른 한 칸은 아저씨가 사용했다. 연구참여자와 아저씨는 서로 의지하며 살았다.

> "태국으로 가려면 걸어가야 해요. 옆집 아저씨를 따라 걸었어요. 다리가 아파서 쉬고 싶었어요. 하지만 아저씨가 안 된다고 했어요. 걸리면 죽는다고요. 엄마가 싸준 밥 먹으면서 할아버지가 보고 싶어서 울었어요. 크게 울 수 없어요. 들키면 잡히니까요. 잠을 자면서도 길을 걸으면서도 할아버지와 한 약속만 생각했어요. 빨리 고등학교를 졸업하고 할아버지와 같이 사는 상상을 하면서 참았어요."

이웃집 아저씨는 연구참여자를 데리고 태국에 있는 난민캠프로 향했다. 그들은 낮에는 사람의 눈에 띄지 않게 산을 넘다가 배가 고프면 준비해 가지고 온 냄비에 밥을 지어 먹었다. 연구참여자는 할아버지가 보고 싶어서, 할아버지가 곁에 없어서 서글펐다. 다리가 아파 쉬고 싶었지만 아저씨는 허락하지 않았다. 국경을 넘다가 국경수비대한테 발각되면 벌금도 내야 하고, 벌도 받아야 했기 때문이다. 연구참여자는 아픈 다리를 끌며 한 시간이라도 빨리 가기 위해 쉬는 시간도 아끼면서 할아버지와 한 약속을 지키기 위해 산을 넘었다. 밤이 되면 가축을 기르기 위해 만들어 놓은 움막에서 쪽잠을 자면서 걷기를 3일, 태국의 난민캠프에 도착했다.

> "태국에 도착하자마자 대나무로 집을 지었어요. 아저씨 하나, 저 하나 살았어요. 아저씨는 아버지처럼 잘해주었어요. 거기에서 중학교 다녔어요. 난민캠프는 안전했어요. 고등학교 졸업하고 미얀마로 가서 할아버지와 같이 살고 싶었어요. 하지만 그렇게 안 돼요. 슬펐어요."

태국의 난민캠프는 전쟁으로부터 안전지대였다. 같이 사는 아저씨는 어린 연구참여자를 불쌍히 여기며 잘 돌봐주었다. 그들은 대나무로 집을 지어 같이 살았는데, 대나무로 만든 집은 2~3년에 한 번씩 다시 만들어야 했다. 연구참여자는 아저씨 덕분에 중학교에 다닐 수 있었다. 학교에서 공부하고 친구들과 재미있게 놀았지만 늘 할아버지가, 형제들이 그리웠다. 문제가 발생했을 때는 할아버지가 인자하게 웃으면서 가르쳐주던, 그리고 형제들이 도와주던 방법을 생각하며 스스로 해결해야 했다.

연구참여자는 중학교를 마치고 고등학교에 입학했다. 고등학교에 다니면서도 아저씨를 도와 농사를 지었다. 연구참여자는 고등학교만 마치면 전쟁이 끝날 것이고, 그러면 다시 미얀마에 가서 할아버지의 동무가 되고, 부모님의 든든한 아들이 되어 살기로 마음먹었다. 하지만 전쟁은 끝날 기미가 보이지 않았다.

"아저씨가 친구 집에 간다고 저를 데리고 갔어요. 그 집은 식구가 많았어요. 친척들도 많고요. 부러웠어요. 그 집에 딸이 있었는데 키는 작지만 귀엽고 착했어요. 저한테 아저씨, 아저씨 하면서 놀렸어요. 그래서 결혼했어요."

연구참여자에게 새로운 가족이 생겼다. 하루는 아저씨를 따라 아저씨의 친구 집에 놀러 갔다. 그 집에는 귀여운 여학생이 한 명 있었다. 그 여학생은 아저씨라 놀리면서도 그를 좋아했다. 그녀가 지금의 아내이다. 아내는 9남매 중 둘째로 동생이 8명이나 되는 대가족이었다. 아내의 부모는 일찍이 카렌족과 미얀마군의 전쟁을 피해 태국에 와서 자리 잡고 살았다. 친척들이 모두 난민캠프에 옹기종기 모여 살고 있어 부유하지는 않았지만 화목한 집안이었다. 가족과 떨어져 사는 연구참여자로서는 부러울 따름이었다. 여자 친구가 보고 싶을 때면 가족의 그리움을 핑계 삼아 그 집에 자주 놀러 갔다.

"누가 먼저 결혼하자고 안 했어요. 그냥 좋아서 살았어요. 아내의 집에서 부모님과 같이 살았어요. 아저씨랑 둘이 살다가 아내의 가족과 살아서 식구가 많아서 좋았어요. 일 없어요. 장인 도와서 농사했어요. 그리고 밖으로 농사일 가면 한 달 동안 집에 못 와요. 그러다 걸리면 벌금도 내야 해요. 그래서 돈 없어요. 그런데 옆집 아주머니가 홈비지트로 소개해주었어요."

연구참여자는 고등학교 졸업과 동시에 결혼하여 처갓집에서 살다가 아이를 낳아 세 아들의 아버지가 됐다. 장인은 처가살이를 하는 연구참여자를 아들처럼 여기면서 지지해주었다. 연구참여자는 다른 집의 농사일을 도와주고 몇 푼 안 되는 품삯을 받았다. 하지만 돈도 안 될 뿐만 아니라 일을 가면 한 달 이상 가족과 떨어져 지내야 했기 때문에 포기하고 집에서 쉬고 있었다. 그러던 어느 날 옆에 사는 아주머니의 도움으로 UN캠프 안에 있는 병원에서 홈비지트로 일하게 됐다.

"홈비지트를 하면서 다른 사람을 도와줄 수 있어서 좋았어요. 그런데 치료를 못 받아서 죽는 애기가 많아서 슬펐어요. 홈비지트 일은 어렵지 않았어요. 영어를 조금 알아서 편했어요. 병원에는 여러 나라에서 온 의사 선생님들이 많이 있었어요. 그 선생님들을 보면서 저도 아들을 위해서 할 수 있는 일이 무엇인지 생각하게 됐어요. 홈비지트 일은 나한테는 좋지만 아들한테 꿈을 줄 수 없어요. 저는 아들만 셋 있어요. 아들한테 꿈을 주고 싶었어요."

멜라 캠프의 병원에서는 의료 서비스를 제공하기 때문에 다른 난민캠프의 난민들이 이곳에 와서 치료를 받기도 했다. 연구참여자도 이곳의 병원에서 홈비지트로 일해서 부유하지는 않지만 먹고사는 데는 지장이 없었다. 무엇보다도 남을 도울 수 있어서 행복했다. 홈비지트 일은 다행히 고등학교 때 배운 영어 덕분에 수월했다. 하지만 치료 시기를 놓쳐 꺼져가는 어린 생명을 볼 때마다 가슴이 아팠다. 그리고 카렌족 아이들이 마땅하게 가지고 놀 장난감이 없어 땅에 그림을 그리며 뛰어노는 것을 보면서 먹고사는 것만이 전부가 아니라는 생각을 했다. 아들들에게만은 가난을 물려주고 싶지 않았다. 가난을 벗어나기 위해서는 무엇보다도 교육이 우선되어야 한다고 생각했다. 그리고 가장으로서 자식들에게 해줄 수 있는 것을 찾기 시작했다.

"병원에서 일하는 의사들은 다른 나라에서 온 선생님들도 많아요. 그 의사 선생님들이 얘기하는 거 들었어요. 한국에서 재정착 난민 모집한다고요. 그래서 바로 신청했어요. 하지만 아내도 친구도 모두 반대했어요. 나는 난민 신분이 얼마나 외롭고 힘든 삶인지 알아요. 하지만 다른 것은 생각하지 않고 아들 셋만 생각만 하자고 아내를 설득했어요. 나중에 아내가 알았다고 했어요. 그래서 왔어요."

연구참여자가 병원에서 일하고 있을 때 한국에서 재정착 난민을 모집한다는 소식을 들었다. 늘 자식의 미래를 생각한 연구참여자는 단숨에 난민 신청 접수처로 달려가 한국행 난민을 신청했다. 그러나 아내는 친척들을 두고 떠날 수 없다는 이유로, 친구들은 한국은 북한과 전쟁을 하기 때문에 가다가 죽을 것이라는 이유로 반대했다. 하지만 한국으로 가기로 마음먹은 연구참여자는 아내를 설득하고 아내의 동의를 얻어냈다. 아내도 한국으로 이주를 결심한 다음부터는 한국의 드라마만 봤다. 무슨 말을 하고 있는지 이해할 수는 없지만 흐름으로 어떤 내용인지 알 수 있어서 재미있다고 했다. 아내는 한국어 공부도 하고 싶었지만 방법이 없어서 드라마만 봤다.

(3) 한국으로 재이주: 자녀에게 더 넓은 세상을 만나게 하다

연구참여자의 아버지가 젊은 아들을 살리기 위해 미얀마의 국경을 넘게 해 태국으로 보낸 것처럼, 연구참여자 역시 자녀를 위해 한국으로 왔다. 한국행 비행기를 타던 날, 꼭 아이들한테 좋은 교육도 시키고, 돈을 많이 벌어서 부모에게 집도 지어주겠다고, 그래서 부모와 건강하게 다시 만나겠다고 다짐했다.

> "센터는 너무 좋았어요. 크고 깨끗하고, 선생님들도 친절하고요. 아들은 손으로 밥만 먹었어요. 반찬은 입에 맞지 않아서요. 숟가락으로 밥을 먹고 젓가락으로 반찬을 먹는 거는 시간이 필요해요. 아들은 밥을 먹은 후 선생님들과 같이 노래도 배우고 공부했어요. 그리고 날이 좋으면 아이들은 축구를 하면서 놀았어요. 아들 웃음소리 때문에 외롭지 않았어요. 아내는 야채도 가꾸었어요. 그리고 주말에 잠깐 허락을 받고 쇼핑센터에 갔어요. 쇼핑센터는 너무 크고, 장난감도 너무 많아서 놀랐어요. 그리고 비싸서 놀랐어요. 우리는 라면만 샀어요."

난민센터는 시설도 좋고 깨끗했기 때문에 매우 만족스러웠다. 아침에 일어나 아이들은 유치원으로 보내고, 부부는 한국어를 배웠다. 그러나 음식이 입에 맞지 않아 고생이 심했다. 그럴 때마다 가난에 찌들고 전쟁에 쫓겨다녀야 해서 힘들었으나 그때 먹었던 고향 음식이 그리웠다. 한국의 음식 문화는 식기 사용부터 적응이 어려웠다. 밥을 먹을 때마다 젓가락 사용이 매우 어설퍼 힘들었고, 숟가락 사용은 좀 나았지만 서툰 것은 마찬가지였다.

연구참여자는 난민센터에서 한 달에 20만 원씩 생활비를 받았다. 부부 합산 40만 원을 받고 너무 행복했다. 가까운 쇼핑센터에 가서 아들 책도 고르고, 작은아들 장난감도 구경하고, 라면도 샀다.

> "한국에 와서 6개월 안 됐을 때 할아버지, 할머니, 그리고 누나 죽었어요. 나 미얀마에 갈 수 없어서 집에서 많이 울었어요. 친구가 페이스북으로 사진 보내줘서 작별인사를 했어요. 그때 여기에 사는 카렌 사람들이 다 와서 같이 슬퍼해서 힘이 됐어요. 카렌은 교회에 다니면 땅에 묻고 절에 다니면 불에 태워요. 한국의 묘는 이렇게 높아요. 하지만 카렌의 묘는 높지 않아요. 땅하고 같아요. 우리 할아버지는 땅에 묻었어요. 할아버지가 그리워요."

연구참여자가 한국으로 온 후 6개월이 채 안 되어 할아버지, 할머니, 누나가 세상을 떠났다. 한국에 와서 처음 받은 돈을 할아버지에게 용돈으로 보냈더니 할아버지는 매우 좋아하시면서 우리 손자 최고라고 잘 자리 잡으면 할아버지가 한국에 오겠노라고, 건강하게 만나자고 약속했었다. 미얀마에 갈 수 없는 연구참여자는 친구가 페이스북으로 보내준 할아버지의 사진을 보며 마지막 작별인사를 나누었다. 그때 한국에 거주하는 카렌 사람들이 모여 슬픔을 함께해주어 견딜 수 있었다. 연구참여자는 다음 세상에서는 전쟁이 없는 곳에서 모두 모여 살자고 약속하며 이를 악물고 슬픔을 삼켰다.

> "센터에서 9개월 있었어요. 독립할 때 우리가 집 얻어야 해요. 부동산에 가서 집을 보고 얻었어요. 혼자 못해서 멘토 선생님이 다 도와주

었어요. 이사 와서 벽에 카렌족기와 태극기를 나란히 걸었어요. 아들 학교문제, 병원 등 혼자 못해요. 멘토 선생님이 다 도와줘요. 멘토 선생님 너무 좋아요."

연구참여자는 9개월이라는 시간이 흘러 센터를 나와 독립을 하게 됐다. 멘토와 같이 부동산에 가서 집을 둘러보면서 한국의 이사 문화에 대해서도 이해하게 됐다. 아파트를 월세로 얻었는데 꿈을 꾸고 있는 것 같았다. 이사 온 기념으로 벽에 카렌 국기를 걸어놓고 카렌 옷도 입고 사진을 찍었다. 기쁨도 잠시, 하루하루가 전쟁이었다. 아이를 학교, 유치원에 보내는 문제, 병원에 가는 문제 등 혼자서 할 수 없는 일이 너무 많았기 때문이었다. 그럴 때마다 멘토 선생님이 달려와 도와주었다.

"공장은 센터에서 소개해주었어요. 아침 7시 반에 나가고, 잔업이 없으면 7시 반에 집에 와요. 공장에서 일한 만큼 월급 받아서 너무 좋았어요. 하지만 월세 내고 어려워요. 잔업을 많이 하더라도 돈을 많이 벌고 싶어요."

연구참여자는 공장에서 열심히 일하고 있다. 힘들지만 일한 만큼 돈을 받을 수 있어 행복하다. 월급을 받고 너무 놀라 하마터면 소리를 지를 뻔했다. 게다가 연장 근무가 많으면 많을수록 월급이 많고, 노력하면 노력한 만큼 대가가 있다는 것에 또 놀랐다. 그러나 월세와 전기 요금, 어린이집 보육료 등을 내고 나니 손에 남는 돈이 없었다. 그래도 아끼고 쪼개어 미얀마에 있는 아버지 병원비도 보내주고 술도 한잔 마신다.

(4) 희망하는 미래상: 멋진 남편, 멋진 아버지 되기

연구참여자의 꿈은 소박하다. 멋진 남편, 자상한 아버지가 되는 것이다. 그래서 공장에서 열심히, 그리고 즐겁게 일한다.

> "회사 누나들이 저를 부를 때 "야, 미얀마" 이렇게 불러요. 저는 한국말을 잘 못하지만 저는 얘기해요. 미얀마가 아니라 카렌이라고요. 지금은 누나들이랑 잘 지내요. 퇴근하고 술도 한잔해요. 한국 술 너무 맛있어요. 다음에 누나들을 오라고 해서 카렌 음식도 같이 먹고 싶어요. 월급을 받으면 술도 한 병 사서 집에서 아내와 마셔요. 그런데 아내가 싫어해요. 술 마신다고 잔소리해요."

연구참여자는 한국어가 서툴러 동료들과 가끔 오해도 생기지만 웃음으로 해결하며 슬기롭게 지내고 있다. 같이 일하는 동료들은 연구참여자에게 '○ ○ ○'라는 이름이 있어도 부를 때 항상 '미얀마'라고 불렀는데, 그때마다 기분이 상했다. 그래서 연구참여자는 미얀마가 아니라 카렌이라고 적극적으로 알렸고, 그 뒤로 동료들은 그를 '카렌'이라고 부른다.

연구참여자는 아이들을 위한 것이라면 이보다 더한 것도 참을 수 있다고 마음을 다잡았다. 그리고 공장에서 같이 일하는 누나들과 퇴근 후에 술도 한잔씩 하면서 한국의 직장 문화와 회식 문화를 이해하게 됐다. 퇴근 후 동료들과 같이 시간을 보내며 동료애도 느끼고 스트레스도 푼다. 태국에 있을 때는 술을 모르다가 한국에 와서 조금씩 마시게 된 술이 너무 좋아서 술 마시는 날이 늘어났다. 월급을 받는 날에는 손에 술을 들고 퇴근하여 아내의 잔소리를 들을 정도이다.

"아이들이 즐겁게 학교에 다니고 애들 웃음소리가 커져서 힘들지 않아요. 둘째는 초등학교 2학년인데 학교에 가는 거 싫어해요. 매일 밖에 나가서 한국 아이들과 놀아서 한국말만 잘해요. 하지만 읽지는 못해요. 애들은 일요일에 센터에 가서 카렌어도 배우고 카렌 춤도 춰요. 저는 카렌 절에 가서 카렌이 더 이상 전쟁하지 않고 한국처럼 일한 만큼 돈을 받는 나라가 되게 해달라고 빌어요."

연구참여자는 아이들이 건강하게 뛰어놀고 웃음소리가 커진 것만으로도 한국에 온 보람을 느낀다. 월세의 부담이 허리를 휘게 하지만 아픈 허리를 낫게 하는 것도 아이들의 웃음소리이다. 아이들이 즐겁게 학교에 가는 것만 봐도 그 어떤 효과 좋은 약을 먹는 것보다 통증이 가시는 듯했다. 그러나 아내는 둘째 아들이 공부는 하지 않고 뛰어노는 것만 좋아해 아직 한글을 깨우치지 못한 것 때문에 스트레스를 받는다. 그러면 연구참여자는 우리가 태국에 살았어도 둘째는 공부하는 것을 싫어했을 거라며 건강하게 뛰어노는 것을 잘하니 운동을 시키는 것이 어떻겠냐며 아내를 달랜다.

연구참여자는 자식들에게 카렌어와 카렌 문화를 전수하려 노력한다. 그래서 일요일이면 아이들을 데리고 NGO단체에 가서 카렌어를 가르치고 카렌 전통춤을 배운다. 부부의 꿈은 카렌이 전쟁으로 더 이상 고통받지 않고, 가족과 함께 인권이 보장되는 한국에서 화목하게 사는 것이다. 멋진 아빠로, 멋진 남편으로.

3) 연구참여자의 특성

연구참여자가 미얀마에서 태국으로, 태국에서 다시 한국으로 재이주하는 과정에서 보인 인지 · 정서적 특징을 정리하면 다음과 같다. 첫째, 연구참여자는 전쟁을 피해 살기 위한 대안적 장소로 태국을 선택했다. 태국 난민캠프의 외롭고 힘든 생활에도 학교를 다니며 전쟁이 끝나길 기다렸다. 하지만 전쟁은 끝날 기미가 보이지 않았고, 상황은 점점 어려워졌다. 그런 상황 속에서 대가족을 가진 아내를 만나 자녀를 낳고 외로움을 극복했다.

둘째, 연구참여자가 찾은 첫 번째 대안의 장소인 태국은 가족을 형성하는 데 기여했다. 그러나 태국도 종착지로서는 적합하지 않았다. 그는 다시 한국으로 재이주하여 정착하려 노력하고 있다. 비록 한국 생활이 어렵고 팍팍하지만 일한 만큼 받을 수 있는 임금과 안전하게 뛰어노는 자녀를 보면 희망이 보인다고 생각했다. 회사의 동료들은 처음 만났을 때 차별적인 시각을 보였고, 그래서 심리적으로 불안하고 조급했다. 그럴 때마다 절에 가서 스님을 만나 좋은 이야기를 들었다. 그리고 연구참여자는 동료들을 형처럼 누이처럼 잘 따르고 어려운 일이 있거나 모르는 것이 있으면 동료들을 통해 해결하는 전략을 쓴 결과, 회사 동료들과 회식을 할 때면 농담도 하고 노래도 부를 만큼 친해졌다. 이제는 한집 식구처럼 여기며 연구참여자도 회사 동료를 위해 더 열심히 일하고 있다. 기회가 되면 동료의 집에도 가서 한국 가정의 '정'문화도 느껴보고, 연구참여자의 집에도 초청하여 카렌의 음식도 나누고 싶어 하고 있다. 그러나 아직도 자녀의 학교 문제에 있어서는 손을 쓸 방법이 없다.

셋째, 연구참여자는 주말이면 한국어를 배우기 위해 NGO단체를 찾아가고 있다. 그리고 카렌족의 문화와 전통을 지키기 위해 노력하고 있다. 또한 같은 종족 사람에게 어려운 일이 생기면 모두 모여 돕고 마음을 보태고 있다. 주말이면 아이들을 데리고 카렌족이 다니는 절에 가서 공양도 올리고, 자녀들에게 카렌어를 가르치고 있다. 자녀는 NGO단체에서 운영하는 '카렌족의 전통춤' 단체의 일원이다. 카렌의 노래를 부르고, 카렌의 춤을 추며 카렌의 정체성을 전수받고 있다. 연구참여자는 자신이 가지고 있는 카렌의 문화자원을 통해 한국 사회의 다양성에 기여하고 있다.

이를 종합해보면, 연구참여자는 카렌족의 정체성을 소중하게 여기며, 한국 사회는 물론 같은 종족에게 도움이 되는 존재가 되기 위해 노력했다. 같은 종족의 커뮤니티는 한국 생활에서 중요한 버팀목이다. 특히 연구참여자는 한국어를 배우며 카렌의 문화를 활용하여 한국 사회와 소통하고 있다.

연구참여자의 적응 경험에서 한국 사회의 사회제도적 개선점을 찾아보면 다음과 같다. 첫째, 카렌족의 노동자들에게 지역 기반 노동자센터나 NGO단체를 활용할 수 있도록 정보를 제공하여야 한다. 현재 카렌의 난민들은 사회통합 프로그램을 이수하기 위해 지정된 센터만 이용하고 있기 때문에 한국 생활 적응을 위한 한국어 공부 외에 다른 정보는 제공받지 못하고 있다. 특히 카렌의 노동자들은 난민이라는 신분으로 인해 사회적 지지 기반이 빈약하기 때문에 다양한 정보를 제공해주고 스스로 필요한 것을 선택할 수 있도록 해야 한다.

둘째, 재학 중인 카렌의 자녀를 위해 학교 상담 시 카렌의 부모가 자신이 하고 싶은 말을 충분히 전달할 수 있는 전달 체계가 지원되어야 한다. 학교에서는 대부분 우리 사회에 체류하는 다수의 언어 사용자를 위한 서비스에 집중되어있다. 하지만 소수의 언어를 사용하는 자에게도 서비스를 제공하는 세심한 배려가 필요하다.

5.
연구참여자 5의 생애담

1) 생활세계 문화 적응 생애담 요약

연구참여자는 31세로 1남 3녀 중 장녀로 태국에서 태어나고 자랐다. 연구참여자의 부모는 미얀마와 카렌의 전쟁을 피해 일찍이 태국의 난민캠프에서 살았다. 태국의 난민캠프에는 연구참여자 가족뿐만 아니라 친척들이 옹기종기 모여 살았다. 풍족하지는 않지만 주어진 삶에 만족하며 늘 같이 모여 밥도 먹고 서로 도우며 살았고, 덕분에 웃음소리가 끊이지 않는 행복한 유년 시절을 보냈다.

당시 카렌족은 영국의 영향을 받아 기독교가 전파되어 카렌어로 된 성경책도 있었다. 연구참여자도 교회에 나가면서 영어도 배우고 신앙생활을 했다. 연구참여자는 학교에 다닐 때 지리 과목을 가장 좋아했고, 멜라 캠프 고등학교를 졸업한 후에는 모교에서 지리 교사로 재직했다. 그리고 고등학교 시절의 동창과 만난 뒤 결혼하여 아들 넷을 낳았다.

연구참여자는 결혼 후 친정 부모와 같이 살았다. 아이들은 부모에게 맡기고 학생들을 가르치기 위해 학교로 출근했다. 남편은 특정한 일이 없어 하루하루 남의 허드렛일을 해주며 돈을 벌었다. 친정아버지는 친척이 없이 외로이 사는 사위를 친아들처럼 대해주었다. 그러던 2015년 어느 날, 일을 갔던 남편이 공사 현장에서 일하다가 화학약품이 눈에 들어가 왼쪽 눈을 실명할 위기에 놓이게 됐다. 연구참여자는 남편의 눈을 치료하고 아이들을 좀 더 넓은 세상에서 살도록 하고 싶어 난민이 되기로 결심했고, 2017년 7월에 한국행 비행기에 탔다. 난민센터에서 6개월 동안 정착을 위한 교육을 받으며 한국에 오기 전에 가지고 있던 불안은 눈 녹듯이 사라졌다. 무엇보다도 자녀들의 웃음소리가 더 커져 안심이 됐다.

남편은 현재 치료를 꾸준히 하여 눈이 많이 좋아진 상태이고 지금은 공장에서 일도 할 수 있을 정도이다. 그녀는 일주일에 두 번 다문화가족지원센터에서 한국어를 배우고, 주말이면 사회통합 프로그램에 참여하여 공부한다. 그녀는 외롭고 힘들 때면 가난에 찌들었지만 가족과 함께 지냈던 태국의 난민캠프가 그리워, 어머니가 만들어주신 카렌 음식이 그리워 눈물을 자주 훔친다. 그녀의 꿈은 남편의 눈이 완전히 치료되고, 자녀들이 즐겁게 학교에 다니는 것이다. 그리고 한국으로 이주한 난민들에게 지리를 가르치는 교사가 되는 것이다.

2) 생활세계 문화 적응의 내러티브

(1) 풍요롭지 않지만 행복한 유년 시절

연구참여자는 태국의 난민캠프에서 태어나고 자랐다. 부모가 카렌과 미얀마군의 전쟁을 피해서 태국에 난민으로 정착했기 때문이다. 연구참여자의 집은 항상 사람이 많고 웃음소리가 끊이지 않았다. 가족도 많고, 무엇보다도 주변에 미얀마에서 피난 온 친척들이 모여 살았기 때문이다.

> "우리는 친척이 많았어요. 옆에 작은아버지 가족 살고, 아저씨 살았어요. 카렌족은 생일 잘 안 해요. 돈이 있으면 케이크 먹는 집도 있어요. 하지만 다 가난해요. 같이 모여서 밥 먹어요. 그래도 행복해요."

연구참여자는 가난했지만 행복하게 유년 시절을 보냈다. 태국의 난민캠프에 거주하는 카렌족은 혼자 이주하는 경우도 있었지만 대부분 친척들이 모여 살았다. 연구참여자의 부모가 태국의 난민으로 들어가자 미얀마에 거주하던 친척들도 하나둘 태국의 난민캠프에 들어와 자리를 잡았다. 대부분 연구참여자의 집 근처에 살면서 서로 도왔다. 생일이 되면 특별한 음식을 차리기보다는 평소에 먹는 음식이라도 모여서 같이 먹었고, 그래서 집에서는 늘 웃음소리가 끊이지 않았다. 혼자 태국으로 온 카렌족 사람들도 많아 주위의 부러움을 사기도 했다.

> "학교에서는 카렌어를 사용했어요. 학교 안에 교회가 있어요. 저는

그래서 교회에 다녔어요. 교회에는 카렌어로 된 성경책도 있고, 교회에 가면 영어를 사용할 수 있어서 좋았어요."

태국의 난민캠프에는 많은 교회들이 설립되어있었서 많은 카렌족 사람들이 기독교로 개종했다. 기독교와 함께 들어온 서구 문명은 카렌인들의 생활과 의식을 변화시키고 민족주의를 불러일으켰다. 카렌어로 번역된 성경은 구전된 전통이 보존된 기록물로 여겨지고, 카렌 신 유아는 기독교의 신이 되고, 카렌 윤리는 기독교의 윤리가 됐다. 카렌족은 미국에서 온 선교사를 '어머니'라 부르고, 영국 정부를 '아버지'라 불렀다. 미션 학교를 포함한 서구식 학교의 교과과정은 언어 구사 능력, 행정 기술, 정치적 동원 능력 등 근대화에 필요한 수단들을 제공하고, 민족의식을 깨우치게 해주었다.

"학교에 가서 친구들과 놀아요. 장난감 없어요. 땅에 그림 그리고 놀았어요. 그리고 줄넘기도 했어요. 저는 공부 재미있었어요. 영어하고 지리요. 지리가 제일 재미있어서 지리 시간이 제일 좋았어요. 수학 못해요. 재미없어요."

연구참여자는 달콤한 과자 등은 먹어본 적이 없었지만 학교에 다닐 때가 가장 즐거운 시절이었다. 친구들과 땅에 그림을 그리고, 줄넘기와 사방치기를 하면서 놀았다. 수학 등 다른 과목 시간은 즐지루했지만 영어 시간과 지리 시간은 너무 재미있었다. 영어를 한다는 것이 너무 멋있게 느껴져 매일 단어를 외웠는데, 지리 시간은 더 재미있었다.

(2) 결혼과 교사: 나는 자랑스러운 지리 교사

연구참여자는 태국 국가 체제 내의 난민캠프에서 삶을 꾸려나갔다. 그녀는 고등학교 시절의 동창과 결혼하여 아들 넷을 낳았다. 시어머니와 친정어머니의 도움으로 자랑스러운 지리 교사로, 네 아이의 어머니로 행복하게 살았다.

> "고등학교 때 교장 선생님이 저한테 학교에 남아 지리 가르치라고 했어요. 너무 좋았어요. 내가 재미있게 지리를 공부한 것처럼 재미있게 지리 가르쳤어요. 그리고 동창하고 결혼하고 아들 넷 낳았어요. 힘들어요. 하지만 시어머니, 친청어머니가 다 도와주었어요."

태국의 난민캠프에 거주하는 난민들은 비록 제약이 심한 환경 가운데서 살았지만 철저히 난민캠프 안에만 갇혀 있는 존재는 아니었다. 태국 난민캠프의 카렌족은 국경을 따라 학교, 병원, 여타 행정기구들을 설립했다. 교육제도는 난민캠프를 연결시키는 중요한 도구가 됐다. 연구참여자는 태국의 난민캠프에서 서구식 학교 교육을 받으며 능동적으로 살았다. 고등학교를 졸업할 때 연구참여자는 교장 선생님으로부터 학교에 남아서 지리를 가르치는 게 어떠냐는 제의를 받았다. 그래서 연구참여자는 멜라 캠프 안에 있는 고등학교를 졸업하고 난 뒤 모교의 지리 교사로 재직하면서 카렌 아이들에게 지리를 가르쳤다.

> "학교 선생님은 돈 많이 받아요. 좋았어요. 다른 사람보다 10배 정도 많아요. 그리고 집에 오면 또 아이들이 집으로 공부하러 와요. 멜라 캠

프에 있는 학생들뿐만 아니라 다른 캠프에 있는 아이들도 왔어요. 교육 과정은 똑같아요. 카렌주나 태국이나. 그래서 괜찮아요. 시간 없지만 좋았어요."

태국에 있는 난민캠프 내의 모든 학교는 거의 같은 교육제도하에 운영됐다. 가르치는 교과목 또한 표준화되어있으며 가르치는 언어 역시 '스고 카렌어'로 통일되어있었다. 그래서 학교끼리는 같은 교육제도로 인해 서로 연결되어있었다. 태국에 위치한 교육기관들의 연수 교관들은 정기적으로 국경을 넘어 카렌주로 와서 연수 프로그램을 실시하거나 학용품을 전달하기도 했다. 연구참여자는 학교에서 일하고, 퇴근 후에는 과외로 바쁜 나날을 보내고 있었다. 그래서 연구참여자는 월급을 일반인보다 10배 정도 많이 받았다. 연구참여자는 집에서도 학교에서도 언제나 자랑스러운 어머니이자 지리 교사였다.

"그런데 남편이 눈 다쳤어요. 일하러 갔는데 약이 눈에 들어가 한쪽 눈이 안 보이게 됐어요. 나는 많이 울었어요. 태국에서는 눈을 고칠 수 없어요. 남편은 훌륭한 의사 선생님이 있는 한국으로 가자고 했어요. 저는 오기 싫었어요. 지리를 가르치는 것도 좋고, 가족과 헤어지는 것은 더 싫었어요. 하지만 남편의 눈 때문에 어쩔 수 없었어요. 그리고 아들한테도 좋은 교육 시키고 싶었어요."

연구참여자는 시어머니와 친정어머니의 도움을 받으며 행복하게 살았다. 그런데 2015년 어느 날, 일을 갔던 남편이 공사 현장에서 일하다가 화학약품이 눈에 들어가 왼쪽 눈을 실명할 위기에 놓이게 됐다. 연구참여자는 하늘이 무너지는 것처럼 슬펐다. 남편은 눈을 치료하기 위해 노력했지만 태국 난민캠프의 병원에서는 손쓸 방법이 없었다. 그래서 치료를 위해 한국으로의 난민행을 결정하게 됐다.

(3) 한국으로의 이주: 경계 넘기

연구참여자는 남편의 뜻에 따라 2017년 7월에 한국행 비행기에 탔다. 그녀는 오직 남편의 치료와 자녀들의 교육만을 생각하며 경계를 넘는 역사적 행위자가 됐다.

> "한국에 오기 전날 가족 모두 모여 같이 밥을 먹었어요. 엄마는 가지 말라고 계속 울었어요. 우리 부모님, 시부모님은 난민 생활 다 알아요. 너무 힘들다고 했어요. 하지만 한국은 완전 달랐어요."

연구참여자는 2017년 7월에 한국행 비행기에 올랐다. 처음 타보는 비행기라 설렘도 있었지만 한국으로 가는 도중에 비행기에서 죽으면 어쩌나 하는 두려움도 있었다. 그러나 오직 남편의 치료와 자녀들의 교육만을 생각하며 견딘 끝에 인천공항에 내렸는데, 인천공항의 규모를 보고 너무 놀랐다. 그녀는 태국에 있을 때 다른 사람들이 다 보는 한국 드라마를 볼 시간도 없이 바쁘게 살았기 때문에 한국에 대한 정보가 전혀 없는 상태였다.

> "센터 선생님들은 너무 친절하고 좋아요. 애기들은 선생님이 봐주고,

우리는 공부만 했어요. 저는 공부가 너무 재미있어서 숙소에 들어와서 도 유튜브를 보면서 혼자 한국어를 공부했어요. 그리고 밭에 야채도 심었어요. 그러면 태국에 대한 그리움도 잊을 수 있었어요."

난민센터에서 6개월 정착을 위한 교육을 받을 때 연구참여자는 행복했다. 난민센터에서 만난 한국 사람들은 다 친절했다. 아침에 일어나 밥을 먹고 오전에 한국어를 공부하고, 오후에는 한국 문화와 컴퓨터 등을 배우면서 한국으로 오기 전에 가지고 있던 불안은 눈 녹듯이 사라졌다. 무엇보다도 자녀들의 웃음소리가 더 커졌기 때문에 행복했다. 시간이 나면 센터 옆에 있는 밭에 나가 채소를 심었다. 채소가 무럭무럭 자라는 것을 보면서 연구참여자도 희망을 키웠고 남편의 눈이 완치될 거라는 믿음이 생겼다.

(4) 희망하는 미래상: 아들은 의사, 나는 지리 선생님

6개월의 적응 기간을 마치고 자립의 길로 들어섰다. 모든 것이 낯설지만 행복했다. 아들이 잘 뛰어놀고 남편의 눈도 많이 호전됐기 때문이다. 그녀는 남편의 눈이 완치되고, 아들은 의사, 연구참여자는 카렌의 역사와 지리 교사가 되는 꿈을 꾼다.

"저는 애기 보는 것보다 공부가 더 재미있어요. 아들 학교 보내고, 유치원 보내고 한국어 공부해요. 일주일에 두 번 다문화가족지원센터 가고, 센터에서 오면 혼자 유튜브 보면서 공부해요. 그리고 일요일에 사회통합 프로그램 공부하러 가요. 한국어 공부 어렵지만 재미있어요. 의미 모르면 영어 사전으로 의미를 찾아야 해요. 카렌어 사전 없어서요."

연구참여자의 하루는 평온했다. 남편의 눈은 많이 좋아져 공장에서 일도 할 수 있을 정도가 됐고, 아이들도 학교생활에 적응을 잘했기 때문이다. 연구참여자는 일주일에 두 번 다문화가족지원센터에서 한국어를 배우고, 주말이면 사회통합 프로그램에 참여하여 공부했다. 모르는 단어가 있으면 영어사전을 이용했다. 카렌어 사전이 없기 때문이다. 그래서 그녀는 카렌어 사전이 있으면 좋겠다고 말했다.

"혼자 많이 울어요. 아이들을 가르치던 생각이 많이 나고. 핸드폰으로 태국의 뉴스도 보고 페이스북으로 가족들의 이야기를 보고 있어요. 태국에 가고 싶어요. 엄마도 보고 싶고요. 여기서 일을 하고 싶은데 애기도 어리고 한국어도 잘 못해서 일도 못 해요. 빨리 돈을 벌어 남편 눈도 다 낫게 하고, 아들들도 학원에 보내고 싶어요. 그리고 엄마도 만날 수 있으면 좋겠어요."

아침에 아이들을 학교에 보내고 나면 친구들과 모여서 차도 마시고, 연속극도 보는데, 연속극에서 우는 장면이 나오면 그를 핑계로 따라 운다. 연속극이 슬퍼서가 아니라 지금 처한 현실이 힘들기 때문이다. 시간이 좀 나거나 아프고 힘들 때면 태국의 난민캠프가 그리워, 그리고 어머니가 만들어주신 카렌 음식이 그리워 눈물을 자주 훔친다.

"아침 8시에 예배가 있어요. 카렌 목사님과 성경을 읽고 찬송가를 부르고 오면 마음이 편해요. 그런데 남편은 아들 데리고 절에 가요. 카렌에서 오신 스님하고 기도해요(웃음). 아들들은 절에 가서 기도도 하고 카렌어를 배워요. 카렌어는 잊어버리면 안 돼요. 저는 아들이 의사가 됐으면 좋겠어요. 저는 카렌족 아이들에게 지리를 가르치고요."

연구참여자의 남편과 아들은 절에 가고, 연구참여자는 일요일 아침마다 8시에 카렌 목사와 같이 예배를 드린다. 비록 카렌 사람은 10여 명 정도밖에 없지만 어느 때보다도 진지하다. 한국의 교회에 가고 싶지만 한국어를 모르기 때문에 갈 수 없다. 그녀는 남편의 눈이 완전히 치료되고, 자녀들이 즐겁게 학교에 다니게 해달라고 간절한 기도를 드린다. 아들은 카렌어도 알지만 태국어도 할 줄 안다. 태국에서 태어났기 때문이다. 두 가지 언어 모두 소중하기 때문에 일요일이면 카렌어를 가르치고, 집에서는 태국어와 한국어로 대화한다. 아들이 한국에서 의과대학을 졸업하고 의사를 하면서 카렌의 자유를 위해 일하는 것이 그녀의 바람이다. 그리고 그녀는 한국으로 이주한 카렌 자녀들에게 카렌의 역사와 지리를 가르치는 유치원 선생님이 되는 상상을 한다. 하지만 한국의 유치원에서 일하려면 대학과정을 이수해야 한다는 것을 안다.

3) 연구참여자의 특성

연구참여자의 한국 사회 적응 과정에 나타나는 인지 · 정서적 특징을 정리하면 다음과 같다. 첫째, 연구참여자는 태국의 난민캠프에서 사회적으로 성공했다고 인정받는 사람 중의 하나다. 난민캠프의 고등학교를 졸업하고 모교의 지리 교사가 되어 친구들의 부러움의 대상이었기 때문이다. 연구참여자는 아이들을 키우며 퇴근 후에는 과외까지 하면서 바쁘게 살았다. 그녀가 많은 일을 수행할 수 있었던 것은 친정 식구들의 지지가 있었기 때문이다. 그러던 어느 날 남편이 일을 갔다가 화공약품이 눈에 들어가 실명 위기에 놓였다. 그녀는 남편의 눈 완치를 위해 한국의 재정착 난민으로 이주하는 전략을 세웠다.

둘째, 연구참여자는 태국의 문화적 배경을 중요하게 생각할 뿐만 아니라 현재 거주하는 거주국의 사회문화에 대해서도 우호적이었고, 좋은 것은 받아들이려 노력했다. 특히 분리수거 하는 것이 좀 어렵지만 분리수거하면 좋은 점들을 스크랩하여 패이스북으로 고향에 전했다. 지금은 연속극의 내용도 일부 이해할 수 있게 됐고, 텔레비전 뉴스를 보면서 한국의 사회질서 및 제도에 대해서도 어느 정도 이해하게 됐다. 하지만 한국어 공부에 있어서는 너무 불편했다. 카렌어 사전이 없기 때문이다.

이를 종합해보면, 연구참여자는 거주국의 사회문화를 이해하고 수용하면서도 자국의 문화적 정체성을 소중하게 지키며 유지하는 전략을 취하고 있다.

연구참여자의 문화 적응 경험에서 몇 가지 한국 사회의 사회제도적 제안점을 찾아볼 수 있다. 첫째, 카렌 출신 재정착 난민이 한국어를 배우는 데 겪는 어려움을 해결하기 위해 카렌어 사전이 필요하다. 또한 재정착 난민 자녀들에게 자국의 언어를 상실하지 않는 것이 최대의 경쟁력이 된다는 것을 주지시키며 자국의 언어교육도 지원해주어야 한다. 그리고 자녀들에게는 한국의 기초 법질서를 익힐 수 있도록 교육 프로그램을 제공해주어야 한다.

둘째, 재정착 난민이 우리 사회에서 교사가 되기 위해서는 본국에서의 전공, 자격증과 무관하게 자격을 취득해야 한다. 그러나 한국어가 서툴고 경제적인 사유로 자격증에 도전하는 것이 쉽지 않다. 이러한 재정착 난민의 역량강화 지원을 위한 구체적인 자립 프로그램 도입이 필요하다.

셋째, 재정착 난민 자조단체 활동 지원과 더불어 재정착 난민 생활 안정 지원을 위해 정기적인 재정착 난민 실태조사와 밀집지역 환경 개선, 재정착 난민 가정 지원사업 도입 등이 이루어져야 한다.

맺음말

'타자'란 나와는 근본적으로 다른 존재이다. 자신과 전혀 다른 세계에서 온 차이를 가진 존재인 것이다. 레비나스(Levinas)는 타자의 존재 자체를 '윤리'라고 생각한다. 타자 덕분에 '나'라는 존재가 성립한다고 보는 것이다. 그가 말하는 윤리는 타자에 대해 무한 책임을 져야 한다는, 비대칭적인 관계를 일컫는다. 이러한 레비나스의 타자 개념은 자기중심적으로 사물을 바라보는 현대인들에게 자아 중심이 아닌 타인 중심의 시각으로 생각할 것을 제안하며, 현대사회를 되돌아보는 반성의 계기를 준다.

사람이 온다는 건
사실은 어마어마한 일이다
그는
그의 과거와
현재와
그리고

그의 미래와 함께 오기 때문이다
한 사람의 일생이 오기 때문이다
부서지기 쉬운
그래서 부서지기도 했을
마음이 오는 것이다
그 갈피를
아마 바람은 더듬어 볼 수 있을 마음
내 마음이 그런 바람을 흉내낼 수 있다면
필경 환대가 될 것이다.

위에서 인용한 시(詩)는 정현종(2008) 시인의 시집 《광휘의 속삭임》 중에서 "방문객"이라는 시이다. 이 시대를 살아가는 현대인은 '환대'하는 마음을 점점 잃어가고 있다. 타자를 환대하기보다 우선 경계하고 적대시하고, 혐오하기까지 하는 현실에서 시인은 환대를 잃어버린 마음에 '바람' 이라는 은유를 통해 새로운 바람으로 '환대'를 말하고 있다. 환대는 상대를 온몸으로 맞이하는 마음을 가리키는 것이다. 이러한 환대를 통해 이주민을 대할 때 진정한 사회통합으로 한 걸음씩 나아갈 수 있을 것이다.

총서 4권은 한국에 체류하는 동남아시아 출신 이주민의 생애담을 통하여 다문화적 생활세계를 연구했다. 오늘날 한국 사회의 다문화적 현상에서 이질적이고 다양한 문화를 가진 개인들이 서로 존중하고, 상호 소통의 관계를 맺으며 공동체의 삶을 사는 것은 새로운 사회문화적 생활세계를 형성하는 것이다. 또한 타자에 대한 윤리적 관계성은 개별 존재들이 서로의 차이를 인정하는 것을 넘어 함께 연대해 나아가는 공존을 가능하게 한다.

이주민들을 둘러싼 다층적이고 복합적인 정치적 · 경제적 · 사회적 · 문화적 거시적인 맥락들을 이해하는 것은 물론 개인의 목소리를 통해 그들의 삶을 이해하는 것도 필요하다. 총서 4권은 이러한 맥락에서 개인의 이야기를 담아내고자 했다. 생애담(life story)은 한 개인이 가지고 있는 구술적인 자전(自傳)의 성격을 지닌다. 이것은 이름 없이 살아온 화자들의 자기표현이자 인식에 관한 이야기이다. 그래서 생애담은 그들이 어떤 삶을 살았는가에서 그치지 않고, 자신의 삶에 대해서 어떻게 생각하는지, 그들이 누구인지 등의 문제를 다루기에 적합하며, 개인들의 생애 경험을 직접적으로 담고 있다. 한국 사회에서 살아가는 이주민들의 생애담을 통해 이주민을 타자화하는 사회적 인식을 전환하고, 서로를 존중하는 사회적 통합의 계기가 될 것으로 기대한다. 한국 사회의 이주민인 결혼이주여성, 이주노동자, 외국인 유학생, 난민에 대한 각 장에 대한 요약과 이주민을 위한 시사점을 제시하면 다음과 같다.

1장에서 결혼이주여성들은 한국의 언어와 문화를 수용하면서도 자신에게 남아있는 문화적 정체성을 지우기보다 공존할 수 있는 방법을 모색하는 전략을 취하고 있다. 또한 한국에서 자신이 꾸린 가족을 중심으로 삶을 설계하면서도 모국에 살고 있는 가족과의 적극적인 교류를 도모하고 있다. 한국을 자신의 삶의 영역으로 인지하고 있고, 아내로서, 또 엄마로서, 현재의 삶을 지켜내기 위해 부단히 노력하고 있다. 특히 모국의 언어와 문화를 자녀에게 전하고자 했다. 결혼이주여성은 자신이 꾸린 새로운 가정, 즉 남편, 자녀와의 현재를 가장 중요하게 여기며, 자신이 선택한 배우자와의 현재 삶에 충실하기를 원했다. 이를 위해 모국에 있는 가족과 심리적 · 경제적 분리 독립을 이루어야 한다고 보고 있다.

한국에서 살아가고 있는 다른 결혼이주여성에게는 심정적인 공감을 표시하면서도 사회의 규범과 도덕에 따라 잘못된 행동에 대해서는 비판적인 태도를 취했다. 남편과의 갈등은 한국어를 배워서 소통하려는 노력으로 극복하고, 경제 활동을 하기 위해서는 취업을 주선하는 기관이나 시스템을 적극적으로 활용했다.

모국의 가족을 책임져야 한다는 부담감과 가족에 대한 그리움은 언제나 공존하고 있다. 물질적 가치는 정신적 가치를 결정하는 요인이 되지 못한다고 여기고, 모국의 언어와 문화는 자신을 자신답게 하는 것이라 생각했다. 또한 포용적인 관계 맺기를 추구하며, 대인관계를 중요하게 여기는 관계 지향적 성향을 가지고 있다. 그뿐만 아니라 자존감이 높고 배우자에 대한 무한한 애정과 신뢰를 기반으로 한국에서 자신이 살아가야만 하는 이유와 영역을 확고하게 구축하고 있다. 그들은 새로운 것에 기꺼이 도전하며 개척해나가는 진취적 성향을 가지고 있다고 할 수 있다.

이러한 결혼이주여성들의 경험에서 한국 사회의 사회제도적 개선점을 찾아보면 다음과 같다. 첫째, 한국 사회에서 '다문화' 가정에 대해 갖는 사회적 편견의 시선을 타파하기 위해서는 정책적으로 취하고 있는 다문화 가정이라는 구분부터 없애야 한다. 이러한 구분은 결혼이주여성들을 더욱 타자화했다. 이는 '다문화'가 특별히 더 시혜를 베풀어야 하는 대상이라는 인식을 갖도록 하기 때문이다. 국민의 일원으로 받아들이고 보편복지의 차원에서 접근하는 데 다문화 가정이라는 구분이 걸림돌이 되고 있는 것이다.

둘째, 결혼이주여성이 대체로 한국 사회에서 경제적 가난에 시달리고 있기 때문에 이를 해결하기 위해 일자리를 연결해주는 시스템의 구축이 필요하다. 결혼이주여성은 구직 정보에 대한 접근이 제한적인데, 무지로 인한 탈선이 조장되고 있다는 것이다. 이와 함께 결혼이주여성에 대한 진로 교육 지원이 필요하다. 현재도 다문화가족지원센터를 중심으로 결혼이주여성에 대한 교육 프로그램이 시행되고 있으나 취미 활동에 편중되어있어 실질적인 경제 활동을 계획하는 데는 큰 도움이 되지 못하고 있다. 기술교육이나 진학교육 등에 대한 다양한 프로그램이 개발되어 결혼이주여성들이 자신의 적성에 맞는 진로를 개발해나갈 수 있도록 지원하는 정책이 필요하다. 나아가 생계를 위한 경제 활동 지원의 일환으로 자녀 돌봄 서비스의 시행이 필요하다. 결혼이주여성이 경제 활동을 하는 동안 어린 자녀를 돌보아주는 돌봄 서비스가 시행되어야 할 것이다. 그리고 결혼이주여성의 경제적 자립을 위한 프로그램의 다양성이 확보될 필요가 있다. 연구참여자들의 경우처럼 대다수의 결혼이주여성이 남편과 나이 차이가 많이 나기 때문에 시간이 지남에 따라 은퇴시기에 접어든 남편 대신 가장의 역할을 수행하게 되는 상황에 처하고 있다. 그뿐만 아니라 석사 이상의 학위를 소지한 결혼이주여성의 경우, 전문지식을 활용하여 경제 활동을 할 수 있도록 기업에 그들의 기본정보를 제공하는 연계 프로그램을 운영할 필요가 있다. 결혼이주여성이 가지고 있는 역량을 한국 경제 성장에 도움이 될 수 있는 방향으로 발휘할 수 있도록 제도적인 뒷받침을 할 필요가 있다.

셋째, 결혼이주여성에 대한 체계적이고 실질적인 한국어교육이 필요하다. 한국어만 구사할 수 있으면 심리적 · 경제적 문제의 상당 부분이 보다 쉽게 해결 가능하다는 것이다. 현재에도 결혼이주여성의 한국어교육에 대한 정책 지원이 이루어지고 있으나 결혼이주여성의 한국어 능력 신장에 도움을 주고 있지 못한 점을 지적하며 이에 대한 개선의 필요를 주장하고 있다.

넷째, 다문화 가정 자녀에게 이루어지는 교육 지원을 확대하고 기간을 연장하는 제도가 검토되어야 한다. 다문화 가정 자녀는 특히 기초 학습의 측면에서 다른 한국 아이들에 비해 부족할 가능성이 크다. 학령기에 기초 학습 능력의 부족은 성인이 됐을 때 자신감의 결여나 정서적 불안 등을 유발하여 사회의 부적응을 초래할 수 있다. 사회의 안정을 위해서도 기초 학습이 충분히 이루어질 수 있도록 하는 다문화 가정 자녀에 대한 교육 지원은 이루어져야 할 것이다. 그뿐만 아니라 개인에게 기본적인 학습권을 보장하는 측면에서도 관련 제도의 정비가 필요할 것이다. 다문화 가정과 일반 가정 자녀들에 대한 인성교육이 체계적으로 이루어질 수 있도록 하는 프로그램이 개설될 필요가 있다. 이는 교사와 학생 모두를 대상으로 이루어져야 한다. 특히 학교에서 교육을 담당하는 교사들이 아이들에게 미치는 절대적 영향을 고려하면 교사들을 대상으로 한 다문화 인식 개선 교육이 이루어져야 할 것이다. 교사를 대상으로 학생들을 차별하는 태도나 인식에 대한 경각심을 일깨우는 교육이 이루어지는 한편, 학생을 대상으로 더불어 살아가는 사회를 가로막는 정서적 · 인지적 구분과 차별적 태도에 대해 인식하도록 하는 교육이 이루어져야 진정한 사회통합의 기틀을 마련해나갈 수 있을 것이다. 언어나 행동 등에서 발달 지연의 문제를 겪고 있는 다문화 가정 자녀가 있다면 보다 체계적인 관리와 지원이 필요하다. 이는 아동의 기본적인 권리라 할 수 있는 교육권의 보장을 위해 필요하다. 또한 문제를 교정할 수 있는 적당한 시기를 놓쳐 사회에 적응이 어렵게 되면 이로 인한 사회적 비용의 발생도 감수해야 하기 때문에 이러한 문제를 미연에 방지하기 위해서도 필요하다.

다섯째, 한국 내에서 이주민의 사업 허가 및 정보 제공 관련 제도를 정비할 필요가 있다. 연구참여자들은 대한민국 국적을 가지고 있음에도 불구하고 개입 사업 허가와 관련한 정보에 접근할 수 있는 경로가 복잡하고 제한적이었다. 한국이 생산적인 다문화 사회로 자리매김하기 위해서는 한국 출신 개인 사업자를 보호하면서, 연구참여자와 같은 이주민도 신규 개인 사업자로 활동할 수 있도록 하는 상생적 대안이 제시되어야 할 것이다. 이를 위해 우선적으로 한국인뿐 아니라 이주민도 알아보기 쉽도록 개인 사업자 등록 및 허가와 관련한 정보에 접근할 수 있는 경로를 단일화하고 이해하기 쉬운 용어로 재정리하여 제공할 필요가 있다.

여섯째, 출산율의 재고를 위해 다자녀 가구에 대한 실질적 혜택의 확대가 필요하다. 특히 다자녀 가구에 부담이 되고 있는 문제가 무엇인지 파악하여 국가적 차원에서 이를 경감시켜줄 수 있는 지원 대책이 마련되어야 임신과 출산에 대한 긍정적 변화가 일어날 수 있을 것이다. 결혼이주여성이 출산 직후 겪는 심리적 어려움에 대한 상담 서비스를 개선할 필요가 있다. 다문화가족지원센터를 중심으로 결혼이주여성이 출산 직후 여러 지원을 받을 수 있는 제도가 마련되어있지만 심리적인 상담에 초점을 맞춘 프로그램은 미비한 상황이다. 연구참여자들처럼 사회 적응 스트레스에 심한 산후 우울증이 더해져 심각한 심리적 어려움을 호소하는 경우, 이에 대한 심리 상담 서비스가 지원될 필요가 있다. 따라서 교육복지 차원에서 결혼이주여성에게 다양한 교육의 기회가 보장되어야 할 것이다. 결혼이주여성에게 교육은 두 가지 차원에서 공공복지로서 영향을 미치는데, 하나는 새롭고 유용한 지식을 습득한다는 데 대해 심리적 안정감을 주는 것이고, 다른 하나는 경제 주체로 거듭나게 하는 직업교육의 역할을 담당한다는 것이다. 이와 같은 영향을 고려할 때, 결혼이주여성을 대상으로 하는 다양한 프로그램의 지원이 필요하다고 볼 수 있다.

2장에서 이주노동자는 모국의 정체성을 소중하게 생각하며 다른 모국 출신 사람에게 도움이 되는 존재가 되기 위해 노력하고 있다. 그들의 커뮤니티는 한국 생활에서 중요한 버팀목이 되고 있다. 그러면서 다른 한편으로 한국의 언어와 문화를 배우기 위한 교육에도 많은 관심과 노력을 기울여 한국과 모국을 잇는 교두보 역할을 수행하기 위해 노력하고 있다. 이러한 이주노동자들은 자신이 본래 가지고 있는 정치적 신념, 문화적 배경 등을 중요하게 생각하면서 동시에 한국의 정치와 문화에 대해서도 관심을 기울이며 둘 모두를 동등하게 존중해야 한다고 여긴다. 이들은 한국 사람들과 정서적인 유대감을 형성하는 것을 중요하게 생각한다. 반면, 새롭게 관계를 맺는 한국 사회의 문화를 이해하고 수용하면서 자신이 본래 가지고 있던 문화적 정체성을 소중하게 지키며 유지하는 현재의 삶에 충실하기 위해 한국의 문화나 언어에는 다소 소홀한 경우도 있다. 한국의 문화나 언어가 당장의 삶의 질을 향상시키는 데 도움을 준다고 보지 않기 때문이다. 같은 나라 출신의 사람들과의 연대를 위해서는 아낌없는 노력과 시간을 투자하지만, 한국 사람과는 교류가 많지 않다. 한국어는 한국에서 생활하는 데 불편함이 없을 정도만 할 수 있으면 된다고 생각한다. 한국 문화에도 생활하는 데 불편함이 없을 정도만 적응하면 된다고 생각하는데, 특히 한국 음식은 익숙해지지 않아서 주말에는 꼭 모국 음식을 먹을 수 있는 곳을 찾으며, 많은 시간과 노력을 들여 한국에서 모국의 문화와 종교적 신념을 지키며 살아가고 있다.

이러한 이주노동자의 경험에서 한국 사회의 사회제도적 개선점을 찾아보면 다음과 같다. 첫째, 이주노동자가 사회의 위험 요소가 되지 않고, 그들이 안정적으로 일하기 위해서는 가족 단위로 이주가 가능하게 하는 제도를 마련할 필요가 있다. 이주노동자가 한국에서 지내는 동안 배우자, 자녀와 함께 지낼 수 있도록 하는 제도의 정비가 필요하다. 현재는 기혼자의 경우, 한국에서 일하는 동안 배우자, 자녀에게 체류 자격을 주는 비자가 한정되어있다. 이로 인해 가족이 해체될 위험이 크고, 자녀가 있는 경우에는 부모의 돌봄을 받을 수 없어 문제가 발생하기도 한다. 이러한 문제를 미연에 방지하고 개인에게 가족과 함께 지낼 수 있는 기본적인 권리를 보장하기 위해 관련 제도를 정비해야 할 것이다. 특히 임신과 출산을 계획하고 있는 경우에는 이와 관련한 의료 및 복지의 지원, 그리고 의료적 관리와 주의가 필수적이다.

둘째, 이주노동자 부부가 맞벌이를 하며 자녀를 양육하는 경우, 아동복지의 차원에서 자녀에 대한 돌봄 서비스 및 교육 지원 제도가 필요하다. 특히 부모가 사회적으로 고립되어있을 가능성이 크기 때문에 기본적인 자녀 양육 방법에서부터 생활 수칙 등에 대해 인지하지 못해 어려움을 겪을 수 있다. 아동의 기본권은 인권과 사회적 약자에 대한 보호로서 반드시 보장되어야 하기 때문에 관련 제도와 정책의 정비가 필요하다.

셋째, 지역 기반 외국인 노동자 센터를 통해 외국인 노동자의 심리적 안정감 고양을 위한 교육 프로그램이 이루어져야 한다. 한국 생활 적응에 필요한 한국어나 한국 문화, 법과 제도에 대한 프로그램은 운영되고 있는데 비해 심리적 안정을 위한 프로그램은 미비한 상황이다. 외국인 노동자는 사회적 지지 기반이 약하기 때문에 심리적 문제를 이겨내는 데 어려움을 겪고 있다. 정신 건강에 도움이 되는 프로그램이 개설되면 한국 생활 적응에 큰 힘이 될 것이다.

넷째, 외국인 노동자에게 노동 시간을 선택할 수 있도록 하는 제도가 운영될 필요가 있다. 외국인 노동자는 한국에서 체류할 수 있는 시간이 한정되어있어 될 수 있으면 더 많이 일하고 더 많은 임금을 받기를 원한다. 그런데 현재 한국에서 정해 놓은 노동 시간으로는 목표하는 임금을 받기 어렵다. 외국인 노동자에게 원하는 노동 시간을 선택할 수 있도록 하는 노동 시간 탄력선택제가 시행될 필요가 있다. 이와 함께 장기간 휴가를 보장하고 그만큼 비자기간을 연장해주는 제도가 만들어져야 한다. 많은 이주노동자가 한국에서 오랫동안 지내게 되면서 결혼할 상대를 찾지 못해 결혼을 포기하게 된다. 우여곡절 끝에 결혼을 결정하게 된다고 하더라도 한국에서 체류하는 기간 중에 고향으로 돌아가는 것은 거의 불가능하다. 회사에서 장기간 휴가를 허가받아야 할 뿐 아니라 한정되어있는 비자기간의 일부를 할애해야 하는 어려움이 있기 때문이다. 또한 외국인 노동자 당사자의 결혼 외에도 직계가족의 결혼이나 장례 등은 외국인 노동자가 반드시 고향으로 돌아가야만 하는 중대한 일이라 할 수 있다. 이처럼 개인사에서 중요한 의미를 가지는 관혼상제에 대해 이주노동자가 부담 없이 참석할 수 있도록 하기 위해서는 충분한 기간 동안 휴가를 보장하고 그만큼 비자기간을 연장하는 제도가 필요하다.

다섯째, 이주노동자가 속한 문화 · 국가별 기피 업종을 파악하여 이를 회사와 매칭하는 데 반영하는 제도가 필요하다. 이주노동자는 노동자로서 장점이 많은데도 불구하고 회사에서 부적응을 경험하기도 한다. 이주노동자의 문화나 국가에 대한 기본정보와 기피 직종에 대한 정보를 데이터베이스로 구축하여 확인할 수 있도록 하면 회사 차원에서도 노동자의 부적응으로 인한 손해를 미연에 방지할 수 있다.

여섯째, 한국은 법으로 종교 활동의 자유를 보장하지만 이러한 법이 노동현장에서도 지켜질 수 있도록 제도가 뒷받침되어야 한다. 이주노동자에게 종교 활동은 기본적인 생활양식이기 때문에 이를 허용하지 않음으로 인해 감당하기 어려운 정신적 스트레스를 받기도 한다. 물론 근무

시간 내에 종교 활동을 하는 데 일정 정도 이상의 시간이 필요하게 되면 퇴근 시간을 늦추어 실제 노동 시간을 준수해야 할 것이다. 그러나 종교 활동과 관련한 기본권을 보장하는 차원에서 제도적 뒷받침이 필요해 보인다.

일곱째, 외국인 노동자가 많이 근무하는 지역이나 회사에서는 구성원들에게 문화 다양성에 대한 교육을 진행하는 제도가 필요하다. 최근 한국의 많은 회사들이 구성원에게 인성 또는 직무교육을 필수적으로 수행하고 있다. 국가적 차원에서 필수 인성교육의 일부로 문화 다양성에 대한 교육이 이루어진다면 문화적 갈등과 충돌로 인한 사회적 비용의 발생을 미연에 방지하고 노동자의 복지 증진에 기여할 수 있는 바가 클 것으로 기대된다.

3장에서 외국인 유학생은 한국에서 자신의 있는 그대로의 모습으로 인정받고자 하며, 한국에서의 정주를 목적으로 하지 않고, 두 나라 사이에서 자신의 가능성을 발휘하고자 하는 목표를 지니고 있는, 세계화시대 초국가적 지식, 자본, 기술을 이동시키는 주체로서의 유학생의 역할을 적극 감당하고 있다. 또한 자신의 정체성을 유지하고, 유학생으로서 바람직한 학업 위주의 유학생활을 하고 있으며, 다양한 기회를 활용하여 학업 적응에 도움을 받고 있다. 이러한 외국인 유학생은 자국민 네트워크를 갖고 있었고, 한국인과의 관계에서도 긍정적으로 접근을 시도하는 경향을 보인다. 이들은 적극적인 도전정신이 있고 자기주장이 강하며 목표의식이 뚜렷하다. 또한 다양한 봉사활동, 동아리 활동을 통해 한국 학생과의 인간관계를 맺고 그들의 도움을 받아서 한국을 더 많이 알아가고자 노력하고, 한국의 사회 · 정치적인 문제에도 민감하게 반응한다. 유학생들은 갑자기 낯선 곳으로 내던져진 것이 아니라 초국가적 시대 미디어를 통해서 한국의 정보를 다양하게 알고 있었고, 자국에서 한국 사람들과의 교류를 통하여 한국어와 한국문화에 대하여 알고 있음을 알 수 있다. 따라서 그들의 한국 문화 적응 단계는 한국에 와서부터 이루어진 것이 아니라 자국에서부터 시작됐고, 그들은 한국에 먼저 유학 온 다른 사람들의 경험을 통하여 자신이 감당할 어려움을 예상하고 감당할 준비를 하고 온 사람들임을 알 수 있다. 이는 그들의 문화 적응에 긍정적으로 작용하여 문화 적응 과정을 단축시키고 있다.

외국인 유학생의 경험에서 유학생들의 성공적인 사회통합을 위한 한국 사회의 사회제도적 시사점을 찾아보면 다음과 같다. 첫째, 유학생의 학교생활 적응을 위해 유학생 초기 적응 교육에서 유학생 선배 성공사례를 소개하는 프로그램을 마련하여야 한다. 또한 유학생들의 경제적 어려움을 해소해주기 위해 학교에서 다각적으로 조교, 근로 장학금 등의 사업에 참여하여 그들이 다양한 사회적 경험을 쌓고, 적응에 도움을 받을 수 있게 지지해주는 것이 중요하다. 그 밖에도 학업의 어려움을 극복하기 위한 방안을 학교 차원에서 적극적으로 마련하여 유학생 혼자의 노력에만 맡기지 말고 학교 차원에서 도움을 줄 필요가 있다. 즉, 본국 학생을 연결한 멘토링 프로그램을 활성화시킴으로 한국인과의 접촉경험을 높이는 것이다. 이는 그들의 한국어 구사의 어려움과 전공수업에 대한 학업적인 어려움을 도울 수 있는 긍정적인 방법이다.

둘째, 유학생들을 우수 외국인 인력으로 양성하여 국내에서 정주를 돕고 유치하는 방안이 필요하다. 유학생은 학업 목적으로 한국으로 오기는 했지만 졸업과 동시에 한국에서 정주하기를 희망하고 있기도 하다. 그들의 신분이 바뀌는 개연성에 주목하여 그들을 위한 취업의 기회가 확장되어야 한다. 외국인 정책도 외국인 정주를 방지하는 정책에서 우수인력을 확보하는 이민 정책으로의 전환에 대해 검토해볼 필요가 있다. 특히 외국인 유학생들은 한국에서 의료보험 혜택을 받기 어려워 병원비에 대한 부담 때문에 힘들어하고 있었다. 다문화 사회의 현실에서 외국인을 위한 건강보험 제도의 갱신 및 새로운 제도의 도입이 필요하다.

셋째, 사회적으로 만연되어있는 동남아시아 출신 외국인에 대한 편견에 대한 정부 차원의 적극적인 개선이 있어야 한다. 미디어 등에서 아무렇지 않게 드러내는 편견이나 스테레오타입 현상들이 본국 출신 개개인에게는 낮은 자존감, 위축, 불편감 등 악영향을 끼치고 있으며 한국 사람에 대한 불만으로 이어지고 있다. 이런 현상을 개선하고 건강한 다문화 사회로 진입하기 위한 보편적인 인권교육이 필요하다. 우리 사회의 모든 구성원들이 서로 존중하고 소통하기 위해 인종, 민족, 종교나 국가를 뛰어넘어 인류의 보편적인 가치를 받아들일 수 있어야 한다. 건강한 다문화 사회로 진입하기 위해 대학교 내에서도 다양한 문화에 대한 이해도와 수용도를 체계적으로 진단하고 문화 이해 및 다양성에 대한 개방성을 높이기 위한 대학의 중재가 필요하다. 따라서 대학교 내 일반 학생들을 위한 상호문화 커뮤니케이션, 상호문화 이해 교육 등의 과정을 개설하는 방법과 커리큘럼 내에서 다양한 문화 학습 기회를 부여하는 방법을 도입할 필요가 있다.

넷째, 외국인 유학생 중 석사 대학원생들은 학부와 대학원 전공이 다름으로 인해 학업의 어려움을 겪고 있었다. 따라서 대학원생들이 관련 학부 전공수업을 들을 수 있는 기회를 제공하는 것이 그들의 학업 스트레스를 줄여주는 효과적인 방법임을 알 수 있다. 한국과 자국의 상이한 교육 환경에서 낯선 대학원 수업을 들어야 하는 어려움들을 유학생 스스로에게만 짊어지우게 하는 것이 아니라 대학교의 다양한 자원을 활용한 학업적인 지지가 중요하다. 따라서 어학당 코스만이 아닌 관심분야 학부 수업을 수강할 수 있는 유학생 교육 시스템이 장착되어야 할 것이다.

다섯째, 소수의 유학생이 있는 대학교에서는 그들의 자조모임을 통해 신입생 케어 서비스 프로그램들을 활성화시킬 필요가 있다. 이는 낯선 이국땅에서의 문화충격을 해소하고, 사전교육의 효과를 볼 수 있기 때문이다. 따라서 유학생 선배들을 활용한 유학생 조기 적응 프로그램의 도입을 검토해야 한다.

4장에서 난민은 미얀마에서 태국으로, 태국에서 한국으로 이주하여 한국 사회에 적응하며, 난민캠프에 안주하지 않고 계속 외부세계와 소통하기 위해 노력하고 있다. 또한 한국으로 재이주하여 한국 사회와 새롭게 관계를 맺고, 한국의 사회문화를 이해하고 수용하면서 자신이 본래 가지고 있던 카렌의 문화적 정체성을 유지하려는 전략을 취하고 있다. 종착지라 생각하는 한국에서도 동화되기를 선택하기보다는 비판적으로 문화를 수용하면서 자국의 정체성을 유지하고 있었다. 카렌족의 정체성을 소중하게 여기며 한국 사회는 물론 같은 종족에게 도움이 되는 존재가 되기 위해 노력하고, 한국어를 배우며, 카렌의 문화를 활용하여 한국 사회와 소통하고 있다.

이러한 난민의 한국 사회 적응 경험을 통해 한국 사회의 사회제도적 개선점을 찾아보면 다음과 같다. 첫째, 난민이 자신의 목소리를 드러낼 수 있도록 사회 참여 기회를 주어 그들의 목소리를 청취하고 우리 사회의 구성원으로 받아들여야 한다. 또한 카렌 재정착 난민의 커뮤니티가 활성화될 수 있도록 지지해주어야 한다.

둘째, 난민 전문기관에서 적응 훈련을 거쳐 사회로 독립했지만 난민들이 사회에 적응하기란 쉽지 않다. 그뿐만 아니라 경제적으로 매우 빈약하기 때문에 6개월의 적응 기간에 체계적인 생존 훈련이 필요하고 자립한 후에도 일정 기간 인큐베이터 역할이 필요하다. 보다 안정적인 사회 적응을 위해서는 전환교육이 이루어져야 하기 때문이다.

셋째, 사회복지 차원에서 어린 자녀를 양육하는 난민 가정이 건강한 가족으로 성장할 수 있도록 다양한 프로그램이 제공되어야 한다. 특히 부모가 마음 놓고 경제활동을 할 수 있도록 아동 복지의 차원에서 돌봄 서비스가 이루어져야 한다. 이때 부모를 대상으로 자녀 양육 방법과 사회적은 교육이 병행되어야 한다. 또한 그들의 자녀를 위해 학교 상담 시 카렌의 부모가 자신이 하고 싶은 말을 충분히 전달할 수 있는 전달 체계가 지원되어야 한다. 학교에서는 대부분 우리 사회에 체류하는 다수의 언어 사용자를 위한 서비스에 집중되어있다. 하지만 소수의 언어를 사용하는 자에게도 서비스를 제공하는 세심한 배려가 필요하다. 더불어 재정착 난민 생활안정 지원을 위해 정기적인 재정착 난민 실태조사와 밀집지역 환경 개선, 재정착 난민 가정 지원사업 도입 등이 이루어져야 한다.

넷째, 평생교육 차원에서 난민들에게 다양한 교육의 기회가 보장되어야 할 것이다. 그 대안으로 이주 초기부터 자립하여 취업할 때까지 교육과 취업 알선이 보장되어야 하며, 취업 후에도 재교육과 보수교육을 지원하여 취업 활동이 지속될 수 있도록 하여야 한다. 또한 이들이 한국 사회의 건강한 구성원으로 사회에 환원할 수 있도록 사회의 장이 마련되어야 한다. 특히 재정착 난민이 한국어를 배우는 데 겪는 어려움을 해결하기 위해 카렌어 사전이 필요하다. 또한 재정착 난민 자녀들에게 자국의 언어를 상실하지 않는 것이 최대의 경쟁력이 된다는 것을 주지시키며 자국의 언어교육도 지원해주어야 한다. 그리고 자녀들에게는 한국의 기초 법질서를 익힐 수 있도록 정보를 제공해주어야 한다. 또한 카렌족의 노동자들에게 지역 기반 노동자센터나 NGO단체를 활용할 수 있도록 정보 제공이 되어야 한다. 현재 카렌의 난민들은 사회통합 프로그램을 이수하기 위해 지정된 센터만 이용하고 있기 때문에 한국 생활 적응을 위한 한국어 공부 외에 다른 정보는 제공받지 못하고 있다. 특히 카렌의 노동자들은 난민이라는 신분으로 인해 사회적 지지 기반이 빈약하기 때문에 그들에게 다양한 정보를 제공해주고 스스로 필요한 것을 선택할 수 있도록 해야 한다. 이러한 재정착 난민의 역량강화 지원을 위한 구체적인 자립 프로그램 도입이 필요하다.

다섯째, 장애를 가진 난민 가정을 위한 지원 체계가 확장되어야 한다. 재정착 난민은 우리나라에 영주할 대상이고, 경우에 따라서는 국적을 부여할 수 있는 잠재적 대상이다. 난민 장애인 가정은 비록 난민이라 할지라도 다문화가족지원법에 적용될 수 있도록 다문화가족지원법 지원 대상의 폭을 확장하여 장애인를 양육하는 부모를 위해 찾아가는 복지 서비스를 지원해야 한다. 또한 장애인 난민 가정을 위해 전문기관에서 돌봄 서비스가 이루어져야 한다. 또한 장애인 부모를 위한 찾아가는 심리상담 프로그램과 교육 프로그램을 제공하여야 한다.

여섯째, 현재 우리나라에서 시행하고 있는 근로기준법 중 근로시간을 탄력 운영제로 개정할 필요가 있다. 난민뿐만 아니라 대다수의 이주노동자들은 일을 더 많이 하더라도 더 많은 임금을 받기를 희망한다. 이들의 상황과 형편을 고려한 정책이 반영되어야 한다.

상호문화주의를 바탕으로 이주민의 다문화 생활세계와 생애담을 연구한 이 총서가 진정한 사회통합을 위한 토대가 되기를 희망한다. 사회적 소수자를 향한 정부의 정책은 시혜적인 차원에서 머무는 것이 아니라, 현실적인 목소리에 귀를 기울여야 한다. 일방적인 '다문화' 정책으로 그들을 구분하기보다 우리 사회 안에서 자연스럽게 어울리도록 배려해야 하는 것이다. 다수의 정주민이 타자를 향한 열린 마음으로 이주민을 환대하는 인식의 전환이 어느 때보다 필요하다. 타자를 두려운 존재, 혐오의 대상으로 바라보는 것이 아닌, 나와 동등한 인간으로서 마주할 때, 우리 모두가 인간으로서의 존엄성을 잃지 않을 때 평화로운 다문화 사회가 정착할 수 있다. 나아가 이러한 성숙한 자세는 우리가 세계시민으로 행동하는 실천의 원동력이 될 것이다.

참고문헌

강영미(2015).「필리핀 결혼이주여성의자기 복원 생애사: 로젠탈의 내러티브 분석 접근」. 『한국사회복지질적연구』 9(1), 115-136.

강영안(2005).『타인의 얼굴: 레비나스의 철학』. 서울: 문학과지성사.

강현민 · 홍유나(2014).「중앙아시아 출신 유학생들의 한국 대학 초기 적응에 관한 연구」. 『교육문화연구』 20(4), 215-240.

공영태 · 나성은(2005).「이공계 외국인 유학생을 위한 한국과 일본의 예비교육에 관한 고찰」. 『일본학보』 62, 267-282.

권양이(2008).「외국인 유학생의 국내 대학 초기 적응에 관한 질적 탐색」.『한국교육학연구』14(1), 301-333.

권은영(2013).「외국인 유학생 교양교육과정 개발 연구」.『교양교육연구』 7(2), 373-398.

김경림(2018).「한국 사회가 기대하는 이주노동자 통합의 모습: EBS 아빠 찾아 삼만리 이주노동자 재현 분석」.『다문화와 인간』 7(12), 227-278.

김나경 · 임채완(2015).「베트남 귀환이주자의 인적 자본과 취업의 상관성 연구: 한국 이주노동자를 중심으로」.『동남아시아연구』 25(1), 201-234.

김남희(2008).「구술 생애담에 나타난 자기 표현에 관한 연구」.『선청어문』 36, 553-573.

김문준 · 이철성 · 김형곤 · 김지형 · 이훈병(2010).「외국인 유학생 대상 교양교육과정 개발을 위한 기초 연구」.『교육문화연구』 16(1), 113-134.

김민경(2012).『결혼이주여성에 대한 문화적 민감성과 수용』. 파주: 이담북스.

김민경 · 김경숙(2014).「중국유학생의 문화적응스트레스, 우울이 음주문제와 사회부적응에 미치는 영향: 자아탄력성의 조절효과를 중심으로」.『아동복지연구』 12(2), 23-41.

김민정(2012).「필리핀 여성의 젠더화된 이주: 한국의 사례」.『한국여성학』 28(2), 33-74.

김민정 · 유명기 · 이혜경 · 정기선(2006). 「국제결혼 이주여성의 딜레마와 선택: 베트남과 필리핀 아내의 사례를 중심으로」. 『한국문화인류학』 39(1), 159-193.

김선임(2012). 「이주노동자공동체 형성과정에서 다문화 실태와 불교적 대안: 미얀마, 방글라데시, 필리핀 사례를 중심으로」. 『동아시아불교문화』 10, 49-85.

김성례(2002). 「구술사와 기억; 여성주의 구술사의 방법론적 성찰」. 『한국문화인류학』 35(2), 31-64.

김승주(2016). 「생애사 연구를 통한 베트남 결혼이주여성 삶의 재구성」. 『가족과 문화』 28(4), 91-130.

김연수(2012). 「여성결혼이민자의 삶의 만족에 관한 연구: 가족관계, 사회적 지지 및 문화적응과의 관계를 중심으로」. 『한국가족복지학』 38, 229-256.

김연수 · 박지영(2010). 「여성결혼이민자의 문화적응경험 연구」. 『한국가족복지학』 30, 269-297.

김연숙(2000). 「레비나스 타자윤리에서」. 『동서철학연구』 19, 125-141.

김영경 · 이정향(2014). 「결혼이주여성의 사회자본에 관한 연구」. 『한국지역지리학회지』 20(2), 163-175.

김영순 외(2016). 『처음 만나는 다문화교육』, 성남: 북코리아.

______(2017). 『질적연구의 즐거움』. 서울: 창지사.

______(2019). 『다문화 생활세계와 사회통합 연구』. 성남: 북코리아.

김영옥 · 한재희(2014). 「결혼이주여성들의 결혼생활에서 나타나는 불안 경험에 대한 연구: 경기도 S의 필리핀여성들을 중심으로」. 『상담학연구』 15(6), 2581-2602.

김종세(2019). 「현행 난민법의 개선점」. 『법이론실무연구』 7(2), 37-59.

김태원(2014a). 「생활세계와 이방인으로서의 결혼이주민」. 『현대사회와 다문화』 4(1), 1-26.

______(2014b). 「생애구술사를 통해 본 결혼이주여성의 가족갈등 경험 분석: 네팔 결혼이주여성의 사례를 중심으로」. 『인문과학연구』 21, 143-171.

김현미 · 김민정 · 김정선(2008). 「'안전한 결혼 이주?' 몽골 여성들의 한국으로의 이주 과정과 경험」. 『한국여성학』 24(1), 121-155.

김현숙(2015). 「인권적 관점에서 본 한국 난민정책 연구」. 목원대학교 대학원 석사학위논문.

김현진 · 김영주(2015). 「재한 외국인 유학생의 대학 문화적응에 관한 질적 연구: 한국어 사용능력을 중심으로」. 『한국교육학연구』 21(4), 201-225.

나임순(2006). 「외국인 유학생의 문화적응 스트레스와 생활 스트레스에 미치는 영향」. 『한국비영리연구』 5, 159-197.

두문영 · 조진경(2017). 「중국결혼이주여성의 문화적응에 관한 생애사 연구」. 『여성학연구』 27(1), 109-141.

문병훈(1996). 「하버마스의 규범적 커뮤니케이션 모델과 그 언론학적 수용」. 『한국언론학보』 (38), 249-296.

박미정 · 엄명용(2015). 「결혼이주여성 이혼경험 연구」. 『한국사회복지학』 67(2), 33-60.

박순호 · 빙팜(2012). 「베트남 여성 결혼이주자의 결혼 전, 후 경제상황에 대한 인식」. 『한국지역지리학회지』 18(3), 268-282.

배상훈 · 장환영 · 오세희 · 장창성 · 이태희(2013). 「우리나라 중등단계 직업교육 관련 연구동향 분석: 역대 정부별 분석」. 『직업교육연구』 32(2), 45-71.

백지숙(2011). 「국내 외국인 유학생의 개인적 배경, 자아존중감, 문화적응 스트레스가 대학적응에 미치는 영향」. 『한국가정관리학회지』 29(3), 119-131.

_____(2013). 「국내 외국인 유학생의 개체화와 대학적응 및 문화스트레스와의 관계」. 『청소년시설환경』 11(1), 57-65.

서재복 · 임명희(2018). 「베트남 결혼이주여성의 사회적 참여, 사회적지지, 임파워먼트 및 삶의 질의 구조적 관계」. 『국제이해교육연구』 13(2), 157-182.

서홍란 · 배영미 · 유영림(2016). 「베트남 결혼이주여성의 검정고시 학습경험에 관한 생애사 연구」. 『한국사회복지질적연구』 10(3), 33-63.

석영미 · 이병준(2016). 「결혼이주여성 원어민 강사의 생애사 연구」. 『다문화교육연구』 9(2), 147-171.

성지혜(2015). 「결혼이주여성의 노후생활 준비에 관한 연구: 대구지역 베트남 결혼이주여성을 중심으로」. 『여성연구』 88(1), 83-115.

손영화 · 박미숙(2019). 「외국에서의 인권침해와 강제송환금지원칙」. 『법과정책연구』 19(2), 305-336.

손주희(2018). 「한국 체류 난민의 사회적응에 관한 연구: 난민지원정책의 조절효과를 중심으로」. 성결대학교 대학원 박사학위논문.

신인섭(2003). 「메를로-퐁티의 타자경험에 대한 레비나스와 리쾨르의 논쟁: 타자를 위한 삶과 타자와 더불어 사람」. 『현상학과 현대철학』 20, 137-170.

신현란(2016). 「외국인 노동자-유학생의 이주경험과 정체성: 네팔 노동자-유학생의 생애사 분석을 중심으로」. 『다문화교육연구』 9(2), 115-145.

아지조바피루자 · 정지현 · 오영섭(2016). 「우즈벡 결혼이주여성의 생애사 연구」. 『인문사회21』 7(5), 543-564.

양만기(2013). 「중국인 유학생 유치 현황 및 확대 방안」. 『중국인문과학』 54, 439-472.

양영자(2011). 「결혼이주여성의 에이전시에 대한 생애사적 재구성」. 『비판사회정책』 33, 141-194.

_____(2012). 「이주여성의 생애사에 재현된 젠더의 구성과정: 재독한인여성의 생애사를 중심으로」. 『한국사회복지학』 64(2), 325-354.

양진숙 · 차수정(2016). 「한국무용교육 프로그램이 중국인 유학생의 성격강점과 자기효능감에 미치는 영향」. 『한국무용교육학회지』 27(3), 173-193.

엄미정 · 이윤지 · 박동오 · 김도훈(2012). 「이공계 분야 외국인 석 · 박사 유학생 현황과 유치방안」. 『정책연구』 12-15, 1-136.

오세경 · 김미순 · 백보예바 · 아이굴(2015). 「외국인 유학생의 문화적응을 위한 여가 경험의 의미」. 『여가학연구』 13(4), 79-99.

유영은(2007). 「결혼이주여성의 생활문화적응에 관한 사례연구와 지원방안: 경기도 북부지역을 중심으로」. 명지대학교 대학원 석사학위논문.

유해준(2015). 「외국인 유학생을 위한 대학 교양 한국어 교재 개발 방안」. 『사고와표현』 8(1), 73-10.

윤대선(2018). 『레비나스의 타자물음과 현대철학』. 서울: 문예출판사.

윤영주 · 장소영(2016). 「베트남 유학생의 교우관계 갈등경험에 관한 현상학적 연구」. 『인문사회 21』 7(2), 399-415.

윤은경(2015). 「베트남 이주노동자 귀환 지원 프로그램에 대한 소고」. 『현대사회와 다문화』 5(1), 88-115.

윤향희(2017). 「한 · 베 가정 내 베트남 여성의 경제적 지위와 역할이 모국송금에 미치는 영향: 대전지역 사례를 중심으로」. 『다문화콘텐츠연구』 25, 77-101.

융티탄프엉 · 김영순(2018). 「베트남 출신 결혼이주여성의 문화접촉 경험에 관한 연구」. 『예술인문사회융합멀티미디어논문지』 8, 861-871.

이광수(2012). 「구술사를 통해 본 방글라데시인 이주 노동자 샤골씨의 한국 사회 적응에 미친 요인」. 『코기토』 72, 231-260.

이근옥 · 강국진(2019). 「미디어가 재현한 이주 노동자 가족: EBS1 글로벌 아빠 찾아 삼만리 텍스트 분석」. 『사회과학연구』 30(3), 25-50.

이선형(2013). 「한국 결혼이주여성의 모성과 정체성: 구술생애사 분석을 중심으로」. 서울대학교 대학원 박사학위논문.

이민경(2016). 「국제결혼가정 자녀들의 정체성 재구성」. 『교육사회학연구』 26, 101-120.

이순열(2015). 「한국사회의 위험에 대한 심리학적 접근과 제언」. 『한국심리학회지: 일반』 34(3), 709-739.

이승종(1995). 「문화이입과정 스트레스와 유학생의 신념체계 및 사회적 지지와의 관계」. 연세대학교 대학원 석사학위논문.

이정희(2012). 「일본인 여성결혼 이민자의 생애사 연구」. 『일본근대학연구』 35, 233-253.

이종호 · 노연희(2017). 「결혼이주여성의 사회적 자본, 문화적응 스트레스와 문화적응 간의 관계」. 『다문화콘텐츠연구』 24, 235-273.

이화도(2011). 「상호문화성에 근거한 다문화교육의 이해」. 『비교교육연구』 21, 171-193.

이효선 · 김혜진(2014). 「생애사 연구를 통한 이주여성노동자의 삶의 재구성: 파독간호사 단일사례 연구」. 『한국여성학』 30(1), 253-288.

임수원 · 박현권(2011). 「필리핀 이주노동자들의 [일요 농구리그] 참가를 통한 한국 사회 적응」, 『인문사회과학』 50(5), 67-79.

임희진 · 김제희 · 정소현 · 정하영 · 김현성(2015). 「캠퍼스 국제화에 대한 국내 학생들의 인식 연구」. 『아시아교육연구』 16(1), 243-270.

전자배(2018). 「다문화가정 부모의 문화적응 태도에 따른 다문화청소년의 자아존중감에 미치는 영향」. 『다문화교육연구』 11(3), 121-146.

전재은 · 장나영(2012). 「니하오? 국내 중국인 유학생의 한국 학생과의 교우관계: 중국인 유학생의 경험과 인식」. 『한국교육학연구』 18(1), 303-326.

정현종(2008). 『광휘의 속삭임』. 서울: 문학과지성사.

조맹기(2007). 「하버마스(Juergen Habermas)의 공론장 형성과 그 변동: 공중의 생활세계를 중심으로」. 『한국소통학보』 8, 70-105.

조일준(2016). 『이주하는 인간, 호모 미그란스』. 푸른역사.

조창권 · 이금희(2016). 「민족정체성 유지행동이 심리적 웰빙과 직무만족에 미치는 영향: 미얀마와 베트남 노동자를 대상으로」. 『유라시아연구』 13(3), 177-197.

조현미(2017). 「베트남출신 결혼이주여성의 혼인경로에 따른 혼인동기와 가족과의 관계분석」. 『사회과학 담론과 정책』 10(1), 143-166.

———(2018). 「베트남의 사회 · 문화적 변화와 결혼이주여성 L 씨의 생애사 분석」. 『다문화와 평화』 12(3), 178-205.

주동범 · 김향화(2013). 「국내 외국인유학생의 문화적응 스트레스가 대학생활 적응에 미치는 영향」. 『비교교육연구』 23, 123-145.

주현준(2007). 「외국인 유학생 유치 전략 수립을 위한 요구 분석: AHP 기법을 이용한 국립 S 대학 사례 연구」. 『교육학연구』 45, 83-106.

지현숙(2013). 「도시 거주 결혼이주여성의 한국어문화 능력 습득에 관한 생애사적 연구」. 『한국어문교육연구회』 41(4), 383-403.

천혜숙(2001). 「농촌여성 생애담의 주제와 생애인식 양상」, 『한국고전여성문학연구』 2, 227-267.

최승은(2015). 『상호문화교육의 관점에서 본 초등교사의 음악교육 경험에 관한 연구』. 인하대학교 대학원 박사학위 논문.

———(2019). 「베트남 출신 결혼이주여성의 가족 관계에 관한 상호문화적 해석」. 『문화교류연구』 8(2), 143-168.

최호림(2015).「한국 다문화사회의 진전과 동아시아의 이주」.『동북아 문화연구』 42, 35-55.

출입국 · 외국인정책본부(2019).『출입국 · 외국인정책 통계월보 2019년 6월호』, 서울: 출입국외국인정책본부.

통계청(2018).『2017년 다문화 인구동태 통계』. 서울: 통계청.

팜티휀짱 · 김영순 · 박봉수(2014).「베트남 결혼이주여성의 가족유형에 따른 영유아기 자녀양육 경험」.『교육문화연구』 20(4), 137-164.

한건수(2003).「타자만들기: 한국사회와 이주노동자의 재현」.『비교문화연구』 9(2), 157-193.

한국교육개발원(2012).「교육통계시스템」. http://cesi.kedi.re.kr

한국이민사박물관(2003).『이주의 역사』. 제1전시실, 제2전시실.

한정우(2014).「필리핀 이주 기지촌 여성 '쥬시걸'의 민족지적 연구」.『여성학논집』 31, 33-65.

홍준현(2014).「외국인 유학생 유치 확대: 양적 성장과 질적 향상의 딜레마」.『해외고등교육동향』 184, 66-73.

홍효정 · 현승환 · 정순여 · 정창원(2013).「외국인 유학생의 대학생활 적응을 위한 학습전략 프로그램 개발 및 적용 사례 연구」.『교양교육연구』 7(6), 561-587.

황정미(2009).「'이주의 여성화' 현상과 한국 내 결혼이주에 대한 이론적 고찰」.『페미니즘 연구』 9(2), 1-37.

______(2011).「초국적 이주와 여성의 시민권에 관한 새로운 쟁점들」.『한국여성학』 27(4), 111-143.

황해연(2007).「재한 중국유학생의 대인관계 문제와 대학생활적응 간의 관계」. 서울대학교 대학원 석사학위논문.

Alba, R. & Nee, V. (2009). "Rethinking assimilation theory for a new era of immigration." *International migration review* 31(4), 826-874.

Banks, J. A. (2008). *An introduction to Multicultural Education*. John Wiley & Sons.

Berry, J. W. (1980). *Acculturation as varies of adaptation*. In A. M. Padilla (Ed.), *Acculturation: Theories, models and findings*, Boulder, Co: Westview, 9-25.

______ (1990). *Psychology of acculturation: Understanding individuals moving between cultures*. In R. Brislin (Ed.), Applied cross-cultural psychology, pp. 232-253. Newbury Park, CA: Sage.

______ (1997). "Immigration, acculturation and adaptation." *Applied Psychology: An International Review* 46, 5-34.

_____ (2005). "Acculturation: Living successfully in two cultures." *International journal of intercultural relations* 29(6), 697-712.

Berry, J. W., & Sam, D. L. (1997). "Acculturation and adaptation." *Handbook of cross-cultural psychology* 3(2), 291-326.

Bhabha, H. K. (2004). *The Location of Culture* (Paperback, 2 New edition), Routledge Classics.

Bochner, S. (1986). "Coping with unfamiliar culture: Adjustment or culture learning?" *Australian Journal of Psychology* 38, 347-358.

Buber, M. (1964). *Reden über Erziehung*. 우정길 역(2010), 『교육강연집』, 서울: 지식을만드는지식.

Buber, M. (1979). *Ich und Du*. 10, Auflage, Heidelberg: Lambert Schneider.

Calhoun, C. J. (Ed.). (1992). *Habermas and the public sphere*. MIT press.

Castro, V. S. (2003). *Acculturation and psychological adaptation*. Westport, Connecticut.

Clandinin, D. J. & Connelly, F. M. (2000). *Narrative inquiry: Experience and Story in Qualitative Research*. San Francisco, CA: Jossey-Bass Publishers.

Constable, N. (2005). "Introduction: Cross-border marriages, gendered mobility, and global hypergamy." *Cross-border marriages: Gender and mobility in transnational Asia*, 1-16.

Graves, T. D. (1967). "Psychplpgical accuitutation in a tri-ethnic community." *Southwestern Journal of Anthropologh* 23, 337-350.

Habermas, J. (1987a). *The theory of communicative action: The critique of functionalist reason* (Vol. 2). Cambridge: Polity.

_____ (1987b). *Theories des Kommunikativen Handelns: Handlungsrationalitaet und Gesellschaftliche Rationalisierung*. Frankfurt: Suhrkamp Verlag. 장춘익 역(2006), 『의사소통행위이론: 행위합리성과 사회 합리성」(I · II)』, 서울: 나남출판사.

Husserl, E. (1970). T*he crisis of European sciences and transcendental phenomenology: An introduction to phenomenological philosophy*. Northwestern University Press.

_____ (2008). *Die Lebenswelt: Auslegungen der vorgegebenen Welt und ihrer Konstitution* (Vol. 39). Springer-Verlag.

IOM (2005). *World Migration 2005: Costs and Benefits of International Migration*. Geneva: International Organization for Migration.

Johnson, R., & Dawson, G. (1982). "Popular memory: theory, politics, method." *Making histories: Studies in history-writing and politics*, 205-252.

King, R., & Christou, A. (2011). "Of counter-diaspora and reverse transnationalism: return mobilities to and from the ancestral homeland." *Mobilities* 6(4), 451-466.

Levinas, E. (1947). *Le Temps et L'Autre*. 강영안 역(1996), 『시간과 타자』, 서울: 문예출판사.

______ (1979). *Totality and infinity: An essay on exteriority* (Vol. 1). Springer Science & Business Media.

Mallinckrodt, B., & Leong, F. T. (1992). "International graduate students, stress, and social support." *Journal of College Student Development* 33(1), 71-78.

OECD (2007). *International Migration Outlook: Annual Report 2007*. Paris: Organization for Economic Cooperation and Development.

Pessar, P. R. & Mahler, S. J. (2003). "Transnational migration: Bringing gender in." *International migration review* 37(3), 812-846.

Piper, N. (2006). "Gendering the Politics of Migration 1." *International Migration Review* 40(1), 133-164.

Redfield, R., Linton, R. & Herskovits, M. (1936). "Memorandum on the study of acculturation." *American Anthropologist* 49, 701-708.

Titon, J. T. (1980). "The life story." *The Journal of American Folklore* 93(369), 276-292.

Ward, C., Bochner, S., & Furnham, A. (2005). *The psychology of culture shock*. Routledge.

Wang, Z., Bovik, A. C., Sheikh, H. R., & Simoncelli, E. P. (2004). "Image quality assessment: from error visibility to structural similarity." *IEEE transactions on image processing* 13(4), 600-612.

찾아보기

ㄱ

거주 비자 324

결혼이주여성 26, 27, 28, 29, 45, 469

결혼정보업체 78, 79

경쟁 89

경제적 자립 192

교육권 236

국적취득 13

국적회복 13

권리 320

귀화 13

기본권 326

ㄴ

난민 14, 37, 38, 39, 50, 480

난민법 37, 38

난민 비자 275

난민의정서 39

난민 인정률 38

난민정책 39

난민협약 37, 39

노동력 송출 31

노동 복지 262

노동 시간 탄력선택제 300

노동이주 244

노동환경 307

ㄷ

다문화 가정 70, 71, 121, 190, 236

다문화가족지원센터 101, 103, 119, 121, 167, 176, 179, 184

다문화 강사 82, 90, 91

다문화 생활세계 11, 15

대인관계 142, 147, 191, 236, 361

돌봄 서비스 147, 278

동남아시아 국가연합 35
동화 23, 24

ㄹ

라마단 309

ㅁ

멘토링 프로그램 396
문화 간 접촉 22
문화 교류 123, 146
문화 다양성 326
문화자원 452
문화 적응 21, 22, 25
문화적 정체성 73, 93, 120, 261
문화접촉 22
문화충격 396
문화 충돌 325

ㅂ

방문객 468
방문취업 32
법적 지위 28
봉사활동 165, 252, 253
부부 상담 184
분리 23, 24
불법 체류 303
불법체류자 126
비전문취업 32, 241
비전문취업비자 251

ㅅ

사회 간 접촉 22
사회갈등 31
사회 내 접촉 22
사회복지사 211
사회적 비용 236
사회적 의미화 41
사회적 지지 452
사회적 편견 191
사회통합 32, 33, 38, 468, 483
사회통합 프로그램 265, 462
산업연구제도 31
상담기관 228, 229
상호문화주의 482
상호배타적 23
상호성 21
상호작용 21
상호주관성 19
생애담 11, 26, 27, 40, 41, 42, 51, 469
생애사 40
생활세계 16, 17, 18, 50
서사적 진리 40

세계시민 39
소속감 412
손님노동자 31
신념 323
신붓값 59
심리적 단절감 109
심리적 안정감 259
심리적 위안 183
심리 치유 230
심층면담 42

ㅇ

어학연수 241
언어치료 161, 162
연구윤리 42
연대성 21
연수생 31
영속성 24
외국인 고용관리 시스템 283, 304
외국인노동자센터 291, 292, 296, 298, 300, 306
외국인 유학생 34, 35, 36, 50, 477
우울감 95
우울증 150, 156, 167
유대감 116, 138
유엔난민기구 38
윤리성 19, 20
의료기관 226
의사소통 246, 270
의사소통적 합리성 16, 17
의사소통적 행위 16
이동성 24
이주노동자 27, 29, 30, 32, 33, 50, 474
이혼 133, 134, 135, 142, 144, 147
인권 439, 450
인권법 38
인성교육 192
인정 183, 320

ㅈ

자국민 네트워크 390, 395, 396
자긍심 325
자녀 돌봄 서비스 210
자립심 171
자발성 24
자율성 144
재독한인간호사 31
재외동포 32
재정착 난민 423, 439, 464, 465
재정착희망난민제도 39
전환교육 413
정서적 교감 116
정서적 유대 276
정서적 유대감 111

정서적인 안정감 210
정서적 지지 138
정서적 효과 200
종교적 신념 313
주거환경 224, 307
주변화 23, 24
주체성 29
진로교육 213
집단 정체성 12

ㅊ

초국적 이주 12, 15

ㅋ

코칭 118

ㅌ

타자 18, 19, 20, 21, 467, 468, 483
타자철학 19
통합 12, 23
튜터링 프로그램 392

ㅍ

파독간호사 31
평생 교육 437

ㅎ

학살 23
학업 스트레스 368, 395
학업적 스트레스 393
한국 거주 비자 292
한국어능력시험 263, 265, 267, 371
합리적 노동환경 247
호혜적 관계 325
홈비지트 439, 444
환대 19, 20, 468
환대의 정치학 20
힘의 우열관계 245

저자소개

김영순(金永洵) kimysoon@inha.ac.kr

독일 베를린자유대학교에서 문화학, 교육학, 언어학 등을 수학하고 문화학 박사학위를 받았다. 현재 인하대학교 사범대학 사회교육과와 동 대학원 다문화교육학과 교수로 재직하고 있다. 인하대학교 다문화융합연구소 소장, 전국 대학원생 질적연구방법 캠프 촌장, BK21 글로컬다문화교육연구단 단장, 탈북다문화멘토링 사업단 단장을 맡고 있다. 대표 저서로는 『다문화 생활세계와 사회통합 연구』, 『중국계 이주민의 다문화 생활세계 연구』, 『다문화사회와 공존의 인문학』, 『다문화교육의 이론과 이론가들』, 『처음 만나는 다문화교육』 등이 있으며, 공동 번역서로는 『다문화교육과 인간관계』, 『민주주의와 다문화교육』, 『교사를 위한 다문화교육』, 『언어, 문화 그리고 비판적 다문화교육』, 『상호문화교육의 이해』 등이 있다.

최승은(崔承恩) 219105@inha.ac.kr

오스트리아 빈 대학교와 동 대학원을 졸업하고, 인하대학교에서 다문화교육을 전공하여 교육학 박사학위를 받았다. 경인교육대학교, 목원대학교, 인하대학교에서 강의를 했으며, 현재 인하대학교 다문화융합연구소에서 연구교수로 재직하며 다문화 관련 연구를 수행하고 있다. 주요 공저로는 『처음 만나는 다문화교육』, 『질적연구의 즐거움』이 있고, 공동 번역서로는 『언어, 문화 그리고 비판적 다문화교육』이 있으며, 박사학위 논문으로는 『상호문화교육의 관점에서 본 초등교사의 음악교육 경험에 관한 연구』가 있다. 사회통합을 위한 한국 사회의 이주민에게 지속적인 관심을 갖고 「이주 어머니(migrant mother)의 자녀교육 경험에 관한 연구」, 「베트남 출신 결혼이주여성의 가족 관계에 관한 상호문화적 해석」 등의 논문을 발표했다.

김정희(金正喜) lovebird0110@hanmail.net

건국대학교에서 문학 박사학위를 받았다. 인하대학교 다문화융합연구소 연구원을 거쳐 현재 건국대학교 국문학과 강사로 재직하고 있다. 박사학위 논문으로 「남녀관계의 위기와 지속에 대한 서자지도 구축과 문학치료 활용 연구」가 있으며, 공저로 『영화와 원작의 서사적 거리』, 『문학치료를 위한 성격장애 서사지도』, 『행복한 삶과 문학치료』 등이 있다. 또한 주요 논문으로 「재한 중국동포 유학생의 문화적응 과정을 통해 본 정체성 협상과 그 의미」 등이 있다.

황해영(黃海英) haying04@hanmail.net

인하대학교에서 다문화교육 전공으로 교육학 박사학위를 받았다. 현재 인하대학교 다문화융합연구소 연구교수와 다문화 · 탈북학생멘토링사업단 사무국장을 겸임하고 있다. 박사학위 논문으로는 「중국동포 결혼이주여성의 생애경험 탐구: 인정투쟁의 내러티브를 중심으로」가 있으며, 공동 번역서로는 『중국민족지 1, 2, 3』이 있다. 또한 「재한 중국동포 단체 리더의 인정투쟁의 의미」, 「중국결혼이주여성들의 한국에서 양성 평등 경험에 대한 사례 연구」, 「다문화가정 부모를 위한 부모교육 프로그램의 동향 연구」, 「중 · 고등학생 자녀를 양육하는 결혼이주여성의 양육스트레스와 대처방안에 대한 연구」 등의 논문을 발표했다.

박봉수(朴奉秀) wuligaqi@naver.com

인하대학교에서 다문화교육을 전공하여 교육학 박사학위를 받았다. 인하대학교 다문화융합연구소 연구원을 거쳐 현재 디아스포라연구소 소장으로 이주민의 목소리를 드러내는 데 지원하고 있다. 박사학위 논문은 「영주귀국 사할린 한인의 통과의례 내러티브 탐구」이며, 주요 논문으로 「사할린 영주귀국자의 통과의례에 나타난 고향의 의미」, 「사할린 영주귀국 노인의 자원봉사활동 경험과 의미」 등이 있다. 또한 『사할린 한인의 노스탤지어 이야기 탐구』, 『사할린 한인들의 다양한 삶과 그 이야기』 등의 공저가 있다.